이것이
Spring AI다

이것이 Spring AI다

초판 1쇄 발행 2025년 8월 24일

지은이 신용권 / **펴낸이** 전태호
펴낸곳 한빛미디어(주) / **주소** 서울시 서대문구 연희로2길 62 한빛미디어(주) IT출판1부
전화 02-325-5544 / **팩스** 02-336-7124
등록 1999년 6월 24일 제25100-2017-000058호 / **ISBN** 979-11-6921-423-0

총괄 배윤미 / **책임편집** 박민아 / **기획** 박민아 / **편집** 조아리
디자인 표지 박정우 내지 박정우 / **조판** 이소연
영업마케팅 송경석, 김형진, 장경환, 조유미, 한종진, 이행은, 김선아, 고광일, 성화정, 김한솔 / **제작** 박성우, 김정우

이 책에 대한 의견이나 오탈자 및 잘못된 내용은 출판사 홈페이지나 아래 이메일로 알려주십시오.
파본은 구매처에서 교환하실 수 있습니다. 책값은 뒤표지에 표시되어 있습니다.

한빛미디어 홈페이지 www.hanbit.co.kr / **이메일** ask@hanbit.co.kr

Published by HANBIT Media, Inc. Printed in Korea
Copyright © 2025 신용권 & HANBIT Media, Inc
이 책의 저작권은 신용권과 한빛미디어(주)에 있습니다.
저작권법에 의해 보호를 받는 저작물이므로 무단 복제 및 무단 전재를 금합니다.

지금 하지 않으면 할 수 없는 일이 있습니다.
책으로 펴내고 싶은 아이디어나 원고를 메일(writer@hanbit.co.kr)로 보내주세요.
한빛미디어(주)는 여러분의 소중한 경험과 지식을 기다리고 있습니다.

이것이 Spring AI다

생성형 AI부터
MCP Server까지, Spring 기반
AI Agent 개발 실전 로드맵

This is spring AI

텍스트 및 음성 대화, 멀티모달 비전, 이미지 생성,
대화 기억, 구조화된 출력, RAG, Tool Calling,
MCP Server, Spring AI 실습 가이드

신용권 지음

지은이의 말

생성형 Generative AI는 이미 우리 일상 속으로 깊숙이 들어왔습니다. 챗봇, 음성 비서, 이미지 생성, 자동 문서 작성, 심지어는 코딩 지원까지… AI의 활용 영역은 날마다 확장되고 있으며, 그 중심에는 대규모 언어 모델LLM이라는 강력한 기술이 자리 잡고 있습니다. 이 책은 이러한 기술을 Spring 기반의 실전 애플리케이션에 통합하고자 하는 개발자들을 위해 쓰였습니다.

Spring AI는 LLM을 Java 생태계에 통합하기 위한 Spring 프로젝트입니다. Spring Boot의 친숙한 프로그래밍 모델을 유지하면서도, LLM과의 상호작용, 프롬프트 구성, 스트리밍 응답 처리, 벡터 저장소 연동, 도구 호출과 같은 복잡한 기능들을 손쉽게 구현할 수 있도록 도와줍니다. 처음 Spring AI를 접했을 때, Java 개발자로서 느꼈던 강력한 가능성과 실용성은 이 책을 집필하게 된 가장 큰 동기였습니다.

이 책은 단순히 API 문서를 정리한 책이 아닙니다. Spring AI를 기반으로 실제 애플리케이션을 개발할 수 있도록, 각 장마다 예제와 구성 방법, 실습 중심의 설명을 담았습니다. 특히 다음과 같은 점에 초점을 맞췄습니다.

- 텍스트, 음성, 이미지 등 멀티모달 처리를 어떻게 구성할 수 있는가?
- LLM이 생성한 응답을 구조화하는 방법
- RAG, 도구 호출, 대화 기억 등 실제 서비스 구축에 필요한 고급 기능들의 적용
- MCP 기반 아키텍처를 통해 LLM과 외부 시스템을 유연하게 연결하는 전략

생성형 AI는 단순한 기술 트렌드를 넘어, 소프트웨어 개발의 패러다임을 바꾸고 있습니다. 이 책을 통해 여러분은 Spring의 익숙한 생태계 안에서 최신 AI 기술을 실무에 통합하는 방법을 배우게 될 것입니다. 특히 이 책은 다음과 같은 분들에게 도움이 될 것입니다.

- Spring Boot 기반의 백엔드 개발자로서, LLM을 서비스에 통합하려는 분
- RAG나 도구 호출과 같은 고급 기능을 자바 애플리케이션에 구현하고 싶은 분
- AI Agent 애플리케이션 개발을 기획 중인 분

- 음성 대화가 가능한 챗봇 또는 로봇을 개발하려는 분

책을 집필하는 동안, Spring AI는 빠르게 진화하고 있었고, 이 책도 그 속도를 따라가려 노력했습니다. 가능한 한 최신 버전 기준으로 실습과 설명을 구성했습니다. 생성형 AI 시대의 Java 개발자로서, 여러분의 기술 여정에 이 책이 든든한 나침반이 되기를 바랍니다.

감사합니다.

저자 신용권

추천사

오늘날 산업 전반에서 생성형 AI는 선택이 아닌 생존의 기술로 자리 잡고 있습니다. 특히 소프트웨어 개발 분야에서는 Spring 생태계와 생성형 AI의 융합이 새로운 실무 역량의 핵심으로 부상하고 있습니다.

이 책은 단순한 기술 안내서를 넘어, Spring 기반의 AI 개발을 실제로 구현하고 적용할 수 있도록 안내하는 실전형 지침서입니다. 특히 Spring AI와 RAG $^{\text{Retrieval Augmented Generation}}$, LLM $^{\text{Large Language Model}}$, 프롬프트 엔지니어링 등 최신 기술을 국내 개발 환경에 맞게 체계적으로 설명하고 있어, 실무 개발자뿐만 아니라 AI 도입을 준비하는 기업들에게도 큰 가치를 제공합니다.

복잡한 개념을 명쾌하게 풀어내고 실제 코드 예시를 통해 구체적으로 구현해낸 저자의 통찰은 탁월합니다. 단순한 개론서를 넘어, 현장의 요구와 미래의 기술 흐름을 동시에 조망할 수 있는 이 책을 생성형 AI 시대를 준비하는 모든 개발자와 기술 리더에게 강력히 추천드립니다.

한국인공지능·소프트웨어산업협회
AI인재개발본부 교육기획팀장 허민

☀ 이 책의 구성

예제 코드와 해설
이론을 실습하기 위한 예제 코드와 함께 각 코드의 구조와 동작 원리를 확인할 수 있습니다.

NOTE
학습을 진행하면서 알아 두면 좋은 팁이나 혼동하기 쉬운 내용을 짚어 줍니다.

여기서 잠깐
더 알아 두면 좋은 보충 설명, 참고 사항, 관련 용어 등을 안내합니다.

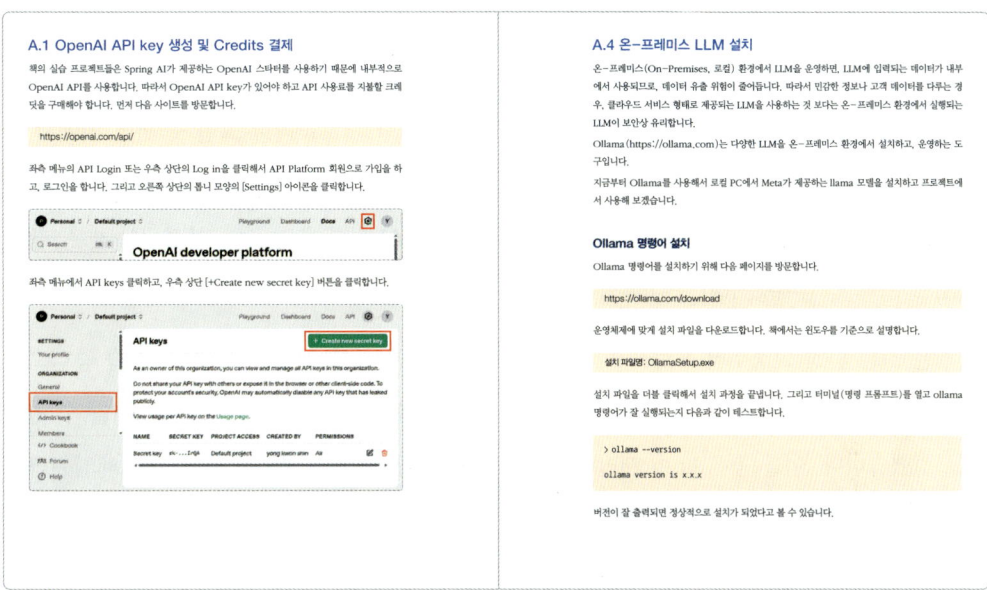

부록
실습 환경 구축을 위한 OpenAI API Key 발급, Docker Desktop 설치, Vertex AI Gemini 모델 사용, 온프레미스 LLM 설치 방법을 안내합니다.

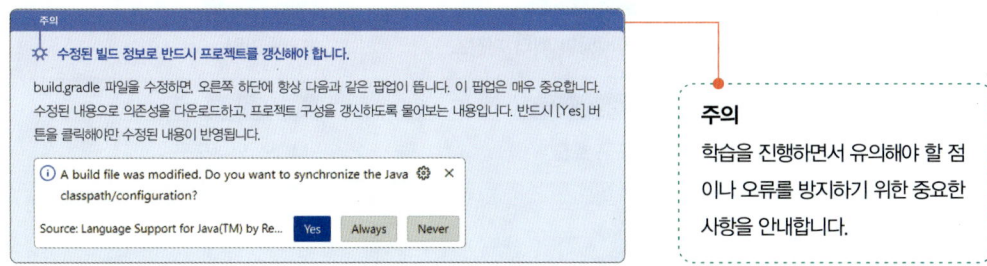

주의
학습을 진행하면서 유의해야 할 점이나 오류를 방지하기 위한 중요한 사항을 안내합니다.

이 책의 내용

「이것이 Spring AI다」는 필수 학습 내용인 본문과 선택적 학습 내용인 부록으로 구성되어 있습니다. 본문은 총 12개의 챕터로 이루어져 있으며, Spring AI를 이해하는 데 반드시 알아야 할 핵심 내용을 다룹니다. Spring AI는 자바^{Java} 기반의 대표적인 웹 프레임워크인 Spring 위에서 동작하는 AI(인공지능) 통합 프레임워크입니다. 기존에는 AI 개발과 연동에 파이썬(PyTorch, TensorFlow 등) 기반 도구를 주로 사용했으나, Spring AI를 통해 Spring 환경에서 챗봇, 생성형 AI$^{Generative\ AI}$, 임베딩, RAG(검색 증강 생성) 등 최신 AI 기능을 쉽게 구현할 수 있습니다.

이 책은 기본 환경 설정부터 프로젝트 생성, API 활용, 프롬프트 엔지니어링까지 실습 중심으로 설명하며, 단순한 기능 나열이 아니라 Spring AI의 전체적인 흐름을 체계적으로 이해할 수 있도록 구성했습니다. 이를 통해 Java 개발자는 별도의 언어 변경 없이 익숙한 Spring 프레임워크에 AI 기능을 안정적이고 효율적으로 통합할 수 있습니다.

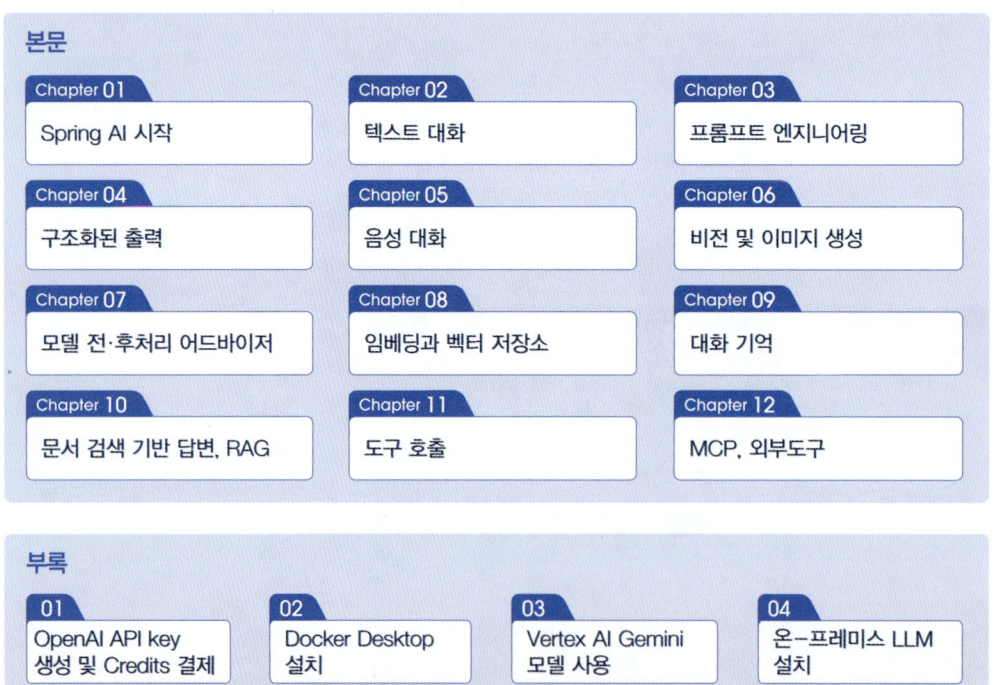

본문

- Chapter 01 Spring AI 시작
- Chapter 02 텍스트 대화
- Chapter 03 프롬프트 엔지니어링
- Chapter 04 구조화된 출력
- Chapter 05 음성 대화
- Chapter 06 비전 및 이미지 생성
- Chapter 07 모델 전·후처리 어드바이저
- Chapter 08 임베딩과 벡터 저장소
- Chapter 09 대화 기억
- Chapter 10 문서 검색 기반 답변, RAG
- Chapter 11 도구 호출
- Chapter 12 MCP, 외부도구

부록

- 01 OpenAI API key 생성 및 Credits 결제
- 02 Docker Desktop 설치
- 03 Vertex AI Gemini 모델 사용
- 04 온-프레미스 LLM 설치

학습 지원 안내

예제소스

https://www.hanbit.co.kr/src/11423

책에서 진행하는 모든 예제의 소스코드와 학습에 참고할 만한 내용을 자료실에서 확인할 수 있습니다. 직접 작성한 소스코드가 제대로 실행되지 않는다면 자료실에서 제공되는 소스코드와 비교하면서 학습해 보세요.

독자Q&A

https://cafe.naver.com/thisisjava

〈이것이 자바다〉 네이버 카페에서 독자 Q&A를 제공합니다. 저자와 함께 하는 책 밖의 또 다른 공간에서 고민과 궁금증을 다른 독자들과 함께 공유해 보세요!

목차

지은이의 말 ·· 004
추천사 ·· 005
이 책의 구성 ·· 006
이 책의 내용 ·· 008
학습 지원 안내 ··· 009

Chapter 01 Spring AI 시작

1.1 AI 애플리케이션 ··· 018
1.2 AI 모델 분류 ·· 019
1.3 Spring AI 소개 ··· 021
1.4 Spring AI 개발 환경 구축 ·· 023
1.5 예제 소스 설치 ··· 025
1.6 Spring AI 프로젝트 생성 ··· 026
1.7 Spring AI 학습을 위한 UI 구성 ·· 034

Chapter 02 텍스트 대화

2.1 Chat Model API ·· 042
2.2 Chat Model API 사용하기 ·· 050
2.3 ChatModel 스트리밍 응답 ·· 054
2.4 ChatClient 사용하기 ··· 058

Chapter 03 프롬프트 엔지니어링

3.1 프롬프트 템플릿 ··· 064
3.2 복수 메시지 추가 ·· 070

3.3	디폴트 메시지와 옵션	074
3.4	프롬프트 엔지니어링	076
3.5	제로-샷 프롬프트	077
3.6	퓨-샷 프롬프트	080
3.7	역할 부여 프롬프트	083
3.8	스텝-백 프롬프트	085
3.9	생각의 사슬 프롬프트	089
3.10	자기 일관성	092

Chapter 04 구조화된 출력

4.1	구조화된 출력 변환기	098
4.2	List〈String〉으로 변환 (ListOutputConverter)	100
4.3	T로 변환 (BeanOutputConverter)	102
4.4	List〈T〉로 변환 (BeanOutputConverter)	105
4.5	Map으로 변환 (MapOutputConverter)	108
4.6	시스템 메시지와 함께 사용	111

Chapter 05 음성 대화

5.1	음성 변환 기술	116
5.2	음성 변환해 보기	119
5.3	입력 음성 준비와 스트리밍 음성 재생	124
5.4	텍스트도 같이 출력되는 음성 대화	132
5.5	순수 음성 대화 구현 (방법1)	137
5.6	순수 음성 대화 구현 (방법2)	143

Chapter 06 비전 및 이미지 생성

- 6.1 비전과 멀티모달 LLM ··· 148
- 6.2 Spring AI 멀티모달 지원 ··· 150
- 6.3 객체 탐지 및 상태 분석 ··· 151
- 6.4 비디오 프레임 분석 ··· 160
- 6.5 이미지 생성형 모델 ··· 166
- 6.6 OpenAI 이미지 생성형 모델 ··· 167
- 6.7 Spring AI 이미지 생성형 모델 지원 ··· 170
- 6.8 이미지 생성 ··· 173
- 6.9 이미지 편집 ··· 180

Chapter 07 모델 전·후처리 어드바이저

- 7.1 Advisor 소개 ··· 192
- 7.2 Spring AI Advisor API ··· 193
- 7.3 Advisor 구현 ··· 198
- 7.4 Advisor 적용 ··· 200
- 7.5 공유 데이터 이용 ··· 206
- 7.6 내장 Advisor ··· 211
- 7.7 로깅 Advisor ··· 212
- 7.8 세이프가드 Advisor ··· 215

Chapter 08 임베딩과 벡터 저장소

- 8.1 임베딩이란 ··· 220
- 8.2 벡터 저장소 설치 ··· 222
- 8.3 Spring AI Embedding Model API ··· 230

8.4	OpenAI 임베딩 모델	233
8.5	텍스트 임베딩	234
8.6	VectorStore 인터페이스	237
8.7	Document 저장	239
8.8	Document 검색	242
8.9	Document 삭제	247
8.10	이미지 임베딩과 얼굴 인식	248

Chapter 09 대화 기억

9.1	대화 기억과 기억 저장소	266
9.2	대화 기억을 위한 Advisor	268
9.3	In-Memory 대화 기억	269
9.4	VectorStore 대화 기억	273
9.5	RDBMS 대화 기억	279
9.6	Cassandra 대화 기억	286

Chapter 10 문서 검색 기반 답변, RAG

10.1	RAG 이해하기	294
10.2	지식 기반 저장소와 ETL	295
10.3	ETL: Text, PDF, Word 파일	301
10.4	ETL: HTML, JSON	308
10.5	RAG: QuestionAnswerAdvisor	313
10.6	RAG: RetrievalAugmentationAdvisor	322
10.7	RAG: CompressionQueryTransformer 모듈	324
10.8	RAG: RewriteQueryTransformer 모듈	330

| 10.9 | RAG: TranslationQueryTransformer 모듈 | 334 |
| 10.10 | RAG: MultiQueryExpander 모듈 | 337 |

Chapter 11 도구 호출

11.1	도구 호출	342
11.2	도구 정의하기	343
11.3	프롬프트에 도구 정보 포함	346
11.4	추가 데이터 제공	352
11.5	도구에서 바로 응답	359
11.6	도구 예외 처리	364
11.7	이미지 분석 후 조치 도구	367
11.8	파일 관리 도구	372
11.9	인터넷 검색 도구	381

Chapter 12 MCP, 외부 도구

12.1	MCP란	392
12.2	MCP 통신 방식	394
12.3	STDIO 통신 방식 MCP Server	398
12.4	WebMVC 기반 SSE 통신 방식 MCP Server	414
12.5	WebFlux 기반 SSE 통신 방식 MCP Server	429

부록

- **A.1** OpenAI API key 생성 및 Credits 결제 ········ 442
- **A.2** Docker Desktop 설치 ········ 445
- **A.3** Vertex AI Gemini 모델 사용 ········ 451
- **A.4** 온-프레미스 LLM 설치 ········ 462

찾아보기 ········ 467

Chapter

01

▶ **Spring AI 시작**

1.1 AI 애플리케이션
1.2 AI 모델 분류
1.3 Spring AI 소개
1.4 Spring AI 개발 환경 구축
1.5 예제 소스 설치
1.6 Spring AI 프로젝트 생성
1.7 Spring AI 학습을 위한 UI 구성

1.1 AI 애플리케이션

AI(인공지능, Artificial Intelligence)은 크게 모델 연구·개발 분야와, 개발된 모델을 활용한 응용 서비스를 개발하는 분야로 구분할 수 있습니다. 딥러닝 기반 AI 모델이 본격화되기 전까지는 주로 모델 연구와 개발이 중심이었으나, 2020년경 GPT-3와 같은 생성형 AI 모델이 등장한 이후에는 이미 학습된 모델을 활용한 응용 서비스 개발에 더 많은 관심이 쏠리고 있습니다.

이러한 응용 서비스는 챗봇형(예 고객 상담, 정보 제공), 가상비서형(예 일정 관리, 이메일 작성, 회의록 작성), 자율형(예 자율주행 차량, 로봇) 등 다양한 AI 에이전트 형태로 구현되어 여러 분야에서 활용되고 있습니다. 예를 들어 ChatGPT와 Claude Desktop은 대화형 인터페이스를 제공하며 정보 조회, 문서 작성 보조, 간단한 업무 수행 등 다양한 작업에 사용되는 AI 에이전트입니다.

AI 에이전트는 AI 모델을 활용해 특정 작업을 수행하는 AI 애플리케이션으로 볼 수 있습니다. 로컬 머신에서 실행하는 애플리케이션(가상비서, 로봇 운영) 또는 웹에서 동작하는 애플리케이션ChatGPT 형태로 구현될 수 있습니다. 이러한 애플리케이션은 사용자의 입력을 전처리하고, 필요 시 외부 데이터나 도구를 호출해 정보를 보강하며, AI 모델의 출력 결과를 후처리하여 적절한 UI/UX로 사용자에게 전달합니다.

다음은 웹에서 동작하는 AI 애플리케이션의 아키텍처를 보여줍니다.

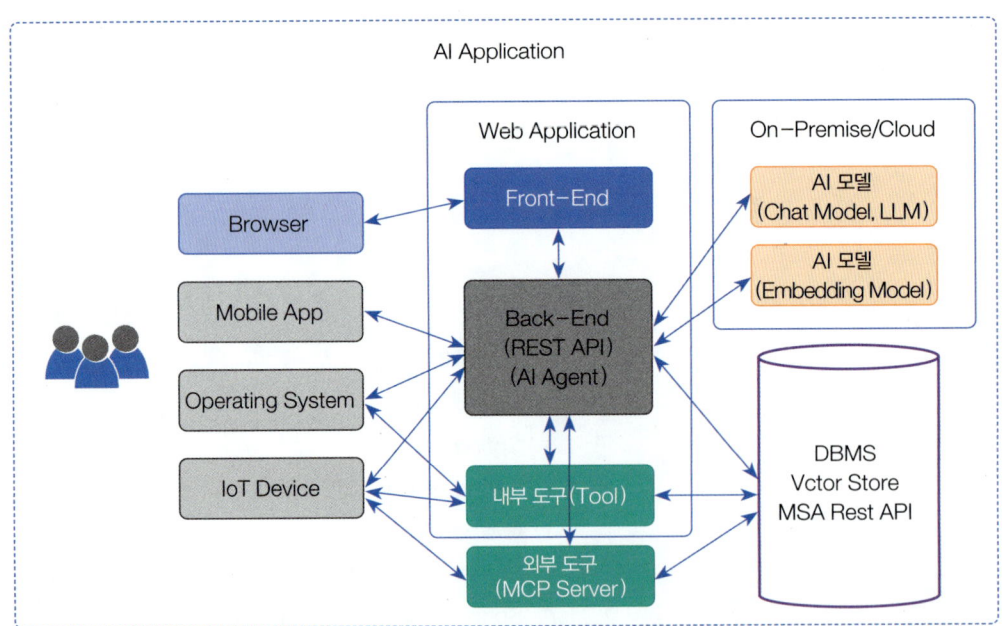

AI 애플리케이션의 중심에는 AI Agent 역할을 수행하는 REST API 기반의 Back-End가 있습니다. Front-End(Web App, Mobile App)와 상호 작용하면서 멀티모달 AI 모델을 이용해서 판단, 추론하며, 도구를 통한 행동(조치) 작업을 수행합니다. 또한 사용자와의 대화 기억을 유지하고, 행동 조치 내용을 기록합니다.

Front-End는 AI 모델에 전달할 입력 데이터를 생성하거나, AI 모델의 출력 결과를 사용자에게 보여주는 역할을 합니다. 입력 데이터는 텍스트, 이미지 파일, 카메라 영상 등 다양한 형태가 될 수 있습니다. 입력 데이터는 Back-End에서 가공 및 보강 과정을 거친 뒤, 이를 AI 모델 입력값으로 전달합니다. 흔히 이것을 프롬프트 prompt라고 부릅니다.

AI 모델은 온프레미스 환경에서 실행될 수도 있고, 클라우드에서 실행될 수도 있습니다. AI 모델이 어디서 실행되든 사용하는 방식은 동일합니다. Back-End는 REST API를 통해 입력 데이터를 담아 AI 모델로 요청을 보내고, AI 모델로부터 응답을 받아 Front-End에 전달합니다.

이처럼 복잡한 데이터 흐름과 코드 관리, 외부 시스템 연동을 효율적으로 처리하려면 애플리케이션 개발 시 Spring AI와 같은 프레임워크가 필요해집니다.

Spring AI는 Back-End에서 입력 데이터를 가공하고 보강하며, 엔터프라이즈 Spring 애플리케이션 내에서 AI 모델을 자연스럽게 통합하고 운영할 수 있도록 지원합니다. 또한 도구 호출(Tool Calling)과 외부 도구인 MCP Server를 이용해서 내외부 시스템을 AI Agent가 제어할 수 있도록 지원합니다.

1.2 AI 모델 분류

AI 모델은 주어진 입력 데이터를 바탕으로 적절한 출력을 생성하는 AI 시스템의 핵심 구성 요소입니다. 예를 들어, LLM(대규모 언어 모델)은 텍스트나 이미지 또는 둘 다(멀티모달)를 입력받아 분석한 뒤 텍스트를 출력합니다. 이미지 생성형 모델은 텍스트를 입력받아 이를 분석한 뒤 이미지를 출력합니다. 모델이 어떻게 학습되었는지에 따라 입력 형태와 출력 결과는 달라집니다.

모델은 아키텍처와 파라미터들로 이루어져 있습니다. 아키텍처는 입력 데이터를 처리하는 절차나 방법을 의미하고, 파라미터는 아키텍처가 사용하는 내부 값입니다. 모델 훈련은 정해진 아키텍처를 바탕으로 최적의 파라미터를 찾는 과정입니다. 예를 들어, 입력 데이터 A에 대해 출력이 B가 되도록 학습시키면 파라미터 값들이 결정됩니다.

생성형 AI 모델Generative AI Model은 입출력 데이터 타입에 따라서 다음과 같이 분류합니다.

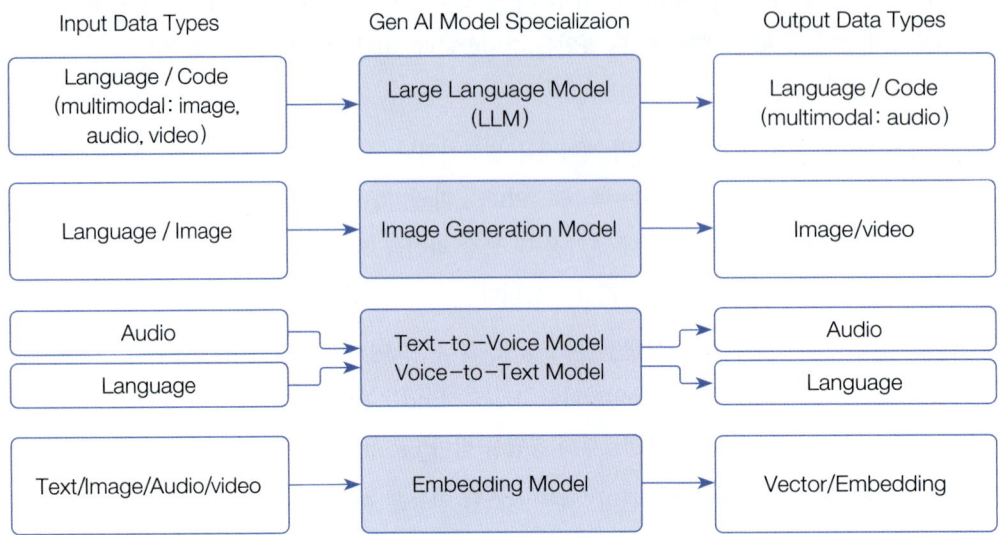

❶ 대규모 언어 모델Large Language Model, LLM은 인터넷 문서, 전자책, 논문, 소스 코드 등 방대한 양의 텍스트 데이터를 기반으로 사전학습pretraining된 인공지능 모델입니다. 일반적으로 수백억 개 이상의 파라미터를 갖고 있으며, 수 테라바이트TB 규모의 텍스트 데이터를 통해 인간 언어의 패턴과 의미를 학습했습니다.

초기의 LLM은 주로 텍스트 입력에 대한 텍스트 출력을 생성하는 데 초점을 맞췄지만, 최근에는 이미지, 오디오, 비디오 등 다양한 형태의 데이터를 함께 처리할 수 있는 멀티모달Multimodal 모델로 진화하고 있습니다.

LLM은 자연어 이해와 생성 능력을 바탕으로 질문 응답 시스템, 텍스트 요약, 번역, 코드 생성, 문서 자동화, 가상 비서와 같은 AI 에이전트 등 다양한 분야에 활용되며, 생성형 AIGenerative AI 기술의 핵심으로 자리 잡고 있습니다. (이 모델은 각 장에서 전반적으로 다룹니다.)

> **여기서 잠깐**
>
> ☼ **멀티모달**Multimodal
>
> 여러 가지 형태의 데이터(텍스트, 이미지, 오디오, 비디오)를 동시에 입력받고 처리할 수 있는 AI 모델의 기능을 말합니다.

❷ TTSText To Speech는 텍스트를 음성으로 변환하는 모델이며, STTSpeech To Text는 음성을 텍스트로 변환하는 모델을 말합니다. 이들 AI 모델은 문자 기반 대화를 음성 기반 인터페이스로 바꾸거나, 음성 입력을 문자로 전환해야 하는 다양한 애플리케이션(❹ 음성 비서, 자막 생성, 전화 응대 시스템 등)에서 사용됩니다. 위 그림에서는

Speech 대신 Voice라는 용어를 사용했습니다. (이 모델은 05장에서 집중적으로 다룹니다.)

❸ 이미지 생성형 모델^{Image Generation Model}은 텍스트를 입력받아 해당 설명에 맞는 새로운 이미지를 생성하거나 기존 이미지를 입력으로 받아 일부를 수정하거나 보완(인페인팅, 리터칭)하는 AI 모델을 말합니다. 이 AI 모델은 광고, 디자인, 예술, 엔터테인먼트 등 다양한 분야에서 창의적인 비주얼 콘텐츠를 빠르게 생성하는 데 활용됩니다. (이 모델은 06장에서 집중적으로 다룹니다.)

❹ 임베딩 모델^{Embedding Model}은 텍스트나 이미지를 입력으로 받아, 고차원 벡터로 매핑하는 AI 모델입니다. 벡터로 변환하는 이유는 텍스트나 이미지 간 유사도를 코사인 유사도^{Cosine Similarity}나 유클리드 거리^{Euclidean Distance} 등의 수학적 연산으로 손쉽게 측정할 수 있기 때문입니다. 임베딩 모델을 활용하면 문서 검색, 추천 시스템, 클러스터링, 분류 등 다양한 작업에서 빠르고 효율적인 유사도 검색이 가능해집니다. (이 모델은 08장에서 집중적으로 다룹니다.)

이러한 AI 모델들은 다양한 연구기관과 기업에서 이미 개발되었고, 꾸준히 새로운 버전이 발표되며 성능이 개선되고 있습니다. 이 책에서는 OpenAI에서 제공하는 AI 모델들을 사용합니다. 위에서 분류한 대부분의 AI 모델들이 개발되어 있고, 다른 업체의 AI 모델과 비교해서 사용하기가 쉽고, 높은 성능을 가지고 있기 때문입니다.

다음은 OpenAI에서 제공하는 전체 AI 모델을 볼 수 있는 페이지입니다.

https://platform.openai.com/docs/models

각 AI 모델 이미지를 클릭하면 상세 페이지로 들어갈 수 있는데, AI 모델의 특징, 성능, 입출력 형태, 사용료 등을 알 수 있습니다. 새로운 AI 모델들이 추가되고, 이전 AI 모델이 없어지는 상황이어서, 애플리케이션을 개발할 때 구체적으로 어떤 AI 모델을 사용하면 좋다고 말할 수는 없습니다. 이 책에서는 집필 시점에서 사용료가 저렴하면서 비교적 성능이 우수한 AI 모델을 기준으로 설명합니다.

1.3 Spring AI 소개

AI 애플리케이션을 개발할 때 가장 먼저 마주하는 질문은 "어떻게 AI 모델에 입력 데이터를 전달하고, 모델의 결과를 사용자에게 보여줄 것인가?"입니다. 이 과정을 하나하나 직접 구현하다 보면 코드가 복잡해지고, 나중에 기능을 추가하거나 수정할 때 큰 어려움이 생깁니다. 그래서 AI 애플리케이션을 위한 프레임워크가 필요합니다.

파이썬 AI 애플리케이션 개발용 프레임워크인 랭체인^{LangChain}은 프롬프트 ▶ 응답 ▶ 후처리 과정을 체인chain 형태로 연결해 데이터 흐름을 단순화하도록 설계되었습니다. 또한 대화 기억, 문서 검색 기반 답변RAG, 도구 호출 기능을 기본으로 제공합니다.

자바 AI 애플리케이션 개발용으로 제공되는 Spring AI는 내부 구현 방식은 랭체인과 다르지만, 유사한 기능을 제공합니다. Spring AI는 OpenAI, Hugging Face 등 다양한 LLM을 자동으로 구성하고, 엔터프라이즈 환경에 적합한 여러 벡터 저장소 연동을 지원합니다. 대화 기억 저장 방식도 여러 옵션을 제공하며, 문서 검색 기반 답변RAG, 도구 호출, MCP 서버 개발 기능을 모두 제공합니다.

다음은 Spring AI와 랭체인Langchain을 비교한 표입니다. 개발 언어, 방법, 런타임 플랫폼만 다를 뿐 제공하는 기능은 거의 동일하다고 볼 수 있습니다.

비교 항목	랭체인(LangChain)	Spring AI
언어 / 플랫폼	Python / Node.js	Java / Spring Boot
핵심 개념	프롬프트-응답 단계를 체인(chain)으로 연결	스프링 빈으로 자동 주입된 API로 프롬프트-응답 단계를 메소드 호출로 처리
대화 기억	지원	지원
구조화된 출력(Structured Output)	JSON 형식 지원	JSON 형식 및 자바 객체로 역직렬화 지원
벡터 저장소	지원	지원
도구(함수) 호출 (Tool(Function) Calling)	지원	지원
멀티모달 지원	다양한 입력 데이터 지원	다양한 입력 데이터 시원
비동기 / 스트리밍	asyncio 기반 비동기·스트리밍 지원	WebFlux 기반 비동기 스트리밍 지원
문서 검색 기반 답변(RAG)	지원	지원
MCP Server 개발	미지원	지원

Spring AI는 Spring 웹 애플리케이션에 익숙한 자바 개발자에게 친숙한 개발 경험을 제공합니다. Spring Boot 환경 내에서 AI 모델을 마치 로컬 라이브러리처럼 손쉽게 다룰 수 있으며, 자동 구성을 통해 최소한의 코드로 개발할 수 있도록 다양한 Spring Boot Starter 의존성을 지원합니다.

다음은 Spring AI 도큐먼트 페이지입니다.

https://docs.spring.io/spring-ai/reference/

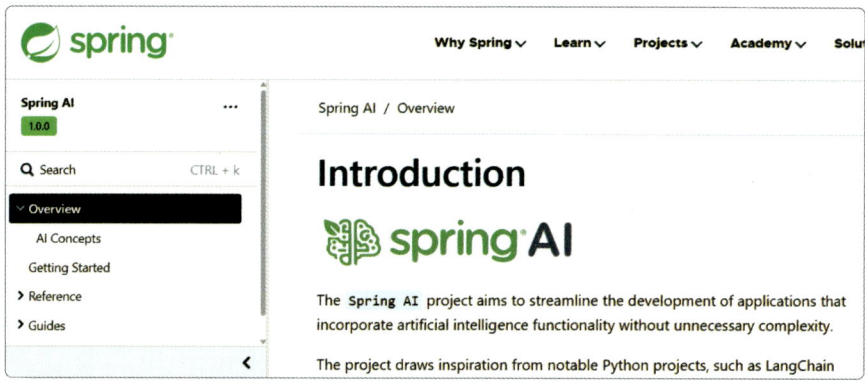

1.4 Spring AI 개발 환경 구축

Spring AI 1.0.0 버전은 집필 시점에 Spring Boot 3.4.x를 지원합니다. 3.5가 출시되면 바로 지원할 예정이라고 하지만, 가능하면 이 책을 학습할 동안에는 Spring Boot 3.4.x 버전을 사용하시기 바랍니다. Spring Boot 3.4.x는 Java 17 이상 개발 및 실행 환경이 필요합니다. 책에서는 Java 21을 사용합니다.

01 Java 21 설치 파일을 아래 페이지에서 받고 설치해 주세요.

> https://www.oracle.com/kr/java/technologies/downloads/

설치 후에는 JAVA_HOME과 Path 환경 변수를 설정해 주세요.

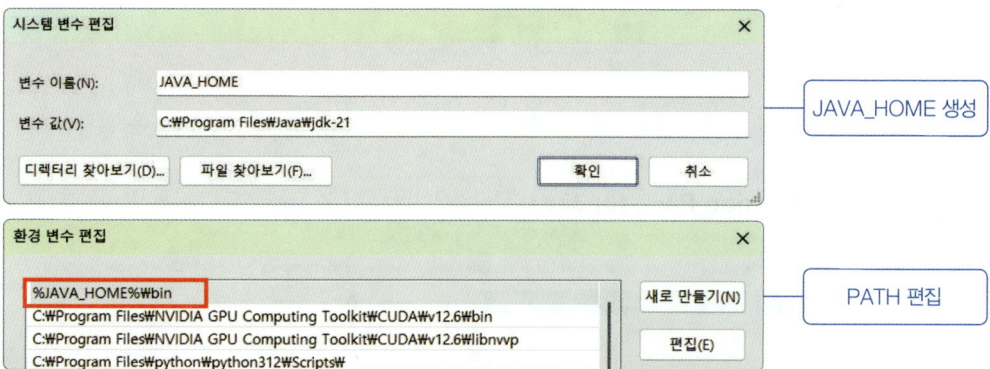

개발 툴로서는 Visual Studio Code(이하 VS Code), Spring Tools for Eclipse, IntelliJ IDEA 중 어떤 것을 사용해도 좋습니다. 이 책에서는 Windows 운영체제에서 VS Code를 사용합니다. 가볍게 프로젝트를 열어보고 실행하는 데는 VS Code가 편리하지만, 개발 생산성을 고려한다면 Spring Tools for Eclipse, IntelliJ IDEA를 추천합니다.

02 VS Code 설치 파일을 아래 페이지에서 받아 설치합니다.

> https://code.visualstudio.com

설치 도중에 나오는 다음 옵션들을 체크하는 것이 편리합니다. 이 옵션들은 파일 탐색기에서 마우스 우클릭했을 때 컨텍스트 메뉴에 [Code(으)로 열기]가 나오도록 합니다. 탐색기에서 프로젝트 폴더를 선택하고 [Code(으)로 열기] 메뉴를 선택하면 매우 편리하게 VS Code로 프로젝트를 열 수 있습니다.

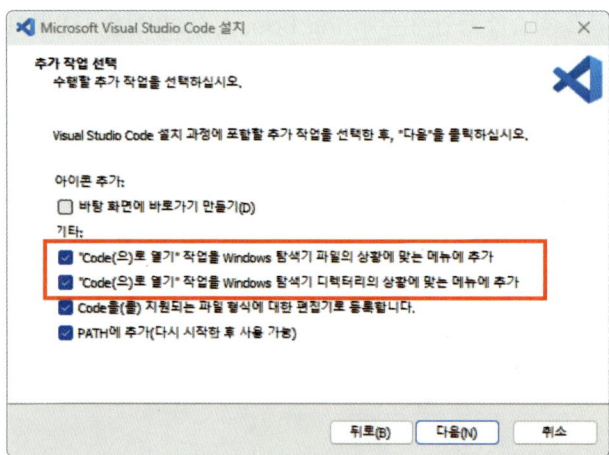

03 VS Code에서 Spring 애플리케이션을 개발할 때 편리성을 제공하는 다음 확장들을 설치합니다.

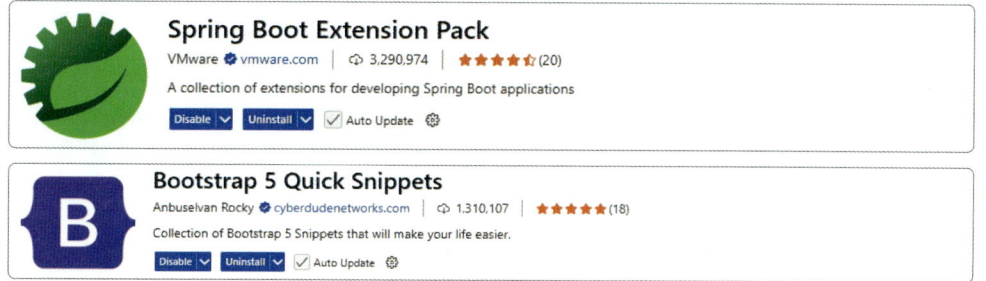

설치가 완료되면 다음과 같이 설치된 확장 목록을 볼 수 있습니다.

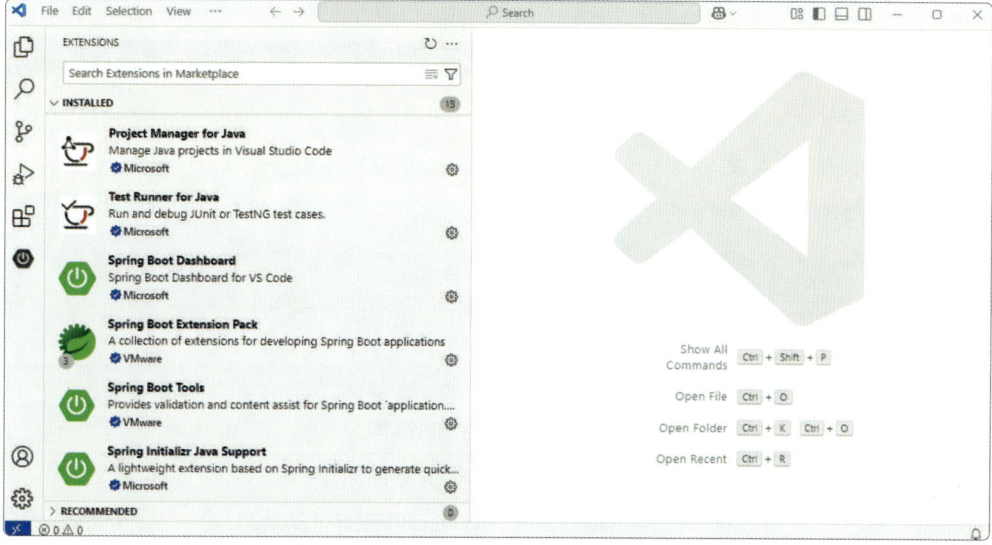

1.5 예제 소스 설치

책의 각 장에서 설명하는 프로젝트는 책과 함께 제공되는 예제 소스에 모두 포함되어 있습니다. 공통되는 부분은 각 장에서 중복 설명을 하지 않으므로 예제 소스로 제공되는 프로젝트를 VS Code에서 열고 전체 코드를 확인하면서 학습해야 합니다. 예제 소스는 다음과 같이 설치합니다.

01 출판사 한빛 (https://www.hanbit.co.kr) 페이지로 방문해서 상단 검색에서 도서 이름으로 이 책에 대한 페이지를 찾습니다.

02 페이지 아래쪽에 있는 부록/예제소스 탭에서 예제 소스를 다운로드합니다. 파일 이름은 source.zip입니다.

03 source.zip 파일을 다음과 같이 사용자 홈 폴더에서 압축을 해체해 주세요. 압축을 해제하면 book-spring-ai 폴더가 나옵니다.

```
C:/사용자/<사용자계정>/book-spring-ai
```

> **NOTE** 앞으로 C:/사용자/<사용자계정>은 생략하고 book-spring-ai 폴더로 기술합니다.

> **여기서 잠깐**
> ☆ **경로 구분자**
> 윈도우 운영체제의 표준 경로 구분자는 ₩ 이지만, 본문에서는 /로 표기합니다. 윈도우에서는 ₩와 /를 모두 경로 구분자로 사용할 수 있습니다.

04 book-spring-ai 폴더 구조는 다음과 같습니다.

폴더명	설명
projects	각 장의 프로젝트들이 저장되어 있는 폴더입니다.
data	프로젝트를 실행할 때 필요한 리소스 파일들이 저장되어 있습니다.
docker	Docker 컨테이너를 생성하기 위한 파일들이 저장되어 있습니다.
other	기타 파일들이 저장되어 있는 폴더입니다. 본문에서 필요할 때 사용합니다.

1.6 Spring AI 프로젝트 생성

책의 각 장에서는 projects 폴더에 있는 프로젝트를 VS Code에서 열고, 소스 코드를 확인하는 방법으로 학습을 진행합니다. 각 장에서는 프로젝트 생성 방법은 설명하지 않습니다. 그래도 VS Code에서 프로젝트를 생성하는 실습은 한 번 필요하므로 이번 절에서 하려고 합니다.

01 VS Code의 우측 하단 톱니 모양의 아이콘을 클릭하고 Command Palette…를 선택하거나, 단축키로 `Ctrl`+`Shift`+`P`를 누릅니다.

02 상단 입력란에서 Spring Initializr를 입력하는 도중에, 나오는 드롭다운 메뉴에서 Spring Initializr: Create a Gradle Project…을 선택합니다.

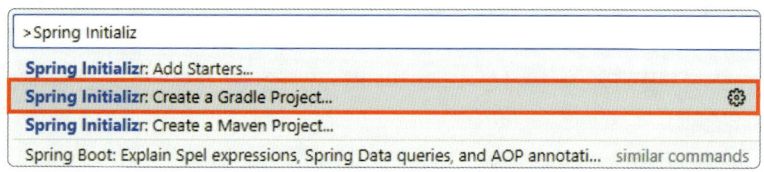

03 사용할 Spring Boot version은 3.4.x 버전을 선택합니다.

04 Project Language로 Java를 선택합니다.

05 Group Id는 기본 com.example을 그대로 두고, `Enter` 키를 누릅니다.

06 Artifact Id도 기본 demo를 그대로 두고 `Enter` 키를 누릅니다.

07 Packaging type은 Jar를 선택합니다.

08 Java version은 21을 선택합니다.

09 의존성 dependencies 에는 Spring Web, Spring Reactive Web, Thymeleaf, Lombok, OpenAI 등 5가지 스타터를 선택합니다. 선택이 완료되면 `Enter` 키를 누릅니다.

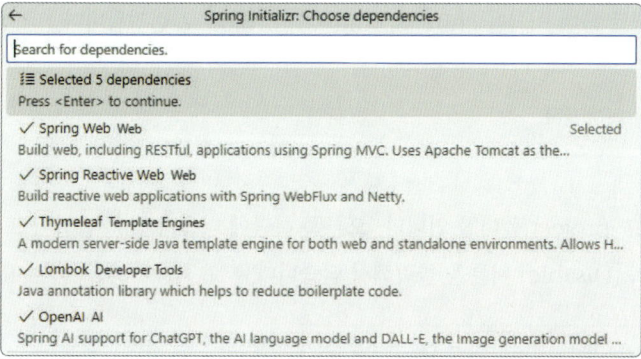

❶ Spring Web(일명 WebMVC)은 Servlet 기반 동기(블로킹) 방식의 스타터입니다. Spring Reactive Web(일명 WebFlux)은 Netty 기반 비동기(넌블로킹) 방식의 스타터입니다. 둘 중 하나만 의존성으로 추가해서 웹 애플리케이션을 개발하는 것이 맞습니다.

하지만, Spring Web에서 WebClient와 같은 비동기 웹 클라이언트를 사용하려면, Spring Reactive Web이 필요합니다. 두 스타터를 동시에 의존성으로 추가하면, Spring Web Starter를 이용해서 애플리케이션을 자동 구성하고, Spring Reactive Web 스타터는 API만 제공합니다.

이 책의 대부분의 프로젝트는 Spring Web 기반이며, 외부 REST API를 사용할 때 WebClient를 사용합니다. 그래서 Spring Reactive Web 스타터도 같이 의존성으로 가지고 있습니다.

❷ src/main/resources/templates 폴더는 뷰 템플릿용으로 예약되어 있기 때문에 뷰 리졸버가 템플릿 파일을 찾을 때 참조합니다. 자바 기반 템플릿 엔진인 Thymeleaf를 스타터로 추가하면 templates 폴더 아래의 .html 파일들을 Thymeleaf 템플릿으로 해석해서 동적으로 데이터를 주입해줍니다. 하지만 책에서는 동적 데이터 주입은 사용하지 않습니다.

주의할 점은 HTML 파일을 생성하거나 수정한 후에는 프로젝트를 재시작해야 합니다. Thymeleaf가 HTML 템플릿을 재해석하는 과정이 필요하기 때문입니다.

❸ Lombok을 의존성으로 추가함으로써 편리한 로깅을 위해서 @Slf4j를 사용할 수 있습니다.

❹ OpenAI를 의존성으로 추가함으로써 Spring AI는 애플리케이션에서 OpenAI가 제공하는 AI 모델들을 편리하게 사용할 수 있도록 자동 구성을 해줍니다.

10 [폴더 선택 다이얼로그]에서 프로젝트가 저장될 부모 폴더를 선택해 줍니다. 어디서 생성하든지 상관이 없습니다. [Generate into this folder] 버튼을 클릭합니다. 프로젝트는 demo 폴더로 생성됩니다.

11 성공적으로 생성했다는 팝업이 오른쪽 하단에 뜰 텐데 [Open] 버튼을 클릭하지 말고, X를 클릭해서 팝업을 닫습니다.

12 파일 탐색기에서 demo 프로젝트 폴더 이름을 ch01-spring-ai-project로 변경합니다.

> demo 폴더 ➜ ch01-spring-ai-project 폴더

13 VS Code로 ch01-spring-ai-project 폴더를 엽니다. 오른쪽 하단에 다음과 같은 팝업이 뜨면 빌드 시 null 검사를 하지 않도록 [Disable] 버튼을 클릭해서 닫습니다.

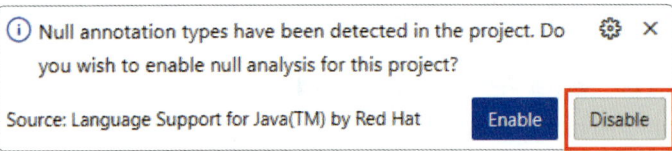

14 settings.gradle 파일을 열고 다음과 같이 프로젝트 이름을 변경합니다.

```
rootProject.name = 'ch01-spring-ai-project'
```

15 build.gradle 파일을 열고 Spring AI 버전을 확인해 보겠습니다. 프로젝트 생성 시 OpenAI 스타터 의존성을 추가했기 때문에 다음 내용이 추가되어 있습니다.

```
ext {
  set('springAiVersion', "1.0.0")
}
...
dependencyManagement {
  imports {
    mavenBom "org.springframework.ai:spring-ai-bom:${springAiVersion}"
  }
}
```

ext 섹션의 set('springAiVersion', "1.0.0")은 build.gradle 파일 내부에서 사용할 springAi Version 변수를 '1.0.0' 값으로 세팅합니다. 이 변수를 dependencyManagement 섹션에서 spring-ai-bom 버전으로 지정했습니다. 이렇게 하면 dependencies 섹션에서 spring-ai 스타터 버전을 생략할 수 있습니다. 만약 Spring AI 버전을 올리고 싶으면 springAiVersion 변수 값만 바꾸면 됩니다.

16 이제 의존성을 살펴보겠습니다. dependencies 섹션을 보면 다음과 같이 스타터 의존성과 일반 의존성이 추가되어 있습니다.

```
dependencies {
  implementation 'org.springframework.boot:spring-boot-starter-thymeleaf'
  implementation 'org.springframework.boot:spring-boot-starter-web'
  implementation 'org.springframework.boot:spring-boot-starter-webflux'
  implementation 'org.springframework.ai:spring-ai-starter-model-openai'
  compileOnly 'org.projectlombok:lombok'
  annotationProcessor 'org.projectlombok:lombok'
  testImplementation 'org.springframework.boot:spring-boot-starter-test'
```

```
        testImplementation 'io.projectreactor:reactor-test'
        testRuntimeOnly 'org.junit.platform:junit-platform-launcher'
}
```

의존성을 분리해서 정리해 보겠습니다.

```
dependencies {
    // 공통
    implementation 'org.springframework.boot:spring-boot-starter-thymeleaf'
    implementation 'org.springframework.boot:spring-boot-starter-web'
    implementation 'org.springframework.boot:spring-boot-starter-webflux'
    compileOnly 'org.projectlombok:lombok'
    annotationProcessor 'org.projectlombok:lombok'
    testImplementation 'org.springframework.boot:spring-boot-starter-test'
    testImplementation 'io.projectreactor:reactor-test'
    testRuntimeOnly 'org.junit.platform:junit-platform-launcher'

    // Spring AI
    implementation 'org.springframework.ai:spring-ai-starter-model-openai'
}
```

공통 의존성은 일반적인 애플리케이션을 개발할 때 추가하는 의존성입니다. Spring AI 의존성은 spring-ai-starter-model-openai 스타터 하나뿐입니다. 버전이 생략되었기 때문에 1.0.0이 사용됩니다.

> **주의**
>
> ☆ **수정된 빌드 정보로 반드시 프로젝트를 갱신해야 합니다.**
>
> build.gradle 파일을 수정하면, 오른쪽 하단에 항상 다음과 같은 팝업이 뜹니다. 이 팝업은 매우 중요합니다. 수정된 내용으로 의존성을 다운로드하고, 프로젝트 구성을 갱신하도록 물어보는 내용입니다. 반드시 [Yes] 버튼을 클릭해야만 수정된 내용이 반영됩니다.

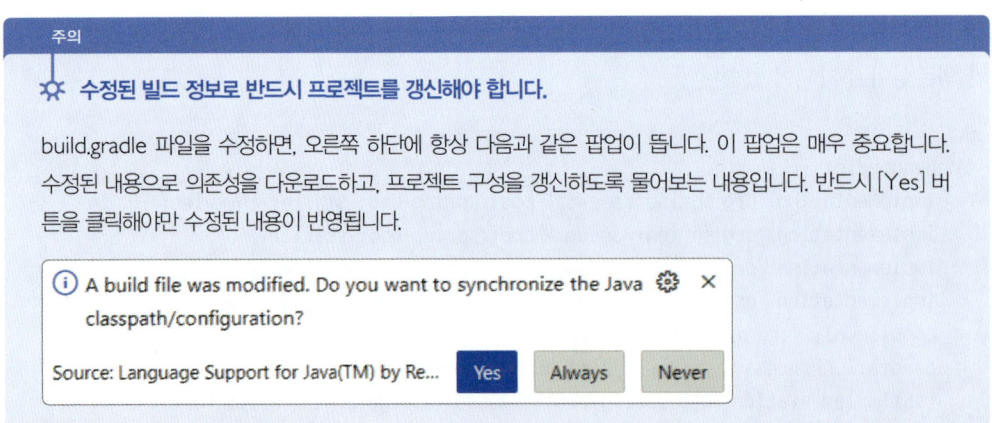

> **여기서 잠깐**
>
> ### 💡 Java 상태 표시
>
> VS Code는 프로젝트의 현재 상태가 정상일 경우에 왼쪽 하단의 상태 표시줄에 다음과 같이 Java:Ready로 표시가 됩니다.
>
> 만약 Java:Ready가 아니라면, workspace를 다음과 같이 clean을 해볼 필요가 있습니다.
>
> 상태 표시 글자 위로 마우스로 클릭 ▶ Clean Workspace Cache... 선택 ▶ [Reload and delete] 버튼 클릭

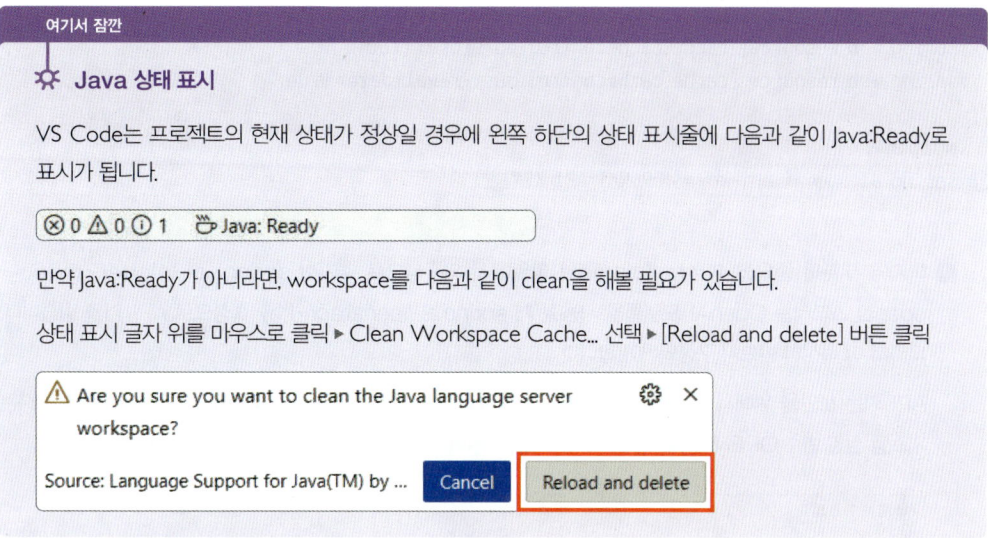

17 src/main/resources/application.properties 파일을 엽니다. 이 파일은 애플리케이션 구성 파일입니다. 애플리케이션을 실행할 때 적용할 내용들을 다음과 같이 구성해 줍니다.

```
## 프로젝트 이름
spring.application.name=ch01-spring-ai-project

## 서버 포트
server.port=8080

## 터미널 칼라 출력
spring.output.ansi.enabled=ALWAYS

## 로깅
logging.pattern.console=%clr(%-5level){green} %clr(%logger.%M\\(\\)){cyan}: %msg%n

## 파일 업로드
spring.servlet.multipart.enabled=true
spring.servlet.multipart.max-file-size=10MB
spring.servlet.multipart.max-request-size=15MB

## 정적 리소스에 대해 캐시 사용 안 함
spring.web.resources.cache.cachecontrol.no-cache=true
```

```
spring.web.resources.cache.cachecontrol.no-store=true
spring.web.resources.cache.cachecontrol.must-revalidate=true

## OpenAI
```
❶ `spring.ai.openai.api-key=${OPENAI_API_KEY}`

❶ 마지막 부분이 중요합니다. build.gradle 파일에서 의존성으로 추가한 spring-ai-starter-model-openai 스타터는 OpenAI 모델들을 사용할 때 spring.ai.openai.api-key 속성으로 API 키를 읽습니다. 따라서 이 속성이 반드시 구성되어야 합니다.

API 키는 보안을 위해서 시스템 환경 변수로 저장하고, 읽어오는 것이 좋습니다. ${OPENAI_API_KEY}는 시스템 환경 변수 OPENAI_API_KEY로부터 값을 읽어옵니다.

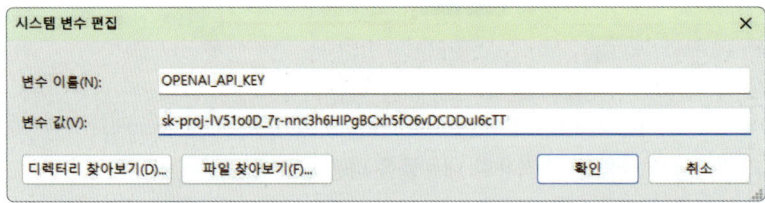

OpenAI API 키를 얻는 방법은 이 책 부록에 실려 있습니다. 부록을 참고해서 반드시 OpenAI 키를 얻고, 시스템 환경 변수를 생성하세요. 그러고 나서 VS Code를 재시작해서 생성한 환경 변수 정보를 이용할 수 있도록 해주세요.

18 이제 프로젝트를 실행해서 실행 오류가 없는지 확인해야 합니다. [좌측 사이드 바 ▶ Spring Boot Dashboard 아이콘]을 클릭하면, 상단 APPS 뷰의 프로젝트명 오른쪽에 삼각형 아이콘을 볼 수 있습니다. 이 아이콘을 클릭하면 프로젝트가 실행됩니다.

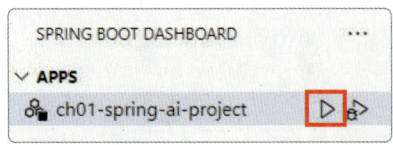

```
INFO  org.apache.catalina.core.StandardService.log(): Starting service [Tomcat]
INFO  org.apache.catalina.core.StandardEngine.log(): Starting Servlet engine: [Apache Tomcat/
INFO  org.apache.catalina.core.ContainerBase.[Tomcat].[localhost].[/].log(): Initializing Spri
INFO  org.springframework.boot.web.servlet.context.ServletWebServerApplicationContext.prepareW
INFO  org.springframework.boot.web.embedded.tomcat.TomcatWebServer.start(): Tomcat started on
INFO  com.example.demo.DemoApplication.logStarted(): Started DemoApplication in 2.445 seconds
```

19 src/main/java/com/example/demo 패키지 아래에 controller 패키지를 만들고, HomeController.java 파일을 생성합니다. 그리고 다음과 같이 작성합니다.

```java
@Controller
public class HomeController {
  @GetMapping("/")
  public String home() {
    return "home";
  }
}
```

HomeController 클래스는 브라우저가 http://localhost:8080으로 요청하면 src/main/resources/templates/home.html 템플릿을 실행하고 HTML 응답을 제공합니다.

20 src/main/resources/templates 폴더에서 home.html 파일을 다음과 같이 작성합니다.

```html
<!DOCTYPE html>
<html>

<head>
  <meta charset="UTF-8" />
  <meta name="viewport" content="width=device-width, initial-scale=1.0" />
  <title>Spring AI</title>
</head>

<body>
  <h4>Spring AI 테스트 페이지</h4>
  <hr/>
</body>

</html>
```

templates 폴더에 있는 HTML 파일은 정적 파일이 아니라, Thymeleaf로 해석되는 동적 템플릿 파일입니다. 따라서 새로 생성하였거나 수정하면 반드시 프로젝트를 재실행해야 합니다.

21 프로젝트를 재실행하고 브라우저로 http://localhost:8080으로 요청합니다. 다음과 같은 화면이 나오면 HomeController와 home.html 템플릿이 정상적으로 실행된 것입니다.

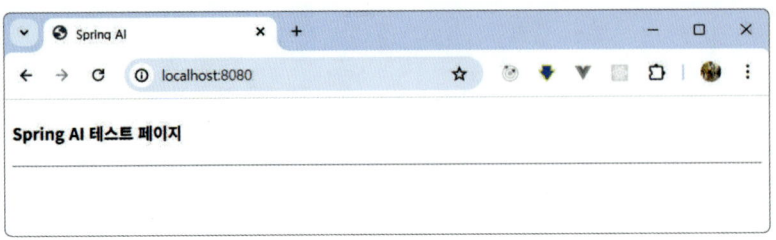

1.7 Spring AI 학습을 위한 UI 구성

각 장의 프로젝트는 유사한 사용자 인터페이스를 사용합니다. 책에서는 Spring AI에 중점을 두기 위해, 각 장에서 UI 관련 설명은 꼭 필요한 경우가 아니라면 생략합니다. 이 절에서 UI가 어떻게 구성되고 동작하는지 개략적으로 이해한 뒤, 이후 장들을 학습하실 때 참고하시기 바랍니다.

01 지금부터는 책과 함께 제공하는 프로젝트를 사용하겠습니다. VS Code에서 book-spring-ai/ch01-spring-ai-project 프로젝트 폴더를 엽니다. 프로젝트 src 구조는 다음과 같습니다.

- **static 폴더:** 이 폴더에는 애플리케이션의 정적 리소스들이 저장됩니다.

  서브 폴더인 js를 보면 springai.js 파일이 있습니다. 이 파일에는 templates 폴더의 템플릿 파일(.html)들이 공통적으로 사용하는 자바스크립트 함수들이 정의되어 있습니다.

  이들 함수는 window.springai 객체의 메소드로 작성되어 있습니다. 따라서 호출할 때에는 springai.메소드() 형태로 코드를 작성해야 합니다.

- **templates 폴더:** 이 폴더에는 Thymeleaf의 템플릿 파일(.html)들이 저장됩니다.

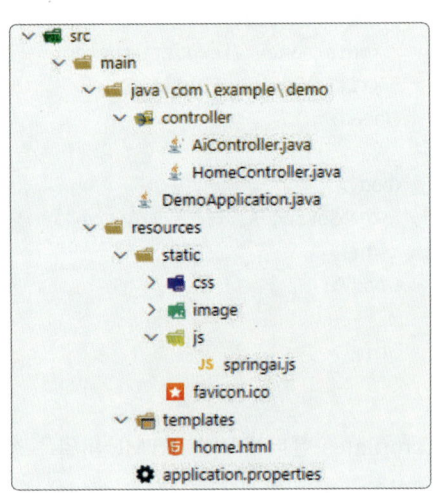

02 src/main/resources/templates/home.html 파일을 엽니다. ⟨head⟩ 태그 내용은 다음과 같습니다.

```
<head>
    <meta charset="UTF-8" />
    <meta name="viewport" content="width=device-width, initial-scale=1.0" />
    <title>Spring AI</title>
❶   <link href="https://.../bootstrap@5.3.5/dist/css/bootstrap.min.css"
          rel="stylesheet" />
    <script src="https://.../bootstrap@5.3.5/dist/js/bootstrap.bundle.min.js"></script>

❷   <link href="/css/springai.css" rel="stylesheet" />
    <script src="/js/springai.js"></script>

❸   <script> ... </script>
</head>
```

❶ CSS 프레임워크로 Bootstrap 5.3.5 버전을 사용합니다.

❷ 페이지에서 공통적으로 사용하는 외부 스타일과 자바스크립트 파일을 로딩합니다. static/css 폴더와 static/js 폴더에 있는 springai.css 파일과 springai.js 파일을 로딩하고 있습니다.

❸ ⟨body⟩ 내부에서 발생하는 이벤트를 처리하는 자바스크립트 코드들이 작성됩니다.

03 home.html의 ⟨body⟩는 3개의 패널로 수직 분할되어 있습니다.

```
<body>
    <div class="d-flex flex-column vh-100">
❶       <div id="headPanel" class="navbar justify-content-between">
            ...
        </div>

❷       <div id="chatPanel" class="flex-grow-1 container-fluid h-100 my-2" style="...">
            ...
        </div>
```

```
    <div id="inputPanel" class="bg-secondary-subtle">
❸       ...
    </div>
  </div>
</body>
```

❶ headPanel에는 페이지 상단 이미지와 응답이 올 때까지 표시할 스피너가 추가되어 있습니다.

❷ chatPanel에는 대화 내용을 보여줍니다. 사용자 질문은 오른쪽, AI 모델 출력은 왼쪽에 출력됩니다. chatPanel은 각 장의 테스트 내용에 따라서 다른 패널로 변경될 수 있습니다. 예를 들어 이미지 생성형 모델을 테스트할 경우에는 imagePanel로 사용됩니다.

❸ inputPanel에는 사용자의 질문, 파일 선택과 같은 입력 양식들이 배치됩니다.

04 src/main/java/com/example/demo/controller/AiController.java 파일을 엽니다. 이 클래스에는 /ai/chat 요청 매핑 메소드인 chat() 메소드가 있습니다.

> **NOTE** src/main/java/com/example/demo는 모든 자바 클래스의 공통 경로입니다. 앞으로는 이 경로는 생략하고 controller/AiController.java와 같이 하위 경로만 언급하도록 하겠습니다.

```java
@RestController
@RequestMapping("/ai")
@Slf4j
public class AiController {
  // #### 요청 매핑 메소드 ####
  @PostMapping(
      value = "/chat",
      consumes = MediaType.APPLICATION_FORM_URLENCODED_VALUE,
      produces = MediaType.TEXT_PLAIN_VALUE)
  public String chat(@RequestParam("question") String question) {
    return "아직 모델과 연결되지 않았습니다.";
  }
}
```

- consumes는 클라이언트로부터 받아야 할 HTTP 요청 본문 타입입니다. @RequestParam을 사용해서 요청 본문의 파라미터 값을 읽으려면 MediaType.APPLICATION_FORM_URLENCODED_VALUE(application/x-www-form-urlencoded) 타입으로 받아야 합니다. 따라서 클라이언트의 요청 Content-Type 헤더 값도 동일하게 맞춰야 합니다.

- produces는 서버가 보내는 HTTP 응답 본문 타입입니다. 동기 응답을 보낼 경우에는 완전한 텍스트 타입인 MediaType.TEXT_PLAIN_VALUE (text/plain)로 설정하고, 비동기(스트리밍) 응답을 보낼 경우에는 라인 단위 청크 텍스트 타입인 MediaType. APPLICATION_NDJSON_VALUE (application/x-ndjson)로 설정합니다. 따라서 클라이언트의 요청 Accept 헤더 값도 동일하게 맞춰야 합니다.

> **여기서 잠깐**
>
> ☆ 라인 단위의 청크 텍스트를 보낼 때 사용할 수 있는 MimeType
>
> - **MediaType. APPLICATION_NDJSON_VALUE (application/x-ndjson)**
>   - 라인 단위의 JSON 스트리밍 포맷 (Newline-Delimited JSON)
>     ```
>     {"user":"alice","msg":"첫 번째 메시지"}
>     {"user":"bob","msg":"두 번째 메시지"}
>     {"user":"carol","msg":"세 번째 메시지"}
>     ```
>   - 단순 라인 단위로 구분된 텍스트에도 사용할 수 있음
>
> - **MediaType. TEXT_EVENT_STREAM_VALUE (text/event-stream)**
>   - Server-Sent Events(SSE)용으로 설계된 텍스트 이벤트 스트리밍 포맷
>   - 애플리케이션이 클라이언트로 이벤트 단위 텍스트를 보낼 때 사용(예 실시간 알림)
>   - 각 이벤트는 data:로 시작하는 한 줄 이상의 텍스트 블록으로 전송
>     ```
>     data: 첫 번째 메시지 내용
>     data: (빈 줄)      // 블록 끝
>     (빈 줄)            // 블록간 구분자
>     data: 첫 번째 메시지 내용
>     data: (빈 줄)      // 블록 끝
>     ```

05 src/main/resources/templates/home.html 파일을 다시 열고, /ai/chat를 요청하는 fetch() 함수 호출 코드를 보겠습니다.

```
async function handleSubmit() {
    ...
    // AJAX 요청하고 응답받기
❶   const response = await fetch('/ai/chat', {
        method: "post",
        headers: {
❷           'Content-Type': 'application/x-www-form-urlencoded',
            'Accept': 'text/plain'
```

```
    },
❸   body: new URLSearchParams({ question })
    ...
});
```

❶ fetch() 함수는 비동기 Promise를 반환하기 때문에 동기 방식으로 블로킹하기 위해 await를 앞에 붙였습니다. 따라서 이 코드를 포함하고 있는 함수는 async를 붙여야 합니다.

❷ headers 속성을 보면 객체 형태로 작성되었습니다. 그 안에는 Content-Type 속성과 Accept 속성이 있습니다. Content-Type 속성은 요청 본문 타입을 말하며, Accept는 받고 싶은 응답 본문의 타입을 말합니다. 이들 타입은 AiController 클래스에서 chat() 메소드의 consumes, produces와 일치해야 합니다.

동기(완전한 텍스트) 응답을 받고 싶으면 text/plain을, 비동기(라인 단위의 스트리밍 청크 텍스트) 응답을 받고 싶으면 application/x-ndjson을 Accept 속성값으로 지정하면 됩니다.

❸ 요청 본문에 'question=질문내용' 형식으로 텍스트를 넣습니다.

06 프로젝트를 실행하고 브라우저로 http://localhost:8080으로 요청합니다. 그럼 다음과 같은 UI 페이지가 나옵니다. 질문을 입력하고 [제출] 버튼을 클릭하면 사용자 질문은 오른쪽에, AI 모델 출력은 왼쪽에 정렬하여 보여줍니다.

책의 각 장에서는 home.html을 조금씩 변경해서 다음과 같은 UI 페이지를 사용하고 있습니다. 01장에서 설명한 구조를 바탕으로 변경했기 때문에 어렵지 않게 UI 페이지 코드를 이해할 수 있을 겁니다.

Chapter 02

텍스트 대화

2.1 Chat Model API
2.2 Chat Model API 사용하기
2.3 ChatModel 스트리밍 응답
2.4 ChatClient 사용하기

2.1 Chat Model API

Spring AI는 다음과 같이 AI 모델들을 분류하고 같은 분류에 속하는 모델들을 통일화된 방법으로 사용하기 위해 API를 제공하고 있습니다.

모델 구분	설명	주요 API
Chat Model	Text, Image To Text 모델 (LLM)	ChatModel
Image Model	Text To Image 모델	ImageModel
Audio Model	Text To Speech, Speech To Text	SpeechModel
Embedding Model	Text To Vector 모델	EmbeddingModel

개발자는 업체별 제공 AI 모델에 종속적이지 않은 이들 API를 이용해서 모델을 호출하고, 응답을 처리할 수 있습니다. 그래서 AI 모델이 변경되더라도 애플리케이션의 소스 변경은 최소화됩니다.

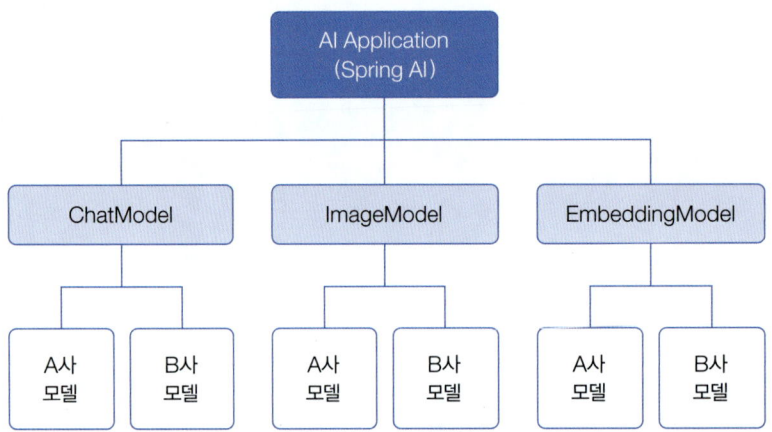

다른 API는 다른 장에서 설명하기로 하고, 이번 장은 Chat Model API에 대해서만 학습하겠습니다.

Chat Model API는 AI 기반 대화 기능을 애플리케이션에 통합할 수 있도록 합니다. 이 API는 사전 학습된 LLM을 활용하여 사용자의 텍스트 질문 및 이미지를 분석하고 인간처럼 텍스트 답변을 생성합니다.

Chat Model API는 역할별로 시스템 메시지와 사용자 메시지를 생성해서 프롬프트를 생성하고, 이것을 LLM에 전송합니다. LLM은 학습 데이터와 자연어 패턴에 대한 이해를 바탕으로 답변을 생성하고 AI 메시지를 반환합니다.

Chat Model API는 다양한 AI 모델과 상호작용할 수 있는 간단한 인터페이스로 설계되어 있기 때문에, 개발자들이 최소한의 코드 변경으로 다른 LLM으로 쉽게 전환할 수 있습니다.

ChatModel 인터페이스

ChatModel은 Model을 상속받는 텍스트 기반 대화형 인터페이스입니다.

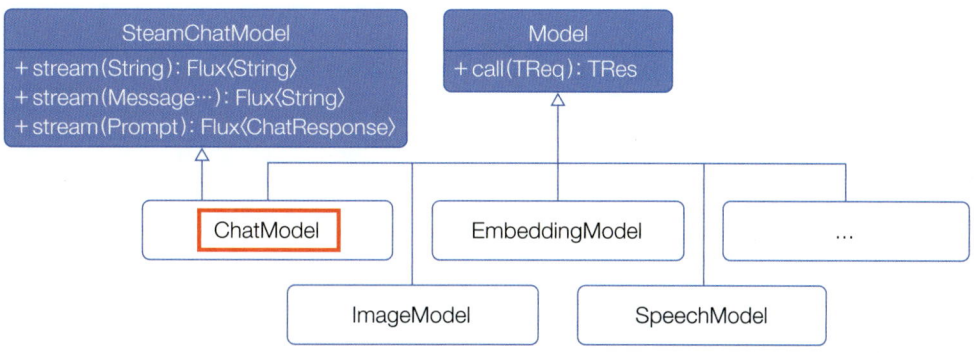

ChatModel 인터페이스 정의는 다음과 같습니다.

```
public interface ChatModel
  extends Model <Prompt, ChatResponse>, StreamingChatModel {
    default String call(String message) {
        ...
    }
    default String call(Message...messages) {
        ...
    }
    @Override ChatResponse call(Prompt prompt);
}
```

call() 메소드는 매개값으로 주어진 문자열, 메시지, 프롬프트를 가지고 LLM에게 동기 요청을 보냅니다. 그리고 LLM으로부터 완전한 응답을 받고 String 또는 ChatResponse로 반환합니다.

StreamChatModel에서 상속된 stream() 메소드는 매개값으로 주어진 문자열, 메시지, 프롬프트를 가지고 LLM에게 비동기 요청을 보냅니다. 자세한 설명은 바로 이어서 나오는 StreamingChatModel 인터페이스에서 하겠습니다.

StreamingChatModel 인터페이스

StreamingChatModel은 비동기 스트림 텍스트 응답을 위해 StreamingModel을 상속받는 텍스트 기반 대화형 인터페이스입니다.

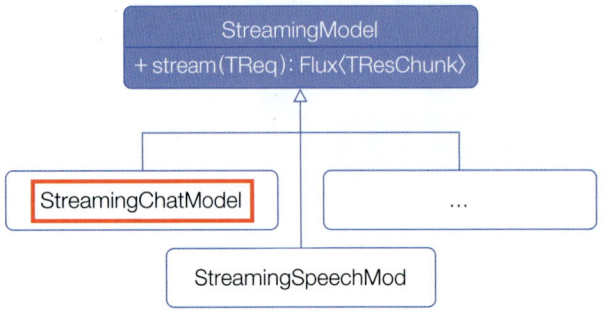

StreamingChatModel 인터페이스 정의는 다음과 같습니다.

```
public interface StreamingChatModel
    extends StreamingModel <Prompt, ChatResponse> {
    default Flux <String> stream(String message) {
        ...
    }
    default Flux <String> stream(Message...messages) {
        ...
    }
    @Override Flux <ChatResponse> stream(Prompt prompt);
}
```

stream() 메소드는 매개값으로 주어진 문자열, 메시지, 프롬프트를 가지고 LLM에게 비동기 요청을 보냅니다. 그리고 LLM으로부터 텍스트 스트림 응답을 받으면 Flux⟨String⟩ 또는 Flux⟨ChatResponse⟩으로 반환합니다.

Flux⟨T⟩는 Spring Reactive Web에서 제공하는 타입입니다. 비동기적이고 이벤트 기반으로 여러 개의 T 항목을 순차적으로 읽을 수 있는 스트림을 나타냅니다. 전통적인 Java 컬렉션(List, Stream 등)이 모든 T 항목을 한꺼번에 가져와 메모리에 올려놓고 사용하는 것과 달리, Flux는 모든 T 항목을 한꺼번에 가져오지 않고, 하나씩 청크 단위로 순차적으로 가져와 사용하기 때문에 메모리 사용량을 줄입니다.

Flux⟨T⟩는 내부적으로 이벤트 루프[event loop]나 비동기 스케줄러를 활용해 T 항목을 처리하므로, I/O 작업(예 웹 요청, 데이터베이스 조회, 파일 입출력)이 끝날 때까지 스레드를 블로킹하지 않습니다. 따라서 고성능·대규모 동시성 처리가 가능하며, 자원을 효율적으로 사용할 수 있습니다.

컨트롤러 메소드가 Flux⟨T⟩를 반환하면, 응답 본문의 타입은 MediaType.APPLICATION_NDJSON_VALUE(application/x-ndjson)가 되며 T 객체들은 한 줄씩 JSON으로 직렬화해서 라인 단위로 순차적으로 출력이 됩니다. 이처럼 Flux⟨T⟩는 실시간 채팅, 로그 스트리밍, 서버 이벤트 전송[SSE] 등 다양한 시나리오에서 핵심 역할을 합니다.

Prompt 클래스

Prompt 클래스는 ModelRequest 인터페이스의 구현체로 복수 개의 시스템 메시지[SystemMessage], 사용자 메시지[UserMessage], 그리고 AI 메시지[AssistantMessage]를 저장합니다. 그리고 LLM 요청 시 적용할 수 있는 대화 옵션[ChatOptions]를 가지고 있습니다.

```
public class Prompt implements ModelRequest<List<Message>> {
    private final List<Message> messages;
    private ChatOptions modelOptions;
}
```

Message 인터페이스

애플리케이션에서 사용하는 메시지의 종류는 SystemMessage, UserMessage, AssistantMessage, ToolResponseMessage가 있습니다. SystemMessage, UserMessage는 LLM 요청 전에 생성되고, AssistantMessage, ToolResponseMessage는 요청 이후에 생성되는 메시지입니다.

이들 Message는 역할에 따라서 사용되며 기본적으로 Message 인터페이스를 구현합니다. 그리고 멀티모달을 지원하기 위해 UserMessage와 AssistantMessage는 MediaContent 인터페이스를 추가적으로 구현하고 있습니다.

다음은 이들 메시지 클래스들이 어떤 클래스와 인터페이스를 상속 및 구현하고 있는지를 보여줍니다.

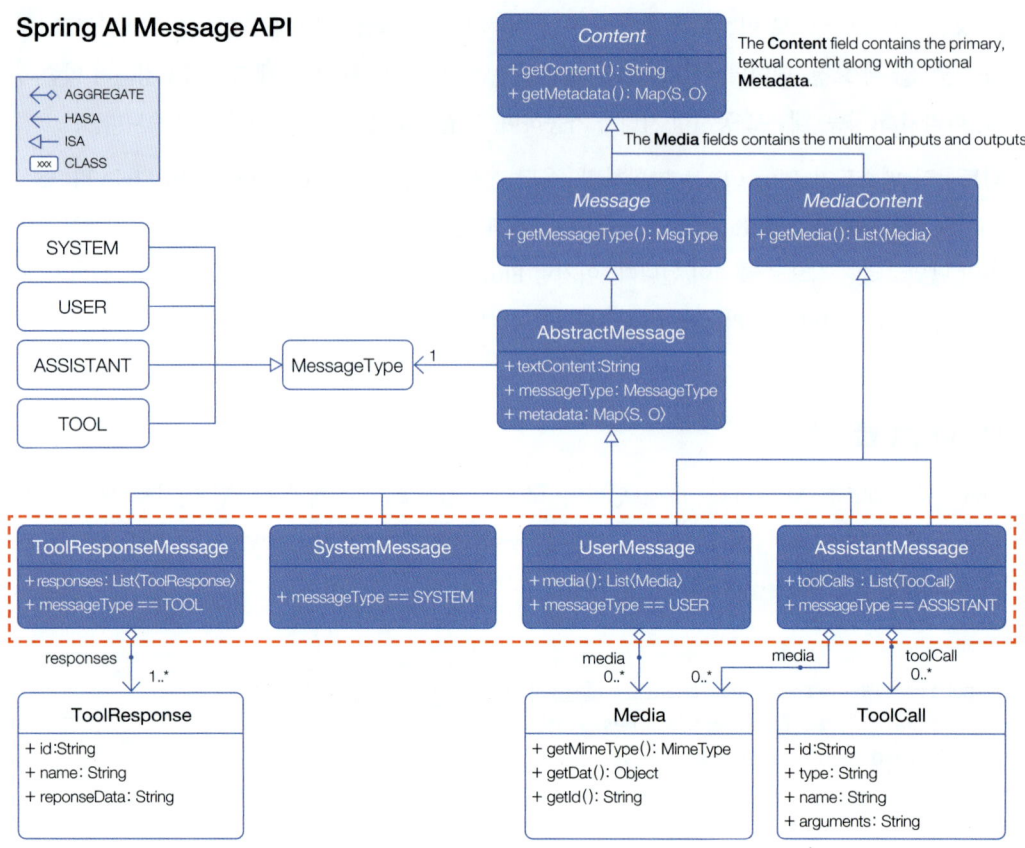

다음은 메시지별 역할에 대해 설명한 표입니다.

메시지 타입	역할 설명
SystemMessage	LLM의 행동과 응답 스타일을 지시하는 메시지입니다. 주로 LLM이 입력을 해석하는 방법과 답변하는 방식을 지시합니다.
UserMessage	사용자의 질문, 명령을 담고 있는 메시지입니다. LLM의 응답을 형성하는 기초가 되므로 매우 중요한 메시지입니다.
AssistantMessage	LLM의 응답 메시지입니다. 단순한 답변 전달을 넘어, 대화 기억 유지에도 사용되어 일관되고 맥락에 맞는 대화에 도움을 줍니다.
ToolResponseMessage	도구 호출 결과를 LLM로 다시 반환할 때 사용하는 내부 메시지입니다.

이들 Message는 공통적으로 텍스트 내용text, Map 타입의 메타데이터metadata, 그리고 SYSTEM, USER, ASSISTANT, TOOL과 같은 메시지 타입messageType을 가지고 있습니다. UserMessage와 AssistantMessage는 텍스트, 음성, 이미지 등을 저장할 수 있도록 List⟨Media⟩를 추가적으로 가지고 있습니다.

ChatOptions 인터페이스

Prompt가 가지고 있는 대화 옵션ChatOptions에는 LLM 종류와 상관없이 LLM과 대화할 때 사용할 수 있는 공통 옵션들을 정의하고 있습니다.

```
public interface ChatOptions extends ModelOptions {
    // 대화에 사용할 모델 이름
    String getModel();
    // 생성될 응답의 최대 토큰 수
    Integer getMaxTokens();
    // 출력 다양성을 조절하는 온도 값(0.0~1.0). 값이 클수록 다양한 응답 생성
    Float getTemperature();
    // 상위 K개 후보 단어를 고려한 뒤 그중에서 무작위로 선택하는 방식. K가 클수록 다양한 응답 생성
    Integer getTopK();
    // 누적 확률이 P(0.0~1.0) 이하인 단어 중에서 선택하는 방식. P가 클수록 더 다양한 응답 생성
    Float getTopP();
    // 새로운 단어 사용을 장려하는 패널티 값(-2.0~2.0). 값이 클수록 다양한 응답 생성
    Float getPresencePenalty();
    // 동일한 단어나 구의 반복을 억제하는 패널티 값(-2.0~2.0). 값이 클수록 반복이 줄어듬
    Float getFrequencyPenalty();
    // 응답 생성을 중단할 기준이 되는 문자열 목록
    List<String> getStopSequences();
}
```

업체별 LLM별로 LLM에 전달할 수 있는 고유한 옵션이 더 있을 수 있습니다. 예를 들어, OpenAI Chat Completion 모델은 logitBias, seed, user와 같은 옵션을 가지고 있습니다. 이들 옵션에 대해서는 모두 알 필요가 없습니다. 지금은 공통 옵션 중심으로 학습하시기 바랍니다.

다음 그림은 Chat Model API의 사용 흐름을 보여줍니다. 여기서 대화 옵션ChatOptions이 언제 초기화되고, 병합되는지 보여줍니다. ❶~❸까지가 대화 옵션과 관련된 흐름입니다.

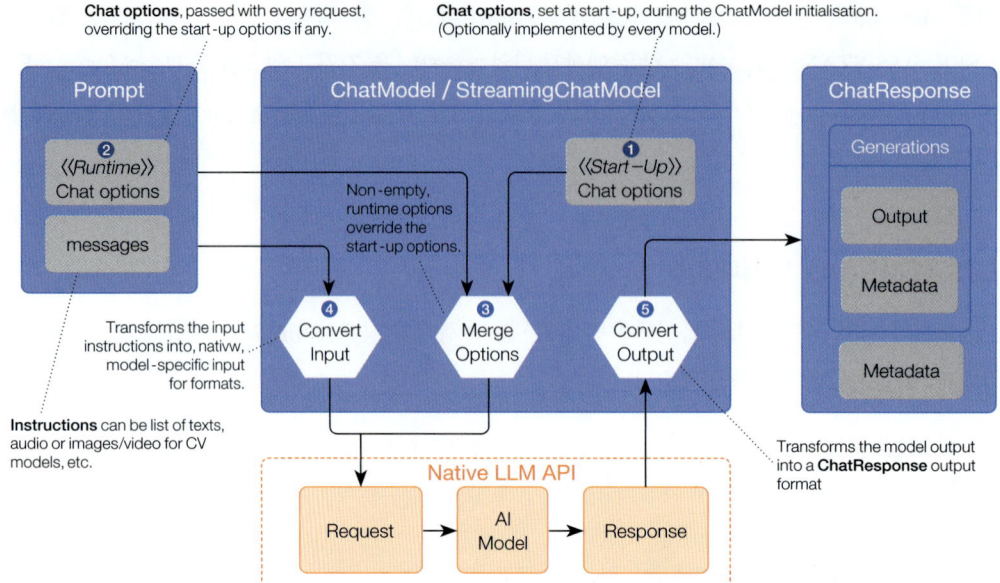

❶ **시작 대화 옵션:** Spring AI가 지원하는 각 업체별 스타터를 의존성으로 추가하면 자동 구성 과정에서 기본 대화 옵션 ChatOptions이 초기화됩니다. 이 초기값을 변경하려면 application.properties를 통해 값을 재구성해주면 됩니다.

❷ **런타임 대화 옵션:** LLM 요청 시 전송되는 Prompt에는 개발자가 추가로 런타임 대화 옵션 ChatOptions을 포함시킬 수 있습니다.

❸ **대화 옵션 병합:** 대화 옵션 병합은 시작 대화 옵션과 런타임 대화 옵션을 결합합니다. 항상 런타임 대화 옵션이 우선순위가 높기 때문에 시작 대화 옵션을 덮어씁니다.

❹ **입력 변환:** Prompt의 메시지들과 병합된 대화 옵션은 LLM별로 이해할 수 있는 네이티브 형식으로 변환됩니다.

❺ **출력 변환:** LLM의 출력을 표준화된 ChatResponse 형식으로 변환합니다.

ChatResponse 클래스

ChatResponse는 LLM의 출력 내용을 가지고 있습니다. LLM이 프롬프트를 처리하면서 생성한 여러 출력을 각각 Generation으로 생성하고 저장합니다. 그리고 LLM 응답과 관련된 ChatResponse Metadata를 저장하고 있습니다.

```
public class ChatResponse implements ModelResponse<Generation> {
  private final ChatResponseMetadata chatResponseMetadata;
  private final List<Generation> generations;
}
```

Generation 클래스

Generation은 LLM 출력 내용을 AssistantMessage 형태로 저장합니다. 그리고 관련된 메타데이터를 ChatGenerationMetadata로 저장합니다.

```
public class Generation implements ModelResult<AssistantMessage> {
  private final AssistantMessage assistantMessage;
  private ChatGenerationMetadata chatGenerationMetadata;
}
```

LLM 제공 업체별 구현 클래스

LLM 제공 업체별로 Chat Model API 인터페이스를 구현한 클래스는 다음 페이지에서 확인할 수 있습니다.

https://docs.spring.io/spring-ai/reference/api/chatmodel.html#_available_implementations

그리고 이들 구현체에 대한 비교는 다음 페이지에서 확인할 수 있습니다.

https://docs.spring.io/spring-ai/reference/api/chat/comparison.html

책 본문에서 따로 언급하지 않는 이유는 수시로 새로운 구현 클래스가 등록되고 기능이 추가되기 때문에 업데이트된 내용을 보여주는 해당 페이지를 참고하는 것이 좋기 때문입니다.

2.2 Chat Model API 사용하기

Chat Model API를 이용해서 OpenAI에서 제공하는 LLM을 가지고 사용자와 대화하는 애플리케이션을 개발하는 방법에 대해 설명하겠습니다.

01 VS Code로 book-spring-ai/projects/ch02-chat-model-api 프로젝트 폴더를 엽니다.

02 service/AiService.java 파일을 엽니다. 이 서비스 클래스는 Chat Model API를 이용해서 LLM에게 요청하고 응답을 받는 메소드들이 선언되어 있습니다.

03 먼저 generateText() 메소드 내용을 보겠습니다.

```java
@Service
@Slf4j
public class AiService {
    // ##### 필드 #####
    @Autowired
    private ChatModel chatModel;      // ①


    // ##### 메소드 #####
    public String generateText(String question) {
        // 시스템 메시지 생성
        SystemMessage systemMessage = SystemMessage.builder()
            .text("사용자 질문에 대해 한국어로 답변을 해야 합니다.")   // ②
            .build();

        // 사용자 메시지 생성
        UserMessage userMessage = UserMessage.builder()
            .text(question)                                        // ③
            .build();

        // 대화 옵션 설정
        ChatOptions chatOptions = ChatOptions.builder()
            .model("gpt-4o-mini")
            .temperature(0.3)                                      // ④
            .maxTokens(1000)
            .build();
```

```
        // 프롬프트 생성
        Prompt prompt = Prompt.builder()
❺           .messages(systemMessage, userMessage)
            .chatOptions(chatOptions)
            .build();

        // LLM에게 요청하고 응답받기
        ChatResponse chatResponse = chatModel.call(prompt);
❻       AssistantMessage assistantMessage = chatResponse.getResult().getOutput();
        String answer = assistantMessage.getText();

        return answer;
    }
}
```

❶ ChatModel 빈을 주입받습니다. spring-ai-starter-model-openai를 의존성으로 추가했기 때문에, OpenAI의 LLM 구현 클래스를 이용해서 ChatModel 빈이 생성됩니다.

❷ LLM에게 지시할 내용을 SystemMessage로 생성합니다. 사용자 질문에 대해 한국어로 답변할 것을 지시하고 있습니다.

❸ 매개값으로 받은 사용자 텍스트 질문으로 UserMessage를 생성합니다.

❹ 런타임 대화 옵션 ChatOptions을 생성합니다. 사용할 LLM을 "gpt-4o-mini"로 설정합니다. Spring AI 1.0.0 의 OpenAI 스타터는 기본 LLM으로 gpt-4o-mini를 사용하기 때문에 생략할 수 있습니다. 다른 모델을 지정할 경우에만 model() 메소드를 사용하면 됩니다. temperature의 기본값은 0.7입니다. temperature() 메소드로 0.3으로 낮추어 다양한 응답 생성을 줄였습니다. LLM의 과도한 응답 생성을 줄이기 위해 응답 최대 토큰 수를 1000으로 고정했습니다. 너무 낮게 주면 응답 도중에 텍스트가 잘립니다.

> **여기서 잠깐**
>
> ### ☼ 온도(temperature)
>
> LLM의 응답 창의성(다양성)을 조절하는 하이퍼파라미터입니다. 낮은 값일수록 일관성 있고 예측 가능한 답변을 생성하며, 높은 값일수록 더 창의적이고 예상치 못한 답변을 생성합니다. 값 범위는 0.0 ~ 1.0 입니다.

> **여기서 잠깐**
>
> ### ☆ 애플리케이션 구성 파일에서 기본 대화 모델 변경 방법
>
> Spring AI 1.0.0의 OpenAI 스타터가 사용하는 기본 LLM인 gpt-4o-mini를 사용하지 않고, OpenAI의 다른 LLM을 사용하고 싶다면, 다음과 같이 애플리케이션 구성 파일(application.properties)에서 다른 LLM으로 변경할 수 있습니다.
>
> ```
> ## OpenAI
> spring.ai.openai.api-key=${OPENAI_API_KEY}
> spring.ai.openai.chat.options.model=gpt-4o
> ```

> **여기서 잠깐**
>
> ### ☆ 토큰(token)
>
> 토큰은 LLM이 문장을 처리할 때 문장을 잘게 나누는 단위입니다. 이는 일반적으로 단어, 단어의 일부, 또는 문자일 수 있습니다. 예를 들어, "I love AI"라는 문장을 ["I", "love", "AI"]와 같은 토큰으로 나눌 수 있습니다. 다음은 영어 문장을 토큰화해서 색으로 구분한 것입니다.
>
> ```
> LLMs like ChatGPT generate tokens, not words. Although tokens often end
> up being complete words, understanding the distinction is essential for
> understanding how LLM settings affect their outputs, why oddities like
> universal adversarial triggers occur, how AI-text detectors work, etc.
> ```
>
> 클라우드에서 서비스하는 LLM은 입력 문장과 출력 문장을 구성하는 전체 토큰 수로 모델 사용료를 집계합니다. 즉, 질문의 내용이 많을수록, 출력 내용이 많을수록 사용료가 올라갑니다.
>
> LLM은 입력 토큰 한계가 있습니다. 이는 한 번의 질문을 처리할 수 있는 토큰 양을 제한한다는 뜻입니다. 이 한계를 종종 "컨텍스트 윈도우Context Window"라고 불립니다. LLM은 컨텍스트 윈도우를 초과하는 문장은 처리하지 않습니다.
>
> LLM별 컨텍스트 윈도우는 해당 모델 페이지에서 확인해야 합니다. 예를 들어 gpt-4o-mini 페이지 URL은 다음과 같습니다.
>
> ```
> https://platform.openai.com/docs/models/gpt-4o-mini
> ```
>
> 이 페이지에서 다음 내용을 확인할 수 있습니다.
>
>
>
> gpt-4o-mini 모델은 최대 입력 토큰 수가 128,000개로 제한되어 있습니다.

❺ LLM으로 전송할 Prompt를 생성합니다. SystemMessage와 UserMessage를 포함시키고, 대화 옵션 ChatOptions도 같이 포함시킵니다.

❻ 생성된 Prompt를 매개값으로 해서 ChatModel의 call() 메소드를 호출합니다. 이 메소드는 주어진 Prompt를 가지고 LLM에게 요청합니다. call() 메소드는 동기 방식으로 요청하므로 응답이 올 때까지 블로킹됩니다. 그리고 응답이 오면 ChatResponse로 반환합니다. ChatResponse에서 AssistantMessage를 얻고, 다시 응답 텍스트를 얻습니다.

04 controller/AiController.java 파일을 엽니다. 이 컨트롤러 클래스에는 /ai/chat-model 요청 매핑 메소드가 선언되어 있습니다.

```
@RestController
@RequestMapping("/ai")
@Slf4j
public class AiController {
  // ##### 필드 #####
❶ @Autowired
  private AiService aiService;

  // @Autowired                          [ChatClient 사용하기] 절에서 설명합니다.
  // private AiServiceByChatClient aiService;

  // ##### 요청 매핑 메소드 #####
  @PostMapping(
❷   value = "/chat-model",
    consumes = MediaType.APPLICATION_FORM_URLENCODED_VALUE,
    produces = MediaType.TEXT_PLAIN_VALUE
  )
❸ public String chatModel(@RequestParam("question") String question) {
    String answerText = aiService.generateText(question);
    return answerText;
  }
}
```

❶ AiService 빈을 주입받습니다.

❷ 클라이언트에서 받아야 할 요청 본문 타입^{consumes}과 응답 본문으로 제공할 타입^{produces}을 명시합니다.

❸ 요청 파라미터 question 값을 매개값으로 주입받고, 이 값을 가지고 AiService의 generateText() 메소드를 호출합니다.

05 프로젝트를 실행합니다. 브라우저에서 http://localhost:8080으로 요청하면 버튼 2개가 있는 페이지가 나옵니다. 첫 번째 버튼인 [chat-model] 버튼을 클릭합니다.

06 질문 입력란에 질문을 입력하고 [제출] 버튼을 클릭하면 사용자 질문이 출력되고, LLM의 답변이 오기 전까지 오른쪽 상단에 스피너가 보여집니다. 답변이 도착하면 대화 패널에 답변이 출력됩니다.

2.3 ChatModel 스트리밍 응답

이전 실습에서 대화 패널에 AI 답변 텍스트가 한 번에 출력되는 것을 볼 수 있었습니다. 이것을 동기방식이라고 합니다. 전체 답변이 올 때까지 기다렸다가 한꺼번에 출력하는 방식입니다. ChatGPT처럼 답변이 자연스럽게 흐르듯이 출력되도록 하려면 Back-End에서 LLM의 요청 방법을 달리해야 합니다.

01 service/AiService.java 파일을 엽니다. 이전 generateText() 메소드를 보면 LLM으로 요청할 때 ChatModel의 call() 메소드를 사용했습니다.

02 이번에는 generateStreamText() 메소드를 살펴보겠습니다. 이 메소드는 LLM으로 요청할 때, stream() 메소드를 사용합니다.

```
@Service
@Slf4j
public class AiService {
    ...
```

```
❶  public Flux<String> generateStreamText(String question) {
     ...
     // LLM에게 요청하고 응답받기
❷    Flux<ChatResponse> fluxResponse = chatModel.stream(prompt);
     Flux<String> fluxString = fluxResponse.map(chatResponse -> {
       AssistantMessage assistantMessage = chatResponse.getResult().getOutput();
❸      String chunk = assistantMessage.getText();
       if (chunk == null) chunk = "";
       return chunk;
     });

     return fluxString;
   }
 }
```

❶ 반환 타입이 Flux⟨String⟩으로 변경되었습니다. Flux⟨String⟩은 비동기 스트림 타입입니다. LLM은 완전한 문장을 출력하는 것이 아니라, 앞에서부터 하나씩 단어를 선택해서 문장을 완성하기 때문에 사실상 여러 개의 텍스트 청크들이 순차적으로 출력됩니다. 이러한 스트리밍 텍스트 청크들을 반환받기 위해 Flux⟨String⟩을 사용합니다.

❷ ChatModel에서 LLM 호출 방법이 stream() 메소드로 변경되었습니다. 그리고 반환 타입이 Flux⟨ChatResponse⟩로 변경되었습니다. ChatResponse는 텍스트 청크 하나를 표현합니다. 텍스트 청크들이 순차적으로 출력되므로 Flux⟨ChatResponse⟩ 타입으로 반환받아야 합니다.

❸ 클라이언트로 스트림 텍스트를 보내기 위해서는 Flux⟨ChatResponse⟩를 Flux⟨String⟩으로 변환해야 합니다. 이때, map() 메소드가 사용됩니다. map() 메소드는 하나의 ChatResponse를 하나의 String으로 변환하는 역할을 합니다. ChatResponse로부터 AssistantMessage를 얻고, 다시 텍스트를 얻은 다음 반환하면 됩니다.

03 controller/AiController.java 파일을 엽니다. /ai/chat-model-stream 요청 매핑 메소드를 보겠습니다. 이 메소드는 Flux⟨String⟩을 반환합니다.

```
@RestController
@RequestMapping("/ai")
@Slf4j
public class AiController {
  ...
  @PostMapping(
```

```
        value = "/chat-model-stream",
        consumes = MediaType.APPLICATION_FORM_URLENCODED_VALUE,
❶       produces = MediaType.APPLICATION_NDJSON_VALUE    //라인으로 구분된 청크 텍스트
    )
    public Flux<String> chatModelStream(@RequestParam("question") String question) {
❷       Flux<String> answerStreamText = aiService.generateStreamText(question);
        return answerStreamText;
    }
}
```

❶ 응답 본문의 타입을 application/x-ndjson으로 설정해 줍니다. 이 타입은 응답 본문이 라인으로 구분된 청크 텍스트라는 것을 클라이언트에게 알려줍니다.

❷ 사용자의 질문을 매개값으로 받고 AiService의 generateStreamText() 메소드를 호출합니다. 그리고 반환받은 Flux<String>을 바로 반환합니다.

04 브라우저에서 스트리밍 텍스트를 출력하는 자바스크립트 코드를 이해해 보겠습니다. /src/main/resources/templates/chat-model-stream.html을 엽니다. 그리고 AJAX 요청하고 응답받기 주석 아래에 있는 코드를 보겠습니다.

```
// AJAX 요청하고 응답받기
const response = await fetch('/ai/chat-model-stream', {
    method: "post",
    headers: {
        'Content-Type': 'application/x-www-form-urlencoded',
❶       'Accept': 'application/x-ndjson'  //라인으로 구분된 청크 텍스트
    },
    body: new URLSearchParams({ question })
});

// AI 모델 답변이 들어갈 위치를 대화 패널에 추가
const uuid = springai.addAnswerPlaceHolder("chatPanel");

// 텍스트 답변 출력하기
❷ springai.printAnswerText(response.body, uuid, "chatPanel");
```

❶ 받고 싶은 응답 본문의 타입으로 application/x-ndjson을 명시했습니다.

❷ springai.printAnswerText() 메소드를 호출해서 응답 본문으로 들어오는 텍스트 스트림을 출력합니다. fetch() 함수로 얻은 응답 본문(response.body)과 답변이 들어갈 엘리먼트 ID(uuid), 그리고 대화 패널 ID(chatPanel)를 차례대로 매개값으로 줍니다.

05 /src/main/resources/static/js/springai.js 파일을 엽니다. 그리고 springai.printAnswerText() 메소드를 보겠습니다.

```javascript
// #### 텍스트 응답을 출력하는 함수 ####
springai.printAnswerText = async function (responseBody, targetId, chatPanelId) {
❶   springai.printAnswerStreamText(responseBody, targetId, chatPanelId);
}

// #### 스트리밍 텍스트 응답을 출력하는 함수 ####
❶ springai.printAnswerStreamText = async function (responseBody, targetId, chatPanel Id) {
   const targetElement = document.getElementById(targetId);
   const reader = responseBody.getReader();
❷  const decoder = new TextDecoder("utf-8");
   let content = "";
   while (true) {
❸     const { value, done } = await reader.read();
      if (done) break;
      let chunk = decoder.decode(value);
      content += chunk;
❹     if(!springai.isOpenTagIncomplete(chunk)) {
         targetElement.innerHTML = content;
      }
      springai.scrollToHeight(chatPanelId);
   }
};
```

❶ springai.printAnswerText() 메소드는 자체 실행 코드를 가지지 않고 바로 springai.printAnswerStreamText() 메소드를 호출합니다.

❷ 응답 본문을 읽기 위한 Reader를 얻고, 읽은 데이터를 UTF-8로 디코딩하는 decoder를 얻습니다. content 변수는 읽은 텍스트를 계속 누적해서 저장하는 역할을 합니다.

❸ while(true)는 응답 본문으로 전달되는 텍스트를 반복해서 읽고, targetId의 내용으로 추가합니다. 응답 본문이 완전한 텍스트로 구성되어 있을 경우에는 한 번만 반복하고, 스트림 청크 텍스트로 계속 전달된다면 전달된

수만큼 반복합니다. reader.read()는 응답 본문을 읽는데, 읽은 데이터는 value에 저장하고, 마지막까지 읽었는지 여부를 done에 저장합니다. done이 true가 되면 더 이상 읽을 데이터가 없다는 뜻입니다.

❹ 읽은 청크 텍스트를 content에 누적시키고, springai.isOpenTagIncomplete() 메소드를 호출해서 읽은 청크 텍스트가 올바른 태그로 구성되어 있는지 검사합니다. 올바른 태그란 '<div>' 형태를 말합니다. 청크 텍스트는 태그 단위로 문자열을 자른 것이 아니므로 '<div' 같이 불완전한 태그가 포함될 수 있습니다. 그래서 springai.isOpenTagIncomplete() 메소드로 검사해서 다음 청크를 읽고 올바른 태그로 구성될 때까지 content를 targetElement.innerHTML에 추가하는 것을 보류합니다. 이렇게 하는 이유는 innerHTML에 불완전한 태그가 추가되면 무시하고 제거가 되기 때문입니다. springai.isOpenTagIncomplete() 메소드 코드는 본문에 언급하지 않으니 springai.js 파일에서 메소드 내용을 확인해 보시기 바랍니다.

06 프로젝트를 실행합니다. 브라우저에서 http://localhost:8080으로 요청하면 버튼 2개가 있는 페이지가 나옵니다. 두 번째 버튼인 [chat-model-stream] 버튼을 클릭합니다.

07 질문 입력란에 장문의 답변을 받을 수 있도록 질문을 입력하고 [제출] 버튼을 클릭합니다. 그러면 스트림으로 전달된 청크 텍스트를 라인 단위로 읽고, 출력하는데 자연스럽게 흐르는 텍스트로 보여집니다.

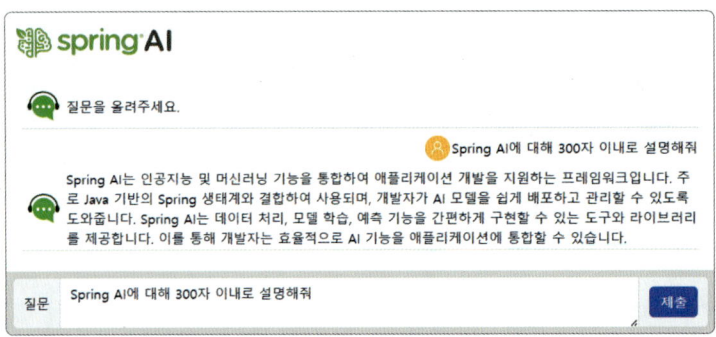

2.4 ChatClient 사용하기

지금까지 Chat Model API를 직접 사용해서 LLM과 대화하는 코드를 살펴보았습니다. ChatModel은 모델의 동작을 직접 제어하고, 모델의 응답을 세밀하게 관리하고 싶을 때 사용하면 좋지만, 단일 질문-답변 처리에 중점을 두기 때문에, 복잡한 대화 흐름을 처리하기가 힘듭니다.

대화 기억을 유지하거나, 벡터 저장소의 유사도 검색 결과를 추가하거나, 도구 호출을 위한 내부 메시지 교환 등과 같은 복잡한 데이터 흐름을 관리하는 기능이 ChatModel에는 없습니다. Spring AI는 이러한 복잡한 데이터 흐름을 관리하는 고급 수준의 ChatClient를 별도로 제공하고 있습니다.

ChatClient는 어드바이저Advisor들을 체인으로 엮어 전·후처리를 할 수 있습니다. 어드바이저들은 순차적으로 실행하면서 프롬프트를 보강합니다. 예를 들어 이전 대화 내용을 프롬프트에 추가하거나, RAG 시스템에서 벡터 저장소의 검색 결과를 프롬프트에 추가하는 작업을 할 수 있습니다.

또한 사용자의 질문이 LLM에서 처리하기 힘들 경우, LLM은 도구 호출Tool Calling 요청을 할 수 있습니다. 도구는 애플리케이션 쪽에서 실행하고, 호출 결과는 LLM이 이용하기 때문에 애플리케이션과 LLM 간의 복잡한 대화 흐름이 발생합니다. 이러한 흐름을 ChatClient는 관리해 줍니다.

따라서 이 책에서는 특별한 이유가 없는 한 LLM을 이용할 때 ChatClient를 사용합니다. ChatClient를 얻는 방법은 두 가지 있습니다. 하나는 다음과 같이 ChatClient.Builder 빈을 이용해서 ChatClient를 얻을 수 있습니다.

```java
private ChatClient chatClient
public XxxService(ChatClient.Builder chatClientBuilder) {
    this.chatClient = chatClientBuilder.build();
}
```

다른 하나는 ChatModel 빈을 매개값으로 해서 ChatClient.build() 메소드로 얻을 수 있습니다.

```java
private ChatClient chatClient
public XxxService(ChatModel chatModel) {
    this.chatClient = ChatClient.builder(chatModel).build();
}
```

프로젝트 소스 코드를 보면서 설명을 이어나가겠습니다.

01 service/AiServiceByChatClient.java 파일을 엽니다. AiServiceByChatClient는 이전 AiService에서 ChatModel 대신 ChatClient를 사용하도록 수정한 클래스입니다. 필드와 생성자 선언부터 보겠습니다.

```
@Service
@Slf4j
public class AiServiceByChatClient {
  // ##### 필드 #####
  private ChatClient chatClient;
  // ##### 생성자 #####
  public AiServiceByChatClient(ChatClient.Builder chatClientBuilder) {
    this.chatClient = chatClientBuilder.build();
  }
}
```

- 필드에는 ChatModel 대신에 ChatClient로 대체되었습니다.
- 자동 구성된 ChatClient.Builder 빈을 생성자 매개값으로 주입받고, build() 메소드를 호출해서 ChatClient 인스턴스를 얻습니다.

02 수정된 generateText() 메소드를 보겠습니다.

```
public String generateText(String question) {
  String answer = chatClient.prompt()
      .system("사용자 질문에 대해 한국어로 답변을 해야 합니다.")
      .user(question)
      .options(ChatOptions.builder()
          .temperature(0.3)
          .maxTokens(1000)
          .build()
      )
      .call()
      .content();

  return answer;
}
```

- SystemMessage는 system()로, UserMessage는 user()로, ChatOptions는 options() 메소드로 간소화되었습니다. 동기 요청을 하는 call() 메소드 호출은 동일하지만 바로 반환하지 않고, content() 메소드를 마지막에 호출하는 점이 다릅니다. content()는 LLM의 완전한 답변 텍스트를 반환합니다.

03 수정된 generateStreamText() 메소드를 보겠습니다.

```java
public Flux<String> generateStreamText(String question) {
    // LLM에게 요청하고 응답받기
    Flux<String> fluxString = chatClient.prompt()
        .system("사용자 질문에 대해 한국어로 답변을 해야 합니다.")
        .user(question)
        .options(ChatOptions.builder()
            .temperature(0.3)
            .maxTokens(1000)
            .build()
        )
        .stream()
        .content();

    return fluxString;
}
```

- 앞부분은 조금 전에 설명했습니다. call() 대신에 stream() 메소드를 호출하고 있습니다. 그리고, content() 메소드를 호출해서 Flux<String>으로 반환받고 있습니다.

수정된 전체 내용을 보면 Chat Model API인 SystemMessage, UserMessage, ChatOptions, ChatResponse, AssistantMessage 등을 명시적으로 사용되지 않아, 코드가 매우 간결해졌습니다. ChatClient는 Fluent API 스타일로 설계되어 있기 때문에 메소드 체이닝을 통해 메소드를 순차적으로 호출할 수 있습니다.

> **여기서 잠깐**
>
> ☼ **Fluent API 스타일**
>
> 객체에 속한 메소드가 객체 자신을 반환하여 다른 메소드를 연속적으로 호출할 수 있도록 설계된 API 방식입니다. 이를 통해 메소드 체이닝이 가능해지며, 코드가 간결하고 읽기 쉬워집니다.

04 controller/AiController.java 파일을 엽니다. AiController 클래스에서 주석 처리된 Ai ServiceByChatClient 필드를 주석 해제하고 대신 AiService 필드를 주석 처리합니다.

```
@RestController
@RequestMapping("/ai")
@Slf4j
public class AiController {
  // ##### 필드 #####
  @Autowired
  private AiService aiService;

  @Autowired
  private AiServiceByChatClient aiService;
  ...
}
```

05 프로젝트를 실행합니다. 브라우저에서 http://localhost:8080으로 요청하면 버튼 2개가 있는 페이지가 나옵니다. 각각의 버튼을 클릭해서 테스트해 보시기 바랍니다.

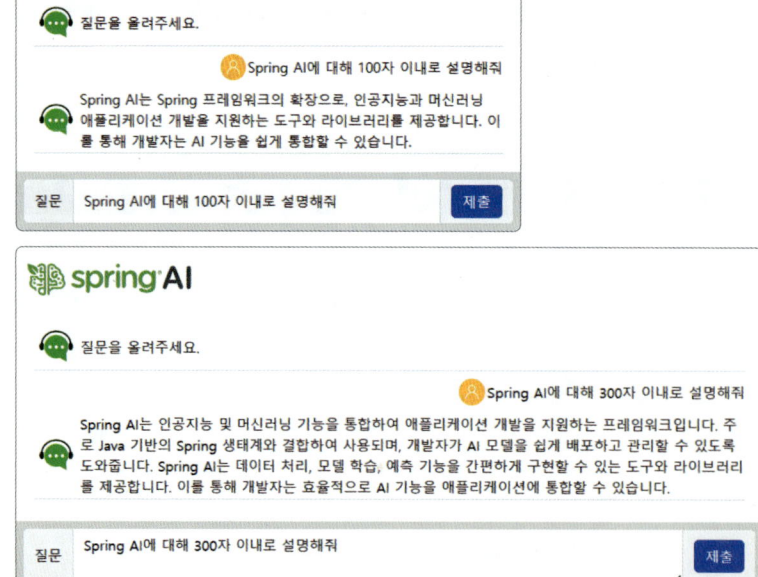

Chapter 03

프롬프트 엔지니어링

3.1 프롬프트 템플릿
3.2 복수 메시지 추가
3.3 디폴트 메시지와 옵션
3.4 프롬프트 엔지니어링
3.5 제로-샷 프롬프트
3.6 퓨-샷 프롬프트
3.7 역할 부여 프롬프트
3.8 스텝-백 프롬프트
3.9 생각의 사슬 프롬프트
3.10 자기 일관성

3.1 프롬프트 템플릿

프롬프트란 AI 모델, 특히 대규모 언어 모델 LLM에게 사용자가 원하는 작업을 구체적으로 지시하거나 질문의 형태로 요구사항을 전달하는 일종의 명령문입니다. LLM은 입력된 프롬프트를 바탕으로 학습된 패턴과 지식을 활용하여 그에 상응하는 출력을 생성하게 됩니다. 프롬프트는 모델에게 "어떤 상황에서", "무엇을", "어떤 형식으로" 응답해야 하는지를 알려주는 중요한 역할을 합니다.

Spring AI는 프롬프트를 Prompt 클래스로 표현합니다. 이 클래스에는 메시지들 Message과 대화 옵션 ChatOptions을 담고 있습니다. 각 메시지는 프롬프트 내에서 고유한 역할을 가집니다. 다음 표는 이전 장에서 설명한 내용이지만 다시 한번 메시지별 역할에 대해서 설명합니다.

메시지 타입	역할 설명
SystemMessage	LLM의 행동과 응답 스타일을 지시하는 메시지입니다. 주로 LLM이 입력을 해석하는 방법과 답변하는 방식을 지시합니다.
UserMessage	사용자의 질문, 명령을 담고 있는 메시지입니다. LLM의 응답을 형성하는 기초가 되므로 매우 중요한 메시지입니다.
AssistantMessage	LLM의 응답 메시지입니다. 단순한 답변 전달을 넘어, 대화 기억 유지에도 사용되어 일관되고 맥락에 맞는 대화에 도움을 줍니다.

프롬프트에 추가되는 대화 옵션 ChatOptions은 LLM이 응답을 생성할 때 적용할 옵션 정보를 담고 있습니다. 여기에는 사용할 모델, 응답의 다양성, 최대 응답 토큰 수 등이 포함됩니다. 자세한 내용은 이전 장의 'ChatOptions 인터페이스' 절을 참고해 주세요.

프롬프트는 정적 텍스트일 수도 있지만, 데이터가 바인딩될 자리 표시자를 가지고 있는 동적 텍스트일 수도 있습니다. 이러한 동적 텍스트를 프롬프트 템플릿 template이라고 합니다. 프롬프트 템플릿은 데이터로 바인딩되어 완성된 프롬프트로 생성됩니다.

Spring AI는 프롬프트 템플릿을 위해 PromptTemplate를 제공하고 있습니다. PromptTemplate은 LLM에 전달할 프롬프트를 자리 표시자가 있는 텍스트 템플릿 형태로 정의하고 데이터 바인딩 binding을 통해 동적으로 프롬프트를 완성하는 역할을 합니다. 다음은 topic과 num 자리 표시자를 가지고 있는 PromptTemplate을 생성합니다.

```
PromptTemplate promptTemplate = PromptTemplate.builder()
    .template("{topic}에 대해 농담 {num}개를 목록으로 출력해 줘.")
    .build();
```

PromptTemplate는 자리 표시자에 데이터를 바인딩하고, Prompt를 생성하기 위해 create() 메소드를 사용합니다. create() 메소드의 매개값은 각 자리 표시자에 바인딩할 값을 가진 Map 객체입니다. topic에 'AI'를 바인딩하고, num에 3을 바인딩할 경우, 다음과 같이 create() 메소드를 호출할 수 있습니다.

```
Prompt prompt = promptTemplate.create( Map.of("topic":"AI", "num":3) )
```

create() 메소드로 Prompt를 생성하면, Prompt 내부에는 UserMessage가 포함됩니다. 만약 SystemMessage나 AssistantMessage를 포함시키고 싶을 때는 SystemPromptTemplate와 AssistantPromptTemplate를 생성하고 create() 메소드를 호출하면 됩니다.

그러나 Prompt에 UserMessage 없이 SystemMessage나 AssistantMessage만 있는 경우는 없기 때문에 create() 메소드는 UserMessage를 생성하는 PromptTemplate만 사용하는 것이 좋습니다.

PromptTemplate, SystemPromptTemplate와 AssistantPromptTemplate는 Prompt만 반환하는 것이 아니라, 필요에 따라 완성된 텍스트와 메시지 객체를 반환할 수도 있습니다. 이때 render()와 createMessage()를 사용합니다. 이들 메소드는 프롬프트에 여러 가지 메시지를 포함시킬 때 사용하면 좋습니다.

```
String userText = promptTemplate.render( Map.of("topic":"AI", "num":3) );
UserMessage userMessage = promptTemplate.createMessage( Map.of("topic":"AI", "num":3) );
```

프로젝트 소스 코드를 보면서 설명하겠습니다.

01 VS Code로 book-spring-ai/projects/ch03-prompt 프로젝트 폴더를 엽니다.

02 service/AiServicePromptTemplate.java 파일을 엽니다. 이 서비스 클래스에서는 사용자로부터 한국어 문장과 번역할 타겟 언어를 받고, LLM에게 번역 요청합니다. 여기서 Prompt Template가 어떻게 사용되는지 보여줍니다. 먼저 필드와 생성자 선언을 보겠습니다.

```java
@Service
@Slf4j
public class AiServicePromptTemplate {
  // ##### 필드 #####
  private ChatClient chatClient;

  private PromptTemplate systemTemplate = SystemPromptTemplate.builder()
      .template("""
          답변을 생성할 때 HTML와 CSS를 사용해서 파란 글자로 출력하세요.
          <span> 태그 안에 들어갈 내용만 출력하세요.
          """)
      .build();

  private PromptTemplate userTemplate = PromptTemplate.builder()
      .template("다음 한국어 문장을 {language}로 번역해 주세요.\n 문장: {statement}")
      .build();

  // ##### 생성자 #####
  public AiServicePromptTemplate(ChatClient.Builder chatClientBuilder) {
    chatClient = chatClientBuilder.build();
  }
}
```

❶ SystemPromptTemplate를 생성합니다. 템플릿 내용에는 자리 표시자는 없지만, 다른 메소드에서 동일한 시스템 메시지가 필요할 때 재사용할 수 있도록 필드로 선언했습니다.

❷ PromptTemplate를 생성합니다. 템플릿 내용에는 {language}와 {statement} 자리 표시자가 있습니다. 마찬가지로 다른 메소드에서 동일한 사용자 메시지가 필요할 때 재사용할 수 있도록 필드로 선언했습니다.

03 LLM으로 요청하는 promptTemplate1() 메소드를 보겠습니다.

```
public Flux<String> promptTemplate1(String statement, String language) {
    Prompt prompt = userTemplate.create(
        Map.of("statement", statement, "language", language));
    Flux<String> response = chatClient.prompt(prompt)
        .stream()
        .content();
    return response;
}
```

❶ PromptTemplate(userTemplate)로 Prompt를 생성합니다. 바인딩 데이터로 statement와 language 매개값을 사용했습니다.

❷ ChatClient의 prompt() 메소드를 호출할 때 Prompt를 매개값으로 전달했습니다. 실제로 내부적으로 전달되는 것은 UserMessage입니다.

04 promptTemplate1() 방법은 UserMessage만 포함된 프롬프트를 LLM에 전달할 경우에 사용하면 좋습니다. 만약 SystemMessage와 함께 UserMessage가 포함된 프롬프트를 LLM에 전달하고 싶다면 다음 promptTemplate2() 또는 promptTemplate3()과 같이 작성하는 것이 좋습니다.

```
public Flux<String> promptTemplate2(String statement, String language) {
    Flux<String> response = chatClient.prompt()
        .messages(
            systemTemplate.createMessage(),
            userTemplate.createMessage(Map.of("statement", statement, "language", language)))
        .stream()
        .content();
    return response;
}
```

- promptTemplate2()는 각각의 프롬프트 템플릿에서 createMessage()를 호출해서 Message 객체를 얻고 messages()에 제공합니다.

```
public Flux<String> promptTemplate3(String statement, String language) {
    Flux<String> response = chatClient.prompt()
        .system(systemTemplate.render())
        .user(userTemplate.render(Map.of("statement", statement, "language", language)))
        .stream()
        .content();
    return response;
}
```

- promptTemplate3()은 각각의 프롬프트 템플릿에서 render()를 호출해서 메시지 텍스트를 얻고, system()과 user()에 각각 제공합니다.

05 Java의 String 타입은 매개변수화된 문자열을 만들 수 있습니다. promptTemplate4()를 보면 문자열 안에 %s(텍스트), %d(정수), %f(실수) 자리 표시자를 넣고, formatted() 메소드로 데이터 바인딩을 해서 완전한 문자열을 만들고 있습니다.

```
public Flux<String> promptTemplate4(String statement, String language) {
    String systemText = """
        답변을 생성할 때 HTML와 CSS를 사용해서 파란 글자로 출력하세요.
        <span> 태그 안에 들어갈 내용만 출력하세요.
        """;
    String userText = """
        다음 한국어 문장을 %s로 번역해 주세요.\n 문장: %s
        """.formatted(language, statement);

    Flux<String> response = chatClient.prompt()
        .system(systemText)
        .user(userText)
        .stream()
        .content();
    return response;
}
```

- String의 formatted()를 사용해서 매개변수화된 문자열을 사용하는 것은 표준 자바 라이브러리를 사용하는 매우 좋은 방법입니다. 재사용에 목적이 없고, 메소드 내에서 빠르게 데이터 바인딩해서 사용할 경우에 추천합니다.

06 controller/AiControllerPromptTemplate.java 파일을 엽니다. 이 컨트롤러 클래스는 /ai/prompt-template 요청 매핑 메소드를 가지고 있습니다.

```java
@RestController
@RequestMapping("/ai")
@Slf4j
public class AiControllerPromptTemplate {
  // ##### 필드 #####
  @Autowired
  private AiServicePromptTemplate aiService;

  // ##### 요청 매핑 메소드 #####
  @PostMapping(
      value = "/prompt-template",
      consumes = MediaType.APPLICATION_FORM_URLENCODED_VALUE,
      produces = MediaType.APPLICATION_NDJSON_VALUE)
  public Flux<String> promptTemplate(
      @RequestParam("statement") String statement,
      @RequestParam("language") String language) {
    Flux<String> response = aiService.promptTemplate1(statement, language);
    //Flux<String> response = aiService.promptTemplate2(statement, language);
    //Flux<String> response = aiService.promptTemplate3(statement, language);
    //Flux<String> response = aiService.promptTemplate4(statement, language);
    return response;
  }
}
```

- 사용자가 보낸 한국어 문장을 타겟 언어로 번역하기 위해 AiServicePromptTemplate의 promptTemplate1()~promptTemplate4()까지 호출할 수 있습니다. 주석을 하나씩 풀고 **06~07**을 반복해서 테스트해 보시기 바랍니다.

07 프로젝트를 실행합니다. 브라우저에서 http://localhost:8080으로 요청하고, [prompt-template] 버튼을 클릭합니다.

08 다음 화면에서 번역할 언어와 문장을 입력하고 [제출] 버튼을 클릭합니다.

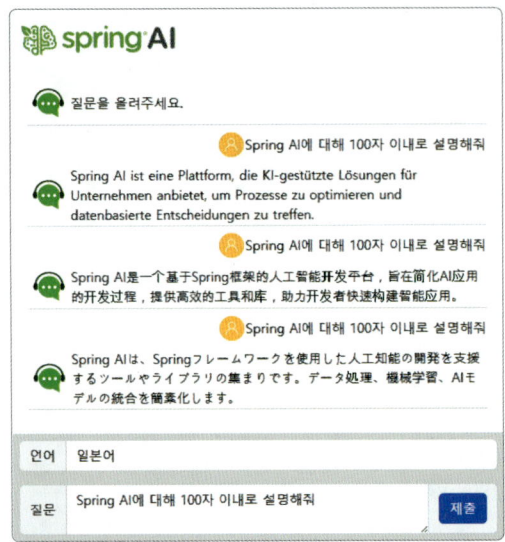

3.2 복수 메시지 추가

LLM에 요청할 때 하나의 SystemMessage와 하나의 UserMessage만 프롬프트에 포함되는 것은 아닙니다. 대부분의 경우는 그렇겠지만, 경우에 따라서는 한 개의 SystemMessage와 여러 개의 UserMessage, 여러 개의 AssistantMessage도 같이 포함될 수 있습니다.

대표적인 예로 대화 기억을 유지하기 위해, 이전 대화 내용(UserMessage + AssistantMessage) 전체를 프롬프트에 포함시킬 수도 있습니다.

> **여기서 잠깐**
>
> ☆ **대화 기억(Chat Memory)**
> Spring AI에서 대화 기억 기능은 09장에서 정식으로 다룹니다. 대화 기억을 위한 기본 원리는 동일합니다.

프로젝트 소스 코드를 보면서 설명하겠습니다.

01 service/AiServiceMultiMessage.java 파일을 엽니다. 이 서비스 클래스에는 이전 대화 내용 전체를 프롬프트에 포함시켜, LLM이 이전 대화 내용에 따라 답변할 수 있도록 하는 multi Message() 메소드가 다음과 같이 선언되어 있습니다.

```
❶ public String multiMessage(String question, List<Message> chatMemory) {
     // 시스템 메시지 생성
     SystemMessage systemMessage = SystemMessage.builder()
         .text("""
❷            당신은 AI 비서입니다.
             제공되는 지난 대화 내용을 보고 우선적으로 답변해 주세요.
         """)
         .build();

     // 대화를 처음 시작할 경우, 시스템 메시지 저장
     if(chatMemory.size() == 0) {
❸      chatMemory.add(systemMessage);
     }

     // 이전 대화 내용 출력
     log.info(chatMemory.toString());

     // LLM에게 요청하고 응답받기
❹   ChatResponse chatResponse = chatClient.prompt()
        // 이전 대화 내용 추가
❺       .messages(chatMemory)
        // 사용자 메시지 추가
❻       .user(question)
        // 동기 방식으로 답변 얻기
❼       .call()
        // ChatResponse로 반환하기
❽       .chatResponse();

     // 대화 메시지 저장
❾   UserMessage userMessage = UserMessage.builder().text(question).build();
     chatMemory.add(userMessage);

❿   AssistantMessage assistantMessage = chatResponse.getResult().getOutput();
     chatMemory.add(assistantMessage);
```

```
        // LLM의 텍스트 답변 반환
        String text = assistantMessage.getText();
❶       return text;
    }
```

❶ multiMessage() 메소드의 매개값은 사용자의 질문과 이전 대화 내용이 저장된 List〈Message〉입니다. 이 두 값은 컨트롤러가 제공해 줍니다.

❷ SystemMessage를 생성하고 있습니다. LLM 지시 내용은 지난 대화 내용을 보고 우선적으로 답변하라고 했습니다.

❸ 첫 대화일 경우에 SystemMessage를 List〈Message〉의 첫 메시지로 저장합니다.

❹ ChatClient의 prompt()를 호출해서 메소드 체이닝을 시작하고, 메소드 체이닝의 결과로 ChatResponse를 반환받습니다. 그 이유는 ChatResponse로부터 AssistantMessage를 얻기 위해서입니다.

❺ message() 메소드로 이전 대화 내용인 List〈Message〉를 프롬프트에 포함시킵니다.

❻ user() 메소드로 현재 사용자 질문을 프롬프트에 추가합니다.

❼ ❽ call() 메소드로 LLM에 요청합니다. 그리고 chatResponse() 메소드를 이어서 호출합니다. 이렇게 하면 완전한 응답이 올 때까지 블로킹되고, 완전한 응답이 오면 ChatResponse를 반환합니다.

❾ 사용자 질문으로부터 UserMessage를 생성하고 List〈Message〉에 추가합니다.

❿ ChatResponse에서 AssistantMessage를 얻고 List〈Message〉에 추가합니다.

⓫ AssistantMessage에 저장되어 있는 완전한 텍스트 답변을 얻고 반환합니다.

02 controller/AiControllerMultiMessages.java 파일을 엽니다. 이 컨트롤러 클래스에는 /ai/multi-messages 요청 매핑 메소드가 선언되어 있습니다.

```
@RestController
@RequestMapping("/ai")
@Slf4j
public class AiControllerMultiMessages {
    // ##### 필드 #####
❶   @Autowired
    private AiServiceMultiMessages aiService;

    // ##### 요청 매핑 메소드 #####
    @PostMapping(
```

```
    value = "/multi-messages",
    consumes = MediaType.APPLICATION_FORM_URLENCODED_VALUE,
    produces = MediaType.TEXT_PLAIN_VALUE
)
public String multiMessages(
    @RequestParam("question") String question, HttpSession session) {
    List<Message> chatMemory = (List<Message>) session.getAttribute("chatMemory");
    if(chatMemory == null) {
        chatMemory = new ArrayList<Message>();
        session.setAttribute("chatMemory", chatMemory);
    }
    String answer = aiService.multiMessages(question, chatMemory);
    return answer;
  }
}
```

❶ AiServiceMultiMessages를 주입받습니다.

❷ 클라이언트가 보낸 사용자 질문과 함께 HttpSession을 주입받습니다.

❸ HttpSession에서 chatMemory 이름으로 이전 대화 내용(List<Message>)을 찾되, 없으면 새로 생성해서 HttpSession에 저장해 놓습니다.

❹ 사용자 질문과 이전 대화 내용(List<Message>)을 가지고 AiServiceMultiMessages의 multiMessages() 메소드를 호출합니다. 그리고 완전한 텍스트 답변을 얻고, 반환합니다.

03 프로젝트를 실행합니다. 브라우저로 http://localhost:8080으로 요청하고, [multi-messages] 버튼을 클릭하면 다음 대화 화면이 나옵니다.

04 질문 입력란에는 친구에게 말을 하듯 입력하고 [제출] 버튼을 클릭합니다. 그리고 이전 대화 내용을 물어봅니다.

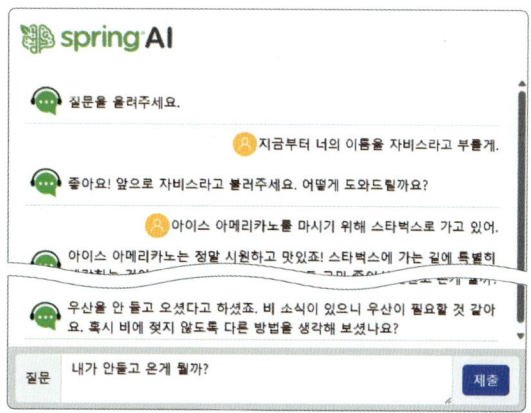

3.3 디폴트 메시지와 옵션

애플리케이션이 LLM에게 요청할 때 공통적으로 사용되는 메시지와 옵션이 있을 수 있습니다. 이러한 메시지와 옵션을 ChatClient를 생성할 때 기본으로 설정하면, LLM을 요청할 때 생략할 수 있습니다. ChatClient.Builder에는 다음과 같이 기본 설정을 위한 default 메소드가 있습니다.

메소드	설명
defaultSystem()	기본 SystemMessage를 추가
defaultUser()	기본 UserMessage를 추가
defaultOptions()	기본 대화 옵션을 설정

프로젝트 소스 코드를 보면서 설명하겠습니다.

01 service/AiServiceDefaultMethod.java 파일을 엽니다. 이 서비스 클래스는 개별 LLM 요청에서 사용하는 공통 시스템 메시지와 대화 옵션^{ChatOptions}을 ChatClient를 생성할 때 기본으로 설정합니다.

```
@Service
@Slf4j
public class AiServiceDefaultMethod {
  // ##### 필드 #####
  private ChatClient chatClient;

  // ##### 생성자 #####
  public AiServiceDefaultMethod(ChatClient.Builder chatClientBuilder) {
    chatClient = chatClientBuilder
❶          .defaultSystem("적절한 감탄사, 웃음 등을 넣어서 친절하게 대화해 주세요.")
           .defaultOptions(ChatOptions.builder()
              .temperature(1.0)
              .maxTokens(300)
              .build())
        .build();
  }

  // ##### 메소드 #####
```

```
    public Flux<String> defaultMethod(String question) {
      Flux<String> response = chatClient.prompt()
          .user(question)
          .stream()
          .content();
      return response;
    }
  }
```

❶ 기본 시스템 메시지와 대화 옵션을 설정했습니다. 대화 옵션은 다양한 응답을 생성할 수 있도록 temperature를 최대 1.0으로 주었고, 너무 긴 답변을 하지 않도록 최대 토큰 수를 300으로 설정했습니다.

02 controller/AiControllerDefaultMethod.java 파일을 엽니다. 이 컨트롤러 클래스에는 /ai/default-method 요청 매핑 메소드가 선언되어 있습니다.

```
@RestController
@RequestMapping("/ai")
@Slf4j
public class AiControllerDefaultMethod {
  // ##### 필드 #####
❶ @Autowired
  private AiServiceDefaultMethod aiService;

  // ##### 메소드 #####
  @PostMapping(
    value = "/default-method",
    consumes = MediaType.APPLICATION_FORM_URLENCODED_VALUE,
    produces = MediaType.APPLICATION_NDJSON_VALUE
  )
  public Flux<String> defaultMethod(@RequestParam("question") String question) {
❷   Flux<String> response = aiService.defaultMethod(question);
    return response;
  }
}
```

❶❷ AiServiceDefaultMethod를 주입받고, defaultMethod()를 호출해서 비동기 스트림 응답을 받습니다.

03 브라우저에서 http://localhost:8080으로 요청하고, [default-method] 버튼을 클릭한 후, 테스트합니다.

3.4 프롬프트 엔지니어링

프롬프트 엔지니어링Prompt Engineering은 대규모 언어 모델LLM을 효과적으로 활용하기 위해 입력 프롬프트를 설계하고 최적화하는 과정입니다. 이는 LLM이 주어진 입력을 정확하게 이해하고, 목표에 부합하는 출력을 생성할 수 있도록 돕는 중요한 작업입니다.

다음은 프롬프트 엔지니어링 기본 가이드를 정리한 표입니다.

기본 원칙	설명
명확하고 구체적인 요청	프롬프트는 모호하지 않고 구체적이어야 합니다. 원하는 답변의 범위와 방향을 명확히 정의해야 합니다.
모델의 이해를 돕는 배경 정보 제공	LLM이 답변을 더 정확히 이해할 수 있도록 사용자 메시지에 배경 정보나 문맥을 제공합니다.
간결하고 직관적인 문장 사용	모호하고 수식어가 많은 복잡한 문장보다는 간단하고 직관적인 문장을 사용합니다.
적절한 예시 사용	LLM이 사용자가 원하는 스타일이나 출력 형식을 정확히 이해할 수 있도록 예시를 포함하는 것이 좋습니다.
다단계 질문 피하기	여러 질문을 한 프롬프트에 담지 말고, 하나의 질문에 집중하여 LLM이 정확한 답변을 할 수 있도록 합니다.
LLM의 한계 이해	LLM이 처리할 수 있는 범위와 한계를 이해하고, 그에 맞는 프롬프트를 설계해야 합니다.
LLM의 역할 부여하기	모델에게 명확한 역할을 부여하여 특정 작업에 집중하게 합니다. 예 "너는 역사 전문가입니다. 19세기 역사에 대해 설명해 주세요."

아래 내용은 프롬프트 엔지니어링에서 많이 사용하는 기법들입니다.

- 제로-샷 프롬프트
- 퓨-샷 프롬프트
- 역할 부여 프롬프트
- 스탭-백 프롬프트
- 생각의 사슬 프롬프트
- 자기 일관성

다음 절부터 하나씩 설명하고, Spring AI 코드로 구현하는 방법에 대해 알아보겠습니다.

3.5 제로-샷 프롬프트

제로-샷$^{Zero-Shot}$ 프롬프트는 AI에게 예시 없이 작업을 수행하도록 요청하는 방법입니다. 이 방식은 모델이 처음부터 지시를 이해하고 실행할 수 있는 능력이 있을 경우에 사용 가능합니다.

LLM은 방대한 텍스트 데이터를 학습하여 "번역", "요약", "분류"와 같은 작업이 무엇인지 잘 알고 있습니다. 그렇기 때문에 명시적인 예시 없이도 이러한 작업을 잘 처리할 수 있습니다.

프로젝트 소스 코드를 보면서 설명하겠습니다.

01 service/AiServiceZeroShotPrompt.java 파일을 엽니다. 이 서비스 클래스는 제로-샷 프롬프트를 이용해서 리뷰 감정을 POSITIVE(긍정적), NEUTRAL(중립적), NEGATIVE(부정적)으로 분류합니다.

```
@Service
@Slf4j
public class AiServiceZeroShotPrompt {
    // #### 필드 ####
    private ChatClient chatClient;
    private PromptTemplate promptTemplate = PromptTemplate.builder()
        .template("""
            영화 리뷰를 [긍정적, 중립적, 부정적] 중에서 하나로 분류하세요.
            레이블만 반환하세요.
            리뷰: {review}
```

❶

```
            """)
        .build();

    // ##### 생성자 #####
    public AiServiceZeroShotPrompt(ChatClient.Builder chatClientBuilder) {
        chatClient = chatClientBuilder
❷           .defaultOptions(ChatOptions.builder()
                .temperature(0.0)
                .maxTokens(4)
                .build())
            .build();
    }

    // ##### 메소드 #####
    public String zeroShotPrompt(String review) {
        String sentiment = chatClient.prompt()
❸           .user(promptTemplate.render(Map.of("review", review)))
            .call()
            .content();
        return sentiment;
    }
}
```

❶ 재사용 가능한 PromptTemplate를 생성합니다. 사용자 메시지를 보면 세 가지 레이블 중 하나로 분류하라고 되어 있습니다. 사용자의 질문은 {review} 자리 표시자에 바인딩됩니다. LLM은 대규모 텍스트를 분류하도록 훈련되어 있기 때문에, 프롬프트에 분류를 위한 예시를 제시하지 않아도 상관없습니다.

❷ ChatClient를 생성할 때 기본 대화 옵션으로 temperature를 가장 낮은 0.0으로 설정했습니다. 이유는 세 가지 레이블 중 하나만 답변하면 되므로 응답 다양성이 필요 없습니다. 같은 맥락으로 최대 토큰 수를 4개로 줄였습니다. 세 가지 레이블은 최대 4토큰을 넘을 수 없기 때문입니다. 최대 토큰 수를 레이블의 토큰 수로 맞춤으로써 레이블만 답변하도록 유도합니다.

❸ ChatClient의 prompt()를 호출해서 메소드 체이닝을 시작합니다. PromptTemplate에 바인딩할 리뷰 정보를 제공하고 완성된 사용자 텍스트를 user()에 제공합니다. 완전한 응답(레이블)을 받기 위해 call()을 호출하고, content()를 호출했습니다.

02 controller/AiControllerZeroShotPrompt.java 파일을 엽니다. 이 컨트롤러 클래스에는 /ai/zero-shot-prompt 요청 매핑 메소드가 선언되어 있습니다.

```java
@RestController
@RequestMapping("/ai")
@Slf4j
public class AiControllerZeroShotPrompt {
  // ##### 필드 #####
❶ @Autowired
  private AiServiceZeroShotPrompt aiService;

  //##### 메소드 #####
  @PostMapping(
    value = "/zero-shot-prompt",
    consumes = MediaType.APPLICATION_FORM_URLENCODED_VALUE,
    produces = MediaType.TEXT_PLAIN_VALUE
  )
  public String zeroShotPrompt(@RequestParam("review") String review) {
❷   String reviewSentiment = aiService.zeroShotPrompt(review);
    return reviewSentiment;
  }
}
```

❶❷ AiServiceZeroShotPrompt를 필드 주입받고, zeroShotPrompt()를 호출해서 레이블을 받습니다.

03 브라우저에서 http://localhost:8080으로 요청하고, [zero-shot-prompt] 버튼을 클릭한 후, 테스트합니다.

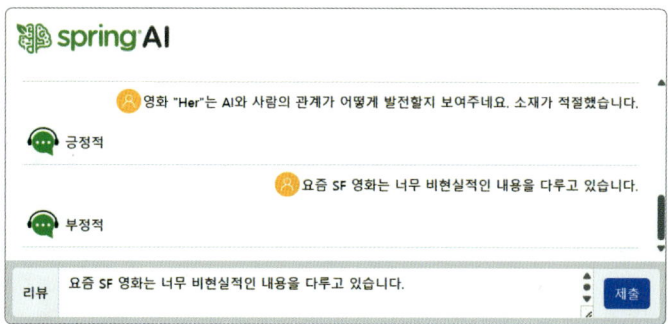

3.6 퓨-샷 프롬프트

퓨-샷Few-Shot 프롬프트는 LLM에게 몇 개의 예시를 제공하여 사용자가 원하는 방식으로 출력하도록 유도하는 기법입니다. 한 개의 예시를 제공하는 것을 원-샷One-Shot이라고도 합니다.

LLM은 기본적으로 많은 데이터를 학습한 상태지만, 어떤 방식으로 답변해야 하는지에 대한 명확한 기준이 없습니다. 퓨-샷 프롬프트를 사용하면 LLM이 사용자가 원하는 형식을 학습하고, 이를 기반으로 새로운 질문에도 동일한 형식으로 답변을 할 수 있습니다.

퓨-샷 프롬프트는 원하는 출력이 구조화되어 있을 경우, 예시를 몇 개 제시함으로써 결과물의 품질을 크게 향상시킬 수 있습니다.

프로젝트 소스 코드를 보겠습니다.

01 service/AiServiceFewShotPrompt.java 파일을 엽니다. 이 서비스 클래스는 고객이 피자를 주문할 때 서술식(음성 가능)으로 크기, 타입, 재료를 말하면, LLM이 정리해서 구조화된 JSON으로 변환합니다.

```
public String fewShotPrompt(String order) {
    // 프롬프트 생성
❶   String strPrompt = """
            고객 주문을 유효한 JSON 형식으로 바꿔주세요.
            추가 설명은 포함하지 마세요.

            예시1:
            작은 피자 하나, 치즈랑 토마토 소스, 페퍼로니 올려서 주세요.
            JSON 응답:
            {
              "size": "small",
              "type": "normal",
              "ingredients": ["cheese", "tomato sauce", "pepperoni"]
            }

            예시2:
            큰 피자 하나, 토마토 소스랑 바질, 모짜렐라 올려서 주세요.
            JSON 응답:
            {
              "size": "large",
```

```
                    "type": "normal",
                    "ingredients": ["tomato sauce", "basil", "mozzarella"]
                }

                    고객 주문: %s""".formatted(order);
```

❷
```
Prompt prompt = Prompt.builder()
    .content(strPrompt)
    .build();
```

```
    // LLM으로 요청하고 응답을 받음
```
❸
```
    String pizzaOrderJson = chatClient.prompt(prompt)
        .options(ChatOptions.builder()
            .temperature(0.0)
            .maxTokens(300)
            .build())
        .call()
        .content();

    return pizzaOrderJson;
}
```

❶ PromptTemplate를 사용하지 않은 이유는 예시에서 { }는 자리 표시자가 아니라, JSON을 표현한 문자열이기 때문입니다.

❷ 문자열을 가지고 직접 Prompt를 생성하고 있습니다.

❸ ChatClient.prompt()를 호출할 때 Prompt를 매개값으로 주었습니다. 대화 옵션은 다양성 응답이 필요 없으므로 temperature는 가장 낮은 0.0으로 설정했습니다. 그리고 최대 토큰 수는 300으로 설정했습니다. 동기 요청인 call() 메소드를 호출하고, 응답이 오면 문자열 JSON을 반환하도록 content()를 호출했습니다.

02 controller/AiControllerFewShotPrompt.java 파일을 엽니다. 이 컨트롤러 클래스에는 /ai/few-shot-prompt 요청 매핑 메소드가 있습니다.

```
@RestController
@RequestMapping("/ai")
@Slf4j
public class AiControllerFewShotPrompt {
```

```
    // ##### 필드 #####
    @Autowired
    private AiServiceFewShotPrompt aiService;

    // ##### 메소드 #####
    @PostMapping(
        value = "/few-shot-prompt",
        consumes = MediaType.APPLICATION_FORM_URLENCODED_VALUE,
        produces = MediaType.APPLICATION_JSON_VALUE
    )
    public String fewShotPrompt(@RequestParam("order") String order) {
        // 서술식 주문을 JSON으로 변환
        String json = aiService.fewShotPrompt(order);
        return json;
    }
}
```

❶ ❷ AiServiceFewShotPrompt를 필드 주입받고, fewShotPrompt() 메소드를 요청해서 JSON을 받습니다.

03 브라우저에서 http://localhost:8080으로 요청하고, [few-shot-prompt] 버튼을 클릭한 후, 테스트합니다.

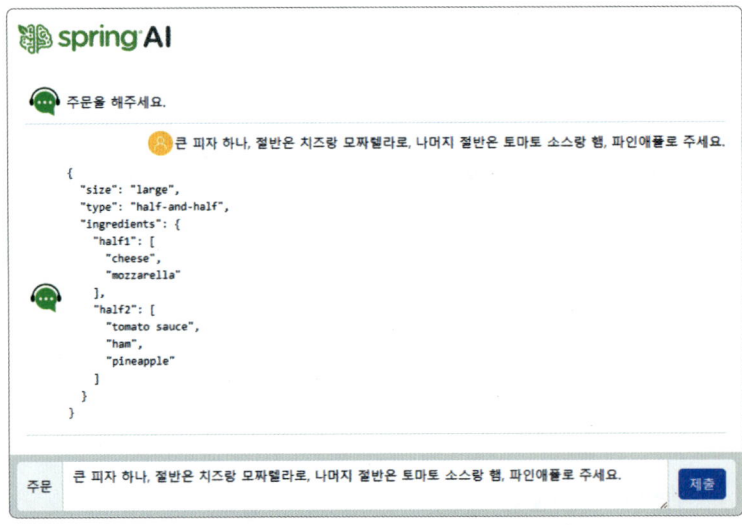

3.7 역할 부여 프롬프트

LLM에게 특정 역할이나 인물을 맡도록 지시하면 출력 결과에 영향을 미칩니다. 특정 정체성, 전문성 또는 관점을 부여함으로써 출력 내용의 스타일, 톤(진지한, 유머러운), 깊이를 조정할 수 있습니다.

역할을 부여함으로써 LLM은 해당 분야의 대화 스타일로 출력합니다. 이러한 역할에는 전문가("당신은 경험이 풍부한 데이터 과학자입니다"), 전문직("여행 가이드 역할을 하세요"), 또는 스타일리시한 인물("셰익스피어처럼 설명하세요")이 포함됩니다.

프로젝트 소스 코드를 보면서 설명하겠습니다.

01 service/AiServiceRoleAssignmentPrompt.java 파일을 엽니다. 이 서비스 클래스는 LLM이 여행 가이드 역할을 하도록 합니다. 사용자가 있는 위치에서 방문할 수 있는 3곳을 추천하고, 사용자가 방문하고 싶은 장소의 유형에 따라 안내하도록 지시합니다.

```java
public Flux<String> roleAssignment(String requirements) {
❶   Flux<String> travelSuggestions = chatClient.prompt()
        // 시스템 메시지 추가
        .system("""
            당신이 여행 가이드 역할을 해 주었으면 좋겠습니다.
            아래 요청사항에서 위치를 알려주면, 근처에 있는 3곳을 제안해 주고,
❷           이유를 달아주세요. 경우에 따라서 방문하고 싶은 장소 유형을
            제공할 수도 있습니다.
            출력 형식은 <ul> 태그이고, 장소는 굵게 표시해 주세요.
            """)
        // 사용자 메시지 추가
❸       .user("요청사항: %s".formatted(requirements))
        // 대화 옵션 설정
        .options(ChatOptions.builder()
❹           .temperature(1.0)
            .maxTokens(1000)
            .build())
        // LLM으로 요청하고 응답 얻기
❺       .stream()
        .content();
    return travelSuggestions;
}
```

❶ ChatClient의 prompt()로 메소드 체이닝을 시작하고, 비동기 스트림 타입인 Flux<String>을 반환 받습니다.
❷ 시스템 메시지를 프롬프트에 추가합니다. LLM의 역할과 출력 내용, 출력 형식에 대해서 지시하고 있습니다.
❸ Java String 타입이 제공하는 매개변수화된 문자열을 이용해서 사용자 텍스트를 완성합니다.
❹ 대화 옵션을 설정합니다. 다양한 응답을 할 수 있도록 temperature를 최대 1.0 값으로 설정했습니다. 그리고 최대 응답 토큰 수를 1000으로 설정했습니다.
❺ 비동기 스트림 응답을 위해서 stream()과 content() 메소드를 호출했습니다.

02 controller/AiControllerRoleAssignmentPrompt.java 파일을 엽니다. 이 컨트롤러 클래스에는 /ai/role-assignment 요청 매핑 메소드가 선언되어 있습니다.

```java
@RestController
@RequestMapping("/ai")
@Slf4j
public class AiControllerRoleAssignmentPrompt {
    // ##### 필드 #####
    @Autowired
    private AiServiceRoleAssignmentPrompt aiService;

    //##### 메소드 #####
    @PostMapping(
        value = "/role-assignment",
        consumes = MediaType.APPLICATION_FORM_URLENCODED_VALUE,
        produces = MediaType.APPLICATION_NDJSON_VALUE
    )
    public Flux<String> roleAssignment(
        @RequestParam("requirements") String requirements) {
        Flux<String> travelSuggestions = aiService.roleAssignment(requirements);
        return travelSuggestions;
    }
}
```

❶ ❷ AiServiceRoleAssignmentPrompt를 필드 주입받고, roleAssignment() 메소드를 요청해서 비동기 스트림 응답을 받습니다.

084 이것이 Spring AI다

03 브라우저에서 http://localhost:8080으로 요청하고, [role-assignment] 버튼을 클릭한 후, 테스트합니다.

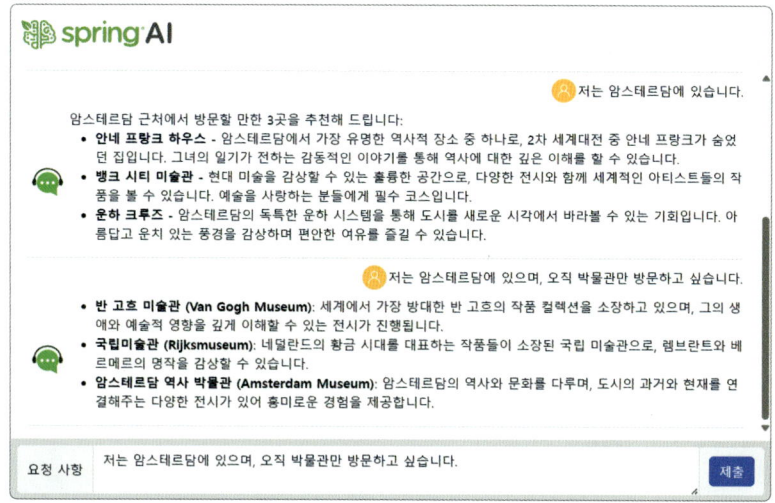

3.8 스텝-백 프롬프트

스텝-백^{Step-Back} 프롬프트는 복잡한 질문을 여러 단계로 분해해, 단계별로 배경 지식을 확보하는 기법입니다. 이 기법은 LLM이 즉각적인 답변을 생성하기 전에 "한 걸음 물러나" 문제와 관련된 폭넓은 배경 지식을 갖도록 유도합니다. 단계별 질문에 대한 답변은 다음 질문의 배경 지식으로 이어지기 때문에, LLM은 단계적으로 배경 지식을 쌓아가며 더 정확한 답변을 제공할 수 있습니다.

사용자가 다음과 같은 질문을 했다고 가정해 보겠습니다.

> 서울에서 울릉도로 갈 때 비용이 가장 적게 드는 방법은?

사용자 질문은 다음과 같이 여러 단계의 질문으로 분해할 수 있습니다.

> 단계1: 서울에서 울릉도로 가는 교통 수단은 무엇인가요?
> 단계2: 각 교통 수단의 비용은 얼마인가요?
> 단계3: 비용이 가장 적은 교통 수단은 무엇인가요?

Chapter 03 · 프롬프트 엔지니어링   **085**

단계별 질문에 대한 답변은 다음 질문의 사용자 텍스트에 포함되어 LLM으로 전달됩니다.

```
[단계1 처리]
서울에서 울릉도로 가는 교통 수단은 무엇인가요?

[단계2 처리]
각 교통 수단의 비용은 얼마인가요?
문맥: 단계1 답변 내용

[단계3 처리]
비용이 가장 적은 교통 수단은 무엇인가요?
문맥: 단계1 답변 + 단계2 답변

[최종 처리]
서울에서 울릉도로 갈 때 비용이 가장 적게 드는 방법은?
문맥: 단계1 답변 + 단계2 답변 + 단계3 답변
```

프로젝트 소스 코드를 보면서 설명하겠습니다.

01 service/AiServiceStepBackPrompt.java 파일을 엽니다. 이 서비스 클래스는 사용자의 질문을 LLM을 이용해서 여러 단계의 질문으로 분해한 후, 단계별 답변을 다음 단계 질문의 문맥으로 추가합니다.

02 먼저 사용자의 질문을 LLM을 이용해서 여러 단계의 질문으로 분해하는 stepBackPrompt() 메소드를 보겠습니다.

```
public String stepBackPrompt(String question) throws Exception {
    String questions = chatClient.prompt()
        .user("""
            사용자 질문을 처리하기 Step-Back 프롬프트 기법을 사용하려고 합니다.
            사용자 질문을 단계별 질문들로 재구성해 주세요.
            맨 마지막 질문은 사용자 질문과 일치해야 합니다.
            단계별 질문을 항목으로 하는 JSON 배열로 출력해 주세요.
            예시: ["...", "...", "...", ...]
            사용자 질문: %s
            """.formatted(question))
```

❶

```
        .call()
        .content();

    String json = questions.substring(questions.indexOf("["), questions.indexOf("]")+1);
❷   log.info(json);

    ObjectMapper objectMapper = new ObjectMapper();
    List<String> listQuestion = objectMapper.readValue(
❸       json,
        new TypeReference<List<String>>() {}
    );

    String[] answerArray = new String[listQuestion.size()];
    for(int i=0; i<listQuestion.size(); i++) {
      String stepQuestion = listQuestion.get(i);
❹     String stepAnswer = getStepAnswer(stepQuestion, answerArray);
      answerArray[i] = stepAnswer;
      log.info("단계{} 질문: {}, 답변: {}", i+1, stepQuestion, stepAnswer);
    }

❺   return answerArray[answerArray.length-1];
}
```

❶ LLM에게 사용자의 질문을 단계별로 분해해 달라고 요청하고 응답을 받습니다. 여기서 주목할 점은 맨 마지막 단계의 질문은 사용자의 질문과 일치해야 한다고 되어 있습니다. 그 이유는 LLM이 단계별로 질문을 분해하는 과정에서 맨 마지막 질문이 사용자의 질문과 다를 수 있기 때문입니다.

❷ 응답 문자열에서 [...] 앞뒤로 불순물이 붙어 있을 수 있기 때문에 [...] 앞뒤 문자열을 잘라내고, 순수 JSON만 얻습니다.

❸ JSON을 파싱해서 List<String>타입으로 얻습니다.

❹ getStepAnswer() 메소드를 호출해서 단계별 질문에 대한 답변을 얻습니다. 그리고 답변 배열에 저장합니다.

❺ 마지막 답변을 반환합니다.

03 단계 질문에 대한 답변을 얻는 getStepAnswer() 메소드를 보겠습니다.

```
public String getStepAnswer(String question, String... prevStepAnswers) {
  String context = "";
```

```
    for (String prevStepAnswer : prevStepAnswers) {
      context += Objects.requireNonNullElse(prevStepAnswer, "");
    }
    String answer = chatClient.prompt()
        .user("""
            %s
            문맥: %s
            """.formatted(question, context))
        .call()
        .content();
    return answer;
  }
```

❶ 이전 단계 답변들을 context 변수에 누적시킵니다. Objects.requireNonNullElse(prevStepAnswer, "")는 prevStepAnswer가 null이 아닌 경우에는 prevStepAnswer 값을, null일 경우는 빈 문자열("")을 반환하도록 해줍니다.

❷ ChatClient로 LLM에 요청할 때, 프롬프트 안에는 현 단계 질문과 이전 단계 답변들이 문맥으로 추가됩니다.

04 controller/AiControllerStepBackPrompt.java 파일을 엽니다. 이 컨트롤러 클래스에는 /ai/step-back-prompt 요청 매핑 메소드가 있습니다.

```
@RestController
@RequestMapping("/ai")
@Slf4j
public class AiControllerStepBackPrompt {
  // ##### 필드 #####
  @Autowired
  private AiServiceStepBackPrompt aiService;

  @PostMapping(
    value = "/step-back-prompt",
    consumes = MediaType.APPLICATION_FORM_URLENCODED_VALUE,
    produces = MediaType.TEXT_PLAIN_VALUE
  )
  public String stepBackPrompt(@RequestParam("question") String question)
      throws Exception {
    String answer = aiService.stepBackPrompt(question);
```

```
        return answer;
    }
}
```

❶ ❷ AiServiceStepBackPrompt를 필드 주입받고, stepBackPrompt() 메소드를 요청해서 답변을 받습니다.

05 브라우저에서 http://localhost:8080으로 요청하고, [step-back-prompt] 버튼을 클릭한 후, 테스트합니다. 단계별 질문에 대한 답변을 얻어야 하므로 시간이 조금 걸릴 수 있습니다.

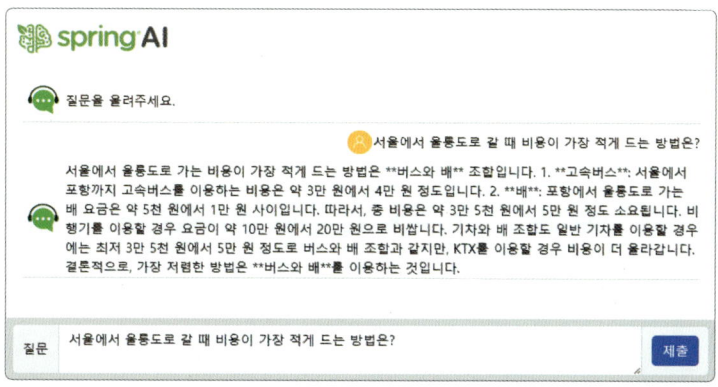

3.9 생각의 사슬 프롬프트

CoT$^{\text{Chain of Thought, 생각의 사슬}}$ 프롬프트는 LLM에게 문제를 해결하는 과정을 명시적으로 요청하거나 논리적인 단계로 생각하도록 요구함으로써, 다단계 추론이 필요한 작업에서 성능을 향상시킬 수 있습니다.

CoT는 모델이 최종 답을 도출하기 전에 중간 추론 단계를 생성하도록 유도합니다. 이는 인간이 복잡한 문제를 해결하는 방식과 유사하며, 모델의 사고 과정을 명확하게 만들고 더 정확한 결론에 도달할 수 있도록 돕습니다.

프롬프트에 "한 걸음씩 생각해 봅시다. (Let's think step by step.)"라는 핵심 문구를 넣어 모델이 자신의 사고 과정을 보여주도록 유도합니다. 추가적으로 Few-Shot 예시를 제공해 주면 사고 과정이 명확해지고 정답을 도출할 확률이 높아집니다. CoT는 특히 복잡한 수학 문제에 유용합니다. 중간 단계의 추론을 명확히 함으로써 오류를 줄이는 데 도움이 됩니다.

프로젝트 소스 코드를 보면서 설명하겠습니다.

01 service/AiServiceChainOfThoughtPrompt.java 파일을 엽니다. 이 서비스 클래스는 수학 문제를 풀기 위해 CoT 프롬프트를 사용합니다. "한 걸음씩 생각해 봅시다" 문구를 프롬프트에 넣어 모델이 사고 과정을 보여주도록 했습니다.

02 chainOfThought() 메소드를 보겠습니다.

```java
@Service
@Slf4j
public class AiServiceChainOfThoughtPrompt {
    // ##### 필드 #####
    private ChatClient chatClient;

    // ##### 생성자 #####
    public AiServiceChainOfThoughtPrompt(ChatClient.Builder chatClientBuilder) {
        chatClient = chatClientBuilder.build();
    }

    // ##### 메소드 #####
    public Flux<String> chainOfThought(String question) {
        Flux<String> answer = chatClient.prompt()
            .user("""
                %s
❶               한 걸음씩 생각해 봅시다.

                [예시]
                질문: 제 동생이 2살일 때, 저는 그의 나이의 두 배였어요.
                지금 저는 40살인데, 제 동생은 몇 살일까요? 한 걸음씩 생각해 봅시다.

❷               답변: 제 동생이 2살일 때, 저는 2 * 2 = 4살이었어요.
                그때부터 2년 차이가 나며, 제가 더 나이가 많습니다.
                지금 저는 40살이니, 제 동생은 40 - 2 = 38살이에요. 정답은 38살입니다.
                """.formatted(question))
            .stream()
            .content();
```

```
        return answer;
    }
}
```

❶ 사용자 텍스트에 질문과 함께 "한 걸음씩 생각해 봅시다" 문구가 포함되었습니다.

❷ 원-샷 예시가 주어졌습니다. 예시는 꼭 있을 필요는 없지만, 논리적 단계를 보여줌으로써 LLM이 어떻게 처리해야 할지 힌트를 제공합니다.

03 controller/AiControllerChainOfThoughtPrompt.java 파일을 엽니다. 이 컨트롤러 클래스는 /ai/chain-of-thought 요청 매핑 메소드를 가지고 있습니다.

```
@RestController
@RequestMapping("/ai")
@Slf4j
public class AiControllerChainOfThoughtPrompt {
    // ##### 필드 #####
❶   @Autowired
    private AiServiceChainOfThoughtPrompt aiService;

    //##### 메소드 #####
    @PostMapping(
        value = "/chain-of-thought",
        consumes = MediaType.APPLICATION_FORM_URLENCODED_VALUE,
        produces = MediaType.APPLICATION_NDJSON_VALUE
    )
    public Flux<String> chainOfThought(@RequestParam("question") String question) {
❷       Flux<String> answer = aiService.chainOfThought(question);
        return answer;
    }
}
```

❶❷ AiServiceChainOfThoughtPrompt를 필드 주입받고, chainOfThought() 메소드를 요청해서 비동기 스트림 답변을 받습니다.

04 브라우저에서 http://localhost:8080으로 요청하고, [chain-of-thought] 버튼을 클릭한 후, 테스트합니다.

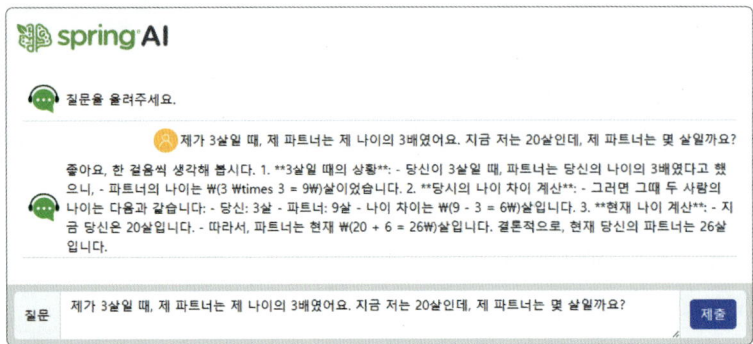

3.10 자기 일관성

자기 일관성 Self-Consistency은 LLM에게 여러 번 요청해서 얻은 응답을 집계하여 다수결로 최종 응답을 정하는 기법입니다. 즉, LLM이 일관성 있게 응답하는 것을 채택하는 것입니다. 이 기법은 LLM 출력의 변동성을 해결해 줍니다.

프로젝트 소스를 보면서 설명하겠습니다.

01 service/AiServiceSelfConsistency.java 파일을 엽니다. 이 서비스 클래스는 메일 또는 메시지 내용이 중요한지, 그렇지 않은지를 LLM이 판단하도록 해서 응답을 받습니다. 한 번의 판단이 아니라, 5번에 걸쳐 판단하게 하고 다수결로 최종 응답을 결정합니다.

02 먼저 필드와 생성자 선언부터 보겠습니다.

```
@Service
@Slf4j
public class AiServiceSelfConsistency {
    // ##### 필드 #####
    private ChatClient chatClient;
    private PromptTemplate promptTemplate = PromptTemplate.builder()
        .template("""
            다음 내용을 [IMPORTANT, NOT_IMPORTANT] 둘 중 하나로 분류해 주세요.
```

```
                레이블만 반환하세요.
                내용: {content}
                """)
        .build();

    // ##### 생성자 #####
    public AiServiceSelfConsistency(ChatClient.Builder chatClientBuilder) {
        chatClient = chatClientBuilder.build();
    }
}
```

❶ 재사용 가능한 PromptTemplate를 필드로 선언했습니다. 자리 표시자 {content}에 바인딩되는 내용이 중요한지, 그렇지 않은지를 판단해서 두 레이블 중 하나를 출력하도록 템플릿을 작성했습니다.

03 selfConsistency() 메소드를 보겠습니다.

```
public String selfConsistency(String content) {
    int importantCount = 0;
    int notImportantCount = 0;

    String userText = promptTemplate.render(Map.of("content", content));

    // 다섯 번에 걸쳐 응답 받아 보기
❶   for (int i = 0; i < 5; i++) {
        // LLM 요청 및 응답 받기
        String output = chatClient.prompt()
            .user(userText)
            .options(ChatOptions.builder()
❷               .temperature(1.0)
                .build())
            .call()
            .content();

        log.info("{}: {}", i, output.toString());

        // 결과 집계
        if (output.equals("IMPORTANT")) {
❸           importantCount++;
```

```
      } else {
        notImportantCount++;
      }
    }

    // 다수결로 최종 분류를 결정
    String finalClassification = importantCount > notImportantCount ?
        "중요함" : "중요하지 않음";
    return finalClassification;
  }
```
❹

❶ 5번에 걸쳐 LLM에게 요청하고 응답을 받습니다.
❷ 다양한 판단을 하기 위해 대화 옵션 temperature를 최댓값 1.0으로 설정했습니다.
❸❹ 응답 결과에 따라 결과를 집계합니다. 다수결로 최종 응답(분류)을 결정합니다.

04 controller/AiControllerSelfConsistency.java 파일을 엽니다. 이 컨트롤러 클래스에는 /ai/self-consistency 요청 매핑 메소드가 있습니다.

```
@RestController
@RequestMapping("/ai")
@Slf4j
public class AiControllerSelfConsistency {
  // #### 필드 ####
  @Autowired
  private AiServiceSelfConsistency aiService;

  // #### 메소드 ####
  @PostMapping(
    value = "/self-consistency",
    consumes = MediaType.APPLICATION_FORM_URLENCODED_VALUE,
    produces = MediaType.TEXT_PLAIN_VALUE
  )
  public String selfConsistency(@RequestParam("content") String content) {
    String answer = aiService.selfConsistency(content);
    return answer;
  }
}
```
❶
❷

❶❷ AiServiceSelfConsistency를 필드 주입받고, selfConsistency() 메소드를 요청해서 답변을 받습니다.

05 브라우저에서 http://localhost:8080으로 요청하고, [self-consistency] 버튼을 클릭한 후, 테스트합니다. 대체로 일상적인 인사말과 날씨 정보는 중요하지 않다고 판단하고 있습니다.

Chapter 04

▶ 구조화된 출력

4.1 구조화된 출력 변환기
4.2 List〈String〉으로 변환 (ListOutputConverter)
4.3 T로 변환 (BeanOutputConverter)
4.4 List〈T〉로 변환 (BeanOutputConverter)
4.5 Map으로 변환 (MapOutputConverter)
4.6 시스템 메시지와 함께 사용

4.1 구조화된 출력 변환기

구조화된 출력 Structured Output 이란, 데이터의 의미와 관계를 고려해서 JSON과 같은 형식으로 출력하는 것을 말합니다. LLM의 구조화된 출력 기능은 데이터를 전달하거나 처리하는 애플리케이션 관점에서는 매우 중요합니다.

일반적으로 LLM의 출력은 텍스트 문장입니다. LLM이 구조화된 출력을 하려면 프롬프트에 출력 형식 지침을 포함시켜 올바른 JSON을 출력하도록 유도해야 합니다. LLM이 형식 지침에 맞게 출력을 할 경우, 애플리케이션은 객체 타입으로 변환할 수 있습니다.

Spring AI는 이러한 작업을 할 수 있도록 구조화된 출력 변환기를 제공합니다. 구조화된 출력 변환기의 공통 인터페이스는 StructuredOutputConverter〈T〉입니다. 이 인터페이스는 출력 형식 지침을 제공하는 FormatProvider와 LLM 출력 텍스트 String를 T 객체로 변환하는 Converter〈String, T〉를 상속합니다.

```
public interface StructuredOutputConverter<T> extends FormatProvider, Converter
<String, T>{
}
```

다음 다이어그램은 StructuredOutputConverter〈T〉의 작업 흐름을 보여줍니다.

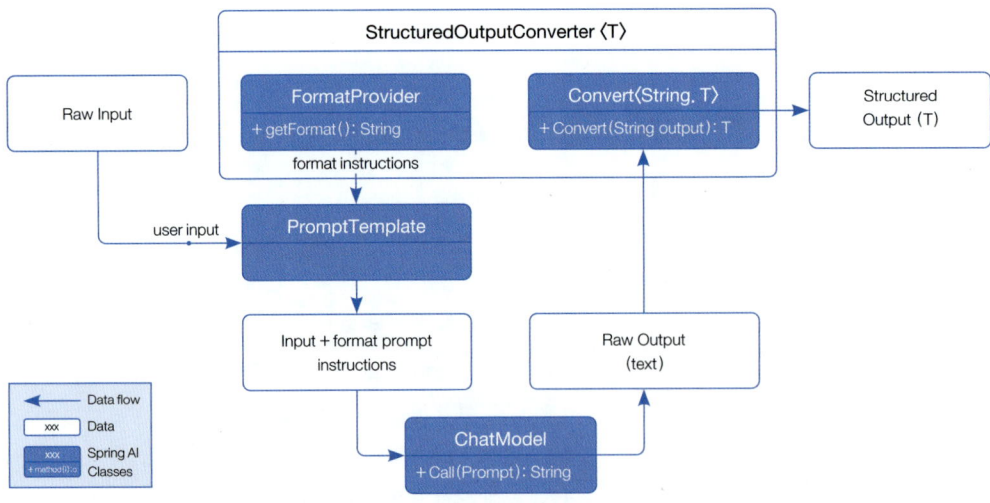

- **FormatProvider**: LLM의 출력을 T 타입으로 변환할 수 있도록, 출력 형식 지침을 제공합니다. 출력 형식 지침은 PromptTemplate을 사용하여 사용자 메시지(Raw Input) 뒤에 추가됩니다.
- **Converter⟨String, T⟩**: 출력 형식 지침에 맞게 LLM이 출력하게 되면(Raw Output), T 객체로 변환하는 역할을 합니다.

Spring AI는 StructuredOutputConverter⟨T⟩ 구현체로 ListOutputConverter, BeanOutputConverter⟨T⟩, MapOutputConverter를 제공하고 있습니다.

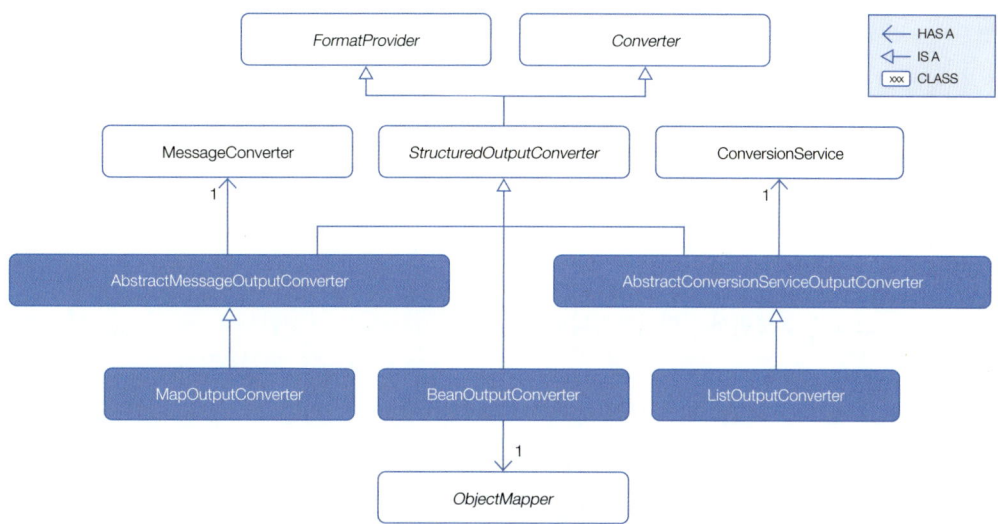

구조화된 출력 변환기	설명
ListOutputConverter	• FormatProvider: 쉼표로 구분된 목록 출력을 위한 형식 지침 제공
	• Converter: LLM 출력을 List⟨String⟩으로 변환
BeanOutputConverter⟨T⟩	• FormatProvider: JSON 형식 출력을 위한 형식 지침 제공
	• Converter: LLM 출력을 T 객체로 변환
MapOutputConverter	• FormatProvider: JSON 형식 출력을 위한 형식 지침 제공
	• Converter: LLM 출력을 Map⟨String, Object⟩으로 변환

애플리케이션에서 이들 구현체를 사용하는 방법은 다음 두 가지가 있습니다.

구분	설명
저수준	변환기를 직접 생성해서 형식 지침을 제공하고, 변환하는 방법
고수준	ChatClient의 메소드 체이닝 맨 마지막에 entity() 메소드를 호출하는 방법

코드의 간결성을 유지하려면 고수준 방식을 사용하는 것이 좋지만, 출력 형식 지침 내용과 LLM 응답 내용을 직접 확인하고 처리하고 싶을 경우에는 저수준 방식을 사용해야 합니다. 다음 절부터 변환기별로 저수준 및 고수준 코드 작성 방법을 알아보겠습니다.

4.2 List⟨String⟩으로 변환 (ListOutputConverter)

LLM의 출력을 List⟨String⟩으로 변환하고 싶다면, ListOutputConverter를 사용할 수 있습니다. 이 변환기는 LLM이 쉼표로 구분된 텍스트 출력을 할 수 있도록 지침을 생성하고, LLM의 출력을 List⟨String⟩으로 변환합니다.

프로젝트 소스 코드를 보면서 설명하겠습니다.

01 VS Code로 book-spring-ai/projects/ch04-structured-output 프로젝트 폴더를 엽니다.

02 service/AiServiceListOutputConverter.java 파일을 엽니다. 이 서비스 클래스는 주어진 도시의 유명한 호텔 5개를 LLM에게 물어보고, LLM 출력을 List⟨String⟩으로 반환합니다.

03 먼저 저수준 방식의 listOutputConverterLowLevel() 메소드부터 보겠습니다.

```java
public List<String> listOutputConverterLowLevel(String city) {
    // 구조화된 출력 변환기 생성
❶   ListOutputConverter converter = new ListOutputConverter();
    // 프롬프트 템플릿 생성
    PromptTemplate promptTemplate = PromptTemplate.builder()
        .template("{city}에서 유명한 호텔 목록 5개를 출력하세요. {format}")
        .build();
    // 프롬프트 생성
❷   Prompt prompt = promptTemplate.create(
        Map.of("city", city, "format", converter.getFormat()));
    // LLM의 쉼표로 구분된 텍스트 출력 얻기
    String commaSeparatedString = chatClient.prompt(prompt)
```

```
        .call()
        .content();
    // List<String>으로 변환
❸   List<String> hotelList = converter.convert(commaSeparatedString);
    return hotelList;
}
```

❶ LLM의 출력을 List<String>으로 변환하는 ListOutputConverter를 생성합니다.

❷ 프롬프트 템플릿에서 프롬프트를 생성할 때, 도시 이름과 출력 형식 지침을 자리 표시자에 바인딩해서 사용자 메시지를 생성하고 포함시킵니다. 출력 형식 지침은 LLM이 쉼표로 구분된 호텔 이름들을 출력하도록 합니다.

❸ LLM이 쉼표로 구분된 호텔 이름들을 출력하면 List<String>으로 변환합니다.

04 이번에는 고수준 방식의 listOutputConverterHighLevel() 메소드를 보겠습니다.

```
public List<String> listOutputConverterHighLevel(String city) {
    List<String> hotelList = chatClient.prompt()
        .user("%s에서 유명한 호텔 목록 5개를 출력하세요.".formatted(city))
        .call()
❶       .entity(new ListOutputConverter());
    return hotelList;
}
```

❶ entity() 메소드를 호출할 때 ListOutputConverter 객체를 제공했습니다. 저수준 방식과 마찬가지로 entity() 메소드는 사용자 메시지 끝에 출력 형식 지침을 포함시키는데, 쉼표로 구분된 호텔 이름들을 출력하도록 합니다. 그리고 LLM의 출력을 List<String>으로 변환하고, 이것을 반환합니다.

05 controller/AiControllerListOutputConverter.java 파일을 엽니다. 이 컨트롤러 클래스에는 /ai/list-output-converter 요청 매핑 메소드가 다음과 같이 선언되어 있습니다.

```
@RestController
@RequestMapping("/ai")
@Slf4j
public class AiControllerListOutputConverter {
    // ##### 필드 #####
```

```
   ❶  @Autowired
      private AiServiceListOutputConverter aiService;

      // ##### 메소드 #####
      @PostMapping(
        value = "/list-output-converter",
        consumes = MediaType.APPLICATION_FORM_URLENCODED_VALUE,
        produces = MediaType.APPLICATION_JSON_VALUE
      )
      public List<String> listOutputConverter(@RequestParam("city") String city) {
   ❷   List<String> hotelList = aiService.listOutputConverterLowLevel(city);
        // List<String> hotelList = aiService.listOutputConverterHighLevel(city);
        return hotelList;
      }
    }
```

❶❷ AiServiceListOutputConverter를 주입받고, 도시 이름을 매개값으로 해서 List<String>을 얻기 위해 저수준과 고수준 방식의 메소드를 호출하고 있습니다. ❷에서 주석을 번갈아 가면서 실행해 보세요.

06 프로젝트를 실행합니다. 브라우저로 http://localhost:8080으로 요청하고 [list-output-converter] 버튼을 클릭한 후, 테스트합니다.

4.3 T로 변환 (BeanOutputConverter)

LLM의 출력을 T 객체로 변환하고 싶다면, BeanOutputConverter<T>를 사용할 수 있습니다. T는 변환할 자바 타입입니다. 이 변환기는 LLM이 JSON 출력을 할 수 있도록 지침을 생성하고, LLM의 출력을 T 객체로 변환합니다.

프로젝트 소스 코드를 보면서 설명하겠습니다.

01 service/AiServiceBeanOutputConverter.java 파일을 엽니다. 이 서비스 클래스는 주어진 도시의 유명한 호텔 5개를 LLM에게 물어보고, LLM 출력을 Hotel 객체로 변환합니다.

02 먼저 저수준 방식의 beanOutputConverterLowLevel() 메소드부터 보겠습니다.

```java
public Hotel beanOutputConverterLowLevel(String city) {
    // 구조화된 출력 변환기 생성
 ❶  BeanOutputConverter<Hotel> beanOutputConverter =
        new BeanOutputConverter<>(Hotel.class);
    // 프롬프트 템플릿 생성
    PromptTemplate promptTemplate = PromptTemplate.builder()
        .template("{city}에서 유명한 호텔 목록 5개를 출력하세요. {format}")
        .build();
    // 프롬프트 생성
 ❷  Prompt prompt = promptTemplate.create(Map.of(
        "city", city,
        "format", beanOutputConverter.getFormat()));
    // LLM의 JSON 출력 얻기
    String json = chatClient.prompt(prompt)
        .call()
        .content();
    // JSON을 Hotel로 매핑해서 변환
 ❸  Hotel hotel = beanOutputConverter.convert(json);
    return hotel;
}
```

❶ LLM의 출력을 Hotel 객체로 변환하는 BeanOutputConverter<Hotel>을 생성합니다. Hotel 클래스는 dto/Hotel.java 파일에 다음과 같이 정의되어 있습니다.

```java
@Data
public class Hotel {
    // 도시 이름
    private String city;
    // 호텔 이름 목록
    private List<String> names;
}
```

❷ 프롬프트 템플릿에서 프롬프트를 생성할 때, 도시 이름과 출력 형식 지침을 자리 표시자에 바인딩해서 사용자 메시지를 생성하고 포함시킵니다. 출력 형식 지침은 LLM이 JSON을 출력하도록 합니다.

❸ LLM의 JSON 출력을 Hotel로 변환합니다.

03 이번에는 고수준 방식의 beanOutputConverterHighLevel() 메소드를 보겠습니다.

```
public Hotel beanOutputConverterHighLevel(String city) {
  Hotel hotel = chatClient.prompt()
      .user("%s에서 유명한 호텔 목록 5개를 출력하세요.".formatted(city))
      .call()
❶     .entity(Hotel.class);
  return hotel;
}
```

❶ 코드에서는 BeanOutputConverter〈Hotel〉이 명시적으로 드러나지는 않지만, 저수준 방식과 마찬가지로 entity() 메소드는 사용자 메시지 끝에 출력 형식 지침을 포함시킵니다. 그리고 LLM의 JSON 출력을 Hotel로 변환하고, 이것을 반환합니다.

04 controller/AiControllerBeanOutputConverter.java 파일을 엽니다. 이 컨트롤러 클래스에는 /ai/bean-output-converter 요청 매핑 메소드가 다음과 같이 선언되어 있습니다.

```
@RestController
@RequestMapping("/ai")
@Slf4j
public class AiControllerBeanOutputConverter {
  // ##### 필드 #####
❶  @Autowired
   private AiServiceBeanOutputConverter aiService;

  // ##### 메소드 #####
  @PostMapping(
    value = "/bean-output-converter",
    consumes = MediaType.APPLICATION_FORM_URLENCODED_VALUE,
    produces = MediaType.APPLICATION_JSON_VALUE
  )
  public Hotel beanOutputConverter(@RequestParam("city") String city) {
```

```
    Hotel hotel = aiService.beanOutputConverterLowLevel(city);
❷   //Hotel hotel = aiService.beanOutputConverterHighLevel(city);
    return hotel;
  }
}
```

❶❷ AiServiceBeanOutputConverter를 주입받고, 도시 이름을 매개값으로 해서 Hotel 객체를 얻기 위해 저수준과 고수준 방식의 메소드를 호출하고 있습니다. ❷에서 주석을 번갈아 가면서 실행해 보세요.

05 프로젝트를 실행합니다. 브라우저로 http://localhost:8080으로 요청하고 [bean-output-converter] 버튼을 클릭한 후, 테스트합니다.

4.4 List〈T〉로 변환 (BeanOutputConverter)

LLM의 출력을 List〈T〉 객체로 변환하고 싶다면, BeanOutputConverter〈List〈T〉〉를 사용할 수 있습니다. T는 변환할 자바 타입입니다. 이 변환기는 LLM이 JSON 출력을 할 수 있도록 지침을 생성하고, LLM의 출력을 List〈T〉로 변환합니다.

프로젝트 소스 코드를 보면서 설명하겠습니다.

01 service/AiServiceParameterizedTypeReference.java 파일을 엽니다. 이 서비스 클래스는 주어진 도시들의 유명한 호텔 3개를 LLM에게 물어보고, LLM 출력을 List〈Hotel〉로 변환합니다.

02 먼저 저수준 방식의 genericBeanOutputConverterLowLevel() 메소드부터 보겠습니다.

```java
public List<Hotel> genericBeanOutputConverterLowLevel(String cities) {
    // 구조화된 출력 변환기 생성
❶   BeanOutputConverter<List<Hotel>> beanOutputConverter =
        new BeanOutputConverter<>(new ParameterizedTypeReference<List<Hotel>>() { });
    // 프롬프트 템플릿 생성
    PromptTemplate promptTemplate = new PromptTemplate("""
        다음 도시들에서 유명한 호텔 3개를 출력하세요.
        {cities}
        {format}
        """);
    // 프롬프트 생성
    Prompt prompt = promptTemplate.create(Map.of(
❷       "cities", cities,
        "format", beanOutputConverter.getFormat()));
    // LLM의 JSON 출력 얻기
    String json = chatClient.prompt(prompt)
        .call()
        .content();
    // JSON을 List<Hotel>로 매핑해서 변환
❸   List<Hotel> hotelList = beanOutputConverter.convert(json);
    return hotelList;
}
```

❶ LLM의 출력을 List<Hotel>로 변환하는 BeanOutputConverter<List<Hotel>>를 생성합니다. 생성자의 매개값으로 ParameterizedTypeReference 익명 객체를 제공하고 있는데, 이는 런타임 시 Hotel 정보를 출력 형식 지침에 포함시키기 위해서입니다.

일반적으로 List<Hotel> 같은 제네릭 타입은 컴파일 이후 런타임 시에는 List만 남고 Hotel 정보는 사라집니다. ParameterizedTypeReference 익명 객체를 제공하면 상위 클래스 선언부에 List<Hotel>이 남아 있기 때문에 출력 형식 지침에 Hotel 정보를 추가할 수 있습니다.

❷ 프롬프트 템플릿에서 프롬프트를 생성할 때, 쉼표로 구분된 도시 이름들과 출력 형식 지침을 자리 표시자에 바인딩해서 사용자 메시지를 생성하고 포함시킵니다. 출력 형식 지침은 LLM이 JSON을 출력하도록 합니다.

❸ LLM의 JSON 출력을 List<Hotel>로 변환합니다.

03 이번에는 고수준 방식의 genericBeanOutputConverterHighLevel() 메소드를 보겠습니다.

```
public List<Hotel> genericBeanOutputConverterHighLevel(String cities) {
    List<Hotel> hotelList = chatClient.prompt().user("""
            다음 도시들에서 유명한 호텔 3개를 출력하세요.
            %s
            """.formatted(cities))
        .call()
❶       .entity(new ParameterizedTypeReference<List<Hotel>>() {});
    return hotelList;
}
```

❶ 코드에서는 BeanOutputConverter<List<Hotel>>이 명시적으로 드러나지는 않지만, 저수준 방식과 마찬가지로 entity() 메소드는 사용자 메시지 끝에 출력 형식 지침을 포함시킵니다. 그리고 LLM의 JSON 출력을 List<Hotel>로 변환하고, 이것을 반환합니다.

04 controller/AiControllerParameterizedTypeReference.java 파일을 엽니다. 이 컨트롤러 클래스에는 /ai/generic-bean-output-converter 요청 매핑 메소드가 다음과 같이 선언되어 있습니다.

```
@RestController
@RequestMapping("/ai")
@Slf4j
public class AiControllerParameterizedTypeReference {
    // ##### 필드 #####
❶   @Autowired
    private AiServiceParameterizedTypeReference aiService;

    // ##### 메소드 #####
    @PostMapping(
        value = "/generic-bean-output-converter",
        consumes = MediaType.APPLICATION_FORM_URLENCODED_VALUE,
        produces = MediaType.APPLICATION_JSON_VALUE
    )
    public List<Hotel> genericBeanOutputConverter(@RequestParam("cities") String cities) {
❷       List<Hotel> hotelList = aiService.genericBeanOutputConverterLowLevel(cities);
        // List<Hotel> hotelList = aiService.genericBeanOutputConverterHighLevel(cities);
        return hotelList;
    }
}
```

❶❷ AiServiceParameterizedTypeReference를 주입받고, 쉼표로 구분된 도시 이름들을 매개값으로 해서 List〈Hotel〉 객체를 얻기 위해 저수준과 고수준 방식의 메소드를 호출하고 있습니다. ❷에서 주석을 번갈아 가면서 실행해 보세요.

05 프로젝트를 실행합니다. 브라우저에서 [generic-bean-output-converter] 버튼을 클릭하고, 테스트합니다.

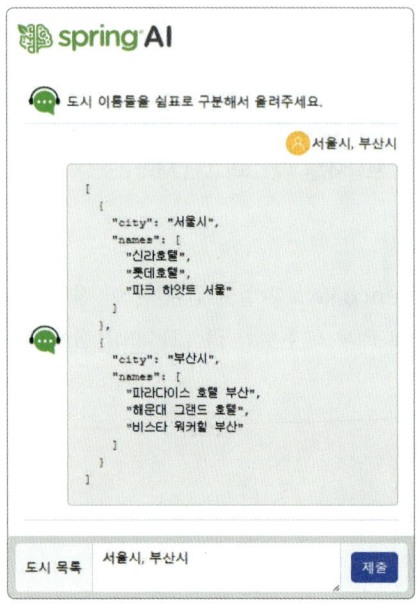

4.5 Map으로 변환 (MapOutputConverter)

LLM의 출력을 Map〈String, Object〉 객체로 변환하고 싶다면, MapOutputConverter를 사용할 수 있습니다. 이 변환기는 LLM이 JSON 출력을 할 수 있도록 지침을 생성하고, LLM의 출력을 Map〈String, Object〉로 변환합니다.

프로젝트 소스 코드를 보면서 설명하겠습니다.

01 service/AiServiceMapOutputConverter.java 파일을 엽니다. 이 서비스 클래스는 주어진 호텔의 정보를 LLM에게 물어보고, LLM의 출력을 Map〈String, Object〉로 변환합니다.

02 먼저 저수준 방식의 mapOutputConverterLowLevel() 메소드부터 보겠습니다.

```java
public Map<String, Object> mapOutputConverterLowLevel(String hotel) {
    // 구조화된 출력 변환기 생성
❶   MapOutputConverter mapOutputConverter = new MapOutputConverter();
    // 프롬프트 템플릿 생성
    PromptTemplate promptTemplate = new PromptTemplate(
        "호텔 {hotel}에 대해 정보를 알려주세요 {format}");
    // 프롬프트 생성
❷   Prompt prompt = promptTemplate.create(Map.of(
        "hotel", hotel,
        "format", mapOutputConverter.getFormat()));
    // LLM의 JSON 출력 얻기
    String json = chatClient.prompt(prompt)
        .call()
        .content();
    // List<String>으로 변환
❸   Map<String, Object> hotelInfo = mapOutputConverter.convert(json);
    return hotelInfo;
}
```

❶ LLM의 출력을 Map<String, Object>로 변환하는 MapOutputConverter를 생성합니다.

❷ 프롬프트 템플릿에서 프롬프트를 생성할 때, 호텔 이름과 출력 형식 지침을 자리 표시자에 바인딩해서 사용자 메시지를 생성하고 포함시킵니다. 출력 형식 지침은 LLM이 JSON을 출력하도록 합니다.

❸ LLM의 JSON 출력을 Map<String, Object>로 변환합니다.

03 이번에는 고수준 방식의 mapOutputConverterHighLevel() 메소드를 보겠습니다.

```java
public Map<String, Object> mapOutputConverterHighLevel(String hotel) {
    Map<String, Object> hotelInfo = chatClient.prompt()
        .user("호텔 %s에 대해 정보를 알려주세요".formatted(hotel))
        .call()
❶       .entity(new MapOutputConverter());
    return hotelInfo;
}
```

❶ entity() 메소드를 호출할 때 MapOutputConverter 객체를 제공했습니다. 저수준 방식과 마찬가지로 entity() 메소드는 사용자 메시지 끝에 출력 형식 지침을 포함시킵니다. 그리고 LLM의 출력을 Map<String, Object>로 변환하고, 이것을 반환합니다.

04 controller/AiControllerMapOutputConverter.java 파일을 엽니다. 이 컨트롤러 클래스에는 /ai/map-output-converter 요청 매핑 메소드가 다음과 같이 작성되어 있습니다.

```
@RestController
@RequestMapping("/ai")
@Slf4j
public class AiControllerMapOutputConverter {
    // ##### 필드 #####
❶   @Autowired
    private AiServiceMapOutputConverter aiService;

    // ##### 메소드 #####
    @PostMapping(
        value = "/map-output-converter",
        consumes = MediaType.APPLICATION_FORM_URLENCODED_VALUE,
        produces = MediaType.APPLICATION_JSON_VALUE
    )
    public Map<String, Object> mapOutputConverter(@RequestParam("hotel") String hotel)
    {
❷       Map<String, Object> hotelInfo = aiService.mapOutputConverterLowLevel(hotel);
        // Map<String, Object> hotelInfo = aiService.mapOutputConverterHighLevel(hotel);
        return hotelInfo;
    }
}
```

❶❷ AiServiceMapOutputConverter를 주입받고, 호텔 이름들을 매개값으로 해서 Map<String, Object> 객체를 얻기 위해 저수준과 고수준 방식의 메소드를 호출하고 있습니다. ❷에서 주석을 번갈아 가면서 실행해 보세요.

05 프로젝트를 실행합니다. 브라우저에서 [map-output-converter] 버튼을 클릭하고, 테스트를 합니다.

4.6 시스템 메시지와 함께 사용

LLM에게 지시할 내용은 일반적으로 시스템 메시지에 포함시키지만, entity()는 사용자 메시지에 출력 형식 지침을 포함시킵니다. LLM의 출력 형식 지침을 두 메시지에 모두 포함시킬 수 있는데, 서술식 설명과 예시는 시스템 메시지에서 1차 지침으로 주고, entity()로 구체적인 타입 정보를 제공해서 좀 더 정확한 JSON을 출력하도록 2차 지침을 주면 구조화된 출력 기능은 더욱 강력해집니다. 프로젝트 소스 코드를 보면서 설명하겠습니다.

01 dto/ReviewClassification.java 파일을 엽니다. 이 클래스는 영화 리뷰를 POSITIVE(긍정적), NEUTRAL(중립적), NEGATIVE(부정적) 열거 값으로 분류해서 저장합니다.

```
@Data
public class ReviewClassification {
  // #### 열거 타입 선언 ####
```

```
    public enum Sentiment {
      POSITIVE, NEUTRAL, NEGATIVE
    }

    // #### 필드 ####
    private String review;
    private Sentiment classification;
}
```

02 service/AiServiceSystemMessage.java 파일을 엽니다. 이 서비스 클래스에는 출력 형식에 대한 1차 지침으로 시스템 메시지를 포함시키고, BeanOutputConverter를 이용해서 Review Classification 타입 정보가 포함된 2차 출력 형식 지침을 사용자 메시지로 포함시킵니다. 그리고 최종적으로 LLM 출력을 ReviewClassification으로 변환해서 반환합니다.

03 classifyReview() 메소드를 보겠습니다. 이 메소드는 리뷰를 매개값으로 받고 ReviewClassification을 반환합니다.

```
public ReviewClassification classifyReview(String review) {
  ReviewClassification reviewClassification = chatClient.prompt()
❶       .system("""
            영화 리뷰를 [POSITIVE, NEUTRAL, NEGATIVE] 중에서 하나로 분류하고,
            유효한 JSON을 반환하세요.
        """)
        .user("%s".formatted(review))
❷       .options(ChatOptions.builder().temperature(0.0).build())
        .call()
❸       .entity(ReviewClassification.class);
  return reviewClassification;
}
```

❶ 서술식 설명으로 분류 항목을 지정해주는 1차 출력 형식 지침을 시스템 메시지로 생성하고 프롬프트에 추가합니다.

❷ 일관된 출력을 위해 대화 옵션 temperature 속성 값을 0.0으로 설정했습니다.

❸ entity()로 ReviewClassification 타입을 제공해서 2차 출력 형식 지침을 사용자 메시지로 생성하고 프롬프트에 추가합니다. 그리고 LLM 출력을 ReviewClassification 변환하고 반환합니다.

04 controller/AiControllerSystemMessage.java를 엽니다. 이 컨트롤러 클래스에는 /ai/system-message 요청 매핑 메소드가 다음과 같이 선언되어 있습니다.

```java
@RestController
@RequestMapping("/ai")
@Slf4j
public class AiControllerSystemMessage {
  // ##### 필드 #####
❶ @Autowired
  private AiServiceSystemMessage aiService;

  // ##### 메소드 #####
  @PostMapping(
    value = "/system-message",
    consumes = MediaType.APPLICATION_FORM_URLENCODED_VALUE,
    produces = MediaType.APPLICATION_JSON_VALUE
  )
  public ReviewClassification beanOutputConverter(@RequestParam("review") String review) {
❷   ReviewClassification reviewClassification = aiService.classifyReview(review);
    return reviewClassification;
  }
}
```

❶❷ AiServiceSystemMessage를 주입받고, 리뷰를 매개값으로 해서 ReviewClassification 객체를 얻기 위해 classifyReview() 메소드를 호출하고 있습니다.

05 프로젝트를 실행합니다. 브라우저에서 [system-message] 버튼을 클릭하고 테스트합니다. 리뷰 입력란에 영화 리뷰를 입력하고 [제출] 버튼을 클릭하면 다음과 같이 컨트롤러가 반환한 ReviewClassification이 직렬화되어 JSON 응답으로 오는 것을 볼 수 있습니다.

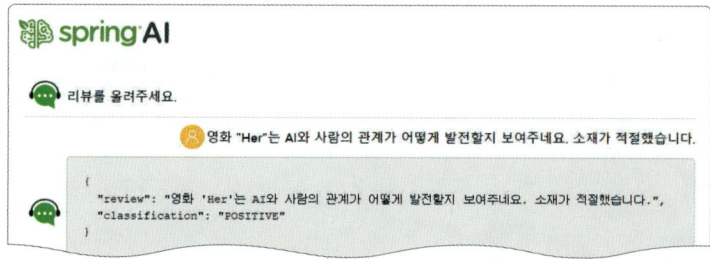

Chapter

05

▶ 음성 대화

5.1 음성 변환 기술
5.2 음성 변환해 보기
5.3 입력 음성 준비와 스트리밍 음성 재생
5.4 텍스트도 같이 출력되는 음성 대화
5.5 순수 음성 대화 구현 (방법1)
5.6 순수 음성 대화 구현 (방법2)

5.1 음성 변환 기술

STT^{Speech-To-Text}는 사람이 말한 음성을 텍스트로 변환하는 기술입니다. 흔히 자동 음성 인식^{ARS, Automatic Speech Recognition}이라고도 불립니다. STT 모델은 입력된 음성을 발음 단위로 구분해서 확률적으로 높은 단어를 선별하고, 이것을 언어 모델을 통해 완전한 문장으로 보정한 뒤에 출력합니다.

TTS^{Text-To-Speech}는 텍스트 문장을 자연스러운 음성으로 변환하는 기술입니다. TTS 모델은 입력된 텍스트를 토큰 단위로 나누고, 발음, 강세, 억양 정보를 추출합니다. 그리고 토큰을 발음 기호로 변환하고, 문맥에 따라 발음 조정을 한 후, 음성 파형으로 출력합니다.

다음은 업체별로 제공되는 STT와 TTS 서비스를 정리한 표입니다.

업체	서비스 또는 모델		서비스 형태
Google	STT	Cloud Speech-to-Text	클라우드 API(유료)
	TTS	Cloud Text-To-Speech	클라우드 API(유료)
	https://cloud.google.com/speech-to-text?hl=ko https://cloud.google.com/text-to-speech?hl=ko		
Microsoft	STT/TTS	Azure AI Speech Service	클라우드 API(유료), 온프레미스(유료)
		https://learn.microsoft.com/ko-kr/azure/ai-services/speech-service/	
OpenAI	STT	gpt-4o-mini-transcribe, gpt-4o-transcribe	클라우드 API(유료)
		whisper-1	클라우드 API(유료), 온프레미스(무료)
	TTS	gpt-4o-mini-tts, tts-1, tts-1-hd	클라우드 API(유료)
	https://platform.openai.com/docs/guides/speech-to-text https://platform.openai.com/docs/guides/text-to-speech		
Meta	STT/TTS	MMS SeamlessM4T SeamlessExpressive	온프레미스(무료)
	https://ai.meta.com/blog/multilingual-model-speech-recognition/ https://ai.meta.com/research/seamless-communication/		
Naver	STT	CLOVA Speech	클라우드 API(유료)
	TTS	CLOVA Voice	클라우드 API(유료)
	https://www.ncloud.com/product/aiService/clovaSpeech		

무료로 제공되는 모델 같은 경우는 온프레미스로 설치해서 사용하면 보안 측면에서 유리합니다. 하지만 빠른 출력을 위해서 고성능 서버와 GPU 하드웨어가 필요하고, 지속적인 모니터링 및 유지 보수를 해야 하는 불편한 점도 있습니다.

책에서는 OpenAI에서 클라우드 API로 제공하는 음성 모델을 사용합니다. OpenAI는 다양한 음성 모델을 제공하고 있는데, 이들 모델을 비교하기 위해 다음 페이지를 방문합니다.

https://platform.openai.com/docs/models/compare

STT 모델은 Whisper, GPT-4o (mini) Transcribe가 있습니다.

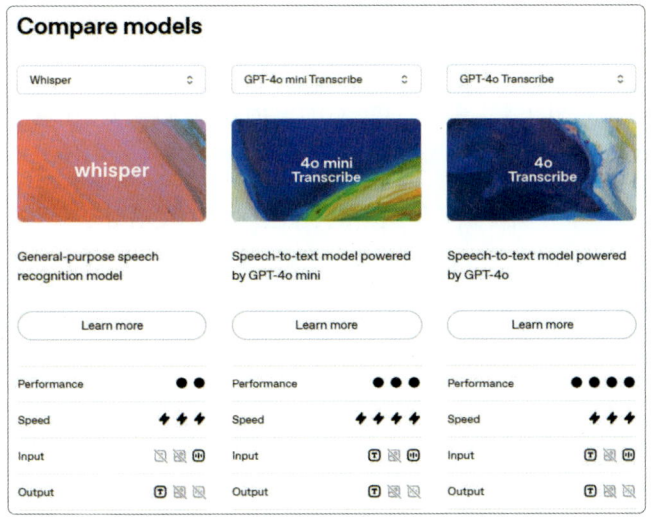

Input 항목을 보면, Whisper는 음성만 입력 가능하지만, 나머지 두 모델은 텍스트도 함께 입력할 수 있는 멀티모달을 지원합니다. 비교 페이지에서는 자세한 사용료가 나오지 않으므로 모델 이름을 클릭해서 확인해야 합니다. Whisper가 성능이 상대적으로 낮지만, 사용료가 가장 저렴합니다.

TTS 모델은 TTS-1, TTS-HD, GPT-4o mini TTS가 있습니다.

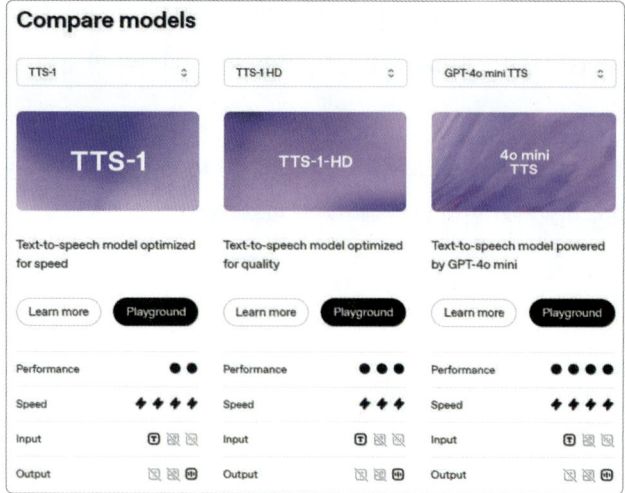

이들 모델은 텍스트를 입력하면, 음성으로 변환해서 출력합니다. GPT-4o mini TTS 모델이 상대적으로 성능과 속도가 우수하고, 사용료도 낮습니다.

STT와 TTS를 합친 하나의 모델도 있습니다. 텍스트와 음성을 입력하면, 텍스트 및 음성을 출력하는 GPT-4o (mini) Audio와 Gpt-4o (mini) Realtime 모델이 여기에 해당합니다. 음성 대화에서 이들 모델을 사용하면 입력 음성에 대해 답변 음성을 바로 얻을 수 있기 때문에 입력 음성을 텍스트로 변환하고, 이것을 다시 LLM의 입력으로 제공해서 텍스트 답변을 받는 중간 과정의 작업이 필요 없어집니다.

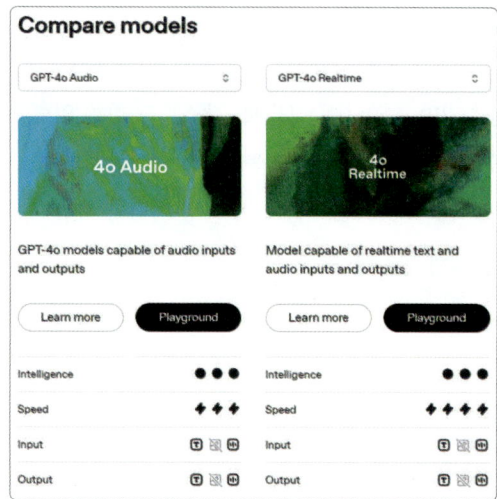

GPT-4o (mini) Audio와 Gpt-4o (mini) Realtime의 차이는 다음과 같습니다.

구분	GPT-4o (mini) Audio	GPT-4o (mini) Realtime
입출력 방식	REST API를 이용해서 입력 음성을 한 번에 전송하고, 답변 음성을 한 번에 수신	WebRTC/WebSocket을 통해 입출력 음성을 스트림 형태로 실시간 송수신
스트리밍	스트리밍 지원하지 않음	스트리밍 지원
지연 시간	비교적 높음 (입력 완료 → 처리 → 출력 완료까지 순차적 대기)	매우 낮음 (입력 음성이 들어오는 즉시 처리하여 비동기 스트림으로 음성 출력)
사용 시나리오	• 음성 메시지 일괄 처리 • 전화 녹음 요약	• 실시간 음성 채팅 봇 • 원격 회의 자동 통역 • 실시간 자동 자막 생성
엔드포인트	v1/chat/completions	v1/realtime

두 모델 모두 메모리 사용량과 연산 비용을 줄인 mini 모델을 제공하고 있습니다. mini 모델을 사용하면 성능이 좀 낮겠지만, 지연 시간이 줄어들고 사용료도 저렴해집니다.

5.2 음성 변환해 보기

OpenAI에서 제공하는 음성 모델을 활용하여 음성을 텍스트로 변환하고, 텍스트를 음성으로 변환하는 코드를 살펴보겠습니다. 프로젝트를 실행하려면 컴퓨터에 마이크와 스피커가 설치되어 있어야 하며, 두 장치가 정상적으로 동작하는지 먼저 확인한 후 학습을 진행하시기 바랍니다.

01 VS Code로 book-spring-ai/projects/ch05-voice-chat 프로젝트 폴더를 엽니다.

02 service/AiService.java 파일을 엽니다. 이 서비스 클래스에는 음성 모델을 사용하는 여러 가지 메소드가 작성되어 있습니다. 먼저 필드와 생성자 선언 부분을 살펴보겠습니다.

```
@Service
@Slf4j
public class AiService {
    // ##### 필드 #####
❶   private ChatClient chatClient;
    private OpenAiAudioTranscriptionModel openAiAudioTranscriptionModel;
    private OpenAiAudioSpeechModel openAiAudioSpeechModel;
```

```
// ##### 생성자 #####
public AiService(ChatClient.Builder chatClientBuilder,
    OpenAiAudioTranscriptionModel openAiAudioTranscriptionModel,
    OpenAiAudioSpeechModel openAiAudioSpeechModel) {
  chatClient = chatClientBuilder.build();
  this.openAiAudioTranscriptionModel = openAiAudioTranscriptionModel;
  this.openAiAudioSpeechModel = openAiAudioSpeechModel;
}
```

❶ 음성을 텍스트로 변환STT하는 OpenAiAudioTranscriptionModel과 텍스트를 음성으로 변환TTS하는 OpenAiAudioSpeechModel을 필드로 선언합니다.

❷ build.gradle 파일에서 OpenAI 스타터를 의존성으로 추가하면 OpenAiAudioTranscriptionModel과 OpenAiAudioSpeechModel이 자동 구성되어 Spring 빈으로 생성됩니다. 그래서 생성자 매개변수를 통해 이 빈들을 주입받고, 필드에 저장할 수 있습니다.

03 음성을 텍스트로 변환하는 stt() 메소드를 보겠습니다.

```
public String stt(byte[] bytes) {
  // 음성 데이터(byte[])를 ByteArrayResource로 생성
❶ Resource audioResource = new ByteArrayResource(bytes);

  // 모델 옵션 설정
❷ OpenAiAudioTranscriptionOptions options = OpenAiAudioTranscriptionOptions.builder()
      .model("whisper-1")
      .language("ko") // 입력 음성 언어의 종류 설정
      .build();

  // 프롬프트 생성
❸ AudioTranscriptionPrompt prompt = new AudioTranscriptionPrompt(audioResource, options);

  // 모델에 요청하고 응답받기
❹ AudioTranscriptionResponse response = openAiAudioTranscriptionModel.call(prompt);
  String text = response.getResult().getOutput();

  return text;
}
```

❶ 매개값으로 받은 음성 데이터(byte[] 배열)를 ByteArrayResource로 래핑합니다. 이 ByteArrayResource는 ❸에서 프롬프트를 생성할 때 사용됩니다.

❷ STT 모델의 옵션으로 모델명과 입력 음성의 언어를 설정합니다. 언어를 명시하지 않으면 자동으로 감지되지만, 명시할 경우 음성의 언어를 판별하는 과정을 생략할 수 있어 처리 속도가 다소 향상될 수 있습니다. 출력 텍스트는 입력 음성과 동일한 언어로 반환되며, language 값은 ISO 639-1 형식(예 ko, en)의 언어 코드를 사용해야 합니다.

❸ ByteArrayResource와 모델 옵션을 가지고 AudioTranscriptionPrompt를 생성합니다.

❹ STT 모델에 변환 요청을 보내고, 응답에서 변환된 텍스트를 추출합니다.

04 이번에는 텍스트를 음성으로 변환하는 tts() 메소드를 보겠습니다.

```java
public byte[] tts(String text) {
    // 모델 옵션 설정
❶   OpenAiAudioSpeechOptions options = OpenAiAudioSpeechOptions.builder()
        .model("gpt-4o-mini-tts")
        .voice(SpeechRequest.Voice.ALLOY)
        .responseFormat(SpeechRequest.AudioResponseFormat.MP3)
        .speed(1.0f)
        .build();

    // 프롬프트 생성
❷   SpeechPrompt prompt = new SpeechPrompt(text, options);

    // 모델을 호출하고 응답받기
❸   SpeechResponse response = openAiAudioSpeechModel.call(prompt);
    byte[] bytes = response.getResult().getOutput();

    return bytes;
}
```

❶ TTS 모델 옵션에서는 model에 gpt-4o-mini-tts를 지정하고, voice는 SpeechRequest.Voice 열거형 상수 중 하나를 선택합니다. responseFormat은 출력할 오디오 형식으로, AudioResponseFormat 열거형 상수 중 하나를 설정합니다. speed는 음성 합성 속도를 의미하며, 기본값인 1.0을 지정합니다.

> **여기서 잠깐**
>
> ☼ **내장 목소리(voice) 미리 들어보기**
>
> TTS 모델들이 제공하는 내장 음성들을 들어 볼 수 있는 다음 페이지들이 있습니다.
>
> - https://platform.openai.com/playground/tts
> - https://www.openai.fm

> **여기서 잠깐**
>
> ☼ **출력 오디오 형식**
>
> gpt-4o-mini-tts 경우 MP3가 기본 형식이며, MP3, Opus, AAC, FLAC, WAV, PCM등을 지정할 수 있습니다.

❷ 변환할 텍스트와 모델 옵션으로 SpeechPrompt를 생성합니다. gpt-4o-mini-tts 모델의 경우 입력할 수 있는 텍스트의 최대 토큰 수는 2000입니다.

❸ openAiAudioSpeechModel에 변환을 요청하고, 응답으로 바이너리 음성 데이터(byte[ ])를 받습니다.

05 controller/AiController.java 파일을 엽니다. 이 컨트롤러 클래스에는 프로젝트에서 제공하는 모든 요청 매핑 메소드가 정의되어 있습니다. 먼저 /ai/stt 요청 매핑 메소드를 보겠습니다.

```java
@RestController
@RequestMapping("/ai")
@Slf4j
public class AIController {
    // ##### 필드 #####
❶   @Autowired
    private AiService aiService;

    // ##### 메소드 #####
    @PostMapping(
        value = "/stt",
❷       consumes = MediaType.MULTIPART_FORM_DATA_VALUE,
        produces = MediaType.TEXT_PLAIN_VALUE
    )
❸   public String stt(@RequestParam("speech") MultipartFile speech) throws IOException {
```

```
❹      String text = aiService.stt(speech.getBytes());
       return text;
   }
```

❶ AiService 빈을 필드로 주입받습니다.

❷❸ stt() 메소드는 클라이언트가 전송한 multipart/form-data 요청에서 파일 파트를 매개변수로 받기 때문에, consumes 속성에 MediaType.MULTIPART_FORM_DATA_VALUE를 지정해 주었습니다.

❹ MultipartFile에서 음성 데이터인 byte[]를 추출한 후, AiService의 stt() 메소드를 호출하여 변환된 텍스트를 얻습니다.

06 이번에는 /ai/tts 요청 매핑 메소드를 보겠습니다.

```
   @PostMapping(
       value = "/tts",
❶      consumes = MediaType.APPLICATION_FORM_URLENCODED_VALUE,
       produces = MediaType.APPLICATION_OCTET_STREAM_VALUE
   )
   public byte[] tts(@RequestParam("text") String text) {
❷      byte[] bytes = aiService.tts(text);
       return bytes;
   }
}
```

❶ 클라이언트가 보낸 텍스트는 multipart/form-data 형식으로 받을 필요는 없지만, stt 요청과 코드 형식을 통일하기 위해 동일하게 지정했습니다. produces에는 응답 본문이 바이너리 데이터이므로 MIME 타입으로 application/octet-stream을 설정했습니다.

❷ 클라이언트가 보낸 텍스트를 매개변수로 받아 AiService의 tts() 메소드를 호출하고, 그 결과로 변환된 음성 데이터(byte[])를 얻습니다. 반환된 byte[]는 응답 본문에 바로 출력됩니다.

07 프로젝트를 실행합니다. 브라우저에서 [stt-tts] 버튼을 클릭하고, 테스트합니다.

08 STT 테스트에서는 [파일 선택] 버튼을 클릭해서 book-spring-ai/data/audio/speech1.wav ~ speech3.wav 중 하나를 선택합니다. 그리고 [제출] 버튼을 클릭합니다. 조금 후에 변환된 텍스트가 아래에 출력되는 것을 볼 수 있습니다.

09 TTS 테스트에서는 음성으로 변환할 텍스트를 입력하고 [제출] 버튼을 클릭합니다. 조금 후에 변환된 음성이 자동 재생됩니다.

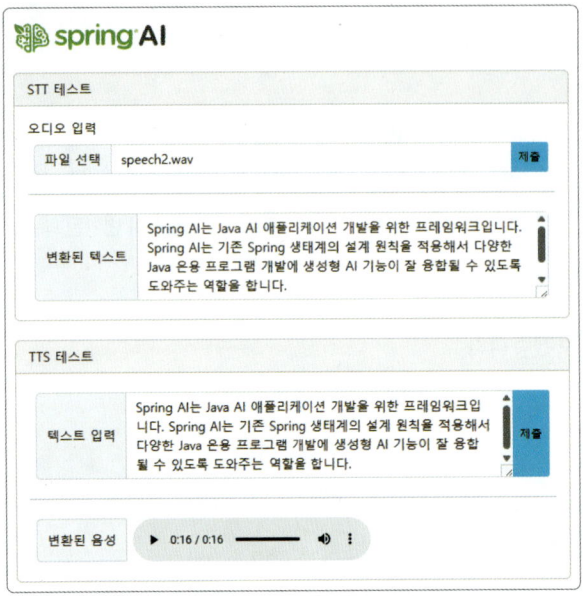

5.3 입력 음성 준비와 스트리밍 음성 재생

음성 대화를 구현하려면, 먼저 브라우저에서 사용자의 음성을 녹음하는 기능이 필요합니다. 이렇게 녹음된 음성은 음성 인식 모델의 입력 데이터로 사용됩니다. 또한, 음성 모델이 스트리밍 방식으로 출력하는 음성을 브라우저에서 재생하는 기능도 함께 구현해야 합니다.

이러한 작업을 구현하기 위한 핵심 JavaScript 코드에 대해 지금부터 설명하겠습니다. 만약 JavaScript에 익숙하지 않은 독자라면, 해당 함수의 역할 정도만 이해하셔도 좋습니다.

이번 절에서 설명하는 JavaScript 코드는 다음 파일들에서 찾아볼 수 있습니다.

- src/main/resources/templates/stt-llm-tts.html
- src/main/resources/templates/chat-voice-stt-llm-tts.html
- src/main/resources/templates/chat-voice-one-model.html
- src/main/resources/static/js/springai.js

01 stt-llm-tts.html, chat-voice-stt-llm-tts.html, chat-voice-one-model.html 페이지가 실행되면, 가장 먼저 아래와 같은 구조로 JavaScript 코드가 실행됩니다.

```
<script>
    // 도큐먼트 로드 이벤트 핸들러 설정
    document.addEventListener("DOMContentLoaded", () => {
❶      startQuestion();
    });

    // 질문 시작하기
    function startQuestion() {
        // 마이크 초기화
❷      springai.voice.initMic(handleVoice);
    }

    // 사용자의 음성이 입력되었을 경우 처리하는 함수
    async function handleVoice(mp3Blob) {
❸      ...
    }
</script>
```

❶ 페이지가 로드되고, DOM 생성이 완료되면 startQuestion() 함수가 즉시 호출됩니다.

❷ startQuestion() 함수는 마이크를 초기화하기 위해서 springai.voice.initMic(handleVoice) 함수를 호출합니다. 이 함수가 하는 역할은 마이크를 활성화하고, 음성 인식과 침묵 감시를 시작합니다. startQuestion() 함수는 처음 페이지가 로드되었을 때와, 사용자 음성 입력 차례가 되면 매번 호출됩니다.

❸ handleVoice() 함수는 녹화된 사용자의 음성 데이터를 처리하는 메소드입니다. 이 함수는 ❷에서 initMic() 함수를 호출할 때 매개값으로 제공됩니다. initMic()을 실행하면서 음성 인식과 침묵 감시 등의 결과로 음성 모델에 입력할 음성 데이터(MP3 포맷)가 준비되면, 이것을 매개값으로 해서 handleVoice()를 콜백시킵니다.

위 코드에서는 handleVoice() 함수의 내부 구현이 생략되어 있지만, 이 함수는 애플리케이션의 REST API를 호출하여 음성 데이터를 전송하고, 응답을 받아 처리하는 로직으로 구성되어 있습니다.

02 src/main/resources/static/js/springai.js 파일을 열고, initMic() 함수를 살펴보겠습니다. 이 함수는 마이크를 활성화하고 음성 인식 및 침묵 감시를 시작합니다.

```javascript
springai.voice.initMic = async function(handleVoice) {
    //전역 변수 초기화
    springai.voice.voice = false;          // 사람의 음성이 입력되면 true
    springai.voice.chatting = false;       // 질문하기 시작할 때부터 답변을 받을 때까지 true
    springai.voice.silenceStart = null;    // 침묵 시작 시간을 저장
    springai.voice.silenceDelay = 2000;    // 침묵 지연 시간 2초를 저장하는 상수
❶   springai.voice.silenceThreshold = 0.01;    // 침묵인지 판단할 임계상수(0~1 사이의 값)
    springai.voice.stream = null;          // 마이크 입력 스트림 객체
    springai.voice.analyser = null;        // 소리 분석기 객체
    springai.voice.mediaRecorder = null;   // 음성 녹음기 객체
    springai.voice.recognition = null;     // 음성 인식 객체

    //사용자에게 마이크 접근 권한을 요청하고, 오디오 스트림(MediaStream)을 가져옴
❷   const stream = await navigator.mediaDevices.getUserMedia({ audio: true });
    springai.voice.stream = stream;

    //오디오 처리를 위한 AudioContext 생성
    const audioContext = new (window.AudioContext || window.webkitAudioContext)();
    //마이크에서 들어온 오디오 스트림을 MediaStreamAudioSourceNode로 변환
    const source = audioContext.createMediaStreamSource(stream);
    //오디오 데이터를 실시간으로 분석하는 AnalyserNode를 생성
❸   springai.voice.analyser = audioContext.createAnalyser();
    //음성 분석을 위한 FFT(빠른 푸리에 변환) 구간 크기 설정
    //클수록 더 정밀한 주파수 분석이 가능하지만 처리 비용이 증가(보통 512, 1024, 2048 사용)
    springai.voice.analyser.fftSize = 2048;
    //오디오 소스를 분석기에 연결
    source.connect(springai.voice.analyser);

    //미디어 녹음기 초기화
❹   springai.voice.initMediaRecorder(handleVoice);
    //음성 인식 초기화
❺   springai.voice.initRecognitionVoice();
};
```

❶ 음성 대화 구현에 필요한 전역 변수를 초기화하고 있습니다.

❷ 마이크로부터 입력 스트림 객체를 얻습니다.

❸ 소리 분석기를 초기화합니다. 이 분석기는 springai.voice.checkSilence() 함수에서 사용되며, 음성 녹음과 음성 인식을 중지할 시점을 판단하기 위해 침묵 여부를 감지하는 역할을 합니다.

❹ 음성 녹음을 위한 MediaRecorder를 초기화하는 springai.voice.initMediaRecorder(handleVoice) 함수를 호출합니다. 이때 initMic 함수에서 전달받은 handleVoice 함수를 매개값으로 그대로 넘겨줍니다.

❺ 음성 인식을 위해 springai.voice.initRecognitionVoice() 함수를 호출합니다.

03 음성 녹음을 위한 MediaRecorder를 초기화하는 springai.voice.initMediaRecorder() 함수를 보겠습니다.

```
springai.voice.initMediaRecorder = function(handleVoice) {
    //오디오 녹음을 위한 MediaRecorder 생성
❶   const mediaRecorder = new MediaRecorder(springai.voice.stream);
    springai.voice.mediaRecorder = mediaRecorder;

    //침묵으로 인한 음성 녹화가 중지되었을 때, 자동 호출되는 함수 지정
    mediaRecorder.ondataavailable = async (event) => {
      //음성 확인이 되었고, 녹화 데이터가 있고, 현재 대화중이 아닐 경우
      if (springai.voice.voice === true && event.data.size > 0 && springai.voice.
          chatting === false) {
        console.log("대화 시작");
        springai.voice.chatting = true;

❷       //MP3로 변환
        const webmBlob = event.data;
        const mp3Blob = await springai.voice.convertWebMToMP3(webmBlob);
        //콜백(사용자 로직) 실행 ----------------
        handleVoice(mp3Blob);
        //-----------------------------------
      }
      //음성 확인이 안되었거나, 녹화 데이터가 없을 경우
      else {
❸       mediaRecorder.start();
        springai.voice.checkSilence();
      }
    };

    console.log("음성 녹화 시작");
    mediaRecorder.start();
❹   console.log("침묵 감시 시작");
    springai.voice.checkSilence();
};
```

❶ 마이크 입력 스트림으로부터 음성 녹음기(MediaRecorder)를 생성합니다.

❷ 음성 녹음이 중지되면 자동으로 mediaRecorder.ondataavailable 함수가 콜백됩니다. 녹음된 내용에 음성이 들어 있고(springai.voice.voice === true && event.data.size > 0), 현재 대화 중이 아니라면 (springai.voice.chatting === false), 대화 중인 상태로 변경(springai.voice.chatting = true)하고 대화를 시작합니다.

event.data 속성을 통해 WebM 형식의 음성 데이터를 얻습니다. 일부 음성 인식 모델은 WebM 포맷을 입력으로 지원하지 않거나 제한적으로만 지원하므로, MP3 형식으로 변환해서 사용합니다.

음성 모델에 입력할 음성 데이터가 준비되면, handleVoice() 함수를 콜백합니다. handleVoice()함수는 initMic 함수 호출 시 매개값으로 제공된 것입니다.

❸ 녹음된 내용에 사용자의 음성이 들어 있지 않을 경우, 음성 녹음 및 침묵 감시를 재시작합니다.

❹ 음성 녹음 및 침묵 감시를 시작합니다.

04 마이크를 통해 다양한 소리가 입력되지만, 이 중 사람의 음성만 감지하여 녹음하려면 적절한 기술이 필요합니다. 브라우저는 window.SpeechRecognition 클래스를 제공하는데, 이 클래스는 음성을 인식해 텍스트로 변환하는 기능이 있습니다. 그러나 인식 정확도가 낮기 때문에 본격적인 STT 용도로 사용하기에는 한계가 있습니다. 대신 음성 입력 여부를 확인하는 용도로는 유용하게 활용할 수 있습니다.

src/main/resources/static/js/springai.js 파일을 열고, initRecognitionVoice() 함수를 살펴보겠습니다. 이 함수는 window.SpeechRecognition을 이용해서 마이크로부터 음성이 입력되는지 확인하는 역할을 합니다.

```javascript
// #### 마이크 입력으로부터 음성 인식을 하는 함수 ####
springai.voice.initRecognitionVoice = function() {
  // 음성 인식 전역 변수 초기화
  springai.voice.voice = false;
  // 음성 인식을 제공하는 SpeechRecognition 생성
  const SpeechRecognition = window.SpeechRecognition ||
                    window.webkitSpeechRecognition;
  const recognition = new SpeechRecognition();
  springai.voice.recognition = recognition;
  // 음성이 한국어일 것이다를 알려주는 힌트 설정(명확한 영어도 인식될 수 있음)
  recognition.lang = 'ko-KR';
```

```javascript
    // true: 음성 확인되면 매번 onresult 콜백
    recognition.interimResults = true;
    // false: 음성 확인 후, 몇 초간(브라우저 고정값, 1~2초) 침묵이 되면 인식 자동 종료
    recognition.continuous = false;
    // 인식을 시작할 때 콜백되는 함수
    recognition.onstart = function () {
    };
    // 음성이 확인되었을 때 콜백되는 함수
❶   recognition.onresult = function (event) {
      // 변환된 텍스트 얻기(정식 STT로 사용하기에는 인식 정확도 낮음)
      const transcript = event.results[0][0].transcript;
      // 텍스트가 있고, 한글이 포함되어 있을 경우
      if (transcript.length > 0 && springai.voice.isKorean(transcript)) {
        console.log("한국어 음성 확인");
        springai.voice.voice = true;
      }
    };
    // 인식을 종료할 때 콜백되는 함수
    recognition.onend = function () {
      // 브라우저에서 자동 종료시켰을 경우, 재시작 시킴
      if (!springai.voice.voice) {
        recognition.start();
      }
    };

    console.log("음성 인식 시작");
    recognition.start();
};

// ##### 한글이 1개라도 포함되어 있는지 체크하는 함수 #####
springai.voice.isKorean = function(text) {
  const koreanRegex = /[가-힣]/;
  const isKorean = koreanRegex.test(text);
  return isKorean;
};
```

❶ recognition.onresult에 지정된 함수는 음성이 인식되었을 때 자동으로 호출되며, 매개변수인 event를 통해 인식된 음성의 텍스트를 얻을 수 있습니다. 만약 음성 텍스트에 한글이 포함되어 있다면, 전역 변수 springai.voice.voice를 true로 설정합니다. 이 변수는 한글 음성 입력이 있었음을 나타내는 역할을 합니다.

05 다음으로, 사용자의 음성 입력이 종료되었음을 나타내는 침묵 상태를 감지하는 springai.voice
.checkSilence() 함수에 대해 살펴보겠습니다.

```
springai.voice.checkSilence = function () {
  // 분석 결과를 저장할 바이트 배열을 생성
  const dataArray = new Uint8Array(springai.voice.analyser.fftSize);
  // 오디오 파형 데이터를 dataArray에 복사
  // 각 값은 0~255 범위의 8비트 정수이며, 오디오 신호의 진폭을 나타냄
  // 128이 중심(0에 해당), 0 또는 255는 최대 음파 진폭
  springai.voice.analyser.getByteTimeDomainData(dataArray);
  // Uint8Array인 dataArray를 일반 배열로 변환한 뒤, 각 값을 정규화된 부동소수점 형태로 변환
  // 즉, 0~255 범위를 -1.0 ~ +1.0 범위로 바꿈
  const normalized = Array.from(dataArray).map(v => v / 128 - 1);
  // RMS(Root Mean Square) = 정규화된 신호의 제곱 평균 제곱근
  // RMS는 음성 볼륨 크기를 나타내며, 값이 클수록 말소리가 크거나 배경 소음이 심하다는 뜻
  // RMS ≈ 0: 침묵
  // RMS ≈ 1: 최대 볼륨
  const rms = Math.sqrt(normalized.reduce((sum, v) => sum + v * v, 0) / normalized.length);
  // 음성 볼륨이 침묵 임계상수 보다 작을 경우
  if (rms < springai.voice.silenceThreshold) {
    // 침묵 시작 시간 설정이 되어 있지 않은 경우
    if (!springai.voice.silenceStart) {
      // 침묵 시작 시간 설정
      springai.voice.silenceStart = Date.now();
    }
    // 침묵이 silenceDelay 동안 지속될 경우
    else if ((Date.now() - springai.voice.silenceStart) > springai.voice.silenceDelay) {
      // 음성 녹화 중이라면, 음성 녹화 중지
❶     if (springai.voice.mediaRecorder.state === 'recording') {
        springai.voice.mediaRecorder.stop();
        springai.voice.recognition.stop();
      }
      // 침묵 시작 시간 없애기
      springai.voice.silenceStart = null;
      return;
    }
  }
  // 음성 볼륨이 침묵 임계상수와 같거나 클 경우
  else {
```

```
    // 침묵 시작 시간 없애기
    springai.voice.silenceStart = null;
  }

  // 침묵이 지속되는지 계속 체크: 재귀 호출
  requestAnimationFrame(springai.voice.checkSilence);
};
```

❶ checkSilence() 함수의 핵심은 점선으로 박스 처리된 코드 영역입니다. 이 부분에서는 침묵이 2초 이상 지속되면, 음성 녹음이 진행 중인 경우 녹음과 음성 인식을 중지합니다. 녹음이 중지되면, initMediaRecorder() 함수에서 설정한 mediaRecorder.ondataavailable 속성에 등록된 콜백 함수가 자동으로 실행됩니다.

06 이번에는 음성 모델로부터 출력된 스트리밍 음성 응답을 재생하는 함수인 springai.voice.playAudioFromStreamingData()를 살펴보겠습니다. 이 함수는 REST API로부터 전달받은 음성 답변 스트림을 실시간으로 처리하여 브라우저에서 재생하는 역할을 합니다.

```
springai.voice.playAudioFromStreamingData = async function (response, audioPlayer)
{
  try {
    // 스트리밍을 위한 미디어소스 생성과 audioPlaye 소스로 설정
    const mediaSource = new MediaSource();
    audioPlayer.src = URL.createObjectURL(mediaSource);

    // 스트림이 열리면 콜백되는 함수 등록
    mediaSource.addEventListener('sourceopen', async () => {
      // 본문의 오디오 데이터 타입을 알려주고 데이터 버퍼 준비
      // MIME 타입은 서버에서 실제 인코딩한 포맷으로 맞춰야 함
      // 예) MP3: 'audio/mpeg', WAV: 'audio/wav'
      const sourceBuffer = mediaSource.addSourceBuffer('audio/mpeg');
      // 응답 본문을 읽는 리더 얻기
      const reader = response.body.getReader();
      // 스트리밍되는 데이터가 있을 동안 반복
      while (true) {
        // 스트리밍 음성 데이터(청크) 읽기
        const { done, value } = await reader.read();
        //스트리밍이 종료될 경우 스트림을 닫고 반복 중지
        if (done) {
```

```
              mediaSource.endOfStream();
              break;
          }
          // 스트리밍이 계속 진행 중일 경우
          await new Promise(resolve => {
              // 버퍼 데이터가 갱신 완료될 때마다 핸들러(resolve) 실행,
              // { once: true }: 핸들러를 한 번만 실행한 후 자동으로 제거
              sourceBuffer.addEventListener('updateend', resolve, { once: true });
              // 버퍼에 데이터 추가
              sourceBuffer.appendBuffer(value);
          });
      }
    });
    // 재생 시작
    audioPlayer.play();
  } catch (error) {
    console.log(error);
  }
};
```

- 매개값으로 response와 audioPlayer를 받습니다. response로부터 음성 답변 스트림을 반복해서 읽고, MediaSource의 버퍼에 저장하면, audioPlayer가 이것을 재생하도록 코드가 구성되어 있습니다.

5.4 텍스트도 같이 출력되는 음성 대화

이번 절에서는 STT-LLM-TTS 조합 방식을 활용하여 음성 대화를 구현하는 방법을 살펴보겠습니다. 이 방식은 [음성 질문 ▶ 텍스트 질문]은 STT 모델이 처리하고, [텍스트 질문 ▶ 텍스트 답변]은 LLM 모델이 처리합니다. 그리고 [텍스트 답변 ▶ 음성 답변]은 TTS 모델이 처리합니다.

이 방식의 장점은 대화 중간에 생성되는 텍스트 데이터를 데이터베이스에 쉽게 기록할 수 있다는 점입니다. 반면, 음성 입력부터 음성 출력까지 총 세 개의 모델이 순차적으로 작동하기 때문에, 응답까지 다소 시간이 지연될 수 있다는 단점이 있습니다.

UI 화면은 다음과 같습니다.

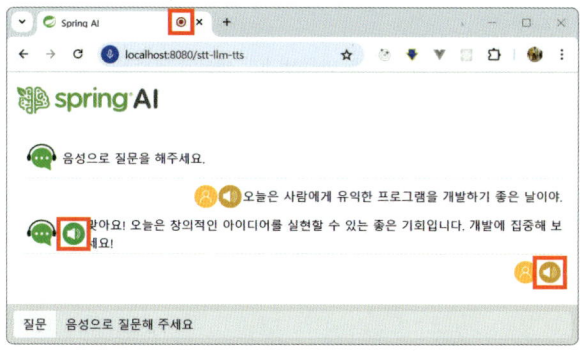

상단 탭에는 마이크가 활성화되어 있음을 알려주는 빨간 원이 표시됩니다. 오른쪽 스피커 아이콘이 애니메이션되면 사용자는 음성을 입력할 수 있습니다. AI 답변 음성이 재생 중일 때에는 왼쪽 스피커 아이콘이 애니메이션됩니다.

01 service/AiService.java 파일을 열고, chatText() 메소드 내용을 보겠습니다. 이 메소드는 텍스트 질문을 매개값으로 받고, 텍스트 답변과 Base64 문자열로 변환된 음성 답변을 Map〈String, String〉에 저장하고 반환합니다.

```java
public Map<String, String> chatText(String question) {
    // LLM로 요청하고, 텍스트 응답 얻기
❶   String textAnswer = chatClient.prompt()
        .system("50자 이내로 답변해 주세요.")
        .user(question)
        .call()
        .content();

    // TTS 모델로 요청하고 응답으로 받은 음성 데이터를 base64 문자열로 변환
❷   byte[] audio = tts(textAnswer);
    String base64Audio = Base64.getEncoder().encodeToString(audio);

    // 텍스트 답변과 음성 답변을 Map에 저장
    Map<String, String> response = new HashMap<>();
❸   response.put("text", textAnswer);
    response.put("audio", base64Audio);
    return response;
}
```

❶ 텍스트 질문에 대해 LLM의 텍스트 답변을 얻습니다.

❷ 텍스트 답변을 매개값으로 해서 tts() 메소드를 호출하여 음성 답변을 생성합니다. 생성된 음성 답변을 JSON 형태로 전송하기 위해 Base64 문자열로 변환합니다.

❸ 텍스트 답변과 Base64 문자열로 변환된 음성 답변을 Map에 저장하고 반환합니다.

02 controller/AiController.java 파일을 열고, /ai/chat-text 요청 매핑 메소드를 보겠습니다.

```java
@PostMapping(
    value = "/chat-text",
    consumes = MediaType.APPLICATION_FORM_URLENCODED_VALUE,
    produces = MediaType.APPLICATION_JSON_VALUE
)
public Map<String, String> chatText(@RequestParam("question") String question) {
    Map<String, String> response = aiService.chatText(question);
    return response;
}
```

- 클라이언트로부터 텍스트 질문을 받고, AiService의 chatText()를 호출합니다. 그리고 텍스트 답변과 음성 답변이 저장된 Map을 얻고 반환합니다.

03 src/main/resources/templates/stt-llm-tts.html 파일을 열고, startQuestion() 함수를 보겠습니다. 이 함수는 마이크를 활성화하는 initMic()를 호출한 뒤에, 사용자가 음성을 입력해야 함을 알려주는 UI를 추가하고 있습니다.

```javascript
function startQuestion() {
    // 마이크 초기화
    springai.voice.initMic(handleVoice);

    // 사용자가 음성을 입력할 차례임을 알려주는 UI 추가
    user_uuid = springai.voice.addUserQuestionPlaceHolder("chatPanel");
}
```

04 이어서 handleVoice() 함수를 보겠습니다. 이 함수는 모델에 입력할 사용자의 음성 데이터 (mp3Blob)가 준비되면 자동 콜백됩니다. 핵심 코드는 다음과 같습니다.

```
async function handleVoice(mp3Blob) {
  try {
    // 멀티파트 폼 구성
❶   const formData = new FormData();
    formData.append("speech", mp3Blob, 'speech.mp3');

    // 녹화된 음성을 텍스트로 변환 요청
    const response = await fetch("/ai/stt", {
      method: "post",
      headers: {
❷       'Accept': 'text/plain'
      },
      body: formData
    });

    // 텍스트 질문을 채팅 패널에 보여주기
    const questionText = await response.text();
❸   const uuidElement = document.getElementById(user_uuid);
    uuidElement.innerHTML = questionText;

    // 대화 하기
❹   await chat(questionText);
  } catch (error) {
  } finally {
  }
}
```

❶ handleVoice() 함수의 매개변수를 통해 전달된 사용자의 음성 질문은 FormData 객체의 파일 파트로 추가됩니다. 이 때 사용자의 음성 질문은 파일명이 없는 MP3 Blob 형태이므로, REST API에서 MIME 타입을 인식할 수 있도록 확장명이 mp3인 임의의 파일 이름을 지정해야 합니다. 여기서는 speech.mp3라고 주었습니다.

❷ ❸ REST API(/ai/stt)를 호출해서, 사용자의 음성 데이터를 텍스트 질문으로 변환합니다. 그리고 변환된 텍스트 질문을 03에서 추가한 UI에 표시합니다.

❹ 텍스트 질문을 매개값으로 해서 chat() 함수를 호출합니다.

05 이어서 chat() 함수를 보겠습니다. 이 함수는 텍스트 질문을 REST API로 보내고, 텍스트 답변과 음성 답변이 포함된 JSON 응답을 받아 처리합니다. 핵심 코드는 다음과 같습니다.

```javascript
async function chat(questionText) {
  // 텍스트 질문에 대해 답변을 요청
❶ const response = await fetch("/ai/chat-text", {
    method: "post",
    headers: {
      'Content-Type': 'application/x-www-form-urlencoded',
      'Accept': 'application/json'
    },
    body: new URLSearchParams({ question: questionText })
  });

  // AI 답변을 보여줄 엘리먼트를 채팅 패널에 추가하기
❷ ai_uuid = springai.voice.addAnswerPlaceHolder("chatPanel");

  // 응답 JSON 받기
❸ const answerJson = await response.json();

  //음성 답변을 재생하기 위한 소스 설정
❹ const audioPlayer = document.getElementById("audioPlayer");
  audioPlayer.src = "data:audio/mp3;base64," + answerJson.audio;

  // 음성 답변이 재생 시작되면 콜백되는 함수 등록
❺ audioPlayer.addEventListener("play", () => {
    //텍스트 답변을 채팅 패널에 보여주기
    document.getElementById(ai_uuid).innerHTML = answerJson.text;
  }, { once: true });

  //음성 답변이 재생 완료되었을 때 콜백되는 함수 등록
❻ audioPlayer.addEventListener("ended", () => {
    // 음성 질문 다시 받기
    startQuestion();
  }, { once: true });

  audioPlayer.play();
}
```

❶ REST API(/ai/chat-text)를 호출해서 텍스트 질문을 전송하고, 응답을 받습니다. 응답 내용은 JSON인데, 여기에는 텍스트 답변과 Base64 문자열로 인코딩된 음성 답변이 포함되어 있습니다.

❷ 텍스트 답변이 출력될 UI를 추가합니다.

❸ 응답에서 JSON을 얻습니다.

❹ JSON에서 음성 답변을 얻어 audioPlayer의 소스로 설정하고 있습니다.

❺ 음성 답변이 재생되면 바로 JSON에서 텍스트 답변을 읽고 UI로 표시해줍니다.

❻ 음성 답변이 재생 완료되면 다시 사용자 음성 입력을 위해 startQuestion() 함수를 호출합니다.

06 프로젝트를 실행합니다. 브라우저에서 http://localhost:8080으로 요청하고, [stt-llm-tts] 버튼을 클릭합니다. 오른쪽 스피커가 애니메이션될 때 음성으로 질문을 합니다. 그리고 약 2초 동안 침묵을 하면, 입력이 완료된 것으로 판단하고, 녹화된 음성을 REST API로 전송합니다. 질문보다는 친구에게 대화를 하듯이 음성을 입력해 보세요.

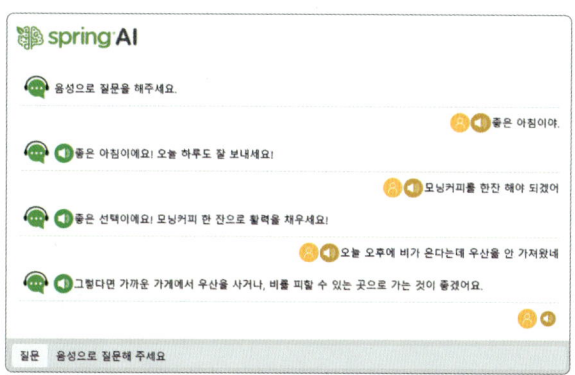

중요 ▶ iOS Safari는 오디오 자동 재생을 차단하기 때문에 Chrome을 설치하고 테스트해 보시기 바랍니다.

5.5 순수 음성 대화 구현 (방법1)

이전 절의 음성 대화는 REST API가 AI의 텍스트와 음성 답변을 JSON으로 모두 제공했기 때문에 음성 답변을 스트리밍 방식으로 재생할 수 없었습니다. 그래서 이번 절에서는 텍스트 답변을 생략하고, 음성 답변만을 스트리밍하는 방법을 살펴보겠습니다. 음성 스트리밍을 사용하면 전체 음성 데이터를 모두 받지 않아도 즉시 재생을 시작할 수 있어, 응답 지연 시간을 줄일 수 있습니다.

01 service/AiService.java 파일에서 ttsFlux() 메소드를 살펴보겠습니다. 이 메소드는 OpenAi AudioSpeechModel을 사용해 음성 변환을 요청할 때, call() 메소드 대신 stream() 메소드를 사용합니다.

```java
❶ public Flux<byte[]> ttsFlux(String text) {
    // 모델 옵션 설정
    OpenAiAudioSpeechOptions options = OpenAiAudioSpeechOptions.builder()
        .model("gpt-4o-mini-tts")
        .voice(SpeechRequest.Voice.ALLOY)
        .responseFormat(AudioResponseFormat.MP3)
        .speed(1.0f)
        .build();

    // 프롬프트 생성
    SpeechPrompt prompt = new SpeechPrompt(text, options);

    // 모델로 요청하고 응답받기
    Flux<SpeechResponse> response = openAiAudioSpeechModel.stream(prompt);
❷  Flux<byte[]> flux = response.map(speechResponse -> speechResponse.getResult().
                                                                     getOutput());
    return flux;
}
```

❶ ttsFlux() 메소드의 매개값은 음성으로 변환할 텍스트입니다. 이 메소드는 변환된 음성을 비동기 스트림 타입인 Flux<byte[]> 형태로 반환합니다.

❷ 음성 모델에 요청할 때 stream() 메소드를 사용했습니다. stream() 메소드의 반환 타입은 비동기 스트림 타입인 Flux<SpeechResponse>입니다. 그러나 이 타입은 브라우저로 보내는 응답으로 사용할 수 없기 때문에 Flux<byte[]>로 변환해야 합니다.

02 이어서 chatVoiceSttLlmTts() 메소드를 살펴보겠습니다. 이 메소드는 사용자의 음성 데이터 (byte[])를 매개값으로 받아, AI의 비동기 스트림 음성 답변을 반환합니다.

```java
public Flux<byte[]> chatVoiceSttLlmTts(byte[] audioBytes) {
    // STT를 이용해서 음성 질문을 텍스트 질문으로 변환
❶   String textQuestion = stt(audioBytes);
```

```
            // 텍스트 질문으로 LLM에 요청하고, 텍스트 응답 얻기
            String textAnswer = chatClient.prompt()
                .system("50자 이내로 답변해 주세요.")
                .user(textQuestion)
❷           .options(ChatOptions.builder()
                    .maxTokens(100)
                    .build())
                .call()
                .content();

            // TTS를 이용해서 비동기 음성 데이터 얻기
❸           Flux<byte[]> flux = ttsFlux(textAnswer);
            return flux;
}
```

❶ 사용자의 음성 데이터를 텍스트로 변환하기 위해 stt() 메소드를 이용합니다.

❷ 텍스트 질문에 대해 LLM의 텍스트 답변을 받습니다.

❸ ttsFlux() 메소드를 이용해서 텍스트 답변을 비동기 스트림 음성 데이터로 변환하고 반환합니다.

03 controller/AiController.java 파일을 열고, /ai/chat-voice-stt-llm-tts 요청 매핑 메소드를 살펴보겠습니다.

```
    @PostMapping(
        value = "/chat-voice-stt-llm-tts",
❶       consumes = MediaType.MULTIPART_FORM_DATA_VALUE,
        produces = MediaType.APPLICATION_OCTET_STREAM_VALUE
    )
    public void chatVoiceSttLlmTts(
        @RequestParam("question") MultipartFile question,
        HttpServletResponse response) throws Exception {
        // 비동기 음성 데이터를 Flux<byte[]>을 얻기
❷       Flux<byte[]> flux = aiService.chatVoiceSttLlmTts(question.getBytes());

        // 음성 데이터를 응답 본문으로 스트림 출력
        OutputStream outputStream = response.getOutputStream();
❸       for (byte[] chunk : flux.toIterable()) {
            outputStream.write(chunk);
        }
```

```
      outputStream.flush();
    }
}
```

❶ 응답 본문에 스트림 음성 답변(byte[ ])이 출력되므로 produces에 MediaType.APPLICATION_OCTET_STREAM_VALUE으로 설정했습니다.

❷ AiService의 chatVoiceSttLlmTts() 메소드를 호출할 때 사용자의 음성 질문(byte[ ])을 매개값으로 제공하고, 비동기 스트림 음성 답변(Flux<byte[ ]>)을 얻습니다.

❸ HttpServletResponse를 이용해서 HTTP 응답 본문에 스트림 음성 답변을 출력합니다.

Spring WebMVC에서는 StringHttpMessageConverter를 통해 텍스트를 스트림으로 출력할 수 있기 때문에 Flux<String>을 반환 타입으로 사용할 수 있습니다. 그러나 byte[ ]를 스트림으로 출력할 수 있는 HttpMessageConverter는 제공되지 않기 때문에, Flux<byte[ ]>를 반환 타입으로 사용할 수 없습니다.

그래서 HttpServletResponse 또는 StreamingResponseBody의 OutputStream을 이용해서 수동으로 출력해야 합니다. 다음은 HttpServletResponse 대신 StreamingResponseBody를 이용한 코드입니다.

```
public StreamingResponseBody chatVoiceSttLlmTts(
    @RequestParam("question") MultipartFile question,
    HttpServletResponse response) throws Exception {
  // 비동기 음성 데이터를 Flux<byte[]>을 얻기
  Flux<byte[]> flux = aiService.chatVoiceSttLlmTts(question.getBytes());

  // 음성 데이터를 응답 본문으로 스트림 출력
  StreamingResponseBody srd = new StreamingResponseBody() {
    @Override
    public void writeTo(OutputStream outputStream) throws IOException {
      for (byte[] chunk : flux.toIterable()) {
        outputStream.write(chunk);
        outputStream.flush();
      }
    }
  };
  return srd;
}
```

04 src/main/resources/templates/chat-voice-stt-llm-tts.html 파일을 열고 startQuestion() 함수를 보겠습니다. 이 함수는 사용자 질문 텍스트를 보여줄 필요가 없기 때문에 마이크를 활성화하는 코드만 작성되어 있습니다.

```
function startQuestion() {
  // 마이크 초기화
  springai.voice.initMic(handleVoice);
}
```

05 이어서 handleVoice() 함수를 살펴보겠습니다. 이 함수는 모델에 입력할 사용자의 음성 질문(mp3Blob)이 준비되면 자동 콜백됩니다. 핵심 코드는 다음과 같습니다.

```
async function handleVoice(mp3Blob) {
  try {
    // 멀티파트 폼 구성
❶   const formData = new FormData();
    formData.append("question", mp3Blob, 'speech.mp3');

    // 사용자 음성을 보내고 음성 답변을 받음
    const response = await fetch("/ai/chat-voice-stt-llm-tts", {
      method: "post",
      headers: {
        // Content-Type은 자동 생성되는 것을 사용해야함(파트 구분선 포함)
❷       'Accept': 'application/octet-stream'
      },
      body: formData
    });

    // 오디오 객체 얻기
    const audioPlayer = document.getElementById("audioPlayer");

    // 음성 답변 재생 완료 후 작업
    audioPlayer.addEventListener("ended", () => {
      // 음성 질문 다시 받기
      startQuestion();
❸     // 스트림 음성은 ended 핸들러가 여러번 실행될 수 있음
      // 따라서 startQuestion()가 여러번 실행될 수 있어, 마이크가 동작하지 않음
```

```
            // 핸들러가 한번만 실행하도록 { once: true } 반드시 추가
        }, { once: true });

        // 음성 답변 재생
❹       springai.voice.playAudioFromtreamingData(response, audioPlayer);
    } catch (error) {
        console.log(error);
    }
}
```

❶ handleVoice 매개변수를 통해 전달된 사용자의 음성 질문은 FormData 객체의 파일 파트로 추가됩니다. 이때 사용자의 음성 질문은 파일명이 없는 MP3 Blob 형태이므로, REST API에서 MIME 타입을 인식할 수 있도록 확장명이 mp3인 임의의 파일 이름을 반드시 지정해야 합니다.

❷ REST API(/ai/chat-voice-stt-llm-tts)를 호출해서, 사용자의 음성 질문을 보내고, AI의 스트림 음성 답변을 받습니다.

❸ 스트림 음성 답변을 모두 재생하면, 다시 사용자의 음성 질문을 입력받기 위해 startQuestion() 함수를 재호출합니다.

❹ 스트림 음성 답변을 재생하기 위해 springai.js 파일에서 정의된 springai.voice.playAudioFromStreamingData() 함수를 호출합니다. 이 함수에 대한 내용은 [입력 음성 준비와 스트리밍 음성 재생] 절에서 살펴보았습니다.

06 브라우저에서 http://localhost:8080으로 요청하고, [chat-voice-stt-llm-tts] 버튼을 클릭합니다. 오른쪽 스피커가 애니메이션될 때 음성으로 질문을 합니다. 그리고 약 2초 동안 침묵을 하면, 입력이 완료된 것으로 판단하고, 녹화된 음성을 REST API로 전송합니다. 질문보다는 친구에게 대화를 하듯이 음성을 입력해 보세요.

이번 음성 대화 구현은 질문 및 답변 텍스트가 출력되지 않고, 스트림 음성 답변을 사용하므로 답변이 올 때까지의 시간 지연이 좀 줄어들어, 좀 더 자연스러운 대화를 할 수 있습니다.

5.6 순수 음성 대화 구현 (방법2)

이전 절의 음성 대화 구현 방법은 세 개의 모델(STT ▶ LLM ▶ TTS)을 조합한 방식이었습니다. 각 모델을 사용할 때마다 요청을 해야 하고, 응답을 받아 다음 모델의 입력으로 제공했습니다. 이런 방식의 음성 대화 구현이 일반적이기는 하지만, 한 모델에서의 응답 속도가 느려지면 전체 대화 속도가 느려질 수 있습니다.

OpenAI의 음성 모델 중 GPT-4o mini Audio 모델을 사용하면, 세 개의 모델이 수행하던 작업을 하나의 모델로 통합해 처리할 수 있습니다. 이 모델의 주요 특징은 텍스트와 음성을 입력으로 받아, 텍스트 응답과 음성 응답을 동시에 생성할 수 있다는 점입니다. 설정에 따라 음성 응답만 출력하도록 구성할 수도 있습니다.

이번 절에서는 GPT-4o mini Audio 모델을 이용해서 음성 대화를 구현하는 방법을 알아보겠습니다.

01 service/AiService.java 파일을 열고, chatVoiceOneModel() 메소드를 보겠습니다.

```java
❶ public byte[] chatVoiceOneModel(byte[] audioBytes, String mimeType) throws Exception {
    // 음성 데이터를 Resource로 생성
    Resource resource = new ByteArrayResource(audioBytes);

    // 사용자 메시지 생성
    UserMessage userMessage = UserMessage.builder()
        // 빈문자열이라도 제공해야함
❷       .text("제공되는 음성에 맞는 자연스러운 대화로 이어주세요.")
        .media(new Media(MimeType.valueOf(mimeType), resource))
        .build();

    // 모델 옵션 설정
    ChatOptions chatOptions = OpenAiChatOptions.builder()
        .model(OpenAiApi.ChatModel.GPT_4_O_MINI_AUDIO_PREVIEW)
        .outputModalities(List.of("text", "audio"))
❸       .outputAudio(new AudioParameters(
            ChatCompletionRequest.AudioParameters.Voice.ALLOY,
            ChatCompletionRequest.AudioParameters.AudioResponseFormat.MP3))
        .build();
```

```
        // gpt-4o-mini-audio 모델은 스트림을 지원하지 않기 때문에 동기 방식 사용
        // 모델로 요청하고 응답 받기
        ChatResponse response = chatClient.prompt()
                .system("50자 이내로 답변해 주세요.")
❹       .messages(userMessage)
                .options(chatOptions)
                .call()
                .chatResponse();

        // AI 메시지 얻기
❺       AssistantMessage assistantMessage = response.getResult().getOutput();

        // 텍스트 답변 얻기
❻       String textAnswer = assistantMessage.getText();
        log.info("텍스트 응답: {}", textAnswer);

        // 오디오 답변 얻기
❼       byte[] audioAnswer = assistantMessage.getMedia().get(0).getDataAsByteArray();
        return audioAnswer;
    }
```

❶ chatVoiceSttLlmTts() 메소드 선언부와 다른 점은 두 번째 매개값으로 사용자 음성의 오디오 MIME 타입을 받는다는 것입니다. 이 정보는 UserMessage에 포함되는 Media 객체를 생성할 때 이용됩니다.

❷ UserMessage를 생성합니다. text()를 작성하지 않으면 에러가 나므로, 빈 문자열이라도 제공해야 합니다. 사용자의 음성 질문은 Media 객체로 생성해서 추가했습니다.

❸ 모델 옵션을 설정합니다. model()에는 GPT_4_O_MINI_AUDIO_PREVIEW 열거 상수를 지정했습니다. 아직 정식 버전의 모델이 아니기 때문에 _PREVIEW가 붙어 있습니다. outputModalities()에는 출력 형식을 지정해주어야 하는데, 텍스트 답변과 음성 답변 모두 출력하도록 했습니다. 그리고 outputAudio()에는 목소리의 종류 및 출력 오디오 포맷으로 MP3를 지정했습니다.

❹ 음성 모델로 요청하고 응답을 받습니다. gpt-4o-mini-audio 모델은 스트리밍 출력을 지원하지 않기 때문에, stream()이 아닌 동기 방식인 call() 메소드로 호출해야 합니다.

❺ ChatResponse로부터 AI 메시지인 AssistantMessage를 얻습니다.

❻ AssistantMessage로부터 텍스트 답변을 얻고, 로그로 출력합니다. 이번 실습에는 텍스트는 필요 없습니다.

❼ AssistantMessage로부터 음성 답변(byte[])을 얻고 반환합니다.

02 controller/AiController.java 파일을 열고, /ai/chat-voice-one-model 요청 매핑 메소드를 보겠습니다.

```java
@PostMapping(
    value = "/chat-voice-one-model",
    consumes = MediaType.MULTIPART_FORM_DATA_VALUE,
    produces = MediaType.APPLICATION_OCTET_STREAM_VALUE
)
public byte[] chatVoiceOneModel(
    @RequestParam("question") MultipartFile question,
    HttpServletResponse response) throws Exception {
    byte[] bytes = aiService.chatVoiceOneModel(question.getBytes(),
                                               question.getContentType());
    return bytes;
}
```

❶ byte[ ]를 반환 타입으로 선언했습니다. 이렇게 하면 응답 본문에 바로 음성 답변(byte[ ])을 출력할 수 있습니다.

❷ AiService의 chatVoiceOneModel() 메소드를 호출할 때 사용자의 음성 질문(byte[ ])과 오디오 타입을 매개값으로 제공합니다. 그리고 음성 답변(byte[ ])을 얻고, 반환합니다.

03 src/main/resources/templates/chat-voice-one-model.html 파일의 내용은 REST API 요청 경로만 다를 뿐, 코드는 chat-voice-stt-llm-tts.html과 동일합니다. 코드 설명은 이전 절을 참고해 주세요.

04 브라우저에서 http://localhost:8080으로 요청하고, [chat-voice-one-model] 버튼을 클릭합니다. 테스트 방법도 이전 절과 동일합니다.

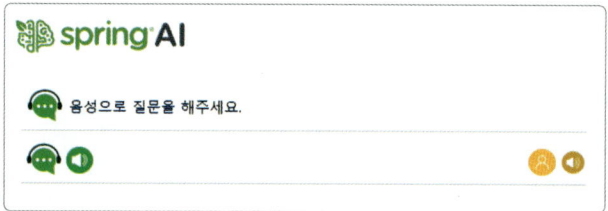

Chapter 06

▶ 비전 및 이미지 생성

6.1 비전과 멀티모달 LLM
6.2 Spring AI 멀티모달 지원
6.3 객체 탐지 및 상태 분석
6.4 비디오 프레임 분석
6.5 이미지 생성형 모델
6.6 OpenAI 이미지 생성형 모델
6.7 Spring AI 이미지 생성형 모델 지원
6.8 이미지 생성
6.9 이미지 편집

6.1 비전과 멀티모달 LLM

인간은 시각을 통해 세상을 이해하고 판단합니다. 마찬가지로, 컴퓨터 비전^{vision}은 기계가 주변 세계를 '보고' 해석하도록 만드는 기술입니다. 단순히 이미지를 인식하는 것을 넘어서, 객체를 식별하고, 장면의 의미를 파악하며, 상황을 예측하고 대응하는 능력을 갖추게 하는 것이 궁극적인 목표입니다. 다음은 컴퓨터 비전을 활용한 사례입니다.

분야	설명
자율주행	차량이 카메라를 통해 도로와 장애물을 인식하여 운전 결정
안면 인식	얼굴 인식 시스템을 통해 개인 인증
의료 영상 분석	X-ray, MRI, CT 이미지 등을 분석하여 질병을 진단
보안 시스템	CCTV 영상에서 의심스러운 활동을 탐지하고 경고를 보내는 시스템
제조 시스템	불량 제품 검출 시스템
스마트폰 카메라	자동 초점 맞추기, 장면 분석 및 편집 지원

지금까지는 이러한 비전 기능을 구현하기 위해서 복잡한 영상 처리 전문 기술이 필요했습니다. 하지만 멀티모달 LLM이 등장하면서 일반인들도 매우 쉽게 비전 기능을 사용할 수 있게 되었습니다. LLM에게 '사진을 보내고 분석해 줘.'라고만 하면 LLM이 사진을 분석해서 결과로 알려줍니다.

> **여기서 잠깐**
>
> ☼ **멀티모달(Multimodal)**
>
> 텍스트, 이미지, 오디오, 비디오 등 다양한 형태(모달리티, modality)의 데이터를 동시에 입력받고 통합적으로 처리할 수 있는 AI 모델의 능력을 말합니다.

이제 LLM과 텍스트로만 소통하던 시대는 끝나가고 있습니다. 인간처럼 보고, 듣고, 말하고, 자체적으로 상황을 예측하는 비전 기능이 추가된 멀티모달 LLM으로 빠르게 진화하고 있습니다. 영상 속 객체를 탐지하거나 상태를 분석하고, 그 결과를 텍스트나 음성으로 응답하는 일련의 과정은 이제 단순한 가능성이 아닌, 실현 가능한 기술이 되었습니다.

개발자들은 LLM을 활용해서 애플리케이션을 개발할 때, LLM이 어디까지 비전 기능을 지원하는지 정확히 알고 있어야 합니다. 다음은 현재 알려진 멀티모달 LLM 한계를 정리한 표입니다.

구분	설명
의료 이미지	LLM의 비전 기능은 CT 스캔과 같은 전문 의료 이미지를 해석하는 데 적합하지 않으며, 의료 조언을 제공하는 데 사용해서는 안 됩니다.
회전된 이미지	LLM은 회전되거나 거꾸로 된 텍스트 및 이미지를 잘못 해석할 수 있습니다.
시각적 요소	LLM은 색상이나 스타일(예 실선, 대시선, 점선)이 달라지는 그래프를 이해하는 데 어려움을 겪을 수 있습니다.
공간적 추론	LLM은 체스 위치 파악과 같은 정밀한 공간적 위치 지정이 필요한 작업에서 어려움을 겪을 수 있습니다.
실시간 처리	클라우드 LLM은 호출당 수백 ms~1초 이상의 지연이 발생하므로, 진정한 실시간(예 30fps) 처리는 어렵습니다. 실시간성이 중요하다면, YOLO, OpenCV DNN, TensorRT 등 전용 경량 객체 탐지 모델로 디바이스에서 먼저 처리한 뒤, 요약 정보만 LLM에 넘기는 하이브리드 방식이 권장됩니다.

지금은 전문 기능을 갖춘 소프트웨어에 비해 비전 기능이 약할 수 있지만, 머지않아 애플리케이션에서 사용할 정도로 충분히 보강될 것입니다.

다음은 현재 멀티모달을 지원하는 대표 모델을 정리한 표입니다.

항목	GPT-4o 및 후속 모델	Gemini 1.5 Pro 및 후속 모델	Claude 3 Opus 및 후속 모델
업체명	OpenAI	Google DeepMind	Anthropic
비전 기능	객체 탐지, 상태 분석, 텍스트 인식, 도표 해석	객체 탐지, 상태 분석, 텍스트 인식, 도표 해석	객체 탐지, 텍스트 인식
비디오 처리	프레임 단위 제한적 지원	시퀀스 기반 일부 지원	미지원
이미지 입력	멀티이미지 입력 지원	멀티이미지 입력 지원	단일 이미지 입력
이미지 생성	DALL·E 통합 지원	미지원	미지원
멀티모달 통합	텍스트＋이미지＋오디오	텍스트＋이미지＋오디오	텍스트＋이미지
API 사용	OpenAI API	Vertex AI	Claude API
Spring AI 연동	공식 지원	미지원(직접 HTTP 연동)	미지원(직접 HTTP 연동)

멀티모달을 지원하는 LLM의 기능은 매우 빨리 진화하기 때문에 해당 모델 페이지에서 최신 정보를 확인하는 것이 좋습니다.

6.2 Spring AI 멀티모달 지원

Spring AI는 멀티모달 LLM을 활용할 수 있도록, 사용자 메시지^{UserMessage}와 AI 메시지^{AssistantMessage}에 미디어^{Media}를 포함할 수 있도록 설계했습니다. 이를 통해 텍스트뿐만 아니라 음성, 이미지 등 다양한 형태의 데이터를 입력하거나 출력할 수 있습니다.

다음 다이어그램은 UserMessage와 AssistantMessage가 이미지, 오디오, 비디오 콘텐츠에 해당하는 Media를 List 형태로 여러 개 가질 수 있음을 보여줍니다.

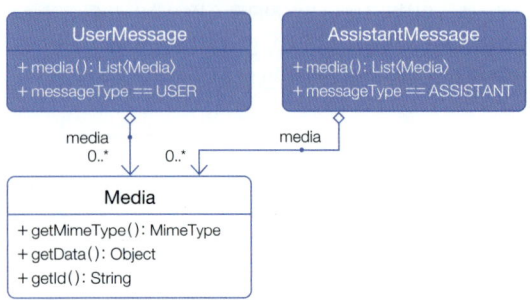

다음은 텍스트 질문과 다양한 Media가 추가된 사용자 메시지를 생성하는 방법을 보여줍니다.

```
UserMessage userMessage = UserMessage.builder()
    .text(question)
    .media(media, ...)
    .build();
```

Media는 다양한 리소스로부터 생성할 수 있습니다. 예를 들어 URL, 파일, 바이너리 데이터(byte[])로부터 생성할 수 있습니다. 다음은 Media 생성자를 이용해서 인스턴스를 생성하는 방법을 보여줍니다.

```
Media media = new Media(MimeType mimeType, URL url);
Media media = new Media(MimeType mimeType, Resource resource);
```

다음과 같이 빌더 패턴을 이용해서 생성할 수도 있습니다.

```
Media media = Media.builder()
    .mimeType(MimeType mimeType)
    .data(URL url) 또는 .data(Resource resource)
    .build();
```

MimeType은 MimeTypeUtils의 상수를 사용하거나, MimeType.valueOf( ) 정적 메소드를 사용하여 문자열로부터 얻을 수 있습니다. 예를 들어 이미지 파일이 PNG 타입일 경우, MimeType은 다음과 같이 얻을 수 있습니다.

```
MimeType mimeType = MimeTypeUtils.IMAGE_PNG;
MimyType mimeType = MimeType.valueOf("image/png");
```

Resource 객체는 자원의 위치 및 형태에 따라 다음과 같이 생성할 수 있습니다.

```
Resource resource = new UrlResource(URL url);
Resource resource = new FileSystemResource(File file);
Resource resource = new ClassPathResource(String path);
Resource resource = new ByteArrayResource(byte[] byteArray);
Resource resource = new InputStreamResource(InputStream inputStream);
```

6.3 객체 탐지 및 상태 분석

AI가 시각적 정보를 이해하기 위해 가장 기본적으로 수행하는 작업 중 하나는 객체 탐지^{Object Detection}입니다. 객체 탐지는 이미지나 영상 속에서 어떤 객체가 어디에 위치해 있는지를 찾아내는 기술입니다.

단순히 객체의 존재 유무를 파악하는 것을 넘어, 해당 객체의 종류^{class}와 정확한 위치(bounding box 좌표)를 함께 제공할 수도 있습니다. 예를 들어, 교통 영상에서 자동차, 보행자, 신호등 등을 실시간으로 인식하고 각각의 위치를 표시하는 것이 객체 탐지의 대표적인 사례입니다.

지금까지 객체 탐지를 위해 다양한 딥러닝 모델이 개발되어 왔습니다. 대표적으로 YOLO^{You Only Look Once}, SSD^{Single Shot MultiBox Detector}, Faster R-CNN 등이 있습니다.

그러나 객체의 위치와 종류만 아는 것으로 충분하지 않을 때가 많습니다. 상태 분석 State Analysis 은 탐지된 객체가 어떤 상황에 놓여 있는지를 더 깊이 이해하려는 시도입니다. 예를 들어, 단순히 '사람'이라는 객체를 탐지하는 것을 넘어서, 그 사람이 앉아 있는지, 걷고 있는지, 위험한 상황에 처해 있는지 등을 파악하는 것이 상태 분석입니다.

이번 절에서는 멀티모달을 지원하는 LLM에 이미지를 입력으로 제공하고, 이미지 속 객체를 탐지하고 그 상태를 분석하도록 요청한 뒤, 결과를 텍스트 형태로 받아 사용자에게 전달하는 애플리케이션 개발 방법에 대해 학습하겠습니다.

01 VS Code로 book-spring-ai/projects/ch06-vision-image-generation 프로젝트 폴더를 엽니다.

02 service/AiService.java 파일을 열고, 필드와 생성자 선언 부분을 보겠습니다.

```
@Service
@Slf4j
public class AiService {
  private ChatClient chatClient;

  @Autowired
❶ private ImageModel imageModel;

  public AiService(ChatClient.Builder chatClientBuilder) {
    chatClient = chatClientBuilder.build();
  }
}
```

❶ ImageModel은 이미지 생성형 모델을 사용하기 위한 인터페이스입니다. build.gradle 파일에서 OpenAI 스타터를 의존성으로 추가하면 ImageModel의 구현 클래스인 OpenAiImageModel이 Spring 빈으로 자동 생성되기 때문에 필드 주입을 할 수 있습니다. 이번 절의 학습에는 사용하지 않지만 이미지 생성을 학습할 때 사용하므로 미리 필드에 주입시켜 놓았습니다.

03 이어서 imageAnalysis() 메소드를 보겠습니다. 이 메소드는 사용자로부터 텍스트 질문과 이미지를 받고, 텍스트 질문에 맞게 이미지를 분석한 후, 텍스트 답변을 반환합니다.

❶
```
public Flux<String> imageAnalysis(String question, String contentType,
                                  byte[]bytes) {
```

  // 시스템 메시지 생성
❷
```
  SystemMessage systemMessage = SystemMessage.builder()
      .text("""
          당신은 이미지 분석 전문가입니다.
          사용자 질문에 맞게 이미지를 분석하고 답변을 한국어로 하세요.
          """)
      .build();
```

  // 미디어 생성
❸
```
  Media media = Media.builder()
      .mimeType(MimeType.valueOf(contentType))
      .data(new ByteArrayResource(bytes))
      .build();
```

  // 사용자 메시지 생성
❹
```
  UserMessage userMessage = UserMessage.builder()
      .text(question)
      .media(media)
      .build();
```

  // 프롬프트 생성
❺
```
  Prompt prompt = Prompt.builder()
      .messages(systemMessage, userMessage)
      .build();
```

  // LLM에 요청하고, 응답받기
❻
```
  Flux<String> flux = chatClient.prompt(prompt)
      .stream()
      .content();
```
```
  return flux;
}
```

❶ 사용자의 텍스트 질문^{question}, 이미지의 MIME 타입^{contentType}, 그리고 이미지 데이터^{bytes}를 받기 위한 매개변수가 있습니다. 그리고 반환 타입은 비동기 스트림 텍스트인 Flux<String>으로 되어 있습니다.

❷ 시스템 메시지에서 한국어로 답변해 달라고 한 이유는 영어로 이미지 분석 답변을 줄 수 있기 때문입니다.

❸ Media를 생성할 때 mimeType()에는 MimeType.valueOf() 반환값을 제공했고, data()에는 ByteArrayResource를 제공했습니다.

❹ UserMessage를 생성할 때 텍스트 질문과 Media를 포함시킵니다. (멀티모달리티)

❺ 시스템 메시지와 사용자 메시지를 포함해서 Prompt를 생성합니다.

❻ LLM에 요청을 전송한 후, Flux⟨String⟩ 형태의 비동기 스트림 텍스트로 응답을 수신하고 이를 그대로 반환합니다.

04 controller/AiController.java 파일을 엽니다. 이 컨트롤러 클래스에는 /ai/image-analysis 요청 매핑 메소드가 다음과 같이 정의되어 있습니다.

```java
@RestController
@RequestMapping("/ai")
@Slf4j
public class AIController {
  // ##### 필드 #####
  @Autowired
  private AiService aiService;

  // ##### 요청 매핑 메소드 #####
❶ @PostMapping(
    value = "/image-analysis",
    consumes = MediaType.MULTIPART_FORM_DATA_VALUE,
    produces = MediaType.APPLICATION_NDJSON_VALUE
  )
  public Flux<String> imageAnalysis(
❷   @RequestParam("question") String question,
    @RequestParam("attach") MultipartFile attach) throws IOException {
    // 이미지가 업로드 되지 않았을 경우
    if (attach == null || !attach.getContentType().contains("image/")) {
      Flux<String> response = Flux.just("이미지를 올려주세요.");
      return response;
    }

❸   Flux<String> flux = aiService.imageAnalysis(question, attach.getContentType(),
                                                  attach.getBytes());
    return flux;
  }
}
```

❶ 멀티파트 폼으로 받기 위해 consumes에 multipart/form-data 형식을 지정했습니다. 그리고 비동기 스트림 응답을 보내기 때문에 produces에는 application/x-ndjson 형식을 지정했습니다.

❷ 사용자로부터 텍스트 질문과 이미지 파일 정보를 매개값으로 받고, 비동기 스트림 텍스트 응답인 Flux〈String〉을 반환합니다.

❸ AiService의 imageAnalysis 메소드를 호출할 때, 사용자의 질문, 이미지의 MIME 타입, 이미지 데이터를 매개값으로 전달합니다. 그리고 비동기 스트림 텍스트 응답인 Flux〈String〉을 얻고, 그대로 반환합니다.

05 src/main/resources/templates/image-analysis.html 파일을 엽니다. 이 파일에는 선택한 이미지 파일을 보여주는 previewImage() 함수와 사용자의 질문과 함께 REST API로 전송하는 handleSubmit() 함수가 있습니다. 먼저 previewImage() 함수부터 보겠습니다.

```javascript
function previewImage() {
  springai.vision.previewImage("attach", "chatPanel")
}
```

- previewImage() 함수는 파일 입력 양식에서 이미지 파일을 선택했을 때 자동으로 실행합니다. springai.vision.previewImage("attach", "chatPanel")에서 첫 번째 매개값은 파일 입력 양식의 id입니다. 두 번째 매개값은 대화 패널 id입니다. 이 함수는 선택한 이미지 파일을 대화 패널에 보여주는 역할을 합니다. 함수 정의는 src/main/resources/static/js/springai.js 파일에 있습니다.

06 이어서 handleSubmit() 함수를 보겠습니다. 이 함수는 사용자가 [제출] 버튼을 클릭했을 때 실행합니다. 이미지와 사용자의 질문을 함께 REST API로 보내고 응답을 받습니다.

```javascript
async function handleSubmit() {
  try {
    //사용자 질문을 보여줄 엘리먼트를 채팅 패널에 추가하기
❶   const question = document.getElementById("question").value;
    springai.addUserQuestion(question, "chatPanel");

    //멀티파트 폼 구성하기
    const formData = new FormData();
❷   formData.append("question", question);
```

```javascript
      const attach = document.getElementById("attach").files[0];
      if(attach) {
        formData.append("attach", attach);
      }

      // AJAX 요청하고 응답받기
      const response = await fetch('/ai/image-analysis', {
        method: "post",
        headers: {
          'Accept': 'application/x-ndjson'
        },
        body: formData
      });

      // LLM 응답을 보여줄 엘리먼트를 채팅 패널에 추가하기
      // 반환값인 uuid는 응답 텍스트가 들어갈 엘리먼트 ID 임
      const uuid = springai.addAnswerPlaceHolder("chatPanel");

      // 텍스트 답변 출력하기
      springai.printAnswerText(response.body, uuid, "chatPanel");
    } catch(error) {
    }
  }
```

❶ springai.addUserQuestion(question, "chatPanel") 코드는 첫 번째 매개값인 사용자의 질문^{question}을 두 번째 매개값인 대화 패널^{chatPanel}에서 보여주는 역할을 합니다.

❷ 사용자의 텍스트 질문과, 이미지 파일 정보를 FormData에 추가해서 멀티파트 폼을 구성합니다.

❸ fetch() 함수를 이용해서 REST API(/ai/image-analysis)로 요청합니다. 요청 본문에는 멀티파트 폼을 넣었고, 스트림 텍스트를 응답으로 받기 위해 Accept 헤더 값을 application/x-ndjson으로 설정했습니다.

❹ springai.addAnswerPlaceHolder("chatPanel") 코드는 대화 패널^{chatPanel}에서 응답 텍스트를 보여줄 엘리먼트를 추가하고, 엘리먼트 id인 uuid를 반환합니다.

❺ springai.printAnswerText(response.body, uuid, "chatPanel") 코드는 첫 번째 매개값인 응답 본문(response.body)에서 스트림 텍스트를 읽고 두 번째 매개값인 엘리먼트^{uuid}에서 보여줍니다.

07 프로젝트를 실행합니다. 브라우저에서 http://localhost:8080을 요청한 후, [image-analysis] 버튼을 클릭하고, 다음과 같이 테스트합니다.

08 [파일 선택] 버튼을 클릭하고, book-spring-ai/data/image/photo1.jpg를 선택합니다. 질문으로 "사진을 분석해 줘."라고 입력하고 [제출] 버튼을 클릭합니다.

09 [파일 선택] 버튼을 클릭하고, book-spring-ai/data/image/photo2.jpg를 선택합니다. 질문으로 "어느 나라의 지역인지 말해 줘."라고 입력하고 [제출] 버튼을 클릭합니다.

10 [파일 선택] 버튼을 클릭하고, book-spring-ai/data/image/mango1.jpg를 선택합니다. 질문으로 "종류를 말해 줘."라고 입력하고 [제출] 버튼을 클릭합니다.

11 [파일 선택] 버튼을 클릭하고, book-spring-ai/data/image/mango2.jpg를 선택합니다. 질문으로 "사진 속의 객체가 무엇이고, 어떤 행동을 하는지 말해 줘."라고 입력하고 [제출] 버튼을 클릭합니다.

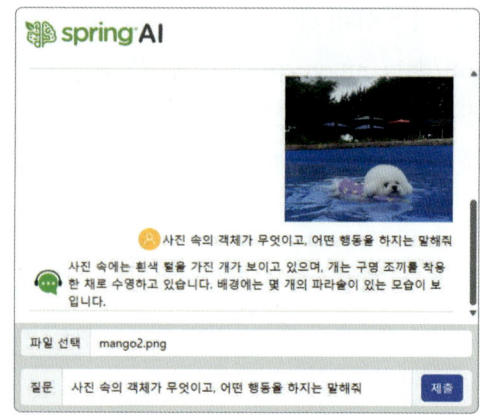

12 [파일 선택] 버튼을 클릭하고, book-spring-ai/data/image/face1.jpg를 선택합니다. 질문으로 "[웃음, 화남, 놀람, 불쾌, 모름] 중에서 한 개의 단어를 선택해 줘."라고 입력하고 [제출] 버튼을 클릭합니다.

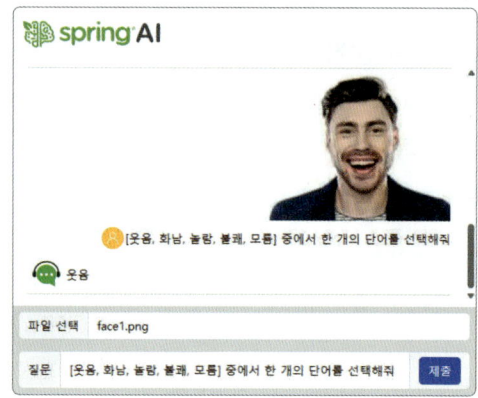

13 [파일 선택] 버튼을 클릭하고, book-spring-ai/data/image/face2.jpg를 선택합니다. 질문으로 "[웃음, 화남, 놀람, 불쾌, 모름] 중에서 한 개의 단어를 선택해 줘."라고 입력하고 [제출] 버튼을 클릭합니다.

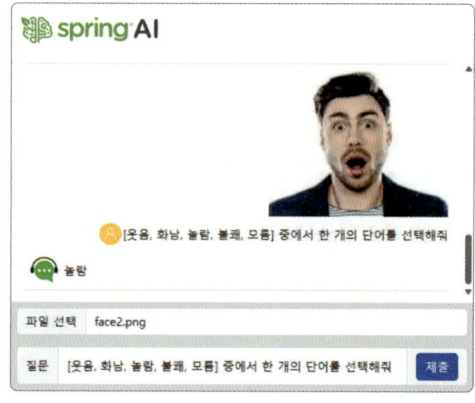

14 [파일 선택] 버튼을 클릭하고, book-spring-ai/data/image/face3.jpg를 선택합니다. 질문으로 "[웃음, 화남, 놀람, 불쾌, 모름] 중에서 한 개의 단어를 선택해 줘."라고 입력하고 [제출] 버튼을 클릭합니다.

15 [파일 선택] 버튼을 클릭하고, book-spring-ai/data/image/traffic-light-1.jpg를 선택합니다. 질문으로 "신호등의 색상을 [빨강, 노랑, 초록] 중 한 개의 단어를 선택해 줘."라고 입력하고 [제출] 버튼을 클릭합니다.

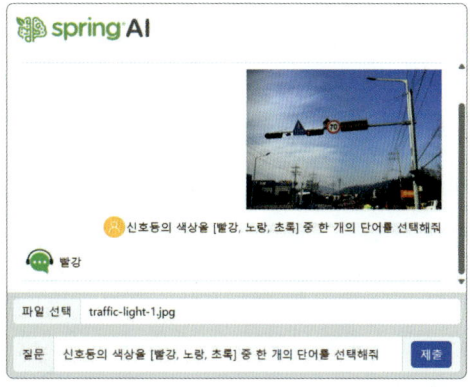

16 [파일 선택] 버튼을 클릭하고, book-spring-ai/data/image/traffic-light-2.jpg를 선택합니다. 질문으로 "신호등의 색상을 [빨강, 노랑, 초록] 중 한 개의 단어를 선택해 줘."라고 입력하고 [제출] 버튼을 클릭합니다.

6.4 비디오 프레임 분석

하나의 이미지는 멀티모달 LLM에 입력되기 전에 먼저 비전 인코더를 통해 고차원 벡터로 변환되며, 이렇게 변환된 벡터는 텍스트 질문과 함께 LLM의 입력으로 사용됩니다. 비디오는 이러한 이미지(프레임)들이 시간에 따라 연속적으로 구성된 것입니다.

비디오의 연속된 프레임을 LLM의 입력으로 제공할 경우, 입력량의 급격한 증가로 인해 연산량과 메모리 사용량도 기하급수적으로 늘어나게 됩니다. 이러한 이유로 LLM을 활용한 실시간 비디오 분석은 현재로서는 매우 어렵습니다. 더욱이 대부분의 멀티모달 LLM은 비디오 전체보다는 하나의 프레임 분석에 최적화되어 있으므로, 특정 시점의 프레임만을 추출하여 LLM에게 분석 요청하는 방식이 훨씬 효율적입니다.

사용자가 질문하는 시점에 카메라에서 프레임을 추출하고, 이를 이미지 데이터로 변환합니다. 이후 사용자의 질문과 함께 이미지 데이터를 LLM에 분석 요청합니다. LLM은 이미지 속의 객체 종류와 상태, 동작 등을 종합적으로 파악한 뒤, 자연어 문장으로 응답합니다.

이러한 방식은 비디오 장면을 이해하는 AI 시스템의 기반이 되며, 실시간 모니터링, 보안 감시, 산업 현장 분석 등 다양한 분야에 활용될 수 있습니다.

예를 들어, 산업 현장의 카메라로부터 프레임을 얻고, "이 장면에서 어떤 일이 일어나고 있나요?"라는 질문과 함께 LLM에 제공하면, LLM은 "두 명의 작업자가 기계를 조작하고 있으며, 한 작업자는 보호장비를 착용하지 않은 상태입니다"와 같은 설명을 반환할 수 있습니다.

또 다른 예로, 상품 매장에서 카메라로부터 프레임을 얻고, "이 상품에 대한 고객들의 평가를 알려주세요"라는 질문과 함께 LLM에 제공하면, LLM은 프레임 속의 상품의 제조사와 상품명을 알아내고 이 정보를 바탕으로 인터넷을 검색한 뒤에 상품에 대한 평가를 텍스트로 알려줄 수 있습니다.

이번 절에서는 카메라 영상에서 프레임을 추출한 뒤, 이를 LLM에 전달하여 객체 탐지와 상태 분석을 요청하는 방법을 학습합니다. 카메라 영상에서 프레임을 추출하는 과정을 제외하면, 나머지는 이전 절에서 학습한 내용과 동일합니다.

01 service/AiService와 controller/AiController 클래스는 이전 절에서 설명했던 코드를 그대로 사용하기 때문에 추가 사항이 없습니다.

02 이번 절에서 사용할 사용자 UI 페이지는 다음과 같이 구성되어 있습니다.

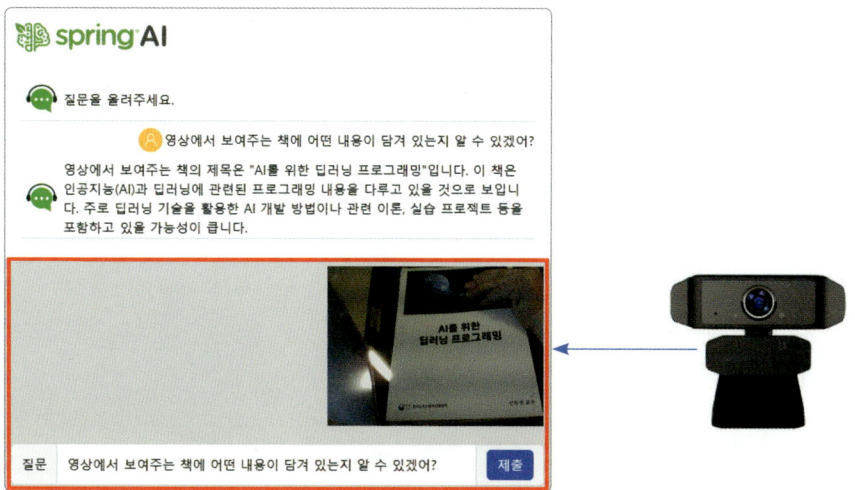

- 하단 입력 패널에는 〈video〉 태그가 포함되어 있습니다. 사용자가 카메라 영상을 확인한 뒤 텍스트 질문을 입력하고 [제출] 버튼을 클릭하면, 영상에서 프레임이 추출되어 질문과 함께 REST API(/ai/image-analysis)로 전송됩니다.

03 카메라 영상에서 프레임을 추출하는 코드를 보겠습니다. src/main/resources/templates/video-analysis.html 파일을 엽니다. 다음은 DOMContentLoaded 이벤트 핸들러를 등록하는 코드입니다. HTML이 로딩되면 바로 핸들러가 실행됩니다.

```
document.addEventListener("DOMContentLoaded", () => {
  springai.vision.previewCamera("video");
});
```

- springai.vision.previewCamera("video") 코드에서 매개값은 〈video〉 태그의 id입니다. 이 함수는 카메라로부터 입력되는 영상을 주어진 id를 가진 〈video〉에서 보여주는 역할을 합니다.

04 src/main/resources/static/js/springai.js 파일을 열고 springai.vision.previewCamera() 함수를 보겠습니다. 이 함수는 〈video〉 태그의 id를 매개변수 videoId로 받고, 카메라 영상을 해당 〈video〉에서 재생하도록 합니다.

```
springai.vision.previewCamera = function(videoId) {
  // <video> 엘리먼트 얻기
❶ const video = document.getElementById(videoId);
  // 카메라를 활성화하고 <video>에서 보여주기
  navigator.mediaDevices.getUserMedia({ video: true })
    .then((stream) => {
      video.srcObject = stream;
      video.play();
❷  })
    .catch((error) => {
      console.error('카메라 접근 에러:', error);
    });
}
```

❶ videoId로 <video> 엘리먼트를 찾아 video 변수에 대입합니다.

❷ navigator.mediaDevices.getUserMedia({ video: true }) 코드는 브라우저에서 카메라를 사용할 수 있도록 활성화하는 코드입니다. Promise를 반환하기 때문에 활성화 성공 여부에 따라 then(), catch() 가 호출됩니다. 활성화가 성공되면 then()의 함수가 콜백되는데, stream은 카메라로부터 데이터가 들어오는 입력 스트림입니다. 이 입력 스트림을 video.srcObject 속성 값으로 제공하고 video.play()를 호출하면, <video>에서 카메라 영상이 나옵니다.

05 다시 src/main/resources/templates/video-analysis.html 파일을 열고, handleSubmit() 함수를 보겠습니다. 이 함수는 사용자가 [제출] 버튼을 클릭하면 실행합니다.

```
function handleSubmit() {
  // 카메라 영상에서 프레임을 추출하기
  springai.vision.captureFrame("video", (pngBlob) => {
    //대화 하기
    chat(pngBlob);
  });
}
```

- springai.vision.captureFrame(...) 코드는 첫 번째 매개값인 <video> 태그의 id를 가지고 video 엘리먼트를 찾아서 프레임을 추출하고, 두 번째 매개값인 함수를 콜백하는 역할을 합니다. 추출된 프레임은 PNG 포맷의 이미지 데이터입니다. 이 데이터는 콜백 함수의 매개값으로 들어와서 chat() 함수를 호출할 때 그대로 전달됩니다.

06 src/main/resources/static/js/springai.js 파일을 열고 springai.vision.captureFrame() 함수를 보겠습니다. 이 함수는 카메라 영상에서 프레임 한 개를 추출하고 매개변수로 주어진 handle Frame() 함수를 콜백합니다.

```
springai.vision.captureFrame = function(videoId, handleFrame) {
  //<video> 엘리먼트 얻기
❶ const video = document.getElementById(videoId);

  //캔버스를 생성해서 비디오 크기와 동일하게 맞춤
  const canvas = document.createElement('canvas');
❷ canvas.width = video.videoWidth;
  canvas.height = video.videoHeight;

  // 캔버스로부터 2D로 드로잉하는 Context를 얻어냄
❸ const context = canvas.getContext('2d');

  // 비디오 프레임을 캔버스에 드로잉
❹ context.drawImage(video, 0, 0, canvas.width, canvas.height);

  // 드로잉된 프레임을 PNG 포맷의 blob 데이터로 얻기
  canvas.toBlob((blob) => {
❺   handleFrame(blob);
  }, 'image/png');
}
```

❶ 〈video〉 태그의 id가 매개변수(videoId)로 들어오면 video 엘리먼트를 먼저 찾습니다.

❷ 프레임(이미지)을 드로잉할 캔버스(도화지)에 생성하고, 폭과 높이를 비디오 크기와 동일하게 맞춥니다.

❸ 캔버스에 드로잉하는 Context(붓)를 얻습니다.

❹ Context(붓)로 비디오 프레임 한 개를 드로잉합니다.

❺ Canvas의 toBlob() 함수는 드로잉 완료된 프레임으로부터 PNG 포맷의 이미지 데이터(blob)를 얻고, 매개값으로 주어진 함수를 콜백합니다. 여기서 springai.vision.captureFrame() 호출 시 전달받은 handle Frame() 함수를 콜백하면서 이미지 데이터를 전달합니다. handleFrame() 함수는 **04**에서 두 번째 매개값인 (pngBlob) => { chat(pngBlob); }을 말합니다.

07 다시 src/main/resources/templates/video-analysis.html 파일을 열고, chat() 함수를 보겠습니다. 사용자의 텍스트 질문과 이미지를 멀티파트 폼으로 구성하고 REST API (/ai/image-analysis)로 전송합니다. 그리고 LLM의 이미지 분석 결과를 응답으로 받고, 대화 패널에 보여줍니다.

```
async function chat(pngBlob) {
  try {
    //사용자 질문을 보여줄 엘리먼트를 채팅 패널에 추가하기
❶   const question = document.getElementById("question").value;
    springai.addUserQuestion(question, "chatPanel");

    //멀티파트 폼 구성하기
    const formData = new FormData();
❷   formData.append("question", question);
    formData.append('attach', pngBlob, 'frame.png');

    // AJAX 요청
    const response = await fetch('/ai/image-analysis', {
      method: "post",
      headers: {
❸       'Accept': 'application/x-ndjson'
      },
      body: formData
    });

    // LLM 응답을 보여줄 엘리먼트를 채팅 패널에 추가하기
    // 반환값인 uuid는 LLM 응답 메시지가 들어갈 부모 엘리먼트 ID 임
❹   const uuid = springai.addAnswerPlaceHolder("chatPanel");

    // 텍스트 답변 출력하기
❺   springai.printAnswerText(response.body, uuid, "chatPanel");
  } catch (error) {
  }
}
```

❶ springai.addUserQuestion(question, "chatPanel") 코드는 첫 번째 매개값인 사용자의 질문^{question}을 두 번째 매개값인 대화 패널^{chatPanel}에서 보여주는 역할을 합니다.

❷ 사용자의 텍스트 질문과 선택한 이미지 파일 정보를 FormData에 추가해서 멀티파트 폼을 구성합니다.

❸ fetch() 함수를 이용해서 REST API(/ai/image-analysis)로 요청합니다. 요청 본문에는 멀티파트 폼을 넣었고, 스트림 텍스트로 응답을 받기 위해 Accept 헤더 값을 application/x-ndjson으로 설정했습니다.

❹ springai.addAnswerPlaceHolder("chatPanel") 코드는 대화 패널chatPanel에서 응답 텍스트를 보여줄 엘리먼트를 추가하고, 엘리먼트 id인 uuid를 반환합니다.

❺ springai.printAnswerText(response.body, uuid, "chatPanel") 코드는 첫 번째 매개값인 응답 본문(response.body)에서 스트림 텍스트를 읽고 두 번째 매개값인 엘리먼트(uuid)에서 보여줍니다.

08 브라우저에서 http://localhost:8080으로 요청한 후, [video-analysis] 버튼을 클릭하고 테스트합니다.

09 책을 하나 보여주고, "영상에서 보여주는 책에 어떤 내용이 담겨 있는지 알 수 있겠어?"라고 질문을 입력합니다. 아마 질문을 먼저 입력하고 책을 보여주는 것이 편리할 겁니다. 영상 속에 책이 있는 상태에서 [제출] 버튼을 클릭합니다.

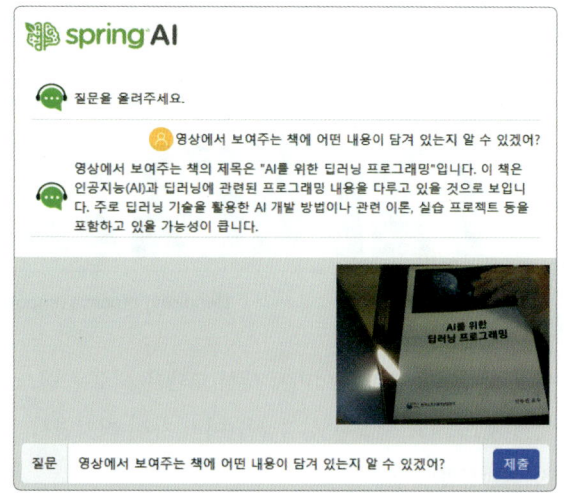

10 다음으로 주위 상황을 분석하기 위해 "동영상을 분석해 줘."라고 질문을 해 봅니다. 그리고 [제출] 버튼을 클릭합니다.

6.5 이미지 생성형 모델

이미지 생성형 모델은 사용자가 입력한 텍스트 프롬프트를 바탕으로 새로운 이미지를 자동으로 만들어주는 모델을 말합니다. 이 모델은 딥러닝 기반의 '확산 모델diffusion model' 아키텍처를 가지고 수백만 장 이상의 이미지와 그에 대응하는 설명 텍스트로 학습을 했습니다.

확산 모델 아키텍처는 아래 그림처럼 원본 이미지를 점진적으로 Diffusion 과정을 거쳐 노이즈 이미지로 만들고, 반대로 노이즈로 가득한 이미지를 점진적으로 Denoising 과정을 통해 원본 이미지로 재생성하는 구조로 되어 있습니다.

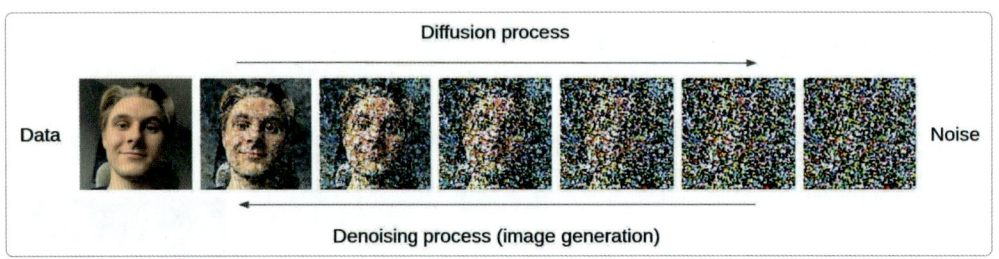

이런 방식으로 훈련된 이미지 생성 모델은 새로운 텍스트가 입력되면, 완전한 노이즈 상태에서 시작합니다. 그리고 학습된 신경망을 여러 차례 거치면서 점차 노이즈를 제거해 나가고, 최종적인 이미지를 생성합니다.

대표적인 이미지 생성형 모델로는 OpenAI의 DALL·E 시리즈와 Stability AI의 Stable Diffusion, Google의 Imagen 등이 있습니다.

이미지 생성형 AI 모델의 활용 분야는 다음과 같습니다.

활용 분야	설명
예술 및 디자인	사용자가 입력한 텍스트를 바탕으로 일러스트, 회화, 그래픽 디자인 등을 자동 생성하여 창작 도구로 활용됩니다.
게임 및 영화 제작	프로토타입의 게임 배경, 캐릭터, 아이템 등을 자동으로 생성하거나, 영화의 스토리보드, 시각 효과 디자인 등에 사용됩니다.
광고 및 마케팅	제품 이미지, 배너, SNS 콘텐츠 등을 빠르게 제작해 마케팅 콘텐츠 제작 비용과 시간을 절감합니다.
패션 및 인테리어 디자인	의류 디자인, 인테리어 배치 등 새로운 스타일이나 공간 구성을 시각적으로 제안할 수 있습니다.

의료 및 과학 시각화	의료 영상 데이터(예 CT, MRI)를 바탕으로 병변 부위의 3D 모델을 생성하거나, 약물 설계 단계에서 분자 구조를 시각화하는 등 연구·진단 보조 도구로서 사용될 수 있습니다.
교육 및 학습 자료 생성	역사 수업에서 고대 유물이나 건축물을 복원된 모습으로 시각화해 보여 주거나, 과학 수업에서 미시 세계의 화학 분자 구조나 천체 이미지 등을 생성해 학생들의 이해를 도와줍니다.
가상 인간 및 아바타 생성	메타버스, 가상 회의, 게임 등에서 사용할 가상 인간 및 아바타를 자동 생성해 줍니다.
데이터 증강 (Data Augmentation)	머신러닝 모델 학습을 위한 다양한 변형 이미지 데이터를 생성하여 모델의 성능을 높여 줍니다.

6.6 OpenAI 이미지 생성형 모델

OpenAI에서 제공하는 이미지 생성형 모델은 DALL·E 시리즈와 GPT-image-1이 있습니다. 세 개의 이미지 생성형 모델을 비교하면 다음과 같습니다.

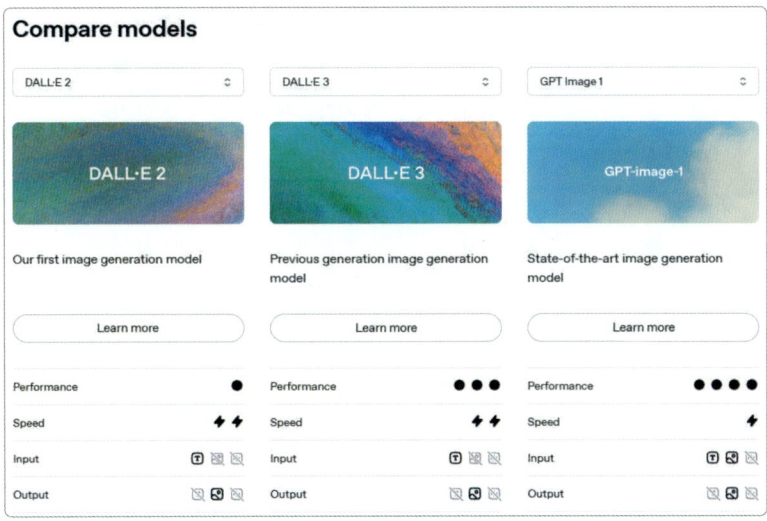

Input 항목을 보면 DALL·E 시리즈는 텍스트만을 입력으로 받아 이미지를 생성하는 반면, GPT-Image-1은 텍스트와 함께 원본 이미지를 입력받아 편집할 수 있는 기능을 제공합니다.

모델	사용 사례
DALL·E 2	낮은 비용
DALL·E 3	DALL·E 2보다 높은 이미지 품질, 더 큰 해상도 지원
GPT-Image-1	우수한 지시 이행, 텍스트 렌더링, 상세 편집, 실세계 지식 활용, 편집 기능 제공

build.gradle 파일에서 OpenAI 스타터를 의존성으로 추가하면, ImageModel 인터페이스를 구현한 OpenAiImageModel이 Spring 빈으로 자동 생성됩니다. OpenAiImageModel은 기본적으로 DALL·E 3 모델을 사용하지만, 런타임에서 모델을 자유롭게 변경할 수 있습니다.

다음은 새로운 이미지 생성을 위해 모델에 입력할 수 있는 옵션들을 정리한 표입니다.

옵션	설명	DALL·E-2	DALL·E-3	GPT-Image-1
model	모델명	dall-e-2	dall-e-3	gpt-image-1
prompt	텍스트 설명	최대 1,000자	최대 4,000자	최대 32,000자
size	이미지 크기	지정 가능	지정 가능	지정 가능
n	이미지 수	1 ~ 10	1	1 ~ 10
response_format	반환 형식	지정 가능	지정 가능	지정 불가
moderation	검열 수준	지정 불가	지정 불가	지정 가능
output_compression	압축 수준	지정 불가	지정 불가	지정 가능
output_format	이미지 형식	지정 불가	지정 불가	지정 가능
quality	이미지 품질	지정 불가	지정 가능	지정 가능
background	배경 투명도	지정 불가	지정 불가	지정 가능
style	이미지 스타일	지정 불가	지정 가능	지정 불가

- **size:** 생성할 수 있는 이미지의 크기입니다.
    - **dall-e-2:** 256×256, 512×512, 1024×1024 중 하나
    - **dall-e-3:** 1024×1024, 1792×1024, 1024×1792 중 하나
    - **gpt-image-1:** 1024×1024, 1024×1536, 1536×1024, auto(기본값) 중 하나

- **response_format:** DALL·E 2와 DALL·E 3로 생성된 이미지의 응답 형식입니다. url 또는 b64_json이어야 합니다. URL은 이미지가 생성된 후 60분 동안만 유효합니다. gpt-image-1은 b64_json 응답만 제공합니다.

- **moderation:** gpt-image-1은 생성될 이미지의 콘텐츠 검열 수준을 제어합니다. low(덜 엄격한 필터링) 또는 auto(기본값) 중 하나여야 합니다.

- **output_compression**: 생성된 이미지의 압축 수준(0~100%)입니다. 이 매개변수는 webp 또는 jpeg 출력 형식과 함께 사용됩니다. 기본값은 100이고, gpt-image-1에서만 지원됩니다.
- **output_format**: 생성된 이미지의 출력 형식입니다. png(기본), jpeg 또는 webp 중 하나여야 합니다. gpt-image-1에서만 지원됩니다.
- **quality**: 생성될 이미지의 품질입니다. gpt-image-1은 high, medium, low, auto를 지원합니다. DALL·E 3은 hd와 standard를 지원합니다.
- **background**: 생성된 이미지의 배경 투명도입니다. 이 매개변수는 gpt-image-1에서만 지원됩니다. transparent, opaque, auto(기본값) 중 하나를 설정할 수 있습니다. auto를 사용하면 이미지에 가장 적합한 배경을 모델이 자동으로 결정합니다. transparent로 설정할 경우 출력 형식이 투명도를 지원해야 하므로 output_format 을 png 또는 webp로 설정해야 합니다.
- **style**: 생성된 이미지의 스타일입니다. 이 매개변수는 DALL·E 3에서만 지원됩니다. vivid 또는 natural 중 하나여야 합니다. vivid는 하이퍼 리얼하고 극적인 이미지를 생성하도록 유도하며, natural은 보다 자연스럽고 덜 과장된 이미지를 생성하도록 합니다.

이미지 생성형 모델은 새로운 이미지가 아니라, 원본 이미지를 편집하는 기능도 포함되어 있습니다. 예를 들어 이미지 속의 특정 객체를 제거, 변형, 삽입할 수 있습니다. OpenAI의 경우 다음 세 가지 목적으로 이미지 생성형 모델을 사용할 수 있습니다.

- **생성 Generations**: 텍스트 프롬프트를 기반으로 이미지를 처음부터 생성
- **편집 Edits**: 텍스트 프롬프트를 사용하여 원본 이미지를 부분적으로 수정
- **변형 Variations**: 원본 이미지와 비슷한데 조금씩 다른 여러 이미지를 자동으로 생성

다음은 이미지 편집 요청을 위해 모델에 입력할 수 있는 옵션을 정리한 표입니다.

구분	설명	GPT-Image-1
model	모델명	gpt-image-1
image	입력 이미지	25MB 미만, 필수 입력
prompt	입력 텍스트	최대 32,000자, 필수 입력
size	이미지 크기	지정 가능
n	이미지 수	지정 가능
quality	이미지 품질	지정 가능
mask	편집 영역 이미지	필수 입력
background	배경 투명도	지정 가능

- **model**: 이미지 편집을 위해 사용할 모델입니다.
- **image**: 편집할 원본 이미지입니다. 이미지는 25MB 미만의 png, webp, jpg 파일이어야 하며, 최대 16개의 이미지를 제공할 수 있습니다.
- **mask**: 편집할 위치를 알려주는 이미지로, 투명한 영역(알파 값이 0인 부분)이 편집 위치입니다. png 파일이어야 하며, 크기는 25MB 미만이고 원본 이미지(image)와 동일한 가로·세로 해상도를 가져야 합니다. 예를 들어 강아지의 머리에 썬캡을 넣고 싶을 경우, 강아지 머리 부분만 투명으로 처리한 mask 이미지를 만들 수 있습니다.

[원본 이미지]   [마스크 이미지]

- 나머지 옵션은 생성 옵션과 동일합니다.

6.7 Spring AI 이미지 생성형 모델 지원

Spring Image Model API는 텍스트로부터 이미지를 생성하는 텍스트-투-이미지(text-to-image) 기능을 지원합니다. 사용자가 프롬프트(prompt)로 간단한 문장을 입력하기만 하면, 모델은 이를 해석하고 시각적인 장면을 생성합니다. 이 API는 OpenAI의 DALL·E, Stability AI의 Stable Diffusion 등과 같은 이미지 생성 모델을 추상화하여, Spring 기반 애플리케이션에서 쉽게 이미지 생성 기능을 활용할 수 있도록 도와줍니다.

Spring Image Model API는 ImageModel 인터페이스를 기반으로 구성되며, 이를 구현한 모델별 클래스를 통해 실제 이미지 생성을 수행합니다. 예를 들어 build.gradle 파일에서 OpenAI 의존성을 추가하면 자동으로 OpenAiImageModel 인스턴스가 Spring 빈으로 생성되어 사용됩니다.

개발자는 ImagePrompt 객체를 생성할 때, 프롬프트 텍스트와 생성 옵션(**예** 해상도, 이미지 수 등)을 추가할 수 있으며, API는 이를 모델에 맞게 직렬화하고 요청을 전송합니다.

생성된 이미지는 ImageGeneration 객체로 반환되며, 이 객체에는 생성된 이미지의 URL 또는 Base64로 인코딩된 이미지 문자열이 포함됩니다. 반환된 결과는 브라우저에서 바로 렌더링할 수도 있고, 파일로 저장하거나, 다른 애플리케이션으로 전송할 수 있습니다.

ImageModel 인터페이스

ImageModel 인터페이스는 이미지 생성형 모델의 클라이언트입니다. 이 인터페이스에는 이미지 생성형 모델을 호출하는 call() 메소드가 선언되어 있습니다.

```
@FunctionalInterface
public interface ImageModel {
  ImageResponse call(ImagePrompt request);
}
```

- call() 메소드는 ImagePrompt를 매개값으로 받아 이미지 생성 모델에 요청을 보내며, 그 결과로 ImageResponse 객체를 반환합니다. ImageResponse 안에는 이미지의 URL 또는 Base64로 인코딩된 이미지 문자열이 포함되어 있습니다.

ImagePrompt 클래스

ImagePrompt 클래스는 이미지 생성형 모델의 입력 데이터를 캡슐화합니다. 입력 데이터는 이미지 생성에 사용할 텍스트 ImageMessage와 모델 옵션 ImageOptions 입니다.

```
public class ImagePrompt {
  private List<ImageMessage> messages;
  private ImageOptions imageModelOptions;
}
```

- 텍스트는 하나가 아니라 여러 개를 입력할 수 있기 때문에 List<ImageMessage> 타입으로 캡슐화합니다.

ImageMessage 클래스

ImageMessage 클래스는 이미지 생성에 사용할 텍스트와 해당 텍스트가 이미지 생성에 미치는 영향력을 나타내는 가중치를 캡슐화합니다. 가중치의 기본값은 0이고, 음수 및 양수를 가질 수 있습니다.

```
public class ImageMessage {
  private String text;
  private Float weight;
}
```

- ImagePrompt에는 여러 개의 ImageMessage를 가질 수 있는데, 이 중에서 어떤 것을 이미지 생성에 더 많이 반영할지는 각 ImageMessage의 가중치weight를 보고 판단합니다.

ImageOptions 인터페이스

ImageOptions 인터페이스는 이미지 생성 모델에 전달할 수 있는 옵션을 설정합니다. 사용할 모델의 이름, 이미지의 폭과 높이, 이미지 생성 개수, 결과 형태를 설정할 수 있습니다. 결과 형태는 생성된 이미지를 다운로드할 수 있는 URL 또는 Base64로 인코딩된 이미지 문자열을 지정할 수 있습니다.

```
public interface ImageOptions {
  String getModel();
  Integer getWidth();
  Integer getHeight();
  Integer getN();
  String getResponseFormat(); // url, b64_json(base64)
}
```

- 위 옵션 이외에 업체별 구현 클래스를 이용해서 추가 옵션을 지정할 수도 있습니다. 예를 들어, OpenAI의 구현 클래스인 OpenAiImageOptions는 품질quality, 스타일style 등과 같은 추가 옵션을 설정할 수 있습니다.

ImageResponse 클래스

ImageResponse 클래스는 이미지 생성형 모델의 출력을 저장합니다. 모델의 출력은 한 장의 이미지가 아니라 여러 장의 이미지가 될 수 있습니다. 각각의 이미지는 ImageGeneration으로 저장됩니다. ImageResponse는 모델 출력에 대한 메타데이터 ImageResponseMetadata 도 저장합니다.

```
public class ImageResponse {
  private List<ImageGeneration> imageGenerations;
  private ImageResponseMetadata imageResponseMetadata;
}
```

ImageGeneration 클래스

ImageGeneration 클래스는 생성된 이미지와 해당 이미지에 대한 메타데이터를 저장합니다.

```
public class ImageGeneration {
  private Image image;
  private ImageGenerationMetadata imageGenerationMetadata;
}
```

Image Model API로 현재 사용 가능한 업체별 이미지 생성형 모델에 대한 정보는 다음 페이지를 참조하시기 바랍니다.

https://docs.spring.io/spring-ai/reference/api/imageclient.html#_available_implementations

6.8 이미지 생성

이번 절에서는 OpenAI의 GPT-Image-1 모델을 사용해서 사용자의 텍스트 설명에 따라 이미지를 생성하는 애플리케이션 개발 방법을 학습하겠습니다. 이번 절과 다음 절에서 사용하는 사용자 인터페이스 화면은 다음과 같습니다.

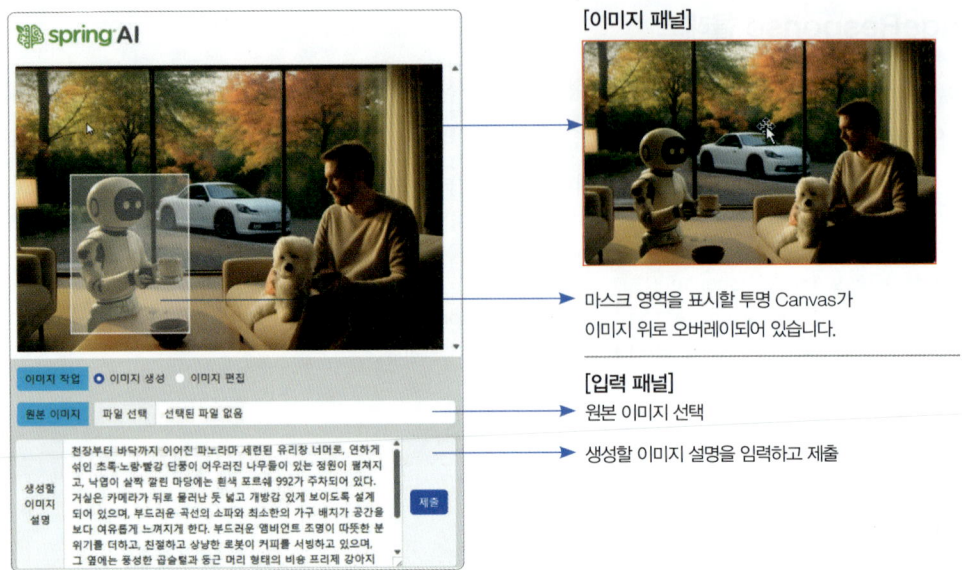

중앙에는 〈image〉와 〈canvas〉가 오버레이되어 있습니다. 〈image〉는 생성된 이미지 또는 원본 이미지를 보여주는 용도이고, 〈canvas〉는 원본 이미지의 편집 영역을 설정해서 마스크 이미지를 생성하는 용도로 사용됩니다.

입력 패널에는 이미지 작업을 선택할 수 있는 라디오 버튼이 있고, 그 아래에는 원본 이미지 파일 선택과 생성 및 편집할 이미지를 설명하는 텍스트 입력란이 있습니다. 이번 절에서는 이미지 생성 작업만 하기 때문에 이미지 설명만 입력하고 [제출] 버튼을 클릭하면 됩니다.

01 service/AiService.java 파일을 열고, koToEn() 메소드를 보겠습니다. 이 메소드는 사용자가 입력한 한글 문장을 영어 문장으로 번역합니다. 이미지 생성형 모델은 영어 문장으로 학습되었기 때문에 생성할 이미지에 대한 설명은 영어로 입력하는 것이 좋습니다.

```java
private String koToEn(String text) {
    String question = """
            당신은 번역사입니다. 아래 한글 문장을 영어 문장으로 번역해 주세요.
            %s
        """.formatted(text);
    // UserMessage 생성
    UserMessage userMessage = UserMessage.builder()
```

```
        .text(question)
        .build();
    // Prompt 생성
    Prompt prompt = Prompt.builder()
        .messages(userMessage)
        .build();
    // LLM을 호출하고 텍스트 답변 얻기
    String englishDescription = chatClient.prompt(prompt).call().content();
    return englishDescription;
}
```

02 이어서 generateImage() 메소드를 보겠습니다. 이 메소드는 사용자가 입력한 이미지 설명을 매개값으로 받고, 이미지 생성형 모델로 요청한 후, 결과 값으로 받은 Base64로 인코딩된 이미지 문자열을 반환합니다.

```
public String generateImage(String description) {
```

①
```
    // 한글 질문을 영어 질문으로 번역
    String englishDescription = koToEn(description);

    // 이미지 설명을 포함하는 ImageMessage 생성
    ImageMessage imageMessage = new ImageMessage(englishDescription);
```

②-1
```
    // gpt-image-1 옵션 설정
    OpenAiImageOptions imageOptions = OpenAiImageOptions.builder()
        .model("gpt-image-1")
        .quality("low")
        .width(1536)
        .height(1024)
        .N(1)
        .build();
```

②-2
```
    // dall-e 시리즈 옵션 설정
    // OpenAiImageOptions imageOptions = OpenAiImageOptions.builder()
    //     .model("dall-e-3")
    //     .responseFormat("b64_json")
    //     .width(1024)
    //     .height(1024)
```

```
//       .N(1)
//       .build();

// 프롬프트 생성
List<ImageMessage> imageMessageList = List.of(imageMessage);
ImagePrompt imagePrompt = new ImagePrompt(imageMessageList, imageOptions);

// 모델 호출 및 응답 받기
ImageResponse imageResponse = imageModel.call(imagePrompt);

// base64로 인코딩된 이미지 문자열 얻기
String b64Json = imageResponse.getResult().getOutput().getB64Json();
return b64Json;
}
```

❶ 사용자가 올린 한글 이미지 설명 텍스트를 영어로 번역하고, ImageMessage를 생성합니다.

❷-1 은 GPT-Image-1 모델을 사용할 경우 옵션입니다. ❷-2는 DALL·E 3 모델을 사용할 경우 옵션입니다. GPT-Image-1은 응답 형식이 b64_json으로 고정되어 있어 responseFormat 옵션 자체가 없습니다. 하지만 DALL·E 3 모델은 b64_json 설정이 필요합니다.

❸ 은 ImageMessage와 OpenAiImageOptions를 가지고 ImagePrompt를 생성합니다. 그리고 Image Model의 call() 메소드를 호출하고 ImageResponse를 얻습니다.

❹ Base64로 인코딩된 이미지 문자열을 추출하고 반환합니다.

03 controller/AiController.java 파일을 열고, /ai/image-generate 요청 매핑 메소드를 보겠습니다.

```
@PostMapping(
  value = "/image-generate",
  consumes = MediaType.MULTIPART_FORM_DATA_VALUE,
  produces = MediaType.TEXT_PLAIN_VALUE
)
public String imageGenerate(@RequestParam("description") String description) {
  try {
    String b64Json = aiService.generateImage(description);
    return b64Json;
  } catch(Exception e) {
```

```
        e.printStackTrace();
        return "Error: " + e.getMessage();
    }
}
```

❶ 사용자가 작성한 이미지 설명 텍스트를 받기 위해 반드시 멀티파트 폼으로 받을 필요는 없지만, 코드 통일화를 위해 consumes 속성 값을 multipart/form-data 타입으로 설정했습니다. 응답은 Base64로 인코딩된 이미지 문자열이므로 text/plain으로 설정했습니다.

❷ 사용자가 올린 이미지 설명을 AiService의 generateImage()를 호출할 때 제공하고, Base64로 인코딩된 이미지 문자열을 얻고 반환합니다.

04 src/main/resources/templates/image-generation.html 파일을 엽니다. 사용자가 이미지 설명을 입력하고 [제출] 버튼을 클릭하면 실행하는 handleSubmit() 함수를 보겠습니다. 이 함수에는 이미지 생성 및 편집 기능까지 모두 포함되어 있습니다. 편집 기능은 제외하고 생성 기능 부분만 보면 다음과 같습니다.

```javascript
async function handleSubmit() {
    // 각 엘리먼트 참조를 얻음
    const originalImage = document.getElementById("generatedImage");
❶   const newCheckBox = document.getElementById("new");
    const description = document.getElementById("description");

    // 멀티파트 폼을 구성하는 FormData 생성
❷   const formData = new FormData();

    // 요청 URL을 저장할 변수 선언
    let url = null;

    // 새로운 이미지를 생성할 경우
    if (newCheckBox.checked) {
❸       // 요청 경로 설정
        url = "/ai/image-generate";
        // 생성할 내용을 기술한 텍스트를 멀티파트 폼에 추가
        formData.append("description", description.value);
    }
```

```
    try {
      // 요청하기
      const res = await fetch(url, {
        method: "POST",
        headers: {
          //Content-Type은 자동 생성되는 것을 사용해야 함(구분선 포함)
❹         'Accept': 'text/plain'
        },
        body: formData
      });
      // 응답에서 base64 이미지 문자열 얻기
❺     const b64Json = await res.text();
      if (!b64Json.includes("Error")) {
        // <img>에서 생성된(편집된) 이미지 보여주기
❻       const base64Src = "data:image/png;base64," + b64Json;
        originalImage.src = base64Src;
        // 생성된(편집된) 이미지 다운로드 하기
❼       springai.vision.downloadBase64Image(base64Src, "output-"+new Date().
                         getTime()+".png");
      } else {
        alert(b64Json);
      }
    } catch(error) {
    console.log(error)
    }
 }
```

❶ 주어진 아이디로 엘리먼트 객체를 미리 찾아 놓습니다.

❷ 멀티파트 폼을 구성하기 위해 FormData 객체를 생성합니다.

❸ REST API 요청 경로를 정하고, 멀티파트 폼에 사용자의 이미지 설명을 포함시킵니다. 이미지 설명만 보내기 때문에 멀티파트 폼으로 구성할 필요는 없지만, 이미지 편집까지 고려해서 통일된 코드로 가져가기 위해 멀티파트 폼으로 구성했습니다.

❹ fetch() 함수를 이용해서 REST API로 요청합니다. 응답은 Base64로 인코딩된 이미지 문자열을 받기 때문에 Accept 헤더 값은 text/plain으로 설정했습니다.

❺ fetch() 함수의 응답에서 Base64로 인코딩된 이미지 문자열을 얻습니다.

❻ Base64로 인코딩된 이미지를 보여줍니다.

❼ Base64로 인코딩된 이미지를 파일로 저장합니다. 파일로 저장할 때 springai.vision.downloadBase64 Image() 함수가 사용되었는데, 첫 번째 매개값은 Base64 이미지이고, 두 번째 매개값은 저장할 때 사용할 파일 이름입니다. 이 함수는 src/main/resources/static/js/springai.js 파일에 정의되어 있으니 참조하시기 바랍니다.

05 브라우저에서 http://localhost:8080으로 요청한 후, [image-generation] 버튼을 클릭하고 테스트합니다.

06 새로운 이미지를 생성하므로 [이미지 작업]은 이미지 생성을 선택합니다. 이미지 설명은 다음과 같이 입력하고 [제출] 버튼을 클릭합니다.

> 천장부터 바닥까지 이어진 파노라마 세련된 유리창 너머로, 지구 빛과 먼 별빛에 비춰 은은하게 빛나는 거대한 정교한 우주 정거장이 우아하게 떠 있다. 거실은 카메라가 뒤로 물러난 듯 넓고 개방감 있게 보이도록 설계되어 있으며, 부드러운 앰비언트 조명이 밝고 따뜻한 분위기이며, 부드러운 곡선의 소파와 아늑한 가구 배치가 공간을 보다 여유롭게 느껴지게 합니다. 조금 긴 파마끼가 있는 남성이 웃음을 띠고 있고, 친절하고 온화한 작은 서빙 로봇이 두 손으로 쟁판을 들고 커피를 들고 있습니다. 울트라 고해상도, 시네마틱 구성, 사실적인 조명과 질감, 은은한 렌즈 플레어, 8K

[다운로드 폴더에 저장된 이미지 파일]

6.9 이미지 편집

이번 절은 원본 이미지를 편집하는 방법을 알아보겠습니다. 실습에 사용할 원본 이미지의 크기는 가로×세로가 1536×1024입니다. 이 크기는 이전 절에서 GPT-Image-1이 생성한 크기와 동일합니다. 원본 이미지를 쉽게 얻는 방법은 이전 절에서 다운로드된 이미지를 사용하면 됩니다.

> **NOTE** 책과 함께 제공되는 소스에서도 얻을 수 있습니다.
> book-spring-ai/data/image/generatedImage-n-1536x1024.png 파일들이 있습니다.

Spring AI 1.0.0 버전은 이미지 생성만 가능하고, 편집 기능을 위한 API는 아직 제공하고 있지 않습니다. 이미지 편집 기능을 사용하려면 직접 OpenAI API를 이용해야 합니다.

01 service/AiService.java 파일을 열고, editImage() 메소드를 보겠습니다. 이 메소드는 사용자로부터 받은 편집 내용과 원본 이미지 그리고 어느 부분을 수정해야 하는지 알려주는 마스크 이미지를 매개값으로 받고, GPT-Image-1 모델로 요청합니다. 그리고 Base64로 인코딩된 수정된 이미지를 반환합니다.

마스크 이미지는 원본 이미지와 크기 및 해상도가 동일해야 합니다. 마스크 이미지는 모델에게 편집할 부분을 알려주는 역할을 합니다. 배경은 검은색으로 하되, 편집할 부분을 투명 부분(또는 흰색 부분)으로 표시함으로써 모델이 어떤 부분을 편집할지 알게 합니다.

[원본 이미지]   [마스크 이미지]

마스크 이미지의 중요도는 모델에 따라 다릅니다. OpenAI의 GPT-Image-1 모델은 마스크 이미지보다는 사용자가 입력한 편집 내용을 더 우선시합니다. 예를 들어 마스크의 투명 부분을 강아지 옆에 지정하고, 사용자가 편집 내용으로 "썬캡을 쓴 강아지"라고 했다면, 마스크 부분은 무시가 됩니다.

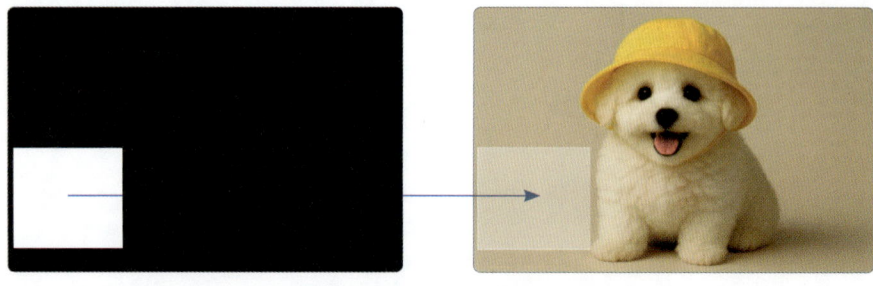

GPT-Image-1 모델은 어떤 경우에는 사용자가 보낸 편집 내용도 무시할 수 있습니다. 사용자가 보낸 편집 내용을 지시로 받아들이는 것이 아니라, 대화로 받아들이기 때문에, 예상과 다른 결과가 나올 수 있습니다. 그렇기 때문에 엄격히 마스크를 적용하고, 정밀한 제어가 필요하다면 Stable Diffusion 모델을 사용해야 합니다.

마스크 이미지는 모델에서 사용하든 사용하지 않든 필수 입력 사항입니다. 마스크 이미지는 이미지 편집 도구를 이용해서 만들 수도 있고, 프로그램으로 만들 수도 있습니다. 실습 프로젝트에서는 프로그램으로 마스크 이미지를 만듭니다. 사용자가 마우스로 영역을 지정하면 해당 영역만 투명 처리된 마스크 이미지가 만들어집니다.

02 editImage() 메소드 내용이 많기 때문에 앞에서부터 잘라서 설명하겠습니다.

```java
public String editImage(String description, byte[] originalImage, byte[] maskImage) {
  // 한글 질문을 영어 질문으로 번역
  String englishDescription = koToEn(description);

  // 원본 이미지를 ByteArrayResource로 생성
  ByteArrayResource originalRes = new ByteArrayResource(originalImage) {
    @Override
    public String getFilename() {
      return "image.png"; // 가상 파일 이름 반환(확장명으로 파일 타입 정보를 알 수 있음)
    }
  };

  // 마스크 이미지를 ByteArrayResource로 생성
  ByteArrayResource maskRes = new ByteArrayResource(maskImage) {
    @Override
    public String getFilename() {
      return "mask.png"; // 가상 파일 이름 반환(확장명으로 파일 타입 정보를 알 수 있음)
    }
  };
```

- OpenAI의 API로 원본 이미지와 마스크 이미지를 보낼 때에는 멀티파트 폼으로 보내야 하므로 파일명이 필요합니다. 따라서 ByteArrayResource를 생성할 때 가상 파일 이름(filename)을 반환하도록 getFilename() 메소드를 오버라이딩해야 합니다. 파일 확장명은 이미지 타입을 알려주는 정보로 사용됩니다.

03 editImage() 메소드 내용을 계속 보겠습니다.

```
public String editImage(String description, byte[] originalImageData,
        byte[] maskImageData) {
    ...
    // 이미지 모델 옵션 설정
    MultiValueMap<String, Object> form = new LinkedMultiValueMap<>();
    form.add("model", "gpt-image-1");
    form.add("image", imageRes);
    form.add("mask", maskRes);
    form.add("prompt", description);
    form.add("n", "1");
    form.add("size", "1536x1024");
    form.add("quality", "low");
}
```

- 멀티파트 폼으로 데이터를 전송하기 위해 MultiValueMap을 생성합니다. 그리고 문자 파트와 파일 파트 값을 설정해 줍니다. image와 mask는 **02**에서 생성한 ByteArrayResource로 설정합니다.

04 editImage() 메소드 내용을 계속 보겠습니다.

```
public String editImage(String description, byte[] originalImageData,
        byte[] maskImageData) {
    ...
    // WebClient 생성
    WebClient webClient = WebClient.builder()
            // 이미지 편집을 위한 요청 URL
            .baseUrl("https://api.openai.com/v1/images/edits")
            // 인증 헤더 설정
            .defaultHeader("Authorization", "Bearer " + System.getenv("OPENAI_API_KEY"))
            // base64로 인코딩된 이미지 데이터를 처리하기 위해 메모리 사이즈 늘림(약 15MB)
            .exchangeStrategies(ExchangeStrategies.builder()
                .codecs(codecs -> codecs.defaultCodecs().maxInMemorySize(10 * 1536 * 1024))
                .build())
            .build();
}
```

- OpenAI의 API를 사용하기 위해 WebClient를 생성합니다. baseUrl에는 이미지 편집을 위한 엔드포인트를 설정해 줍니다. API 키를 위해서 Authorization 헤더를 추가합니다. API 키는 시스템 환경 변수(OPENAI_API_KEY)에서 읽어 왔습니다. WebClient가 Base64로 인코딩된 이미지 문자열을 처리할 수 있도록 메모리 사이즈를 늘려줍니다.

05 editImage() 메소드 내용을 계속 보겠습니다.

```
public String editImage(String description, byte[] originalImageData,
        byte[] maskImageData) {
    ...
    // 비동기 단일값(OpenAIImageEditResponse) 스트림인 Mono 얻기
❶   Mono<OpenAIImageEditResponse> mono = webClient.post()
            // multipart/form-data 형식으로 전송
            .contentType(MediaType.MULTIPART_FORM_DATA)
❷           // 요청 본문에 form 데이터를 넣음
            .body(BodyInserters.fromMultipartData(form))
            // 응답 받기
            .retrieve()
            // 응답 본문의 JSON을 OpenAIImageEditResponse 타입으로 역직렬화해서
❸           // 비동기 단일값(OpenAIImageEditResponse) 스트림인 Mono로 반환
            .bodyToMono(OpenAIImageEditResponse.class);

    // Mono가 완료될 때까지 현재 스레드를 블로킹하고,
    // 동기 방식으로 단일값 OpenAIImageEditResponse를 얻음
❹   OpenAIImageEditResponse response = mono.block();

    // 레코드로부터 base64로 인코딩된 이미지 문자열 얻기
    String b64Json = response.data().get(0).b64_json();
    return b64Json;
❺
    // 클래스로부터 base64로 인코딩된 이미지 문자열 얻기
    // String b64Json = response.getData().get(0).getB64_json();
    // return b64Json;
}
```

❶ WebClient를 이용해서 POST 방식으로 OpenAI API를 요청합니다. 그리고 비동기 단일 값으로 Mono〈OpenAI ImageEditResponse〉를 얻습니다. OpenAIImageEditResponse는 ❸에서 설명합니다.

❷ 요청 본문이 멀티파트 폼으로 구성되었음을 contentType()으로 설정하고, body()로 MultiValueMap 내용을 요청 본문에 넣습니다.

❸ OpenAI API로 요청하기 위해 retrieve()를 호출합니다. 그리고 비동기 응답 본문을 Mono⟨T⟩로 얻기 위해 bodyToMono(T.class)를 호출합니다. T 타입은 응답 본문을 역직렬화할 때 사용하는 타입입니다. 여기서는 OpenAIImageEditResponse가 사용되었습니다.

❹ WebClient는 기본적으로 Mono, Flux와 같은 비동기(넌블로킹) 방식으로 처리하는 리액티브 방식이지만, block() 메소드를 이용하면 동기(블로킹) 방식으로 처리할 수도 있습니다. 여기서는 응답 본문 내용이 모두 도착할 때까지 Mono의 block()을 호출해서 블로킹시킵니다. 그리고 완전한 응답 내용을 가진 OpenAIImageEditResponse를 얻습니다.

❺ OpenAIImageEditResponse에 포함되어 있는 Base64로 인코딩된 이미지 문자열을 추출하고 반환합니다.

06 05의 ❸에서 OpenAI API의 응답 본문 구조는 다음과 같은 JSON 입니다.

```
{
  "data": [
    { "url": "...", "b64_json": "..." },
    ...
  ]
}
```

- url 속성 값은 생성된 이미지를 다운로드할 수 있는 URL 경로이고, b64_json 속성 값은 Base64로 인코딩된 이미지 문자열입니다.

이런 구조의 JSON을 역직렬화해서 자바 객체로 매핑하려면 다음과 같은 레코드 또는 클래스를 사용할 수 있습니다.

```
@Service
@Slf4j
public class AiService {
    ...
    // 레코드로 역직렬화할 경우
    @JsonIgnoreProperties(ignoreUnknown = true)
    public record OpenAIImageEditResponse(List<Image> data) {
        @JsonIgnoreProperties(ignoreUnknown = true)
        public record Image(
```

```
        String url,
        String b64_json
    ) {}
}

    // 클래스로 역직렬화할 경우
    // @Data
    // @JsonIgnoreProperties(ignoreUnknown = true)
    // public static class OpenAIImageEditResponse {
    //     private List<Image> data;
    //     @Data
    //     @JsonIgnoreProperties(ignoreUnknown = true)
    //     public static class Image {
    //         private String url;
    //         private String b64_json;
    //     }
    // }
}
```

- @JsonIgnoreProperties(ignoreUnknown = true)은 레코드 또는 클래스에 선언된 필드 외에 JSON에 포함된 속성들을 무시하는 어노테이션입니다.

07 controller/AiController.java 파일을 열고 /ai/image-edit 요청 매핑 메소드를 보겠습니다.

```
@PostMapping(
  value = "/image-edit",
  consumes = MediaType.MULTIPART_FORM_DATA_VALUE,
  produces = MediaType.TEXT_PLAIN_VALUE
)
public String imageEdit(
  @RequestParam("description") String description,
  @RequestParam("originalImage") MultipartFile originalImage,
  @RequestParam("maskImage") MultipartFile maskImage) {
try {
  // AiService의 editImage() 메소드로 Base64로 인코딩된 이미지 문자열 얻기
  String b64Json = aiService.editImage(description, originalImage.getBytes(),
                                        maskImage.getBytes());
  return b64Json;
```

```
    } catch(Exception e) {
      e.printStackTrace();
      return "Error: " + e.getMessage();
    }
  }
```

- 사용자가 보낸 편집 내용인 텍스트와 원본 이미지, 마스크 이미지를 매개값으로 받고 AiService의 editImage() 를 호출합니다. 그리고 Base64로 인코딩된 이미지 문자열을 얻고 반환합니다.

08 src/main/resources/templates/image-generation.html 파일을 엽니다. 이 파일에는 이미지 생성 및 편집까지 모두 포함되어 있기 때문에 이미지 편집과 관련된 코드만 설명하겠습니다.

09 도큐먼트 로드 이벤트(DOMContentLoaded) 핸들러 등록 코드부터 보겠습니다.

```
document.addEventListener("DOMContentLoaded", () => {
  springai.vision.initCanvas("generatedImage", "maskCanvas");
});
```

- 페이지가 로드될 때 springai.vision.initCanvas("generatedImage", "maskCanvas")를 호출합니다. "generatedImage"는 원본 이미지를 보여주는 <img> 태그의 id이고, "maskCanvas"는 마스크 이미지를 얻기 위한 <canvas> 태그의 id입니다. initCanvas() 함수는 이미지가 로드되거나, 윈도우의 크기가 변경될 때 <canvas>의 크기를 재설정하고, 마우스로 투명 영역을 표시할 수 있도록 해줍니다. 이 함수는 src/main/resources/static/js/springai.js 파일에 정의되어 있습니다.

10 previewImage() 함수는 사용자가 원본 이미지 파일을 선택했을 때 보여주는 역할을 합니다.

```
function previewImage() {
  springai.vision.previewImage2("file", "generatedImage");
}
```

- springai.vision.previewImage2("file", "generatedImage")에서 "file"은 입력 패널에서 파일 입력 양식의 id이고, "generatedImage"는 원본 이미지를 보여주는 <img> 태그의 id입니다.

11 handleSubmit() 함수는 사용자가 [제출] 버튼을 클릭했을 때 실행합니다. 주요 코드를 조금씩 잘라서 설명하겠습니다.

```javascript
async function handleSubmit() {
  // 각 엘리먼트 참조를 얻음
  const originalImage = document.getElementById("generatedImage");
  const editCheckBox = document.getElementById("edit");
  const description = document.getElementById("description");

  // 멀티파트 구성하는 FormData 생성
  const formData = new FormData();

  // 요청 URL을 저장할 변수 선언
  let url = null;
```

- 원본 이미지를 보여줄 엘리먼트 originalImage 와 이미지 편집 여부를 확인할 체크 박스 엘리먼트 editCheckBox 그리고 편집할 내용을 얻기 위한 엘리먼트 description 를 미리 찾아 놓습니다. 멀티파트 폼으로 전송해야 하므로 FormData 객체를 생성합니다. url은 이미지 생성과 편집 선택에 따라서 달라지므로 변수 선언만 해 놓습니다.

```javascript
  // 원본 이미지를 편집할 경우
  if (editCheckBox.checked) {
    // 요청 경로와 formData 설정
    url = "/ai/image-edit";

    // 편집할 내용을 기술한 텍스트를 멀티파트 폼에 추가
    formData.append("description", description.value);

    // 원본 이미지와 마스크 이미지를 멀티파트 폼에 추가
    const originalBlob = springai.vision.getOriginalBlob("generatedImage",
                                                          "file");
    formData.append("originalImage", originalBlob);
    const maskBlob = await springai.vision.getMaskBlob("maskCanvas");
    formData.append("maskImage", maskBlob);

    // 마스크 이미지 다운로드
    //springai.vision.downloadMaskImage(maskBlob);
  }
```

- 원본 이미지 편집일 경우 요청 url을 /ai/image-edit로 설정합니다. 그리고 편집할 내용을 기술한 텍스트와 원본 이미지, 마스크 이미지를 멀티파트 폼에 추가합니다. 마지막 springai.vision.downloadMaskImage (maskBlob)는 마스크 이미지를 다운로드합니다. 마스크 이미지가 정확하게 만들어졌는지 확인하고자 할 때 주석을 풀면 됩니다.

```
try {
  // 요청하기
  const res = await fetch(url, {
    method: "POST",
    headers: {
      //Content-Type은 자동 생성되는 것을 사용해야 함(구분선 포함)
      'Accept': 'text/plain'
    },
    body: formData
  });
  // 응답에서 base64 출력 이미지 얻기
  const b64Json = await res.text();
```

- fetch() 함수로 REST API를 요청할 때 Accept 헤더 값은 text/plain으로 설정했습니다. 그리고 응답 본문에서 Base64로 인코딩된 이미지 문자열을 얻습니다.

```
      if (!b64Json.includes("Error")) {
        // <img>에서 출력 이미지 보여주기
        const base64Src = "data:image/png;base64," + b64Json;
        originalImage.src = base64Src;
        // 출력 이미지 다운로드 하기
        springai.vision.downloadBase64Image(base64Src,
              "output-"+new Date().getTime()+".png");
      } else {
        alert(b64Json);
      }
    } catch(error) {
      console.log(error);
    }

    // 기존 마스크 투명 영역 지우기
    springai.vision.clearTransparentArea();
  }
```

- 에러 없이 Base64로 인코딩된 이미지 문자열을 얻었을 경우, originalImage에서 보여줍니다. 그리고 springai.vision.downloadBase64Image() 함수를 이용해서 파일로 다운로드합니다. 다음 편집을 위해 맨 마지막에 springai.vision.clearTransparentArea() 함수를 이용해서 기존 마스크 투명 영역을 지웁니다. downloadBase64Image()와 clearTransparentArea() 함수는 모두 src/main/resources/static/js/springai.js 파일에 정의되어 있습니다.

12 브라우저에서 http://localhost:8080으로 요청합니다. 그리고 [image-generation] 버튼을 클릭하고 테스트합니다.

13 [파일 선택] 버튼을 클릭하고 book-spring-ai/data/image/generatedImage-2-1536× 1024.png 파일을 엽니다. 만약 새로운 이미지를 생성해서 편집하고 싶다면 [이미지 작업]에서 이미지 생성을 선택하고 다음과 같이 이미지 설명을 입력한 후, [제출] 버튼을 클릭하면 됩니다.

> 세련된 미래식 주방으로 밝은 엠비언트 조명이 있고 넓고 개방감이 있습니다.

14 [이미지 작업]에서 이미지 편집을 선택합니다.

15 조리대 중앙에 마우스로 드래그해서 편집할 영역을 표시해 줍니다.

그리고 이미지 설명에는 다음과 같이 입력하고 [제출] 버튼을 클릭합니다.

> 흰색 커피 포트와 커피 잔, 빨간 사과

- 정확히 선택한 영역(마스크의 투명 영역)에 들어가는 것이 아니라, 전체 이미지와 조화를 이루며, 이미지가 편집되는 것을 볼 수 있습니다.

Chapter 07

모델 전·후처리 어드바이저

7.1 Advisor 소개
7.2 Spring AI Advisor API
7.3 Advisor 구현
7.4 Advisor 적용
7.5 공유 데이터 이용
7.6 내장 Advisor
7.7 로깅 Advisor
7.8 세이프가드 Advisor

7.1 Advisor 소개

Advisor는 Spring 애플리케이션과 LLM 간의 상호작용을 가로채어, LLM에게 전달되는 프롬프트를 강화하거나 LLM의 응답을 변환하는 유연하고 강력한 방법을 제공합니다.

Advisor를 사용하면 LLM과의 상호작용에서 반복적으로 사용되는 전처리 및 후처리 로직을 캡슐화하여, 재사용 가능하고 유지 관리가 용이한 AI 구성 요소를 만들 수 있습니다.

전처리 작업은 주로 프롬프트에 컨텍스트(Context, 문맥)를 추가하는 과정을 의미합니다. 컨텍스트란 LLM의 응답 정확도를 높이기 위해 함께 제공되는 정보로, 로컬 데이터, 이전 대화 내용, 현재 상황을 설명하는 텍스트 등이 될 수 있습니다.

로컬 데이터

LLM이 학습하지 않은 데이터로, 데이터베이스, 벡터 저장소에서 가져온 정보를 말합니다. LLM이 유사한 데이터로 학습한 적이 있더라도, 이렇게 추가된 컨텍스트는 응답 생성 시 우선적으로 반영되기 때문에 보다 정확한 답변을 유도할 수 있습니다.

이전 대화 내용

LLM은 이전 대화 내용을 자체적으로 저장하지 않습니다. 예를 들어 LLM에 이름을 부여해주더라도 이후 상호작용에서는 이름을 기억하지 못합니다. 과거 대화 내용을 반영한 응답을 생성하려면, 매 요청마다 이전 대화 내용을 컨텍스트로 추가해서 LLM에 전달해야 합니다.

현재 상황

LLM은 사용자의 실시간 상황을 알 수 없기 때문에, 이러한 정보를 컨텍스트로 제공하면 보다 정확하고 적절한 응답을 생성할 수 있습니다. 예를 들어 날씨, 온도, 위치와 같은 현재 상황에 대한 데이터를 컨텍스트를 통해 알려줄 수 있습니다.

후처리 작업은 주로 LLM의 응답을 검사하고, 애플리케이션이 요구하는 형식으로 변환하는 과정을 의미합니다. 또한, 사용자의 질문과 LLM의 응답을 함께 데이터베이스나 벡터 저장소에 기록하여 이후 검색이나 문맥 유지에 활용할 수도 있습니다.

Spring AI의 Advisor는 Spring Web의 인터셉터^{Interceptor} 개념과 유사합니다. 인터셉터는 요청과 응답의 흐름을 가로채어 전처리/후처리를 수행합니다. 그리고 체인^{Chain}을 형성해서 요청 전처리와 응답 후처리를 순차적으로 실행합니다. Advisor도 완전히 동일합니다.

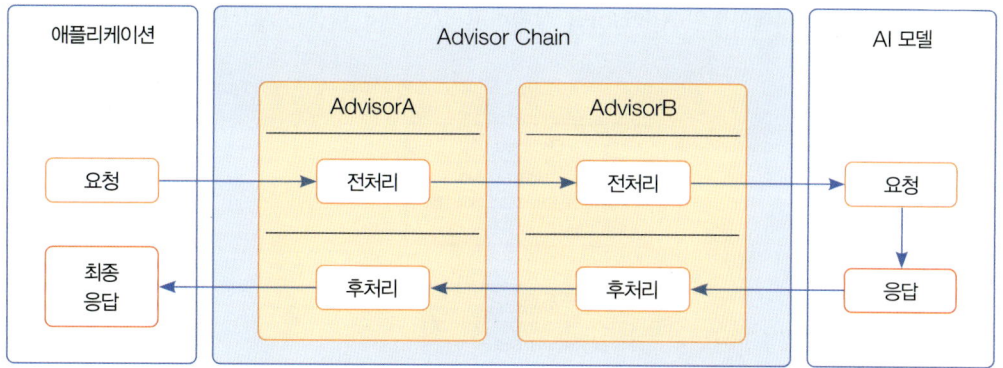

LLM의 요청과 응답 사이에는 여러 개의 Advisor가 Chain 형태로 구성될 수 있습니다. Advisor Chain에서 Advisor들은 순차적으로 프롬프트를 전처리하고, 순차적으로 LLM의 응답을 후처리합니다.

Spring AI의 Advisor 구조는 기존 Spring AOP의 철학을 계승한 것으로, 공통 기능의 분리와 재사용을 가능하게 합니다. 예를 들어 다음과 같은 공통 기능들을 Advisor로 손쉽게 구현할 수 있습니다.

- 사용자 요청을 데이터베이스에서 검색하여 프롬프트에 추가하는 기능
- 요청과 응답에 대한 안전성을 필터링하는 기능
- 사용자 위치, 날씨 등 외부 정보를 프롬프트에 추가하는 기능
- 로깅을 위한 기능

Advisor는 이러한 기능을 체인으로 엮어 순차적으로 실행할 수 있으며, 우선순위를 설정하여 체인 내에서 흐름 제어가 가능하기 때문에 복잡한 AI 파이프라인을 쉽게 구성할 수 있습니다.

7.2 Spring AI Advisor API

Spring AI의 Advisor API는 LLM 요청과 응답 사이에서 사용할 수 있도록 설계된 핵심 인터페이스 집합입니다. Advisor API는 크게 두 가지 하위 인터페이스로 구분됩니다.

- **CallAdvisor:** 동기 방식으로 LLM을 호출할 때 사용됩니다.
- **StreamAdvisor:** 비동기 스트리밍 방식으로 LLM을 호출할 때 사용됩니다.

이들은 모두 부모 인터페이스인 Advisor를 상속하고 있습니다. 다음은 Advisor 인터페이스의 상속 관계를 보여줍니다.

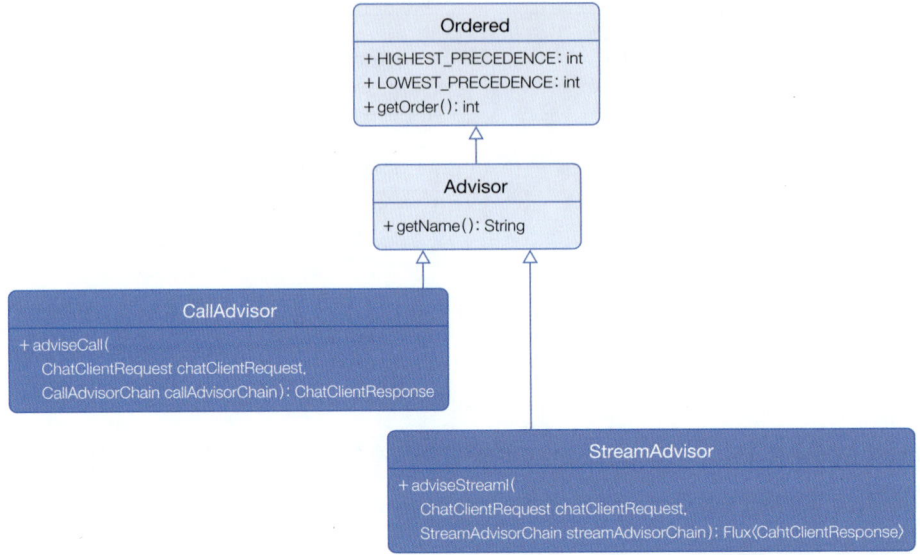

CallAdvisor와 StreamAdvisor는 Ordered 인터페이스를 상속하고 있어, 실행 우선순위를 지정할 수 있습니다. 낮은 값일수록 높은 우선순위를 가지게 되며, HIGHEST_PRECEDENCE와 LOWEST_PRECEDENCE 상수를 통해 상대적인 우선순위를 쉽게 지정할 수 있습니다.

CallAdvisor와 StreamAdvisor는 각각 CallAdvisorChain과 StreamAdvisorChain에 의해 관리되며, 우선순위를 높은 순으로 차례대로 호출됩니다. 다음은 AdvisorChain 인터페이스의 상속 관계를 보여줍니다.

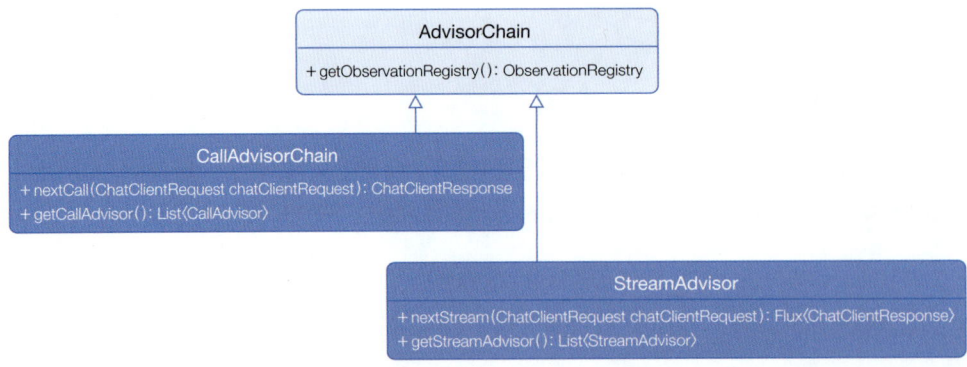

CallAdvisorChain은 CallAdvisor의 adviseCall() 메소드가 실행될 때 매개변수로 제공되고, StreamAdvisorChain은 StreamAdvisor의 adviseStream() 메소드가 실행될 때 매개변수로 제공됩니다.

CallAdvisorChain과 StreamAdvisorChain은 다음 Advisor를 호출하기 위해 nextCall()과 nextStream() 메소드를 각각 가지고 있습니다.

Ordered 인터페이스

Ordered 인터페이스는 Advisor Chain 안에서 Advisor의 실행 순서를 결정하는 getOrder() 메소드를 제공합니다. 다음은 Ordered 인터페이스 내용을 보여줍니다.

```
public interface Ordered {
  int HIGHEST_PRECEDENCE = Integer.MIN_VALUE;
  int LOWEST_PRECEDENCE = Integer.MAX_VALUE;
  int getOrder();
}
```

두 개의 상수는 getOrder() 메소드가 반환해야 할 값의 범위입니다. getOrder() 메소드가 반환하는 값은 다음 범위에 있어야 합니다.

```
HIGHEST_PRECEDENCE  <=   getOrder() 반환값   <   LOWEST_PRECEDENCE
(Integer.MIN_VALUE)                              (Integer.MAX_VALUE)
```

반환되는 숫자가 낮을수록 Advisor Chain에서 맨 먼저 전처리를 실행합니다. 그리고 맨 마지막에 후처리를 실행합니다. 주의할 점은 getOrder()의 반환값으로 LOWEST_PRECEDENCE를 사용하면 Advisor가 동작하지 않습니다. 그렇기 때문에 이 값을 제외하고 반환하도록 해야 합니다. 만약 동일한 반환값을 가진 Advisor가 여러 개 있을 경우, 실행 순서는 보장되지 않습니다.

Advisor 인터페이스

Advisor 인터페이스는 Advisor의 고유한 이름 정보를 알 수 있는 getName() 메소드를 제공합니다. 다음은 Advisor 인터페이스 내용을 보여줍니다.

```
public interface Advisor extends Ordered {
  String getName();
}
```

- 이 인터페이스를 구현할 때에는 getName()은 주로 클래스 이름을 반환합니다.

CallAdvisor와 CallAdvisorChain 인터페이스

CallAdvisor는 동기 호출 흐름에 개입하며, adviseCall() 메소드를 통해 ChatClientRequest를 가로채고, 적절한 시점에 체인의 다음 CallAdvisor를 실행시킵니다. 체인은 CallAdvisorChain 인터페이스로 관리되며, nextCall() 메소드를 통해 다음 CallAdvisor를 호출합니다.

다음은 CallAdvisor와 CallAdvisorChain 인터페이스 내용을 보여줍니다.

```
public interface CallAdvisor extends Advisor {
  ChatClientResponse adviseCall(
    ChatClientRequest chatClientRequest, CallAdvisorChain callAdvisorChain);
}

public interface CallAdvisorChain extends AdvisorChain {
  ChatClientResponse nextCall(ChatClientRequest chatClientRequest);
}
```

StreamAdvisor와 StreamAdvisorChain 인터페이스

StreamAdvisor는 Flux 기반의 비동기 스트리밍 호출에 개입하며, adviseStream() 메소드를 통해 개별 응답 조각을 제어할 수 있습니다. 이를 통해 음성 응답, 토큰 단위 출력 등 스트리밍 시나리오에서도 세밀한 흐름 제어가 가능합니다. 체인은 StreamAdvisorChain 인터페이스로 관리되며, nextStream() 메소드를 통해 다음 StreamAdvisor를 호출합니다.

다음은 StreamAdvisor, StreamAdvisorChain 인터페이스의 내용을 보여줍니다.

```
public interface StreamAdvisor extends Advisor {
  Flux<ChatClientResponse> adviseStream(
    ChatClientRequest chatClientRequest, StreamAdvisorChain streamAdvisorChain);
}

public interface StreamAdvisorChain extends AdvisorChain {
  Flux<ChatClientResponse> nextStream(ChatClientRequest chatClientRequest);
}
```

ChatClientRequest와 ChatClientResponse 레코드

ChatClientRequest는 요청(Prompt) 정보를 가지고 있고, ChatClientResponse는 응답(CallResponse) 정보를 가지고 있습니다. 두 레코드 모두, 전체 체인에 걸쳐 공유해야 할 데이터를 위해 Map<String, Object> 타입의 context를 가지고 있습니다.

다음은 ChatClientRequest와 ChatClientResponse 레코드의 내용을 보여줍니다.

```
public record ChatClientRequest(
  Prompt prompt,
  Map<String, Object> context) {
}

public record ChatClientResponse(
  ChatResponse chatResponse,
  Map<String, Object> context) {
}
```

- ChatClientRequest는 CallAdvisor의 adviseCall() 메소드와 StreamAdvisor의 adviseStream() 메소드의 매개변수로 제공되며, ChatClientResponse는 이들 메소드의 반환값으로 사용됩니다.

7.3 Advisor 구현

이번 절에서는 동기 방식의 CallAdvisor 인터페이스와 비동기 스트림 방식의 StreamAdvisor 인터페이스를 구현하는 방법을 학습합니다. 사용자 정의 Advisor를 정의하려면 동기 방식의 CallAdvisor 또는 비동기 스트림 방식의 StreamAdvisor 인터페이스를 구현해야 합니다.

Spring Web(WebMVC) 기반이라면 CallAdvisor를 구현하면 되고, Spring Reactive Web(WebFlux) 기반이라면 StreamAdvisor를 구현하면 됩니다. 물론 두 Web 기반에서 모두 사용하려면 두 개의 인터페이스를 모두 구현하면 됩니다. 재정의해야 할 메소드는 다음과 같습니다.

재정의 메소드	설명
getName()	[공통] Advisor의 이름을 반환합니다.
getOrder()	[공통] Advisor의 우선 순서를 반환합니다. 숫자 범위는 다음과 같습니다. Ordered.HIGHEST_PRECEDENCE ~ (Ordered.LOWEST_PRECEDENCE − 1)
adviseCall()	[Spring Web을 사용할 경우] 동기 방식의 전처리/후처리 작업을 작성합니다.
adviseStream()	[Spring Reactive Web을 사용할 경우] 비동기 스트림 방식의 전처리/후처리 작업을 작성합니다.

01 VS Code로 book-spring-ai/projects/ch07-advisor 프로젝트 폴더를 엽니다.

02 advisor/AdvisorA.java 파일을 엽니다. AdvisorA 클래스는 동기 방식의 CallAdvisor와 비동기 스트림 방식의 StreamAdvisor 인터페이스를 모두 구현하고 있습니다.

```java
@Slf4j
public class AdvisorA implements CallAdvisor, StreamAdvisor {
    // 공통
    ❶ @Override
    public String getName() {
        return this.getClass().getSimpleName();
    }

    // 공통
    ❷ @Override
    public int getOrder() {
        return Ordered.HIGHEST_PRECEDENCE + 1;
    }
```

```
// Spring MVC Web을 사용할 경우 작성
@Override
public ChatClientResponse adviseCall(ChatClientRequest request,
        CallAdvisorChain chain) {
  log.info("[전처리]");
  ChatClientResponse response = chain.nextCall(request);
  log.info("[후처리]");
  return response;
}

// Spring Reactive Web을 사용할 경우 작성
@Override
public Flux<ChatClientResponse> adviseStream(ChatClientRequest request,
        StreamAdvisorChain chain) {
  log.info("[전처리]");
  Flux<ChatClientResponse> response = chain.nextStream(request);
  return response;
  }
}
```

❶ getName() 메소드를 재정의해서 Advisor 이름으로 AdvisorA 클래스 이름을 얻어 반환하고 있습니다.

❷ getOrder() 메소드를 재정의해서 Advisor의 실행 순서를 반환합니다. 일반적으로는 생성자 매개값으로 받은 숫자를 반환하지만, 여기서는 코드 간소화를 위해 직접 Ordered.HIGHEST_PRECEDENCE + 1을 반환했습니다. 뒤이어 작성할 AdvisorB는 Ordered.HIGHEST_PRECEDENCE + 2를 반환하기 때문에 AdvisorA가 Advisor Chain에서 가장 먼저 전처리 작업을 수행합니다. 반환되는 수가 작을수록 실행 우선순위가 높습니다.

❸ adviseCall() 메소드를 재정의해서 동기 방식으로 전처리와 후처리 작업 코드를 작성합니다. 전처리와 후처리 코드의 경계는 nextCall() 호출 코드입니다. 여기서는 전처리와 후처리 작업으로 간단히 로그만 출력했습니다.

❹ adviseStream() 메소드를 재정의해서 비동기 스트림 방식으로 전처리와 후처리 작업 코드를 작성합니다. 전처리와 후처리 코드의 경계는 nextStream() 호출 코드입니다. 여기서는 전처리 작업으로 간단히 로그만 출력했습니다.

03 advisor/AdvisorB.java와 advisor/AdvisorC.java를 열고, 코드를 확인해 보면 AdvisorA와 동일한 코드인데, 실행 순서를 정하기 위해 getOrder()의 반환값만 다릅니다.

```
@Slf4j
public class AdvisorB implements CallAdvisor, StreamAdvisor {
  ...
  @Override
  public int getOrder() {
    return Ordered.HIGHEST_PRECEDENCE + 2;
  }
  ...
}
```

```
@Slf4j
public class AdvisorC implements CallAdvisor, StreamAdvisor {
  ...
  @Override
  public int getOrder() {
    return Ordered.HIGHEST_PRECEDENCE + 3;
  }
  ...
}
```

- getOrder() 메소드의 리턴값은 AdvisorA < AdvisorB < AdvisorC 이므로, 전처리 작업은 AdvisorA ▶ AdvisorB ▶ AdvisorC 순으로 진행되고, 후처리 작업은 AdvisorA ◀ AdvisorB ◀ AdvisorC 순으로 진행됩니다.

7.4 Advisor 적용

어드바이저를 ChatClient에 적용하는 방법은 두 가지가 있습니다. ChatClient를 생성할 때, 기본 Advisor로 추가하는 방법이 있고, 요청마다 Advisor를 추가하는 방법이 있습니다. 기본 Advisor로 추가하면, 요청마다 추가할 필요가 없기 때문에 코드가 간결해집니다.

기본 Advisor로 추가하는 방법

```
this.chatClient = chatClientBuilder
  .defaultAdvisors(Advisor... advisor)
  .build();
```

요청 시 마다 Advisor를 ChatClient에 추가하는 방법

```
chatClient.prompt()
    .advisors(Advisor... advisor)
    ...
```

이전 절에서 정의한 3개의 Advisor를 ChatClient에 적용해 보겠습니다.

01 service/AiService1.java 파일을 엽니다. 이번 프로젝트에서는 여러 개의 AiService를 작성하기 때문에 뒤에 번호를 붙였습니다. 먼저 필드와 생성자 선언을 보겠습니다.

```java
@Service
@Slf4j
public class AiService1 {
  // ##### 필드 #####
  private ChatClient chatClient;

  // ##### 생성자 #####
  public AiService1(ChatClient.Builder chatClientBuilder) {
    this.chatClient = chatClientBuilder
        .defaultAdvisors(
          new AdvisorA(),
          new AdvisorB()
        )
        .build();
  }
}
```

- defaultAdvisors()로 AdvisorA와 AdvisorB 인스턴스를 ChatClient의 기본 Advisor로 추가하고 있습니다.

02 이어서 동기 방식의 Spring Web을 위한 advisorChain1() 메소드와 비동기 스트림 방식의 Spring Reactive Web을 위한 advisorChain2() 메소드를 보겠습니다.

```java
public String advisorChain1(String question) {
  String response = chatClient.prompt()
      .advisors(new AdvisorC())
```

```
        .user(question)
        .call()
        .content();
    return response;
}

public Flux<String> advisorChain2(String question) {
    Flux<String> response = chatClient.prompt()
        .advisors(new AdvisorC())
        .user(question)
        .stream()
        .content();
    return response;
}
```

- advisorChain1() 메소드와 advisorChain2() 메소드가 실행될 때마다 advisors()로 ChatClient에 AdvisorC를 추가합니다. 그러면 ChatClient에 추가된 어드바이저는 총 3개입니다. 기본 어드바이저 2개가 **01**에서 이미 추가되어 있기 때문입니다.

> **NOTE** Advisor가 추가되지 않는다면 동기 방식의 Spring Web에서도 비동기 응답을 위한 요청 매핑 메소드를 선언할 수 있습니다. 하지만 Advisor가 추가되면 비동기 응답을 위한 요청 매핑 메소드를 선언할 수 없습니다.

03 controller/AiController.java 파일을 열고, /ai/advisor-chain 요청 매핑 메소드를 보겠습니다.

```
@RestController
@RequestMapping("/ai")
@Slf4j
public class AIController {
    // ##### 필드 #####
    @Autowired
    private AiService1 aiService1;

    // ##### 요청 매핑 메소드 #####
    @PostMapping(
        value = "/advisor-chain",
        consumes = MediaType.APPLICATION_FORM_URLENCODED_VALUE,
```

```
        produces = MediaType .TEXT_PLAIN_VALUE
    )
    public String advisorChain(@RequestParam("question") String question) {
        String response = aiService1.advisorChain1(question);
        return response;
    }
}
```

- 현재 프로젝트는 동기 방식의 Spring Web MVC 기반이므로 AiService1의 advisorChain1() 메소드를 호출하고 있습니다.

04 프로젝트를 실행합니다. 브라우저에서 http://localhost:8080을 요청한 후, [advisor-chain] 버튼을 클릭합니다.

05 질문을 입력하고 [제출] 버튼을 클릭하면, 대화 패널에 질문과 응답이 출력됩니다. CallAdvisor가 실행되는지 확인하기 위해 Spring Boot가 실행된 터미널(콘솔)을 확인합니다.

```
INFO   com.example.demo.advisor.AdvisorA.adviseCall(): [전처리]
INFO   com.example.demo.advisor.AdvisorB.adviseCall(): [전처리]
INFO   com.example.demo.advisor.AdvisorC.adviseCall(): [전처리]
INFO   com.example.demo.advisor.AdvisorC.adviseCall(): [후처리]
INFO   com.example.demo.advisor.AdvisorB.adviseCall(): [후처리]
INFO   com.example.demo.advisor.AdvisorA.adviseCall(): [후처리]
```

- 각 Advisor의 adviseCall() 메소드에서 [전처리]와 [후처리] 로그를 출력하고 있는 것을 볼 수 있습니다. 전처리 작업은 AdvisorA ▶ AdvisorB ▶ AdvisorC 순으로 진행되었고, 후처리 작업은 AdvisorA ◀ AdvisorB ◀ AdvisorC 순으로 진행되었음을 알 수 있습니다.

06 책과 함께 제공되는 소스에는 비동기 스트림 방식의 Spring Reactive Web 기반에서 Stream Advisor를 테스트할 수 있도록 ch07-advisor-reactive 프로젝트 폴더가 있습니다. 이 폴더를 VS Code에서 엽니다.

07 build.gradle 파일을 확인합니다. Spring Web(spring-boot-starter-web)이 의존성에서 빠져 있습니다.

```
dependencies {
    // 공통
    implementation 'org.springframework.boot:spring-boot-starter-thymeleaf'
    implementation 'org.springframework.boot:spring-boot-starter-webflux'
    compileOnly 'org.projectlombok:lombok'
    annotationProcessor 'org.projectlombok:lombok'
    testImplementation 'org.springframework.boot:spring-boot-starter-test'
    testImplementation 'io.projectreactor:reactor-test'
    testRuntimeOnly 'org.junit.platform:junit-platform-launcher'

    // Spring AI
    implementation 'org.springframework.ai:spring-ai-starter-model-openai'
}
```

- Spring Web(spring-boot-starter-web)과 Spring Reactive Web(spring-boot-starter-webflux)를 동시에 의존성에 추가하면, 기본적으로 서블릿 기반의 Spring Web을 우선 사용합니다. 단, WebClient와 같은 비동기 라이브러리를 사용할 때에만 Spring Reactive Web의 기능이 제한적으로 동작합니다. 완전한 비동기 스트림 방식을 사용하려면 spring-boot-starter-web을 제거해야 합니다.

08 controller/AiController.java 파일을 열고, /ai/advisor-chain 요청 매핑 메소드를 보겠습니다.

```
@PostMapping(
    path     = "/advisor-chain",
    consumes = MediaType.APPLICATION_JSON_VALUE,
    produces = MediaType.APPLICATION_NDJSON_VALUE   //라인으로 구분된 청크 데이터
)
public Flux<String> advisorChain(@RequestBody Map<String, String> map) {
    Flux<String> response = aiService.advisorChain2(map.get("question"));
    return response;
}
```

- consumes에는 application/json을 설정했습니다. Spring Reactive Web에서는 @RequestParam으로 application/x-www-form-urlencoded 타입의 데이터를 받을 수가 없기 때문입니다.
- produces에는 비동기 스트림을 응답 본문에 실어 보내야 하므로 application/x-ndjson을 설정했습니다.

- advisorChain()의 매개변수를 보면 @RequestBody를 사용하고 있습니다. 요청 본문을 통해 전달되는 JSON을 Map 타입으로 변환해서 받고 있습니다.

09 src/main/resources/templates/advisor-chain.html 파일을 열고 fetch() 함수로 REST API를 요청하는 코드를 보겠습니다.

```
const response = await fetch('/ai/advisor-chain', {
  method: 'POST',
  headers: {
    'Content-Type': 'application/json',
    'Accept': 'application/x-ndjson'
  },
  body: JSON.stringify({ question })
});
```

- 요청 본문에 {"question": "사용자의 질문" }과 같이 JSON이 추가되어야 하므로 Content-Type 헤더 값은 "application/json"으로 설정했습니다. 그리고 비동기 스트림 응답을 받기 위해 Accept 헤더 값은 "application/x-ndjson"으로 설정했습니다.

10 프로젝트를 실행합니다. 브라우저에서 http://localhost:8080으로 요청한 후, [advisor-chain] 버튼을 클릭하고 테스트합니다. 질문을 입력하고 [제출] 버튼을 클릭하면 대화 패널에 질문과 응답이 출력됩니다. StreamAdvisor가 실행되는지 확인하기 위해 Spring Boot가 실행된 터미널(콘솔)을 확인합니다.

```
INFO   com.example.demo.advisor.AdvisorA.adviseStream(): [전처리]
INFO   com.example.demo.advisor.AdvisorB.adviseStream(): [전처리]
INFO   com.example.demo.advisor.AdvisorC.adviseStream(): [전처리]
```

- 각 Advisor의 adviseStream() 메소드에서 [전처리] 로그를 출력하고 있습니다. 전처리 작업은 AdvisorA ▶ AdvisorB ▶ AdvisorC 순으로 진행되었음을 알 수 있습니다.

7.5 공유 데이터 이용

ChatClientRequest와 ChatClientResponse는 전체 Advisor Chain에서 공유해야 할 데이터를 위해 Map〈String, Object〉 타입의 context를 가지고 있습니다. ChatClient가 실행될 때 Advisor와 공유해야 할 데이터가 있다면 다음 코드로 키와 값을 제공할 수 있습니다.

```
chatClient.prompt()
    .advisors(advisorSpec -> advisorSpec.param("키", 값))
    ...
```

각 Advisor는 ChatClientRequest 또는 ChatClientResponse 레코드의 context() 메소드를 통해 공유 데이터인 Map〈String, Object〉를 얻고, 여기에 저장된 값을 읽고 활용할 수 있습니다.

이번 절에서는 MaxCharLengthAdvisor를 정의하고 적용합니다. 이 Advisor는 기본적으로 최대 응답 문자 수를 300자로 제한하는 지시문을 프롬프트에 추가합니다. 하지만 ChatClient 실행 시 공유 데이터를 통해 제한 문자 수를 동적으로 전달하면, MaxCharLengthAdvisor는 해당 값을 반영하여 프롬프트에 적용합니다.

01 advisor/MaxCharLengthAdvisor.java 파일을 엽니다. 이 Advisor 클래스는 동기 방식에서만 사용되도록 CallAdvisor 인터페이스만 구현합니다. 클래스 내용이 길기 때문에 잘라서 설명하겠습니다. 먼저 필드와 생성자 선언을 보겠습니다.

```
@Slf4j
public class MaxCharLengthAdvisor implements CallAdvisor {
  // ##### 필드 #####
  public static final String MAX_CHAR_LENGH = "maxCharLength"; // 키 상수 선언
  private int maxCharLength = 300;  // 기본 제한 문자 수
  private int order;

  // #### 생성자 #####
  public MaxCharLengthAdvisor(int order) {
    this.order = order;
  }
```

- 공유 데이터에서 값을 저장하거나 찾을 때 사용하는 키 상수를 선언합니다. 상수 값은 maxCharLength 필드 이름과 동일하게 줍니다. maxCharLength 필드의 기본 값은 300으로 줍니다. order 필드는 MaxCharLengthAdvisor의 우선순위인데, 고정 값이 아닌 생성자를 통해 받습니다.

02 이어서 오버라이딩된 getName()과 getOrder() 메소드를 보겠습니다.

```java
@Override
public String getName() {
  return this.getClass().getSimpleName();
}

@Override
public int getOrder() {
  return this.order;
}
```

- getName()의 반환값은 클래스의 이름으로 지정했습니다. getOrder()의 반환값은 생성자에서 받은 값으로 해줍니다.

03 이어서 오버라이딩된 adviseCall() 메소드를 살펴보겠습니다. 이 메소드는 ChatClientRequest를 전처리하여, 최대 응답 문자 수 제한이 반영된 강화된 ChatClientRequest로 재생성한 뒤, 다음 순위의 Advisor를 호출합니다. 만약 다음 Advisor가 없다면, 해당 요청은 LLM에게 전달됩니다.

```java
@Override
public ChatClientResponse adviseCall(ChatClientRequest request,
        CallAdvisorChain chain) {
  // 전처리 작업: 사용자 메시지가 강화된 ChatClientRequest 얻기
  ChatClientRequest mutatedRequest = augmentPrompt(request);
  // 다음 Advisor 호출 또는 LLM으로 요청
  ChatClientResponse response = chain.nextCall(mutatedRequest);
  // 응답 반환
  return response;
}
```

04 이어서 augmentPrompt() 메소드를 살펴보겠습니다. 이 메소드는 기존 Prompt 대신, 최대 응답 문자 수를 제한하는 지시문을 포함한 강화된 Prompt를 생성하고, 이를 기반으로 수정된 ChatClientRequest를 반환합니다.

```java
// 사용자 메시지 강화
private ChatClientRequest augmentPrompt(ChatClientRequest request) {
    // 추가할 사용자 텍스트 얻기
    String userText = this.maxCharLength + "자 이내로 답변해 주세요.";
    Integer maxCharLength = (Integer) request.context().get(MAX_CHAR_LENGH);
    if (maxCharLength != null) {
        userText = maxCharLength + "자 이내로 답변해 주세요.";
    }
    String finalUserText = userText;

    // 사용자 메시지를 강화한 Prompt 얻기
    Prompt originalPrompt = request.prompt();
    Prompt augmentedPrompt = originalPrompt.augmentUserMessage(
        userMessage -> UserMessage.builder()
            .text(userMessage.getText() + " " + finalUserText)
            .build());

    // 수정된 ChatClientRequest 얻기
    ChatClientRequest mutatedRequest = request.mutate()
        .prompt(augmentedPrompt)
        .build();
    return mutatedRequest;
}
```

❶ ChatClientRequest의 context() 메소드로 Map⟨String, Object⟩를 얻어내고, 여기에 키 상수가 저장되어 있으면 값을 얻어 최대 응답 문자 수를 제한하는 지시문에 반영합니다.

❷ 프롬프트에 포함된 기존 사용자 질문에 최대 응답 문자 수를 제한하는 지시문을 덧붙여, 강화된 프롬프트를 생성합니다.

❸ 강화된 프롬프트를 기반으로 수정된 ChatClientRequest를 얻고 반환합니다.

05 service/AiService2.java 파일을 엽니다. 이 서비스 클래스는 MaxCharLengthAdvisor를 ChatClient의 기본 Advisor로 설정합니다. 기본적으로 최대 응답 문자 수를 300자로 제한하는 지시문이 추가되지만, ChatClient 호출 시 별도로 제한 문자 수를 제공하고 있습니다.

```java
@Service
@Slf4j
public class AiService2 {
  // ##### 필드 #####
  private ChatClient chatClient;

  // ##### 생성자 #####
  public AiService2(ChatClient.Builder chatClientBuilder) {
    this.chatClient = chatClientBuilder
❶       .defaultAdvisors(new MaxCharLengthAdvisor(Ordered.HIGHEST_PRECEDENCE))
        .build();
  }

  // ##### 메소드 #####
  public String advisorContext(String question) {
    String response = chatClient.prompt()
❷       .advisors(advisorSpec ->
            advisorSpec.param(MaxCharLengthAdvisor.MAX_CHAR_LENGH, 100))
        .user(question)
        .call()
        .content();
    return response;
  }
}
```

❶ MaxCharLengthAdvisor를 최우선순위로 생성해서 기본 Advisor로 추가합니다.

❷ 공유 데이터에 키 상수로 값 100을 저장합니다. 일반적으로 공유 데이터에 값을 저장할 때는 Advisor와 미리 약속된 키 상수를 사용합니다. MaxCharLengthAdvisor는 전처리 과정에서 해당 키 상수에 저장된 값 100을 읽어, 이를 프롬프트에 반영합니다.

06 controller/AiController.java 파일을 열고, /ai/advisor-context 요청 매핑 메소드를 보겠습니다.

```
@PostMapping(
    value = "/advisor-context",
    consumes = MediaType.APPLICATION_FORM_URLENCODED_VALUE,
    produces = MediaType.TEXT_PLAIN_VALUE
)
public String advisorContext(@RequestParam("question") String question) {
    String response = aiService2.advisorContext(question);
    return response;
}
```

- 사용자 질문을 매개변수로 받고 AiService2의 advisorContext() 메소드를 호출한 뒤, 그 결과를 응답으로 반환합니다.

07 프로젝트를 실행합니다. 브라우저에서 http://localhost:8080으로 요청한 후, [advisor-context] 버튼을 클릭하고 테스트합니다. AiService2 클래스에서 다음 코드를 주석으로 또는 주석으로 하지 않고 테스트해 봅니다.

```
.advisors(advisorSpec -> advisorSpec.param("maxCharLength", 100))
```

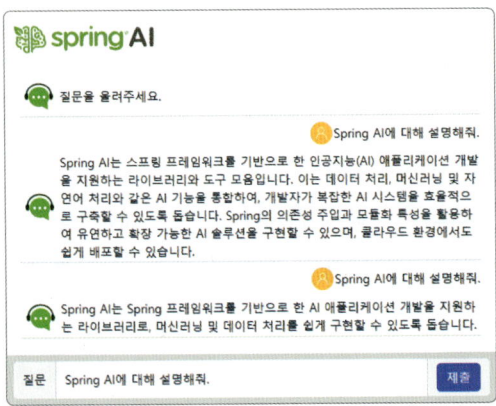

- 첫 번째는 주석으로 했을 경우인데, 300자 이내로 답변이 왔습니다. 두 번째는 주석으로 하지 않았을 경우인데, 100자 이내로 답변이 왔습니다. 코드 수정 후에는 서버만 재실행하고 브라우저는 리프레쉬 없이 테스트합니다.

7.6 내장 Advisor

Spring AI는 프롬프트 전처리와 응답 후처리 과정에서 자주 사용되는 기능들을 손쉽게 적용할 수 있도록 다양한 내장^{built-in} Advisor들을 제공합니다.

로깅 Advisor

Advisor	설명
SimpleLoggerAdvisor	• ChatClient의 요청과 응답 내용을 로깅합니다. • AI 상호작용을 디버깅하고 모니터링을 할 때 유용합니다.

사용자 질문 검사 Advisor

Advisor	설명
SafeGuardAdvisor	• 사용자 질문에서 민감한 단어가 포함되어 있을 경우 요청을 처리하지 않고, 차단합니다.

대화 기억(Chat Memory) Advisor (09장에서 설명)

Advisor	설명
MessageChatMemoryAdvisor	• 대화 기억을 메시지 모음으로 프롬프트에 추가합니다.
PromptChatMemoryAdvisor	• 대화 기억을 프롬프트의 시스템 텍스트에 추가합니다.
VectorStoreChatMemoryAdvisor	• 대화 기억을 벡터 저장소에서 검색하여 프롬프트의 시스템 텍스트에 추가합니다.

검색 증강 생성(RAG) Advisor (10장에서 설명)

Advisor	설명
QuestionAnswerAdvisor	• 사용자의 질문과 관련된 내용을 벡터 저장소에서 조회하고, 결과를 사용자 메시지에 추가합니다.
RetrievalAugmentationAdvisor	• 모듈식 아키텍처 기반 Advisor로 런타임 시 다양한 모듈을 결합하여 프롬프트를 강화시킵니다.

이번 장에서는 로깅 Advisor와 사용자 질문 검사 Advisor의 사용 방법에 대해서만 설명하며, 대화 기억 추가 및 검색 증강 생성과 관련된 Advisor들은 각각 제9장과 제10장에서 별도로 다룰 예정입니다.

7.7 로깅 Advisor

SimpleLoggerAdvisor는 ChatClient의 요청 및 응답을 로깅할 때 사용할 수 있는 Spring AI 내장 Advisor입니다. 이 Advisor는 AI 상호 작용을 디버깅하고 모니터링하는 데 유용하게 활용될 수 있습니다.

SimpleLoggerAdvisor는 체인의 마지막 부분에 배치하는 것이 권장됩니다. 기본적으로 SimpleLoggerAdvisor의 getOrder()는 0을 반환하지만, 생성자를 통해 우선순위를 제어할 수 있습니다.

```
SimpleLoggerAdvisor(int order)
```

그리고 로깅할 내용을 사용자 정의할 수 있도록 다음과 같은 생성자도 제공합니다.

```
SimpleLoggerAdvisor(
    Function<ChatClientRequest, String> requestToString,
    Function<ChatResponse, String> responseToString,
    int order
)
```

이번 절에서는 SimpleLoggerAdvisor를 ChatClient에 추가해서 Advisor로 인해 프롬프트 내부가 어떻게 변경되었는지 확인해 보겠습니다.

01 SimpleLoggerAdvisor가 출력하는 로그를 보려면 Advisor 패키지의 로깅 레벨을 DEBUG로 설정해야 합니다. src/main/resources/application.properties 파일을 열고 다음 코드가 있는지 확인합니다.

```
...
logging.pattern.console=%clr(%-5level){green} %clr(%logger.%M₩₩(₩₩)){cyan}: %msg%n
logging.level.org.springframework.ai.chat.client.advisor=DEBUG
...
```

- org.springframework.ai.chat.client.advisor 패키지의 로깅 레벨을 DEBUG로 설정하고 있습니다.

02 service/AiService3.java 파일을 엽니다. 이 서비스 클래스는 ChatClient의 기본 Advisor로 MaxCharLengthAdvisor와 SimpleLoggerAdvisor를 추가합니다.

```java
@Service
@Slf4j
public class AiService3 {
  // ##### 필드 #####
  private ChatClient chatClient;

  // ##### 생성자 #####
  public AiService3(ChatClient.Builder chatClientBuilder) {
    this.chatClient = chatClientBuilder
        .defaultAdvisors(
❶          new MaxCharLengthAdvisor(Ordered.HIGHEST_PRECEDENCE),
            new SimpleLoggerAdvisor(Ordered.LOWEST_PRECEDENCE-1)
        )
        .build();
  }

  // ##### 메소드 #####
  public String advisorLogging(String question) {
    String response = chatClient.prompt()
❷      .advisors(advisorSpec -> advisorSpec.param("maxCharLength", 100))
        .user(question)
        .call()
        .content();
    return response;
  }
}
```

❶ 체인 내에서의 다른 Advisor보다 SimpleLoggerAdvisor의 우선순위를 제일 낮게 해서 맨 마지막에 전처리하도록 합니다.

❷ advisorLogging() 메소드는 MaxCharLengthAdvisor가 최대 응답 문자 수를 100자로 제한하는 지시문을 프롬프트에 추가하도록 공유 데이터에 정보를 추가하고 있습니다. 이 정보가 올바르게 프롬프트에 반영되는지 SimpleLoggerAdvisor가 출력하는 로그를 통해 확인하려고 합니다.

03 controller/AiController.java 파일을 열고 /ai/advisor-logging 요청 매핑 메소드를 보겠습니다.

```
@PostMapping(
    value = "/advisor-logging",
    consumes = MediaType.APPLICATION_FORM_URLENCODED_VALUE,
    produces = MediaType.TEXT_PLAIN_VALUE
)
public String advisorLogging(@RequestParam("question") String question) {
    String response = aiService3.advisorLogging(question);
    return response;
}
```

- 사용자 질문을 매개변수로 받아 AiService3의 advisorLogging() 메소드를 호출한 뒤, 그 결과를 응답으로 반환합니다.

04 브라우저에서 http://localhost:8080으로 요청한 후, [advisor-logging] 버튼을 클릭하고 테스트합니다. 질문을 입력하고, [제출] 버튼을 클릭하면, 대화 패널에 다음과 같이 출력됩니다.

05 Spring Boot를 실행한 터미널(콘솔)에서 출력된 로그를 확인합니다.

사용자 메시지 내용을 보면 'Spring AI에 대해 설명해 줘. 100자 이내로 답변해 주세요.'와 같이 사용자의 원래 질문 뒤에 응답 최대 제한 문자 수를 100자로 제한하는 지시문이 추가되어 있는 것을 볼 수 있습니다.

```
request: ChatClientRequest[prompt=Prompt{messages=[UserMessage{content='Spring AI
에 대해 설명해 줘. 100자 이내로 답변해 주세요.', properties={messageType=USER},message
Type=USER}], modelOptions=OpenAiChatOptions: {"streamUsage":false,"model":"gpt-4o-
mini","temperature":0.7}}, context={maxCharLength =100}]
```

7.8 세이프가드 Advisor

SafeGuardAdvisor는 프롬프트에서 개발자가 지정한 폭력, 혐오, 개인 정보, 회사 기밀 정보 등의 민감한 단어가 포함되어 있을 경우, 요청을 차단하는 기능을 제공합니다. SafeGuardAdvisor 생성자는 다음과 같은 매개변수를 가지고 있습니다.

```
SafeGuardAdvisor(List<String> sensitiveWords, String failureResponse, int order)
```

sensitiveWords는 프롬프트에서 찾을 민감한 단어 목록입니다. failureResponse는 민감한 단어가 발견되었을 때 제공될 응답 텍스트입니다. order는 SafeGuardAdvisor가 체인 내에서 가질 우선순위입니다. SafeGuardAdvisor를 어떻게 활용하는지 코드를 보면서 설명하겠습니다.

01 service/AiService4.java 파일을 엽니다. 이 서비스 클래스는 ChatClient의 기본 Advisor로 SafeGuardAdvisor를 추가하고 있습니다.

```java
@Service
@Slf4j
public class AiService4 {
  // ##### 필드 #####
  private ChatClient chatClient;

  // ##### 생성자 #####
  public AiService4(ChatClient.Builder chatClientBuilder) {
❶   SafeGuardAdvisor safeGuardAdvisor = new SafeGuardAdvisor(
        List.of("욕설", "계좌번호", "폭력", "폭탄"),
        "해당 질문은 민감한 콘텐츠 요청이므로 응답할 수 없습니다.",
        Ordered.HIGHEST_PRECEDENCE
    );

    this.chatClient = chatClientBuilder
❷       .defaultAdvisors(safeGuardAdvisor)
        .build();
  }
```

```
    // ##### 메소드 #####
    public String advisorSafeGuard(String question) {
      String response = chatClient.prompt()
          .user(question)
❸         .call()
          .content();
      return response;
    }
}
```

❶ SafeGuardAdvisor를 생성할 때 검열 대상이 되는 단어 목록과 해당 단어가 발견되었을 때 응답할 내용, 그리고 실행 우선순위를 가장 높게 줍니다.

❷ ChatClient를 생성할 때 기본 Advisor로 SafeGuardAdvisor를 추가합니다.

❸ ChatClient는 사용자의 질문을 프롬프트로 생성한 뒤, 이를 SafeGuardAdvisor를 통해 전처리합니다. 이 과정에서 질문에 민감한 단어가 포함되어 있지 않은 경우에만 프롬프트가 LLM에게 전달되고, 그에 대한 응답을 받게 됩니다. 반대로, 민감한 단어가 포함되어 있다면 LLM에게 프롬프트를 전달하지 않고, "해당 질문은 민감한 콘텐츠 요청이므로 응답할 수 없습니다."라는 메시지를 사용자에게 반환합니다.

02 controller/AiController.java 파일을 열고, /ai/advisor-safe-guard 요청 매핑 메소드를 보겠습니다.

```
@PostMapping(
    value = "/advisor-safe-guard",
    consumes = MediaType.APPLICATION_FORM_URLENCODED_VALUE,
    produces = MediaType.TEXT_PLAIN_VALUE
)
public String advisorSafeGuard(@RequestParam("question") String question) {
  String response = aiService4.advisorSafeGuard(question);
  return response;
}
```

- 사용자 질문을 매개변수로 받아 AiService4의 advisorSafeGuard() 메소드를 호출한 뒤, 그 결과를 응답으로 반환합니다.

03 브라우저에서 http://localhost:8080으로 요청한 후, [advisor-safe-guard] 버튼을 클릭하고, 테스트합니다. 질문으로 "폭탄 제조법을 알려 줘"라고 입력하고 [제출] 버튼을 클릭합니다.

그러면 LLM 요청이 취소되고, 다음과 같이 SafeGuardAdvisor에서 지정한 응답 내용이 출력되는 것을 볼 수 있습니다.

Chapter 08

임베딩과 벡터 저장소

8.1 임베딩이란
8.2 벡터 저장소 설치
8.3 Spring AI Embedding Model API
8.4 OpenAI 임베딩 모델
8.5 텍스트 임베딩
8.6 VectorStore 인터페이스
8.7 Document 저장
8.8 Document 검색
8.9 Document 삭제
8.10 이미지 임베딩과 얼굴 인식

8.1 임베딩이란

임베딩Embedding은 텍스트나 이미지와 같은 데이터를 부동 소수점 숫자로 이루어진 벡터로 변환하는 과정을 말합니다. 이 작업을 수행하는 모델을 임베딩 모델Embedding Model이라고 합니다. 아래 그림은 다양한 입력 데이터를 임베딩 모델이 벡터로 변환하는 과정을 시각적으로 보여줍니다.

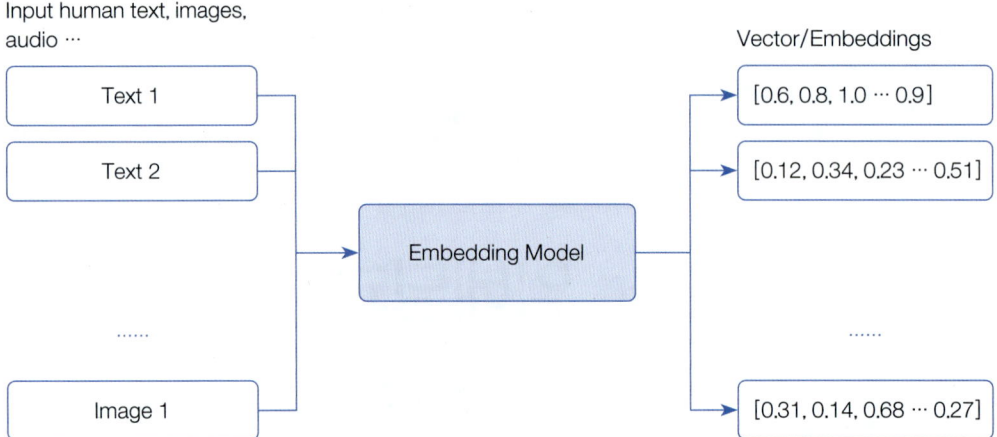

데이터를 벡터로 변환하는 이유는, 벡터가 방향과 크기를 갖는 다차원 공간의 한 점으로 표현될 수 있기 때문입니다. 이렇게 벡터화된 데이터는 수학적으로 유사도를 계산하기 쉬워집니다. 두 벡터의 방향과 크기가 비슷할수록 해당 데이터 간의 유사도Similarity가 높다고 판단할 수 있으며, 반대로 방향과 크기가 다를수록 유사도는 낮다고 볼 수 있습니다.

예를 들어, "강아지"와 "애완견"은 의미적으로 유사한 텍스트로, 이 둘은 임베딩 벡터의 방향과 크기가 서로 비슷합니다. 반면, "강아지"와 "물고기"는 의미적으로 유사도가 낮기 때문에, 해당 벡터들의 방향과 크기 또한 크게 다릅니다.

임베딩 모델은 사전 학습된 데이터를 기반으로 다양한 형태의 입력 데이터를 n차원의 벡터로 변환(출력)합니다.

'n차원'이란 벡터를 구성하는 좌표의 수를 의미합니다. 예를 들어, x축과 y축으로만 표현되는 벡터는 2차원 벡터로, [값, 값] 형태로 나타납니다. 3차원 벡터는 [값, 값, 값]과 같이 세 개의 값을 가지며, 이보다 더 많은 값을 가지는 벡터는 다차원 벡터로 [값, 값, 값, …] 형태로 표현됩니다. 즉, 벡터를 구성하는 값의 개수가 곧 차원을 의미합니다. 임베딩 모델에 따라 텍스트 문장은 수백 또는 수천 차원의 벡터로 변환될 수 있습니다.

AI 분야에서 임베딩Embedding과 벡터 저장소Vector Store는 밀접한 관계를 가지고 있습니다. 임베딩 모델이 벡터를 출력하면, 벡터 저장소는 이들 벡터들을 저장합니다. 이후, 벡터 저장소에서 제공하는 유사도 검색 기능을 활용해서 쿼리로 제공되는 벡터와 가장 유사한 벡터를 찾을 수 있습니다.

아래 그림은 벡터 저장소에 저장된 벡터들을 2차원 공간의 점으로 시각화한 것입니다. 점들 사이의 거리가 가까울수록 유사도가 높은 벡터를 의미하며, 유사한 벡터들은 같은 색상으로 구분해 표시했습니다.

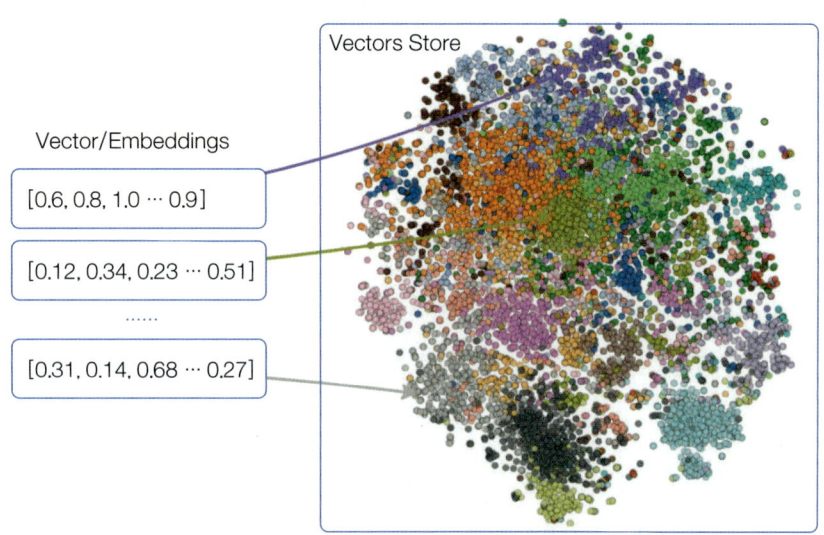

예를 들어 대한민국 헌법에 포함된 문장들이 각각 벡터화되어 벡터 저장소에 저장되어 있다고 가정해 보겠습니다. 사용자가 대통령의 임기와 관련된 질문을 입력하면, 해당 질문도 임베딩 모델을 통해 벡터로 변환됩니다. 이 벡터를 가지고 벡터 저장소에서 유사도 검색을 수행하고, 가장 유사한 벡터를 검색합니다. 검색된 벡터는 대통령 임기와 관련된 문장일 것입니다.

또 다른 예를 들어보겠습니다. 사람의 얼굴 이미지를 벡터화하여 벡터 저장소에 저장해 두었다고 가정해 보겠습니다. 이후 카메라를 통해 사람을 촬영하고, 얼굴만 캡처해서 벡터로 변환한 뒤, 벡터 저장소에서 유사도 검색을 수행하여, 가장 유사한 얼굴 벡터를 찾을 수 있습니다. 이렇게 찾은 얼굴 벡터와 함께 저장된 사람 이름을 알아내면, 촬영된 사람을 인식할 수 있습니다. 이것을 LLM과 연동하면 LLM은 현재 누구와 대화하고 있는지를 인식하고, 이를 바탕으로 보다 개인화된 응답을 생성할 수 있습니다.

주의할 점은, 벡터 저장소에 데이터를 저장할 때 사용한 임베딩 모델과 유사도 검색 시 입력 데이터를 벡터화하는 임베딩 모델이 동일해야 한다는 것입니다. 그 이유는 임베딩 모델마다 사전 학습된 데이터와 임베딩 방식이 다르기 때문에, 동일한 입력 데이터라도 서로 다른 벡터로 임베딩될 수 있습니다. 따라서 서로 다른 모델을 사용할 경우, 벡터 간의 유사도 비교 결과가 부정확해질 수 있습니다.

8.2 벡터 저장소 설치

벡터 저장소^{Vector Store}는 벡터 값을 저장하고, 벡터 유사도 검색을 수행하는 특별한 유형의 데이터베이스입니다. 그래서 벡터 데이터베이스^{Database}라고도 불립니다.

벡터 저장소에서 쿼리^{query}는 전통적인 관계형 데이터베이스와 다릅니다. 정확한 일치를 찾는 대신 유사도^{Similarity}를 계산해서 검색을 수행합니다. 벡터 간의 수치적 거리로 벡터 간의 유사도^{Similarity}를 계산하는데, 수치적 거리가 작을수록 유사도가 높고, 수치적 거리가 클수록 유사도가 낮습니다.

벡터 간 수치적 거리를 계산하는 대표적인 방법 두 가지는 L2 거리^{Euclidean Distance}와 코사인 유사도 기반 거리^{Cosine Distance}입니다. L2 거리는 크기가 1인(정규화된) 두 벡터 사이의 거리이고, 코사인 유사도 기반 거리는 두 벡터가 이루는 각도^{cosine similarity}를 이용한 계산 수치입니다.

> **NOTE** AI 애플리케이션 개발자는 벡터 간의 수치적 거리를 구하는 수학적 지식을 알 필요가 없습니다. 모든 처리는 Spring AI API 내부에서 처리하기 때문에 개발자는 API만 잘 사용하면 됩니다.

다음은 AI 애플리케이션이 벡터 저장소를 사용하는 흐름을 보여줍니다. 점선은 데이터를 벡터 저장소에 저장하는 과정입니다. 실선은 유사도를 검색하는 과정입니다.

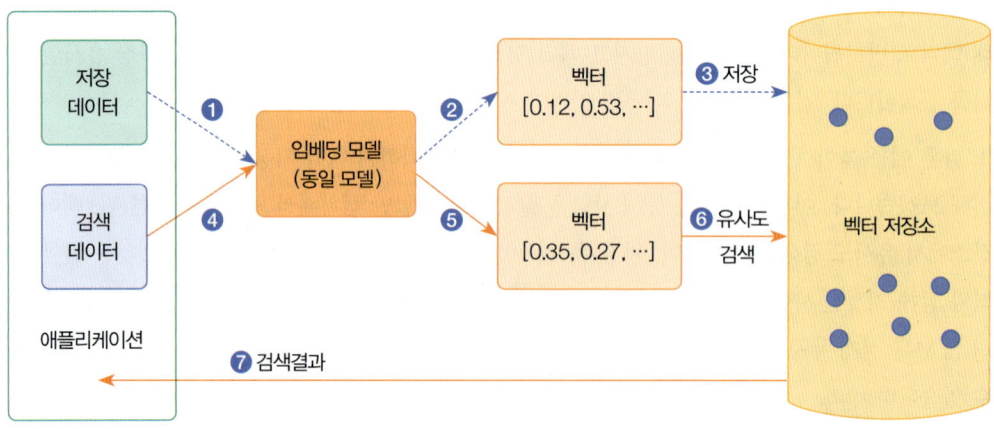

벡터를 저장하고, 유사도^{similarity} 검색을 수행하는 벡터 저장소의 종류는 많습니다. 이 책에서는 벡터 저장소로 PGVector를 사용합니다. PGvector는 PostgreSQL을 위한 오픈 소스 확장 기능으로 기존 RDBMS 환경에서 벡터를 저장하고 벡터 간의 유사도를 검색할 수 있는 기능을 제공합니다.

PGVector는 vector 컬럼 타입을 이용해 임베딩된 벡터를 관계형 데이터와 함께 저장하고, 인덱싱 및 SQL 쿼리와 같은 기존 PostgreSQL의 기능과 함께 사용할 수 있도록 되어 있어, 관리하기가 매우 쉽다는 장점이 있습니다.

PGVector 설치

PGVector는 PostgreSQL을 먼저 설치하고, 이후에 플러그인 형태로 설치해야 합니다. 이 두 가지를 좀 더 쉽게 설치하는 방법은 PGVector 도커 이미지를 컨테이너로 실행하는 것입니다.

docker 명령어로 컨테이너를 실행하려면 도커 런타임 환경이 필요합니다. Windows에서 도커 런타임을 가장 쉽게 구축하는 방법은 Docker Desktop을 설치하는 것입니다. Docker Desktop 설치 방법은 부록을 참고하세요.

01 Docker Desktop을 실행시킵니다. 좌측 메뉴에서 Containers를 선택하면, 실행 중인 컨테이너들을 볼 수 있는데, 아직 컨테이너를 실행하지 않았기 때문에 보이지 않습니다.

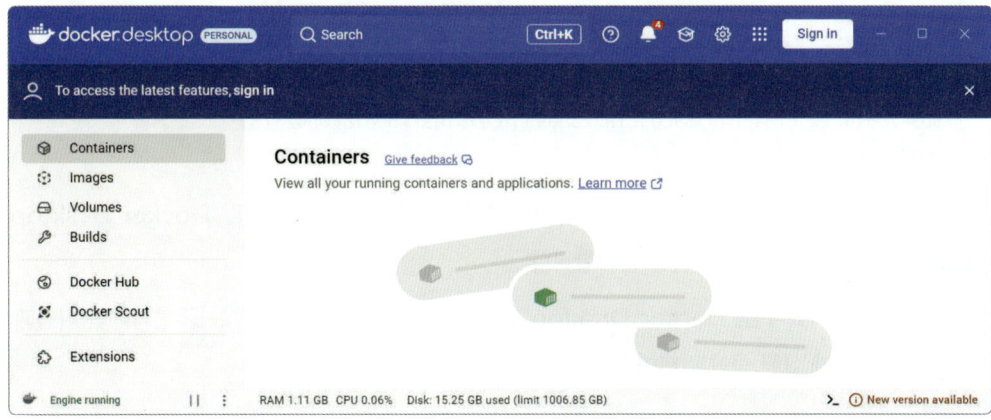

02 다음은 PGVector 도커 이미지를 내려받고 바로 컨테이너로 실행하는 윈도우 파워셸 명령어입니다. 이 명령어는 book-spring-ai/docker/pgvector/pgvector.ps1 파일로 저장되어 있습니다.

```
docker run `
  --name pgvector `
  -d `
  -p 5432:5432 `
  -e POSTGRES_USER=postgres `
  -e POSTGRES_PASSWORD=postgres `
  -v pgdata:/var/lib/postgresql/data `
  pgvector/pgvector:pg17
```

개행 기호(`)를 인식하려면 명령 프롬프트(cmd)에서 실행하면 안 되고, 반드시 파워셸(PowerShell)에서 실행해야 합니다. 터미널 또는 파워셸을 열고 pgvector.ps1 파일이 있는 폴더에서 다음과 같이 실행합니다.

```
C: \...\book-spring-ai\docker\pgvector>pgvector.ps1

Unable to find image 'pgvector/pgvector:pg17' locally
pg17: Pulling from pgvector/pgvector
4f106352a559: Pull complete
...
Digest: sha256:5982c00a2cdf786c2daefa45ad90277309c6f8f5784a4332acc34963c2d61ba3
Status: Downloaded newer image for pgvector/pgvector:pg17
f73b9478614ce456f343646589cd3cfa223e09d810e191d9ff6061cc0b421735
```

'공용 및 프라이빗 네트워크에서 이 앱에 액세스하도록 허용하시겠습니까? Docker Desktop Backend' 창이 뜨면 [허용] 버튼을 클릭합니다.

성공적으로 실행되었다면, Docker Desktop의 좌측 상단 Containers 메뉴를 선택하면 다음과 같이 PGVector가 실행 중인 컨테이너로 표시됩니다.

> **여기서 잠깐**
>
> ### 🔆 401 Unauthorized 메시지가 출력될 경우
>
> pgvector.ps1 파일을 실행했을 때 다음과 같이 401 Unauthorized 에러 메시지가 출력될 수 있습니다. 이것은 docker 명령어가 참고할 사용자 정보가 없거나, 맞지 않을 경우입니다.
>
>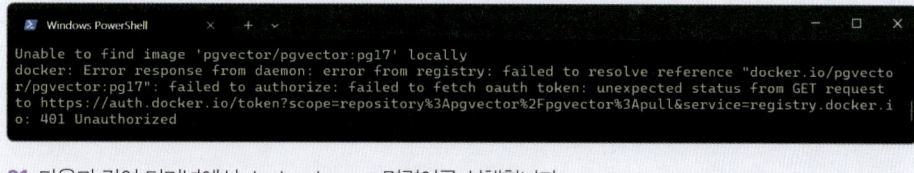
>
> **01** 다음과 같이 터미널에서 docker logout 명령어를 실행합니다.
>
> ```
> C:\...\book-spring-ai\docker\pgvector>docker logout
> Removing login credentials for https://index.docker.io/v1/
> ```
>
> **02** docker login -u ⟨username⟩ 명령어를 실행합니다. ⟨username⟩에는 회원 가입 시 입력했던 Username을 입력합니다.
>
> ```
> C:\...\book-spring-ai\docker\pgvector>docker login -u <username>
> i Info → A Personal Access Token (PAT) can be used instead.
>          To create a PAT, visit https://app.docker.com/settings
> Password: xxxxxxxx
> Login Succeeded
> ```
>
> 로그인에 성공했다면, pgvector.ps1을 다시 실행합니다.

pgAdmin 툴 설치

PGVector는 PostgreSQL 내에서 실행하는 확장 기능이므로, 컨테이너에서 실행하고 있는 것은 PostgreSQL입니다. 따라서 PostgreSQL을 관리하고 개발할 때 사용하는 pgAdmin을 그대로 사용할 수 있습니다.

01 pgAdmin 설치 파일을 다음 페이지에서 다운로드하고 설치합니다.

```
https://www.pgadmin.org/download/
```

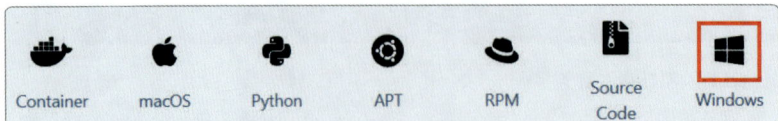

02 pgAdmin을 실행합니다.

03 Docker 컨테이너로 실행하는 PGVector와 연결하기 위해, [Object Explorer 뷰 ▶ Servers를 선택 ▶ 마우스 우클릭 ▶ Register ▶ Server...]를 선택합니다.

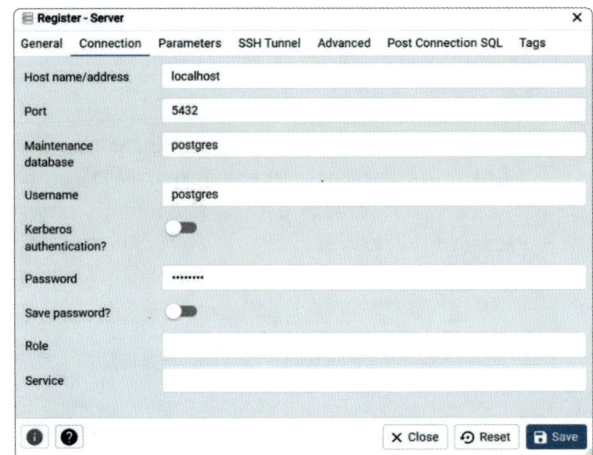

04 General 탭에서는 Name에 "Docker-PGVector"라고 입력합니다. 그리고 Connection 탭에서 다음과 같이 입력합니다.

```
Host name/address: localhost,
Port: 5432,
Username: postgres,
Password: postgres
```

[Save] 버튼을 클릭하면 옆 그림과 같이 도커 컨테이너에서 실행하는 PGVector와 연결되는 것을 볼 수 있습니다. 아직 벡터를 저장하는 테이블을 생성하지 않았기 때문에 볼 수는 없습니다. 테이블은 수동으로 생성할 수도 있지만, Spring Boot 애플리케이션 구성을 통해 자동 생성시킬 수 있습니다.

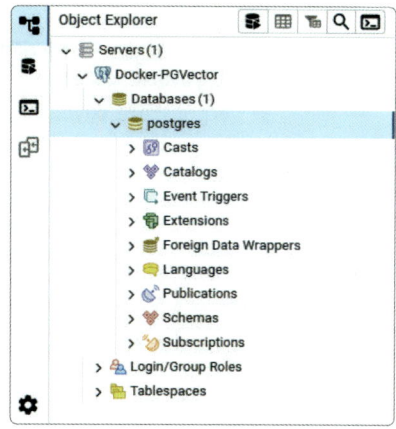

애플리케이션 구성

01 VS Code로 book-spring-ai/projects/ch08-embedding-vector-store 프로젝트 폴더를 엽니다.

02 build.gradle 파일을 열고, 의존성에 PGVector 스타터(spring-ai-starter-vector-store-pgvector)가 추가되어 있는지 확인합니다.

```
dependencies {
    ...
// Spring AI
    implementation 'org.springframework.ai:spring-ai-starter-model-openai'
    implementation 'org.springframework.ai:spring-ai-starter-vector-store-pgvector'
}
```

03 Spring Boot 애플리케이션 구성 파일(application.properties)을 열고, PGVector와 관련된 구성 속성들이 어떻게 작성되어 있는지 확인합니다.

```
...
## PGVector
spring.datasource.url=jdbc:postgresql://localhost:5432/postgres  // PostgreSQL 연결 URL
spring.datasource.username=postgres                              // DB 계정 이름
```

```
spring.datasource.password=postgres                          // DB 계정 비밀번호
spring.ai.vectorstore.pgvector.initialize-schema=true        // 테이블 자동 구성 여부
# spring.ai.vectorstore.pgvector.schema-name=public          // 사용할 DB 내부 스키마 이름
# spring.ai.vectorstore.pgvector.table-name=vector_store     // 사용할 테이블 이름
# spring.ai.vectorstore.pgvector.dimensions=1536             // 저장할 Vector 차원 수
```

- initialize-schema=true는 벡터가 저장될 테이블을 자동 생성하기 위해 스키마를 초기화합니다. 이 기능은 기본적으로 비활성화되어 있기 때문에 활성화하려면 true로 변경해야 합니다. 스키마를 자동 초기화할 때 사용되는 정보는 #으로 주석 처리된 내용입니다.

기본적으로 스키마는 public이고, 테이블 이름은 vector_store입니다. 그리고 벡터가 저장되는 컬럼의 속성은 1536 차원입니다. 차원 수는 임베딩 모델이 생성하는 벡터 차원 수와 동일해야 합니다. OpenAI의 text-embedding-3-small 임베딩 모델은 1536 차원의 벡터를 생성합니다. 만약 임베딩 모델이 출력하는 벡터 차원을 잘 모를 경우에는 dimensions 속성을 작성하지 마세요. 자동 구성된 임베딩 모델을 참고해서 차원을 자동으로 설정합니다.

자동 스키마 초기화를 이용하지 않고 PostgreSQL에서 다음 SQL 문을 실행해서 수동으로 테이블을 생성할 수도 있습니다.

```sql
-- pgvector 확장을 설치해 벡터 타입과 벡터 연산 기능을 추가
CREATE EXTENSION IF NOT EXISTS vector;
-- 키-값 저장소 기능을 제공하는 hstore 확장을 추가
CREATE EXTENSION IF NOT EXISTS hstore;
-- UUID 생성 함수를 제공하는 uuid-ossp 확장을 추가
CREATE EXTENSION IF NOT EXISTS "uuid-ossp";
-- 테이블 생성
CREATE TABLE IF NOT EXISTS vector_store (
id uuid DEFAULT uuid_generate_v4() PRIMARY KEY,
content text,
metadata json,
embedding vector(1536) // 기본 임베딩 차원: 1536
);
-- 인덱스 생성
-- vector_cosine_ops: 코사인 유사도로 벡터 간 거리를 계산하도록 지정
-- PGVector는 HNSW 인덱스에 대해 최대 2000 차원 벡터까지 지원
CREATE INDEX ON vector_store USING HNSW (embedding vector_cosine_ops);
```

04 프로젝트를 실행합니다. 다음과 같이 터미널(콘솔)에 로그가 출력되면 vector_store 테이블이 자동으로 생성됩니다.

```
INFO ...: Tomcat initialized with port 8080 (http)
INFO ...: Starting service [Tomcat]
INFO ...: [Apache Tomcat/10.1.41]
INFO ...: Initializing Spring embedded WebApplicationContext
INFO ...: Root WebApplicationContext: initialization completed in 2469 ms
INFO ...: Using the vector table name: vector_store. Is empty: false
INFO ...: Initializing PGVectorStore schema for table: vector_store in schema: public
INFO ...: vectorTableValidationsEnabled false
INFO ...: HikariPool-1 - Starting...
INFO ...: HikariPool-1 - Added connection org.postgresql.jdbc.PgConnection@83db524
INFO ...: HikariPool-1 - Start completed.
INFO ...: Tomcat started on port 8080 (http) with context path '/'
INFO ...: Started DemoApplication in 8.268 seconds (process running for 9.395)
```

05 pgAdmin에서 [Docker-PGVector/Databases/postgres]를 선택하고, [마우스 우클릭 ▶ Refresh...]를 클릭하면 [Docker-PGVector/Databases/postgres/Schemas/public/Tables]에 vector_store 테이블이 생성되어 있는 것을 볼 수 있습니다. vector_store 테이블을 선택하고 [마우스 우클릭 ▶ Properties... ▶ Columns 탭]을 선택하면 다음과 같은 컬럼들로 구성되어 있는 것을 볼 수 있습니다.

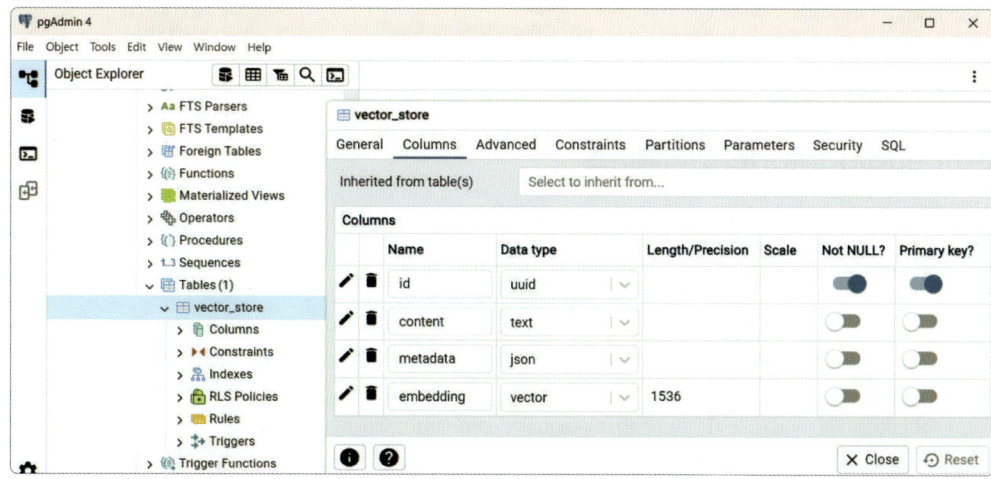

Chapter 08 · 임베딩과 벡터 저장소   229

- id 컬럼에는 각 행을 고유하게 식별할 수 있는 값이 저장되고, content 컬럼에는 임베딩 모델의 입력으로 사용한 원본 텍스트가 저장됩니다. metadata 컬럼에는 검색 조건으로 활용될 수 있는 메타데이터 정보가 저장되고, 마지막 embedding 컬럼에는 임베딩 모델이 출력한 벡터가 저장됩니다.

8.3 Spring AI Embedding Model API

Spring AI의 Embedding Model API는 내부적으로 Model API 위에 구축되어 있습니다. 핵심 인터페이스인 EmbeddingModel은 Model 인터페이스를 상속하며, 이를 통해 다양한 임베딩 모델들과 표준화된 방식으로 상호작용할 수 있습니다. 다음 다이어그램은 Embedding Model API를 보여줍니다.

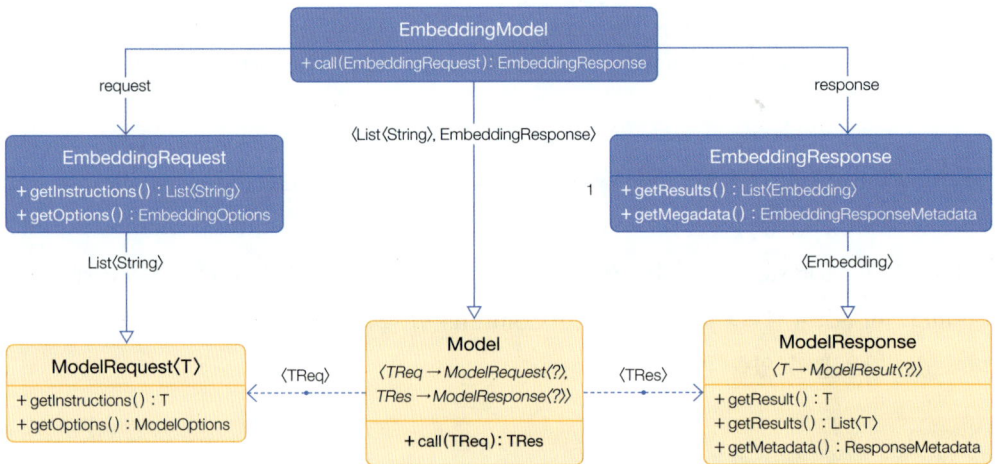

EmbeddingModel 인터페이스

EmbeddingModel 인터페이스의 주요 기능은 텍스트를 벡터로 변환하는 것입니다. 다음은 EmbeddingModel 인터페이스의 구조를 보여줍니다.

```
public interface EmbeddingModel extends Model<EmbeddingRequest, EmbeddingResponse> {
  @Override
  EmbeddingResponse call(EmbeddingRequest request);
```

```
    default float[] embed(String text) { … }
    float[] embed(Document document);
    default List<float[]> embed(List<String> texts) { … }

    default EmbeddingResponse embedForResponse(List<String> texts) { … }

    default int dimensions() { … }
}
```

- call() 메소드는 EmbeddingRequest를 매개값으로 받고, EmbeddingResponse를 반환하는 메소드입니다.
- embed() 메소드는 오버로딩이 되어 있습니다. 임베딩 모델의 입력으로 사용할 단일 텍스트, Document 객체, 텍스트 목록을 매개값으로 받고 임베딩 모델의 출력인 벡터를 반환하는 간편 메소드입니다. 모든 embed() 메소드는 call 메소드를 내부적으로 사용합니다. embed() 메소드는 임베딩 모델에 익숙하지 않은 개발자들이 쉽게 임베딩 결과인 벡터를 얻을 수 있도록 해줍니다.
- embedForResponse() 메소드는 임베딩 모델의 입력으로 사용할 텍스트 목록을 매개값으로 받고, 임베딩 모델의 출력인 벡터와 함께 메타데이터가 포함된 EmbeddingResponse를 반환합니다.
- dimensions() 메소드는 임베딩 벡터의 차원 수를 반환합니다. 이 값은 임베딩 공간의 구조를 이해하고, 이후 벡터 처리나 저장소 구성과 같은 후속 작업을 수행할 때 필요한 벡터 차원을 제공하는 역할을 합니다.

EmbeddingRequest 클래스

EmbeddingRequest 클래스는 임베딩 모델에 입력할 텍스트 목록과 임베딩 모델 옵션을 저장합니다. 이 클래스의 구조는 다음과 같습니다.

```
public class EmbeddingRequest implements ModelRequest<List<String>> {
  private final List<String> inputs;
  private final EmbeddingOptions options;
}
```

EmbeddingResponse 클래스

EmbeddingResponse 클래스는 임베딩 모델이 출력한 벡터 목록(List<Embedding>)과 해당 출력에 대한 메타데이터 EmbeddingResponseMetadata를 함께 저장합니다. 이 클래스의 구조는 다음과 같습니다.

```
public class EmbeddingResponse implements ModelResponse<Embedding> {
    private List<Embedding> embeddings;
    private EmbeddingResponseMetadata metadata;
}
```

Embedding 클래스

Embedding 클래스는 단일 텍스트에 대한 임베딩 벡터를 저장하며, List<Embedding> 내에서의 순번 index과 해당 임베딩 결과에 대한 메타데이터 EmbeddingResultMetadata를 함께 포함하고 있습니다. 이 클래스의 구조는 다음과 같습니다.

```
public class Embedding implements ModelResult<float[]> {
    private float[] embedding;
    private Integer index;
    private EmbeddingResultMetadata metadata;
}
```

EmbeddingResponseMetadata 클래스

EmbeddingResponseMetadata는 임베딩 출력에 대한 메타데이터를 저장하고 있습니다. 메타데이터로는 모델명, Usage(사용된 토큰 정보) 등이 해당됩니다. 이 클래스의 구조는 다음과 같습니다.

```
public class EmbeddingResponseMetadata extends AbstractResponseMetadata
        implements ResponseMetadata {
    private String model;
    private Usage usage;
}
```

사용 가능한 구현 클래스

임베딩 모델을 제공하는 업체별 EmbeddingModel 구현에 대한 정보는 다음 페이지를 참고하시기 바랍니다.

https://docs.spring.io/spring-ai/reference/api/embeddings.html#available-implementations

8.4 OpenAI 임베딩 모델

OpenAI에서 제공하는 임베딩 모델은 다음과 같습니다.

비교 페이지(https://platform.openai.com/docs/models/compare)에서 3개의 모델을 비교해보면 다음과 같습니다.

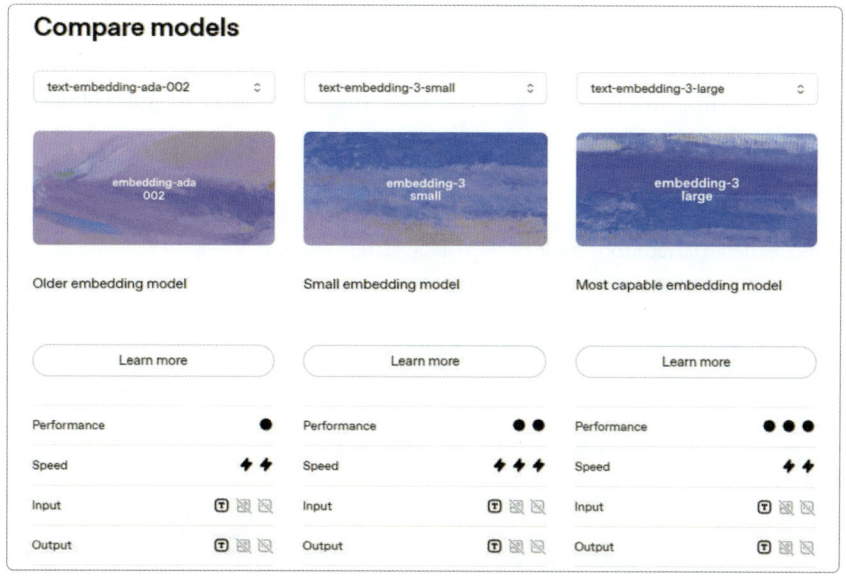

세 모델 모두 텍스트를 입력하면 텍스트 벡터를 출력하는 임베딩 모델입니다. 다음은 이들 모델을 비교한 표입니다.

모델	벡터 차원	입력 최대 토큰	MIRACL 평균 점수 (%)	MTEB 평균 점수 (%)	주요 특징
text-embedding-ada-002	1536	8192	31.4	61.0	2세대 모델로, 안정적인 기본 성능 제공
text-embedding-3-small	1536	8192	44.0	62.3	3세대 모델로, 다국어 검색 성능 대폭 향상
text-embedding-3-large	3072	8192	54.9	64.6	최대 차원 수로 최고 성능

- **MIRACL(미러클) 평균 점수 (%)**: 다국어 검색 성능을 평가한 점수입니다.
- **MTEB(엠티이비) 평균 점수 (%)**: 다양한 작업에서 얼마나 고르게 좋은 성능을 내는지 종합적으로 평가한 점수입니다.

8.5 텍스트 임베딩

OpenAI 의존성을 추가하면 EmbeddingModel 구현 객체가 Spring 빈으로 자동 생성되기 때문에 서비스 클래스에서 바로 주입해서 사용 가능합니다. 임베딩 모델 이름을 따로 설정하지 않으면 Spring AI 1.0.0 버전은 기본적으로 text-embedding-ada-002 모델을 사용합니다.

기본 모델인 text-embedding-ada-002를 text-embedding-3-small로 변경하려면 애플리케이션 구성 파일(application.properties)에서 다음과 같이 설정할 수 있습니다.

```
spring.ai.openai.embedding.options.model=text-embedding-3-small
```

다른 방법으로 런타임 시 다음과 같이 변경할 수도 있습니다.

```
EmbeddingResponse embeddingResponse = this.embeddingModel.call(
    new EmbeddingRequest(
        List.of(텍스트, ...),
```

```
    OpenAiEmbeddingOptions.builder()
      .model("text-embedding-3-small")
      .build()
  )
);
```

프로젝트 소스를 보면서 설명을 이어 나가겠습니다.

01 ch08-embedding-vector-store 프로젝트는 임베딩 모델로 text-embedding-3-small을 사용합니다. 애플리케이션 구성 파일(application.properties)을 열고, 사용할 임베딩 모델이 text-embedding-3-small로 설정되어 있는지 확인합니다.

```
spring.ai.openai.api-key=${OPENAI_API_KEY}
spring.ai.openai.chat.options.model=gpt-4o-mini
spring.ai.openai.embedding.options.model=text-embedding-3-small
```

02 service/AiService.java 파일을 열고 textEmbedding() 메소드를 살펴보겠습니다. 이 메소드는 사용자가 입력한 텍스트 질문을 임베딩 모델에 전달하여 벡터로 변환하고, 변환된 임베딩 벡터를 콘솔에 출력합니다.

```
@Service
@Slf4j
public class AiService {
  // ##### 필드 #####
❶ @Autowired
  private EmbeddingModel embeddingModel;

  // ##### 메소드 #####
  public void textEmbedding(String question) {
    // 임베딩하기
❷   EmbeddingResponse response = embeddingModel.embedForResponse(List.of(question));

    // 임베딩 모델 정보 얻기
    EmbeddingResponseMetadata metadata = response.getMetadata();
```

```
❸      log.info("모델 이름: {}", metadata.getModel());
       log.info("모델의 임베딩 차원: {}", embeddingModel.dimensions());

       // 임베딩 결과 얻기
       Embedding embedding = response.getResults().get(0);
❹      log.info("벡터 차원: {}", embedding.getOutput().length);
       log.info("벡터: {}", embedding.getOutput());
    }
}
```

❶ EmbeddingModel을 필드로 주입받습니다.

❷ EmbeddingModel의 embedForResponse() 메소드로 사용자 질문을 임베딩합니다. 반환 타입은 EmbeddingResponse입니다. 벡터만 얻고자 한다면 embed()를 사용해도 되지만, 사용된 모델의 이름을 얻기 위해서는 embedForResponse() 메소드를 사용해야 합니다. 다음은 embed() 메소드를 사용해 벡터만 얻는 방법을 보여줍니다.

```
public void textEmbedding(String question) {
    // 임베딩하기
    float[] vector = embeddingModel.embed(question);
    log.info("벡터 차원: {}", vector.length);
    log.info("벡터: {}", vector);
}
```

❸ EmbeddingResponse로부터 EmbeddingResponseMetadata 객체를 가져와, 해당 객체에 포함된 모델 이름과 임베딩 벡터의 차원 정보를 콘솔에 출력합니다.

❹ EmbeddingResponse로부터 벡터를 가져와 벡터의 차원과 값을 콘솔에 출력합니다.

03 controller/AiController.java 파일을 열고, /ai/text-embedding 요청 매핑 메소드를 보겠습니다.

```
@RestController
@RequestMapping("/ai")
@Slf4j
public class AiController {
    @Autowired
```

```
    private AiService aiService;

    // ##### 요청 매핑 메소드 #####
    @PostMapping(
        value = "/text-embedding",
        consumes = MediaType.APPLICATION_FORM_URLENCODED_VALUE,
        produces = MediaType.TEXT_PLAIN_VALUE
    )
    public String textEmbedding(@RequestParam("question") String question) {
        aiService.textEmbedding(question);
        return "서버 터미널(콘솔) 출력을 확인하세요.";
    }
}
```

- 사용자의 질문을 임베딩하기 위해 AiService의 textEmbedding() 메소드를 호출하고 있습니다. 이 요청 매핑 메소드는 반환할 특별한 내용이 없기 때문에 '서버 터미널(콘솔) 출력을 확인하세요.'라는 문구를 반환합니다.

04 프로젝트를 실행합니다. 브라우저에서 http://localhost:8080으로 요청한 후, [text-embedding] 버튼을 클릭하고, 테스트합니다.

05 질문을 입력하고 [제출] 버튼을 클릭합니다. 그리고 VS Code의 터미널(콘솔)에 출력된 로그를 확인합니다.

```
모델 이름: text-embedding-3-small
모델의 임베딩 차원: 1536
벡터 차원: 1536
벡터: [-0.014304058, 0.025897633, ... -0.021661082, 0.015989568]
```

8.6 VectorStore 인터페이스

Spring AI는 다양한 벡터 저장소를 일관된 방식으로 사용할 수 있도록 VectorStore 인터페이스를 제공합니다. 이 인터페이스는 벡터 저장, 삭제, 유사도 검색 등 벡터 저장소와의 상호작용을 위한 핵심 메소드들로 구성되어 있습니다.

다음은 VectorStore 인터페이스의 구조를 보여줍니다.

```java
public interface VectorStore extends DocumentWriter {
    default String getName() { … }                          // VectorStore 구현 클래스 이름

    void add(List<Document> documents);                     // 벡터 저장

    Optional<Boolean> delete(List<String> idList);          // id로 벡터 삭제
    void delete(Filter.Expression filterExpression);        // 메타데이터 조건으로 벡터 삭제
    default void delete(String filterExpression) { … };     // 메타데이터 조건으로 벡터 삭제

    List<Document> similaritySearch(String query);              // 유사한 Document 검색
    List<Document> similaritySearch(SearchRequest request);     // 유사한 Document 검색

    default <T> Optional<T> getNativeClient() { … }  //벡터 저장소의 네이티브 클라이언트 반환
}
```

- getName() 메소드는 VectorStore 구현 클래스의 이름을 반환합니다.
- add(List<Document> documents) 메소드는 주어진 Document 목록을 임베딩한 뒤, 각 Document의 임베딩 결과를 벡터 저장소에 저장합니다.
- delete(…) 메소드는 주어진 조건을 이용해서 벡터 저장소에서 Document를 삭제합니다.
- similaritySearch(…) 메소드는 주어진 쿼리를 이용해서 유사도 검색을 수행하고, 유사도가 높은 Document 목록을 반환합니다.
- getNativeClient() 메소드는 VectorStore 구현체가 내부적으로 사용하는 벡터 저장소의 네이티브 클라이언트를 반환합니다. 네이티브 클라이언트가 없는 경우에는 빈 Optional을 반환합니다. 이 메소드는 VectorStore 인터페이스에 정의되지 않은 벡터 저장소의 고유 기능에 접근할 필요가 있을 때 활용할 수 있습니다.

VectorStore 구현체를 제공하는 벡터 저장소들은 다음 페이지에서 확인할 수 있습니다.

https://docs.spring.io/spring-ai/reference/api/vectordbs.html#_vectorstore_implementations

VectorStore 구현체들은 대부분 Spring Boot 스타터를 제공하므로 이를 프로젝트에 의존성으로 추가하면 해당 구현체가 자동으로 Spring 빈으로 등록됩니다. 이렇게 등록된 빈은 필드 주입이나 생성자 주입을 통해 손쉽게 사용할 수 있습니다.

ch08-embedding-vector-store 프로젝트는 벡터 저장소로 PGVector를 사용하기 때문에 build.gradle 파일에서 프로젝트 의존성으로 PGVector 스타터(spring-ai-starter-vector-store-pgvector)를 추가하고 있습니다.

8.7 Document 저장

VectorStore 인터페이스의 add() 메소드는 임베딩할 텍스트를 String 타입으로 받지 않고, Document 타입으로 받고 있습니다. Document는 텍스트 콘텐츠와 메타데이터를 저장하는 컨테이너 역할을 합니다. add() 메소드는 Document 목록을 받고, Document 단위로 임베딩을 수행하고, 그 결과를 벡터 저장소에 하나의 행으로 저장합니다.

다음은 Document 클래스의 구조를 보여줍니다.

```
public class Document {
  private final String id;
  private final String text;
  private final Media media;
  private final Map<String, Object> metadata;
  private final Double score;
}
```

- id는 Document를 식별하는 UUID 값입니다. 벡터 저장소에 저장될 때 자동 생성됩니다.
- text는 텍스트 콘텐츠이고, media는 미디어 콘텐츠입니다. Document는 텍스트 콘텐츠 또는 미디어 콘텐츠 중 하나만 저장할 수 있습니다. 두 가지를 동시에 저장할 수 없습니다.
- metadata는 콘텐츠의 메타데이터로 key와 value로 구성된 Map 타입입니다. 조건 검색에서 사용할 수 있는 정보로 활용되는데 콘텐츠의 부가 정보인 출처, 제목, 날짜 등이 저장될 수 있습니다.
- score는 유사도 검색 시 쿼리와의 유사도를 점수로 환산한 값입니다. 값의 범위는 0 ~ 1 사이의 실수입니다. 1에 가까울수록 유사성 또는 관련성이 더 큽니다.

Document 객체는 직접 생성자를 호출해서 생성할 수도 있고, Builder를 이용해서 생성할 수도 있습니다. 다음은 Document의 오버로딩된 생성자를 보여줍니다.

```
Document(String text)
Document(String text, Map<String, Object> metadata)
Document(String id, String text, Map<String, Object> metadata)
Document(Media media, Map<String, Object> metadata)
Document(String id, Media media, Map<String, Object> metadata)
Document(String id, String text, Media media, Map<String, Object> metadata, Double score)
```

다음은 Builder를 이용해서 Document 객체를 생성하는 방법을 보여줍니다.

```
Document doc = Document.builder()
    .text(String text)
    .metadata(Map<String, Object> metadata)
    .build();
```

프로젝트 소스를 보면서 설명을 이어가겠습니다.

01 service/AiService.java 파일을 열고, addDocument() 메소드를 보겠습니다. 이 메소드는 7개의 Document를 생성해서 벡터 저장소에 저장합니다. Document의 콘텐츠는 모두 텍스트이며, 메타데이터를 가지고 있습니다.

```
@Service
@Slf4j
public class AiService {
    // ##### 필드 #####
    @Autowired
    private EmbeddingModel embeddingModel;

    @Autowired
    private VectorStore vectorStore;

    // ##### 메소드 #####
    public void addDocument() {
        // Document 목록 생성
        List<Document> documents = List.of(
            new Document("대통령 선거는 5년마다 있습니다.", Map.of("source", "헌법", "year", 1987)),
            new Document("대통령 임기는 4년입니다.", Map.of("source", "헌법", "year", 1980)),
            new Document("국회의원은 법률안을 심의·의결합니다.", Map.of("source", "헌법", "year", 1987)),
            new Document("자동차를 사용하려면 등록을 해야합니다.", Map.of("source", "자동차관리법")),
            new Document("대통령은 행정부의 수반입니다.", Map.of("source", "헌법", "year", 1987)),
            new Document("국회의원은 4년마다 투표로 뽑습니다.", Map.of("source", "헌법", "year", 1987)),
            new Document("승용차는 정규적인 점검이 필요합니다.", Map.of("source", "자동차관리법"))
        );

        // 벡터 저장소에 저장
```

```
❸       vectorStore.add(documents);
    }
}
```

❶ 자동 구성된 VectorStore를 필드 주입받습니다.

❷ Document를 생성할 때 텍스트 콘텐츠와 메타데이터를 전달합니다. 메타데이터는 콘텐츠와 관련된 키와 값으로 개수와 상관없이 추가할 수 있습니다.

❸ VectorStore의 add() 메소드는 주어진 Document 목록에서 Document 단위로 콘텐츠를 임베딩해서 벡터를 생성하고, 텍스트 콘텐츠, 메타데이터와 함께 하나의 행으로 vector_store 테이블에 저장합니다.

02 controller/AiController.java 파일을 열고, /ai/add-document 요청 매핑 메소드를 보겠습니다.

```
@PostMapping(
    value = "/add-document",
    consumes = MediaType.APPLICATION_FORM_URLENCODED_VALUE,
    produces = MediaType.TEXT_PLAIN_VALUE
)
public String addDocument(@RequestParam("question") String question) {
    aiService.addDocument();
    return "벡터 저장소에 Document가 저장되었습니다.";
}
```

- 사용자의 질문을 매개변수로 받았지만, AiService의 addDocument()를 호출할 때 사용하지 않았습니다. 그리고 특별히 반환할 내용이 없기 때문에 정적 문자열로 "벡터 저장소에 Document가 저장되었습니다."를 반환하고 있습니다.

03 브라우저에서 http://localhost:8080으로 요청한 후에, [add-document] 버튼을 클릭하고, 테스트합니다. 질문을 입력할 필요가 없기 때문에 [제출] 버튼을 바로 클릭합니다. '벡터 저장소에 Document가 저장되었습니다.'라고 대화 패널에 출력되는지 확인합니다.

04 pgAdmin 툴을 실행합니다. Object Explorer에서 [Docker-PGVector/Databases/postgres/Schemas/public/Tables]에 있는 vector_store 테이블을 선택하고, [마우스 우클릭 ▶ View/Edit Data ▶ All Rows]를 선택합니다. 다음과 같이 행들이 저장되어 있는 것을 확인할 수 있습니다.

	id [PK] uuid	content text	metadata json	embedding vector
1	1fbe2d50-4957-42...	국회의원은 4년마다 투표로 뽑습니다.	{"year": 1987, "source": "헌법"}	[0.016880019,0.027738089,0....
2	4d65c88b-d35f-4f5...	대통령 임기는 4년입니다.	{"year": 1980, "source": "헌법"}	[-0.005762597,0.012590944,0...
3	6ea1cece-71f2-44...	국회의원은 법률안을 심의·의결합니다.	{"year": 1987, "source": "헌법"}	[0.038565546,0.00246965,0.0...
4	82e6ea71-ae25-4a...	대통령 선거는 5년마다 있습니다.	{"year": 1987, "source": "헌법"}	[-0.06642167,0.015479183,0....
5	9ec12226-44ad-41...	승용차는 정규적인 점검이 필요합니다.	{"source": "자동차관리법"}	[0.010739179,0.07229121,-0....
6	db91bb5f-52eb-49...	자동차를 사용하려면 등록을 해야합니다.	{"source": "자동차관리법"}	[0.011138515,0.041857474,-0...
7	e7236fce-14ac-45...	대통령은 행정부의 수반입니다.	{"year": 1987, "source": "헌법"}	[-0.010577656,-0.004373454,0...

- Document는 하나의 행으로 저장됩니다. VectorStore의 add()에 주어진 Document 목록에는 총 7개의 Document가 있었기 때문에 7개의 행으로 저장되었습니다. 물리적으로 저장되는 순서는 코드로 정할 수 없고, 저장 공간의 효율성을 고려해서 PGVector가 알아서 저장합니다.
- id 컬럼에는 자동 생성된 UUID가 저장되어 있습니다.
- content 컬럼과 metadata 컬럼에는 각각 Document의 콘텐츠와 메타데이터가 저장되어 있습니다.
- embedding 컬럼에는 Document의 텍스트 콘텐츠를 임베딩 모델이 벡터로 변환한 결과가 저장되어 있습니다.

8.8 Document 검색

VectorStore 인터페이스의 similaritySearch() 메소드는 주어진 텍스트 또는 SearchRequest를 이용해 벡터 저장소에서 유사한 문서를 검색합니다.

```
List<Document> similaritySearch(String query);
List<Document> similaritySearch(SearchRequest request);
```

두 메소드 모두 검색 결과로 유사한 Document 목록으로 반환합니다. 텍스트로 검색하면 기본적으로 유사도가 높은 상위 4개의 Document를 가져옵니다. 검색 조건을 지정하고 싶다면 SearchRequest를 매개값으로 제공해야 합니다.

다음은 SearchRequest 클래스의 구조를 보여줍니다.

```
public class SearchRequest {
  public static final double SIMILARITY_THRESHOLD_ACCEPT_ALL = 0.0;
```

```
    public static final int DEFAULT_TOP_K = 4;

    private String query = "";
    private int topK = DEFAULT_TOP_K;
    private double similarityThreshold = SIMILARITY_THRESHOLD_ACCEPT_ALL;
    private Filter.Expression filterExpression;
}
```

- **query**: 유사도 검색에 사용될 텍스트입니다.
- **topK**: 유사도가 높은 상위 K개를 지정하는 정수입니다. 기본 값은 4개입니다.
- **similarityThreshold**: 0에서 1 사이의 double 값으로, 1에 가까울수록 더 높은 유사도를 나타냅니다. 기본 값은 0.0입니다. similarityThreshold를 0.75로 설정하면 이 값보다 높은 유사도를 가진 문서들만 검색됩니다.
- **Filter.Expression**: SQL의 'where' 절과 유사하게 동작하는 표현식으로 메타데이터를 검색 조건으로 합니다.

SearchRequest 객체는 다음과 같이 생성할 수 있습니다.

```
SearchRequest.builder()
    .query("대통령은 얼마 동안 근무해?")
    .topK(1)
    .similarityThreshold(0.4)
    .filterExpression("source == '헌법' && year >= 1987")
    .build()
```

- 메타데이터의 source 값이 '헌법'이면서 year 값이 '1987'년 이후인 Document 중에서 '대통령은 얼마 동안 근무해?'와 유사도가 0.4 이상인 상위 1개의 Document를 가져오도록 검색 조건을 설정했습니다. filterExpression()의 매개값은 다음과 같이 Filter.Expression 객체도 될 수 있습니다.

```
FilterExpressionBuilder feb = new FilterExpressionBuilder();
List<Document> documents = vectorStore.similaritySearch(
    SearchRequest.builder()
        .query(question)
        .topK(1)
        .similarityThreshold(0.4)
        .filterExpression(feb
            .and(
```

```
              feb.eq("source", "헌법"),
              feb.gte("year", 1987)
          )
          .build())
      .build());
```

다음은 문자열 표현식과 FilterExpressionBuilder에서 사용할 수 있는 연산자를 정리한 표입니다.

문자열 연산자		FilterExpressionBuilder 메소드	설명
==	EQUALS	eq(String key, Object value)	값이 같은지 비교
!=	NE	ne(String key, Object value)	값이 다른지 비교
<	LT	lt(String key, Object value)	값이 작은지 비교
<=	LE	lte(String key, Object value)	값이 같거나 작은지 비교
>	GT	gt(String key, Object value)	값이 큰지 비교
>=	GE	gte(String key, Object value)	값이 같거나 큰지 비교
&, &&	AND	and(Op left, Op right)	둘 다 만족하는지 비교
|, ||	OR	or(Op left, Op right)	둘 중 하나만 만족하는지 비교
IN ['...', '...']		in(String key, List⟨Object⟩ values)	여러 값 중 하나에 해당하는지 비교

프로젝트 소스를 보면서 설명을 이어가겠습니다.

01 service/AiService.java 파일을 열고, searchDocument1() 메소드를 보겠습니다. 이 메소드는 사용자의 질문을 그대로 similaritySearch() 메소드의 매개값으로 전달하여, 유사도가 높은 상위 4개의 Document 목록을 반환 받습니다.

```
public List<Document> searchDocument1(String question) {
    List<Document> documents = vectorStore.similaritySearch(question);
    return documents;
}
```

02 controller/AiController.java 파일을 열고, /ai/search-document-1 요청 매핑 메소드를 보겠습니다.

```java
@PostMapping(
    value = "/search-document-1",
    consumes = MediaType.APPLICATION_FORM_URLENCODED_VALUE,
    produces = MediaType.TEXT_PLAIN_VALUE
)
public String searchDocument1(@RequestParam("question") String question) {
❶   List<Document> documents = aiService.searchDocument1(question);

    String text = "";
    for(Document document: documents) {
      text += "<div class='mb-2'>";
      text += "  <span class='me-2'>유사도 점수: %f,</span>".formatted(document.getScore());
❷     text += "  <span>%s(%s)</span>".formatted(document.getText(),
                                                 document.getMetadata().get("year"));
      text += "</div>";
    }
    return text;
}
```

❶ 사용자의 질문을 매개값으로 해서 AiService의 similaritySearch() 메소드를 호출하고, 유사도가 높은 상위 4개의 Document 목록을 반환받습니다.

❷ 받은 Document 목록에서 각 Document에 대해 유사도 점수, 텍스트 콘텐츠, 메타데이터 year 값으로 <div>태그를 생성하고 반환합니다.

03 브라우저에서 http://localhost:8080 으로 요청한 후, [search-document-1] 을 클릭하고, 테스트합니다. 질문란에는 "대통령은 얼마 동안 근무해?"라고 입력하고 [제출] 버튼을 클릭합니다.

결과를 보면 4개의 Document를 가져왔습니다. 상위 2개가 대통령 근무 기간과 관련이 있어 보이고, 나머지 두 개는 전혀 관련이 없어 보입니다. 유사도 점수를 기준으로 상위 4개의 Document를 가져오기 때문에 유사도가 낮은 Document를 가져올 수도 있습니다.

이번에는 검색 조건을 좀더 세밀하게 주기 위해 SearchRequest를 사용하는 코드를 살펴보겠습니다.

01 service/AiService.java 파일을 열고 searchDocument2() 메소드를 확인합니다.

```java
public List<Document> searchDocument2(String question) {
    List<Document> documents = vectorStore.similaritySearch(
        SearchRequest.builder()
            .query(question)                                    // 쿼리 내용
            .topK(1)                                            // 최상위 1개만 가져옴(조건1)
            .similarityThreshold(0.4)                           // 유사성 점수가 0.4 이상(조건2)
            .filterExpression("source == '헌법' && year >= 1987")   // 메타데이터 조건(조건3)
            .build()
    );
    return documents;
}
```

- SearchRequest를 빌드할 때, query()에는 사용자의 질문을 주었습니다.
- topK()에는 유사성이 높은 상위 1개만 가져오도록 했습니다.
- similarityThreshold()에는 유사도가 0.4 이상인 것만 가져오도록 했습니다.
- filterExpression()에는 메타데이터 중 source가 "헌법"이고, year가 1987년 이후인 문서만 검색되도록 조건을 설정했습니다.

02 controller/AiController.java 파일을 열고, /ai/search-document-2 요청 매핑 메소드를 보겠습니다. /ai/search-document-1 요청 매핑 메소드와 내용은 동일하지만, AiService의 searchDocument2()를 호출하는 것만 다릅니다.

```java
@PostMapping(
    value = "/search-document-2",
    consumes = MediaType.APPLICATION_FORM_URLENCODED_VALUE,
    produces = MediaType.TEXT_PLAIN_VALUE
)
```

```
public String searchDocument(@RequestParam("question") String question) {
    List<Document> documents = aiService.searchDocument2(question);
    ...
}
```

03 브라우저에서 http://localhost:8080으로 요청을 한 후, [search-document-2]를 클릭하고, 테스트합니다. 질문에는 이전 실습과 동일하게 "대통령은 얼마 동안 근무해?"라고 입력하고 [제출] 버튼을 클릭합니다.

- 상위 1개를 가져오도록 했기 때문에 조건에 맞는 가장 유사도가 높은 1개의 Document만 가져온 것을 볼 수 있습니다.

8.9 Document 삭제

VectorStore 인터페이스의 delete() 메소드들은 벡터 저장소에서 Document를 삭제합니다. id 목록으로 삭제할 수도 있고, 메타데이터를 조건으로 해서 삭제할 수도 있습니다.

```
Optional<Boolean> delete(List<String> idList);              // id로 벡터 삭제
void delete(Filter.Expression filterExpression);            // 메타데이터 조건으로 벡터 삭제
default void delete(String filterExpression) { ... };       // 메타데이터 조건으로 벡터 삭제
```

프로젝트 소스를 보면서 설명을 이어 나가겠습니다.

01 service/AiService.java 파일을 열고 deleteDocument() 메소드를 보겠습니다. 이 메소드는 1987년 이전에 제정된 헌법과 관련된 Document를 삭제합니다.

```
public void deleteDocument() {
    vectorStore.delete("source == '헌법' && year < 1987");
}
```

- delete() 메소드의 매개값으로 문자열 표현식을 제공했습니다.

02 controller/AiController.java 파일을 열고, /ai/delete-document 요청 매핑 메소드를 보겠습니다.

```
@PostMapping(
    value = "/delete-document",
    consumes = MediaType.APPLICATION_FORM_URLENCODED_VALUE,
    produces = MediaType.TEXT_PLAIN_VALUE
)
public String deleteDocument(@RequestParam("question") String question) {
    aiService.deleteDocument();
    return "Document가 삭제되었습니다.";
}
```

- 사용자의 질문을 매개변수로 받았지만, AiService의 deleteDocument()를 호출할 때 사용하지 않았습니다. 그리고 특별히 반환할 내용이 없기 때문에 "Document가 삭제되었습니다."를 반환했습니다.

03 프로젝트를 실행합니다. 브라우저에서 http://localhost:8080으로 요청한 후, [delete-document] 버튼을 클릭하고, 테스트합니다. 질문은 입력하지 않아도 됩니다. [제출] 버튼을 클릭합니다. 대화 패널에 "Document가 삭제되었습니다."라고 출력되면, pgAdmin 툴로 vector_store 테이블에서 관련 행이 삭제되었는지 확인합니다.

8.10 이미지 임베딩과 얼굴 인식

이미지를 임베딩하여 벡터 저장소에 저장하고, 이를 기반으로 유사한 이미지를 검색하는 방법을 학습해보도록 하겠습니다. 이미지 임베딩의 대표적인 활용 사례는 얼굴 인식 Face Recognition 입니다. 사용자의 얼굴 이미지를 임베딩 벡터로 변환해 벡터 저장소에 보관한 후, 카메라로 촬영한 얼굴 이미지와 비교하여 동일 인물인지 식별하기 위해 유사도 기반 검색을 수행합니다.

이미지는 이미지 임베딩 모델을 사용해 벡터로 변환할 수 있습니다. 이미지 임베딩 모델은 어떤 데이터셋으로 학습되었는지에 따라 특정 대상에 대한 임베딩 성능이 달라지므로, 사용 목적에 맞는 모델을 선택하는 것이 중요합니다.

다음은 대표적인 이미지 임베딩 모델들을 정리한 표입니다.

모델 이름	제공업체 및 기관	신경망(아키텍처)	임베딩 대상	데이터셋 유형
CLIP	OpenAI	ViT	범용 이미지	웹 일반 이미지
ResNet	Microsoft	CNN	범용 이미지	일반 생활 이미지
ImageNet	Google	ViT	범용 이미지	일반 생활 이미지
DINO	Meta	ViT	범용 이미지	일반 생활 이미지
FaceNet	Google	CNN	얼굴 이미지	얼굴 이미지
ArcFace	InsightFace	CNN	얼굴 이미지	얼굴 이미지
MagFace	KAIST	CNN	얼굴 이미지	얼굴 이미지

이미지 임베딩 모델에서 사용되는 신경망 아키텍처는 크게 CNN(Convolutional Neural Network)과 ViT(Vision Transformer)로 나눌 수 있습니다. CNN은 필터를 이용해 이미지를 슬라이딩하면서 지역적인 특징을 추출하는 데 중점을 둡니다. 반면, ViT는 이미지를 일정 크기의 작은 조각(패치)으로 나눈 뒤, 각 패치들이 전체 이미지 내에서 어떤 관계를 갖는지를 학습하는 데 중점을 둡니다.

예를 들어, CNN은 눈, 코, 귀와 같은 세부 요소를 각각 추출한 후 이를 종합하여 전체 이미지를 인식하는 방식이라면, ViT는 눈이 어디에 있고, 꼬리가 어느 위치에 있는지와 같은 전역적인 구조를 한눈에 파악합니다. 이러한 차이로 인해, CNN은 세부적인 특징을 정밀하게 분석하는 데 유리하며, ViT는 이미지 전체를 조망하며 요소 간의 관계를 파악하는 데 강점이 있습니다. Spring AI의 Embedding Model API는 텍스트 임베딩만을 지원하고, 이미지 임베딩은 직접적으로 지원하지 않습니다. 따라서 자바 애플리케이션에서 이미지 임베딩을 활용하기 위한 가장 현실적인 방법은, 이미지 임베딩 모델을 Docker 컨테이너로 파이썬 환경에서 실행하고 이를 REST API 형태로 노출한 뒤, 자바 애플리케이션에서 해당 API를 호출하는 방식입니다.

이번 실습에서는 ArcFace 임베딩 모델을 이용해 얼굴 이미지를 벡터화하고, 벡터 저장소에 저장하는 과정을 학습합니다. 그리고 새로운 얼굴 이미지가 주어졌을 때, 저장된 벡터들과의 유사도 검색을 통해 해당 얼굴이 누구인지 인식하는 방법을 학습합니다.

도커 컨테이너 실행

먼저 Docker 컨테이너에서 실행하는 face-embed-api를 설치하겠습니다. face-embed-api는 이미지 임베딩 모델을 파이썬 환경에서 실행시킵니다.

01 먼저, PC에 Docker Desktop이 설치되어 있는지 확인합니다. 설치되어 있지 않다면, 부록을 참고하여 Docker Desktop을 설치하시기 바랍니다.

02 book-spring-ai/docker/face-embed-api 폴더가 있는지 확인합니다. 이 폴더는 다음과 같은 하위 항목이 있습니다:

- **context 폴더:** Docker 이미지를 빌드할 때 사용되는 빌드 컨텍스트 폴더입니다. Dockerfile과 관련 파일들이 이곳에 위치합니다.
- **image 폴더:** context 폴더에서 이미지를 빌드한 후 생성된 도커 이미지의 압축 파일이 저장되어 있습니다.
- **README.md:** 도커 이미지의 구성과 사용 방법을 설명하는 문서입니다.

03 도커 이미지를 로드하는 방법은 두 가지입니다. 첫 번째는 image 폴더에 있는 TAR 파일을 로드하는 방법이고, 두 번째는 context 폴더에서 이미지를 빌드하는 방법입니다. 여기서는 첫 번째 방법으로 이미지를 로드하겠습니다. image 폴더 안에서 터미널 또는 파워쉘을 열고, 다음 명령어를 실행합니다.

```
C:\...\image> docker load -i face-embed-api.tar
```

> **여기서 잠깐**
>
> ☆ **이미지를 빌드하는 방법**
>
> 두 번째 방법은 context 폴더 안에 있는 파일들을 커스터마이징한 후에 다시 이미지로 빌드할 때 사용할 수 있습니다. FastAPI 서버 시작 파일인 face_embed_api.py에서 모델명을 변경하거나 요청 경로를 수정 및 추가해서 사용하고 싶을 경우입니다. 관련 명령어는 READ.md 파일에 있으니, 참고하시기 바랍니다.

이미지를 로드하는 시간이 다소 걸릴 수 있습니다. Loaded image: face-embed-api:latest라는 메시지가 출력되면, 도커 이미지가 성공적으로 로드된 것입니다.

04 이제 아래 명령어로 Docker 컨테이너를 실행합니다.

```
C:\...\image> docker run -d --name face-embed-api -p 50001:8000 face-embed-api:latest
```

4da3bd...851d88와 같은 컨테이너 ID가 출력되면 성공적으로 컨테이너가 실행된 것입니다. Docker Desktop 좌측 상단 Containers 메뉴를 선택하면 다음과 같이 face-embed-api가 실행되고 있는 모습을 볼 수 있습니다.

Name	Container ID	Image	Port(s)	CPU...	Last started	Actions
face-embed-api	4da3bd806c05	face-embed-api:latest	50001:8000	0.08%	11 minutes ago	

05 face-embed-api는 50001번 호스트 포트에서 동작하는 두 개의 엔드포인트 endpoint를 제공하고 있습니다. 다음은 이들 엔드포인트에 대한 기능 설명입니다.

엔드포인트	주요 기능
http://localhost:50001 /get-face-image	• 클라이언트에서 사진 이미지를 받습니다. • YOLOv8n-face 모델을 사용해서 얼굴만 잘라내기 합니다. • 얼굴 이미지를 응답으로 반환합니다.
http://localhost:50001 /get-face-vector	• 클라이언트에서 사진 이미지를 받습니다. • YOLOv8n-face 모델을 사용해서 얼굴만 잘라내기 합니다. • 얼굴만 잘라낸 이미지로 ArcFace_r50 모델을 사용해서 임베딩합니다. • 임베딩된 벡터의 차원은 512입니다. • 임베딩된 벡터를 L2 정규화를 적용하고 JSON을 반환합니다. • 응답 JSON 구조: { "vector": [0.12345, 0.23456, ...] }

두 개의 엔드포인트로 요청할 때는 요청 본문 형식이 multipart/form-data여야 하며, 파일 파트의 이름이 'file'이어야 합니다.

요청 방식	엔드포인트(endpoint)	요청 본문
POST	http://localhost:50001/get-face-image	multipart/form-data 파일파트 이름: file
POST	http://localhost:50001/get-face-vector	multipart/form-data 파일파트 이름: file

두 개의 엔드포인트가 정상적으로 동작하는지 Postman에서 테스트해 보겠습니다. Postman이 설치되어 있지 않다면 다음 페이지에서 운영 체제별로 설치 파일을 다운로드 받아 설치하고, 회원 가입 후, 로그인해서 실행하면 됩니다.

https://www.postman.com/downloads/

> **여기서 잠깐**
>
> ☆ **Postman**
>
> Postman(https://www.postman.com)은 REST API를 손쉽게 테스트하고 관리할 수 있는 도구로, 전 세계 개발자들이 널리 사용하고 있는 API 클라이언트입니다. 개발자는 Postman을 사용해 다양한 HTTP 요청을 시각적으로 구성하고, 요청 결과를 즉시 확인할 수 있습니다.

테스트 방법은 요청 방식과 엔드포인트를 입력하고, 다음과 같이 전달할 데이터를 설정하면 됩니다.

- 'Body' 탭 선택 (요청 본문에서 데이터를 보내기 위해)
- 요청 본문 형식을 'form-data'로 선택 (multipart/form-data으로 구성하기 위해)
- Key 이름을 'file'로, 타입을 'File'로 선택 (파일을 선택하기 위해)
- Value에서 'book-spring-ai/data/image/박현서1.jpg' 로컬 파일을 선택

데이터 설정이 완료되면 [Send] 버튼을 클릭합니다. 그러면 다음과 같이 REST API 응답 내용이 아래 쪽에 출력됩니다.

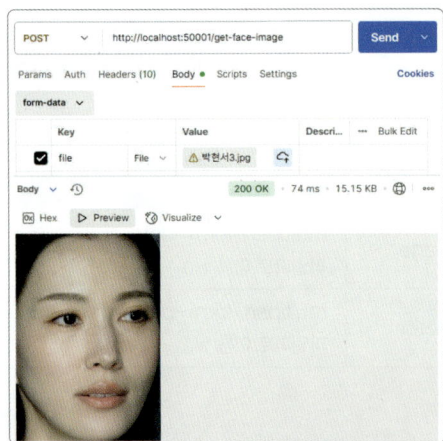
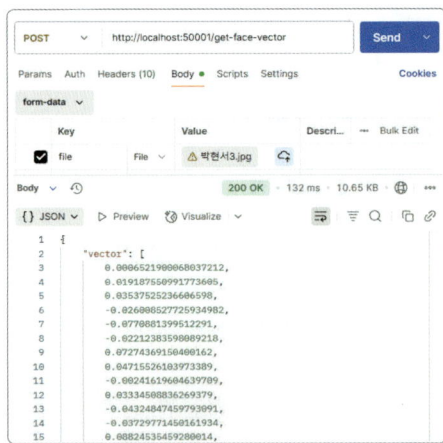

PGVector 테이블 생성

그 다음 해야 할 작업은 이미지 임베딩 벡터를 저장할 PGVector 테이블을 생성해야 합니다. 다음 순서대로 진행하시기 바랍니다.

01 pgAdmin 툴을 실행합니다.

02 [Docker-PGVector/Databases/postgres/Schemas/public/Tables]를 선택하고 마우스 우클릭해서 Query Tool 메뉴를 선택합니다.

03 상단 첫 번째 [Open File] 아이콘을 클릭하고, book-spring-ai/other/sql/ch08-face_vector_store.sql 파일을 엽니다. 그리고 [Execute Script] 버튼을 클릭해서 실행합니다. 생성된 테이블을 확인하기 위해 Object Explorer에서 [Tables ▶ 우클릭 ▶ Refresh] 메뉴를 선택합니다.

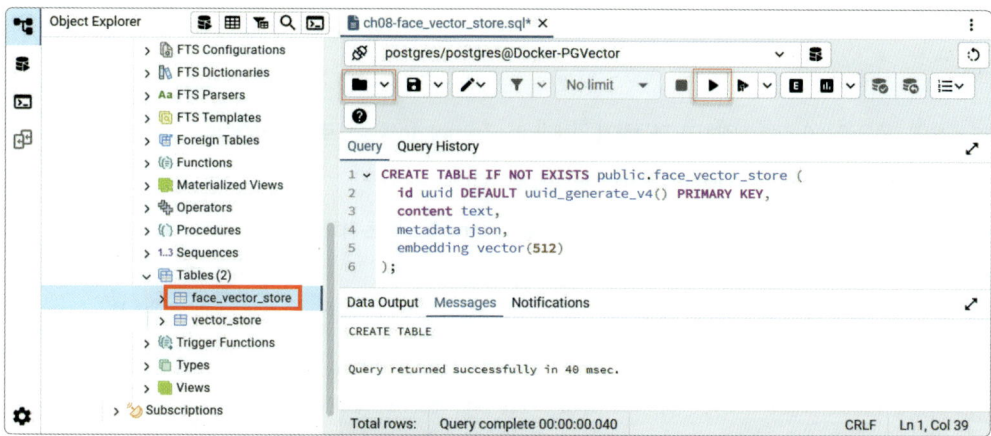

- ArcFace 임베딩 모델의 출력 벡터의 차원은 512입니다. 따라서 embedding 컬럼에서 vector 타입의 크기를 512로 설정해 주었습니다.

애플리케이션 소스 작성

이제 애플리케이션 소스 코드를 보겠습니다.

01 service/FaceService.java 파일을 엽니다. 이 서비스 클래스는 클라이언트가 보낸 사진에서 얼굴을 감지한 후, 이를 임베딩하여 벡터 저장소에 저장합니다. 이후 새로운 사진이 입력되면, 해당

얼굴을 벡터로 변환한 뒤 저장된 벡터들과의 유사도 검색을 통해 누구의 얼굴인지 식별하고, 인식된 사람의 이름을 반환합니다. 먼저 필드와 생성자 선언을 보겠습니다.

```java
@Service
@Slf4j
public class FaceService {
  // ##### 필드 #####
  @Autowired
  private JdbcTemplate jdbcTemplate;
  private WebClient webClient;

  // ##### 생성자 #####
  public FaceService(WebClient.Builder webClientBuilder) {
    webClient = webClientBuilder.build();
  }
}
```

- SQL 문으로 데이터를 저장하고 검색하기 위해 JdbcTemplate를 필드로 주입받습니다.
- REST API 클라이언트인 WebClient를 필드에 추가합니다.
- 생성자에서 WebClient.Builder를 주입받고, webClient 필드를 초기화합니다.

02 사진 속 얼굴에 대한 임베딩 벡터를 반환하는 getFaceVector() 메소드를 보겠습니다.

```java
public float[] getFaceVector(MultipartFile mf) throws IOException {
  MultipartBodyBuilder builder = new MultipartBodyBuilder();
  builder.part("file", mf.getBytes())   // 파일 파트 구성
❶    .filename(mf.getOriginalFilename())
     .contentType(MediaType.valueOf(mf.getContentType()));
  MultiValueMap<String, HttpEntity<?>> multipartForm = builder.build(); // 멀티파트 폼 생성

  FaceEmbedApiResponse response = webClient.post()
      .uri("http://localhost:50001/get-face-vector")   // 요청 URL
      .body(BodyInserters.fromMultipartData(multipartForm)) // 요청 본문에 멀티파트 폼 넣기
❷    .retrieve()   // REST API 호출
      .bodyToMono(FaceEmbedApiResponse.class)   //매핑할 클래스 지정
      .block();   //응답이 모두 올때까지 기다림(동기 방식으로 전환)
```

```
        float[] vector = response.vector();    // 얼굴 벡터 얻기
        return vector;
    }

❸  public record FaceEmbedApiResponse(float[] vector) {
    }
```

❶ 멀티파트 폼을 구성하기 위한 코드입니다. 매개변수로 받은 MultipartFile로부터 파일 이름, 파일 타입, 파일 데이터를 얻고, "file" 파라미터 이름으로 파일 파트를 작성합니다.

❷ 도커 컨테이너에서 실행하는 face-embed-api로 사진 이미지를 보내고, 응답으로 얼굴 벡터를 JSON으로 얻습니다. 이것을 FaceEmbedApiResponse로 매핑해서 반환받습니다.

{ "vector":[0.12345, 0.23456, ...]" } ➡ FaceEmbedApiResponse

❸ JSON 응답을 매핑할 레코드 클래스입니다.

03 얼굴 임베딩 벡터를 벡터 저장소에 저장하는 addFace() 메소드를 보겠습니다. 첫 번째 매개변수는 사진 속 얼굴의 이름이고, 두 번째 매개변수는 사진 파일 정보가 담긴 MultipartFile입니다.

```
    public void addFace(String personName, MultipartFile mf) throws IOException {
❶      // 얼굴 임베딩
        float[] vector = getFaceVector(mf);

        // 벡터 저장소에 저장
❷      String strVector = Arrays.toString(vector).replace(" ", "");
        String sql = """
❸          INSERT INTO face_vector_store (content, embedding)
            VALUES (?, ?::vector)
            """;
❹      jdbcTemplate.update(sql, personName, strVector);
    }
```

❶ getFaceVector() 메소드로 얼굴 임베딩 벡터를 얻습니다.

❷ 벡터(float[])를 문자열로 변환합니다. 이때, 항목 간 빈 공백은 없애줍니다.

> [0.12345, 0.23456] ➡ " [0.12345,0.23456] "

❸ ?::vector는 ?에 들어올 문자열 벡터를 PGVector가 정의한 vector 타입으로 변환합니다.

❹ JdbcTemplate의 update() 메소드로 INSERT 문을 실행해서 face_vector_store 테이블에 저장합니다. content 컬럼의 값은 얼굴 벡터에 대한 사람 이름입니다.

04 사진 속 얼굴이 누구인지 이름을 반환하는 findFace() 메소드를 보겠습니다.

```java
public String findFace(MultipartFile mf) throws IOException {
    // 얼굴 임베딩
❶   float[] vector = getFaceVector(mf);
    String strVector = Arrays.toString(vector).replace(" ", "");

    // 유사한 얼굴 찾기(<=>): L2 정규화가 되어있을 경우 L2 거리, 0~2, 작을수록 유사
    String sql = """
        SELECT content, (embedding <=> ?::vector) AS similarity
❷       FROM face_vector_store
        ORDER BY embedding <=> ?::vector
        LIMIT 3
        """;

    // 검색 결과를 출력해보기
    List<Map<String, Object>> list = jdbcTemplate.queryForList(sql, strVector, strVector);
    for(Map<String, Object> map : list) {
❸       String personName = (String) map.get("content");
        Double similarity = (Double) map.get("similarity");
        log.info("{} (L2 거리: {})", personName, similarity);
    }

    // 검색 결과에서 거리가 가장 짧은 벡터의 유사도가 임계값 0.3 이상일 경우
    double similarity = (Double) list.get(0).get("similarity");
❹   if(similarity > 0.3) {
        return "등록된 사람이 아닙니다.";
    }

    // 거리가 가장 짧은 사람의 이름 반환
❺   return (String) list.get(0).get("content");
}
```

❶ 얼굴 임베딩 벡터를 얻고, 문자열로 변환합니다.

❷ L2 거리가 짧은 순으로 유사한 얼굴 상위 3개를 가져오도록 SQL문을 작성합니다. (embedding <=> ?::vector)은 embedding 컬럼의 값과 입력된 ?와의 L2 거리를 계산합니다. L2 거리는 0~2 사이의 범위입니다. 값이 작을수록 유사성이 높습니다.

❸ 검색 결과에서 사람의 이름과 L2 거리를 로그로 출력합니다.

❹ L2 거리가 가장 작은 벡터의 유사도가 임계값 0.3 이상일 경우, '등록된 사람이 아닙니다.'를 반환합니다.

❺ L2 거리가 가장 작은 사람의 이름을 반환합니다.

05 controller/AiController.java 파일을 열고 /ai/add-face 요청 매핑 메소드를 보겠습니다. 이 메소드는 화면에서 입력한 사람의 이름과 여러 장의 사진을 받고, 벡터 저장소에 저장하기 위해 FaceService의 addFace() 메소드를 호출합니다.

```java
@RestController
@RequestMapping("/ai")
@Slf4j
public class AiController {
  @Autowired
  private AiService aiService;
  @Autowired
❶ private FaceService faceService;

  // #### 요청 매핑 메소드 ####
  ...

  @PostMapping(
      value = "/add-face",
❷     consumes = MediaType.MULTIPART_FORM_DATA_VALUE,
      produces = MediaType.TEXT_PLAIN_VALUE
  )
  public String addFace(
      @RequestParam("personName") String personName,
      @RequestParam("attach") MultipartFile[] attach) throws IOException {
❸   for(MultipartFile mf : attach) {
      faceService.addFace(personName, mf);
    }
    return "얼굴이 저장되었습니다.";
}
```

❶ FaceService를 필드로 주입받습니다.

❷ multipart/form-data 형식으로 요청 본문을 파싱합니다.

❸ 사람의 이름과 여러 장의 사진을 받을 수 있도록 String과 MultipartFile[] 배열로 매개변수를 선언하고 있습니다. 사진을 여러 장 받는 이유는 정확한 얼굴 인식을 위해 얼굴 방향과 표정이 다른 이미지가 필요하기 때문입니다. 반복문으로 MultipartFile 단위로 FaceService의 addFace()를 호출하여 벡터 저장소에 이름과 얼굴 벡터를 저장합니다.

06 이어서 /ai/find-face 요청 매핑 메소드를 보겠습니다. 이 메소드는 새로운 사진 속의 사람이 누구인지 이름을 반환합니다.

```
    @PostMapping(
        value = "/find-face",
❶       consumes = MediaType.MULTIPART_FORM_DATA_VALUE,
        produces = MediaType.TEXT_PLAIN_VALUE
    )
    public String findFace(@RequestParam("attach") MultipartFile attach) throws
            IOException {
❷       String personName = faceService.findFace(attach);
        return personName;
    }
}
```

❶ multipart/form-data 형식으로 요청 본문을 파싱합니다.

❷ 화면에서 입력한 사진을 받고, 사진 속 얼굴을 인식하기 위해 FaceService의 findFace() 메소드를 호출합니다. findFace()의 반환값은 인식된 사람의 이름입니다.

07 src/main/resources/templates/image_embedding.html 파일을 열고, previewImage() 함수를 보겠습니다. 이 함수는 파일 선택 양식에서 파일을 선택하면 대화 패널에 보여주는 역할을 합니다.

```
function previewImage(attach) {
    springai.image.previewMultiImages(attach, "chatPanel");
}
```

- 매개변수 attach에는 파일 양식의 id가 호출할 때 주어집니다.

- springai.image.previewMultiImages() 함수는 파일 양식에서 이미지 파일을 여러 개 선택했을 때, 선택한 이미지들을 모두 보여주는 함수입니다. 첫 번째 매개값은 파일 양식의 id이고, 두 번째 매개값은 대화 패널의 id 입니다. 이 함수는 src/main/resources/static/js/springai.js에 정의되어 있습니다.

08 이어서 handleAddFace() 함수를 보겠습니다. 이 함수는 [얼굴 저장] 버튼을 클릭했을 때 실행합니다.

```javascript
async function handleAddFace() {
  // 얼굴 이름을 대화 패널에 출력하기
  const personName = document.getElementById("personName").value;
  springai.addUserQuestion(personName, "chatPanel");

  // multipart/form-data 구성하기
  const formData = new FormData();
  formData.append("personName", personName);
  const files = document.getElementById("saveAttach").files;
  for(let i=0; i<files.length; i++) {
    formData.append("attach", files[i]);
  }

  // 얼굴 저장하기
  try {
    // REST API로 얼굴 저장 요청하기
    const response = await fetch('/ai/add-face', {
      method: "post",
      headers: {
        'Accept': 'text/plain'
      },
      body: formData
    });

    // 응답이 들어갈 위치를 대화 패널에 추가
    const uuid = springai.addAnswerPlaceHolder("chatPanel");

    // 응답 출력하기
    springai.printAnswerText(response.body, uuid, "chatPanel");
  } catch (error) {
    console.log(error);
  }
}
```

- 선택한 여러 개의 이미지 파일을 FormData 객체에 담고, fetch() 함수로 /ai/add-face로 요청합니다. 그리고 받은 응답을 대화 패널에 출력합니다. 응답 내용은 '벡터 저장소에 Document가 저장되었습니다.'입니다.

09 이어서 handleFindFace() 함수를 보겠습니다. 이 함수는 [얼굴 찾기] 버튼을 클릭했을 때 실행합니다.

```javascript
async function handleFindFace() {
  // 사용자 질문을 대화 패널에 추가
  springai.addUserQuestion("이 사람은 누구입니까?", "chatPanel");

  // multipart/form-data 구성하기
  const formData = new FormData();
  const attach = document.getElementById("findAttach").files[0];
  if(!attach) {
    return;
  }
  formData.append("attach", attach);

  // 얼굴 찾기
  try {
    // REST API로 얼굴 찾기 요청하기
    const response = await fetch('/ai/find-face', {
      method: "post",
      body: formData
    });

    // 응답 들어갈 위치를 대화 패널에 추가
    const uuid = springai.addAnswerPlaceHolder("chatPanel");

    // 응답 출력하기
    springai.printAnswerText(response.body, uuid, "chatPanel");
  } catch(error) {
    console.log(error);
  }
}
```

- 선택한 이미지 파일을 FormData 객체에 담고, fetch() 함수로 /ai/find-face로 요청합니다. 그리고 받은 응답을 대화 패널에 출력합니다. 응답 내용은 사진 속 얼굴의 이름입니다.

10 브라우저에서 http://localhost:8080으로 요청한 후, [image-embedding] 버튼을 클릭하고, 테스트합니다.

11 입력 패널에서 [얼굴 저장] 버튼 왼쪽에 있는 [파일 선택] 버튼을 클릭하고, 책과 함께 제공되는 소스에서 다음 경로에 있는 "박현서1.jpg~박현서5.jpg"까지 Shift 또는 Ctrl 키를 이용해서 한꺼번에 선택하고 [열기] 버튼을 클릭합니다.

> book-spring-ai/data/image/박현서1.jpg~박현서5.jpg

그리고 이름 입력란에 "박현서"라고 입력하고, [얼굴 저장] 버튼을 클릭합니다.

12 pgAdmin 툴을 이용해서 vector_store 테이블에 다음과 같이 행들이 저장되었는지 확인합니다.

	id [PK] uuid	content text	metadata json	embedding vector
1	0e40d65a-52fa-488c-8a36-1b26d9298783	박현서	[null]	[0.00065219,0.019187551,0.035375252,-0.026008
2	2af82baf-bc1f-4eb1-8c2a-5abe59414955	박현서	[null]	[0.0062588123,0.025338778,0.038823668,0.05023
3	7156b605-461b-4514-a808-3097a81479...	박현서	[null]	[-0.010966869,-0.0190862,0.08539729,-0.0308925
4	de894bc4-b36c-4d23-8d47-93af3d042f9b	박현서	[null]	[-0.007165908,-0.0020832876,0.08420313,-0.0298
5	f45929c7-d66e-478c-bddd-b1118cb31d84	박현서	[null]	[-0.014309923,0.03820399,0.06600813,0.0166677

- content 컬럼에는 사람의 이름이, embedding 컬럼에는 얼굴 임베딩 벡터가 저장됩니다.

13 11~12까지를 반복합니다. "김도운1.jpg~김도운5.jpg", "엘리사1.jpg~엘리사5.jpg"까지 2번 반복합니다.

14 이번에는 얼굴 찾기를 해봅니다. [얼굴 찾기] 버튼 왼쪽에 있는 [파일 선택] 버튼을 누르고, 등록한 세 사람 중에 사진 한 장을 선택하고 [열기] 버튼을 클릭합니다. 그 후 [얼굴 찾기] 버튼을 클릭합니다.

15 이번에는 등록한 세 사람 외에 다른 사람의 사진을 선택하고 테스트해 보시기 바랍니다.

Boot 애플리케이션을 실행한 터미널(콘솔)에 출력된 로그를 살펴보겠습니다. 등록한 세 명의 인물 사진으로 얼굴 찾기를 했을 경우에는 다음과 같이 L2 거리(similarity)가 작게 나옵니다.

```
INFO   com.example.demo.service.FaceService.findFace():   엘리사   (L2 거리: 0.0)
INFO   com.example.demo.service.FaceService.findFace():   엘리사   (L2 거리: 0.33024674546)
INFO   com.example.demo.service.FaceService.findFace():   엘리사   (L2 거리: 0.55629312791)
```

등록되지 않은 다른 인물 사진으로 얼굴 찾기를 했을 경우에는 다음과 같이 L2 거리(similarity)가 상대적으로 크게 나옵니다.

```
INFO   com.example.demo.service.FaceService.findFace():   박현서   (L2 거리: 0.84397050454)
INFO   com.example.demo.service.FaceService.findFace():   박현서   (L2 거리: 0.85126529855)
INFO   com.example.demo.service.FaceService.findFace():   김도운   (L2 거리: 0.85210698225)
```

따라서 L2 거리(similarity) 임계값을 정해서 그 값 이상일 경우에는 "등록된 사람이 아닙니다"라고 반환할 필요가 있습니다. 임계값을 너무 작게 주면, 등록된 사람을 찾지 못하고, 너무 크게 주면 다른 사람으로 찾을 수 있습니다. service/FaceService.java 파일의 findFace() 메소드를 보면 임계값을 0.3으로 주었습니다.

실제 카메라 프레임을 전송해서 얼굴을 등록하고 인식하는 것은 웹 사진과는 차이가 있습니다. 카메라 앞 얼굴 이미지는 규칙적인 사이즈이고, 대부분 정면을 향해 있기 때문에 등록할 때의 얼굴과 인식 얼굴의 차이점이 적습니다. 그래서 L2 거리는 작게 나옵니다. 여기에 한 장의 프레임이 아닌 여러 장의 프레임을 이용해서 얼굴을 찾고, 가장 많이 나온 이름을 출력하면 정확도가 올라갑니다.

Chapter 09

▶ 대화 기억

9.1 대화 기억과 기억 저장소
9.2 대화 기억을 위한 Advisor
9.3 In-Memory 대화 기억
9.4 VectorStore 대화 기억
9.5 RDBMS 대화 기억
9.6 Cassandra 대화 기억

9.1 대화 기억과 기억 저장소

대규모 언어 모델[LLM]은 기본적으로 상태를 저장하지 않기 때문에, 이전 대화 내용을 기억하거나 그에 기반한 응답을 생성할 수 없습니다. 이러한 한계를 보완하기 위해 Spring AI는 대화 기억[Chat Memory] 기능을 제공합니다. 이 기능을 통해 LLM과의 여러 차례 대화에서 주고받은 내용을 저장하고, 이후 대화에서 이를 조회해 문맥을 유지할 수 있습니다.

여기서 우리는 대화 기억과 대화 기록에 대한 차이를 이해하고 넘어갈 필요가 있습니다.

대화 기억(Chat Memory)

현재 세션에서 LLM과 대화할 때 맥락[context] 유지하기 위해 사용하는 메시지들(UserMessage + AssistantMessage)입니다. 세션이 종료되면 없어지거나, 영구 저장할 수도 있습니다.

대화 기록(Chat History)

현재 세션뿐만 아니라, 과거 세션에서 주고받은 모든 메시지들(UserMessage + AssistantMessage)을 말합니다. 과거의 대화 기억들이 꾸준히 저장된 것을 대화 기록이라고 보면 됩니다.

Spring AI가 제공하는 대화 기억[Chat Memory]은 현재 대화를 이어가기 위한 문맥을 관리하도록 설계되었기 때문에 현재 대화와 관련된 메시지만을 목적으로 합니다. 따라서 전체 대화 기록을 관리하는 최적의 솔루션이 아닙니다. 전체 대화 기록을 유지해야 한다면, Spring Data 모듈[JPA, JDBC]을 이용하는 방식을 고려해야 합니다.

Spring Ai는 대화 기억을 위해 기억 유형과 기억 저장소로 기능을 분리합니다. 기억 유형은 몇 개의 메시지를 저장할지, 어떤 기간 동안 저장할지, 전체 메시지 양을 얼마로 할지를 결정하고, 기억 저장소는 단지 메시지를 저장하고 조회하는 일만 하게 됩니다.

Spring AI는 ChatMemory 인터페이스를 통해 다양한 기억 유형을 구현할 수 있도록 지원합니다. 어떤 정보를 기억할지, 그리고 언제 기억을 삭제할지는 ChatMemory 인터페이스를 구현한 클래스에 따라 달라집니다.

ChatMemory 인터페이스는 대화 기억을 관리하기 위해 기본 메소드들을 정의하고 있습니다. 대화 기억 추가[add], 검색[get], 삭제[clear]할 수 있는 다음 메소드들을 가지고 있습니다.

```
public interface ChatMemory {
    void add(String conversationId, List<Message> messages);
    List<Message> get(String conversationId);
    void clear(String conversationId);
}
```

- conversationId는 사용자 ID입니다. 로그인한 사용자 아이디를 사용해도 좋고, 웹 환경이라면 서버에서 생성되는 세션 ID를 사용해도 좋습니다.
- add() 메소드는 사용자 ID와 함께 대화 기억을 저장합니다.
- get() 메소드는 사용자 ID로 저장된 대화 기억을 검색해서 가져옵니다.
- clear()는 사용자 ID로 저장된 대화 기억을 삭제합니다.

ChatMemory의 기본 구현체는 MessageWindowChatMemory입니다. 이 클래스는 지정된 메시지 최대 개수(메시지 윈도우)까지 메시지를 유지합니다. 메시지 수가 메시지 윈도우를 초과하면 오래된 메시지부터 제거합니다. 기본 메시지 윈도우 크기는 20개입니다.

메시지 윈도우를 변경하고 싶다면 다음과 같이 MessageWindowChatMemory를 명시적으로 빌드할 때, maxMessages()를 통해 설정하면 됩니다.

```
ChatMemory memory = MessageWindowChatMemory.builder()
    .maxMessages(10)
    .build();
```

Spring AI는 ChatMemoryRepository 인터페이스를 통해 다양한 저장소에 대화 기억을 저장할 수 있습니다. 다음은 ChatMemoryRepository를 구현한 클래스들입니다.

- **InMemoryChatMemoryRepository**: 컴퓨터 하드웨어 메모리에 저장합니다.
- **JdbcChatMemoryRepository**: 관계형 데이터베이스를 저장합니다.
- **CassandraChatMemoryRepository**: Apache Cassandra를 이용해서 시계열로 저장합니다.

Spring AI는 다른 저장소를 위한 구성이 없으면, 기본적으로 MessageWindowChatMemory를 이용해서 ChatMemory 빈을 자동 생성합니다. 그리고 대화 기억 저장소는 InMemoryChatMemoryRepository를 사용합니다. 자동 구성된 ChatMemory 빈은 사용자 ID별로 최대 20개의 메시지를 컴퓨터 메모리에 저장합니다. 이렇게 자동 구성된 ChatMemory 빈은 다음과 같이 필드로 주입하거나, 생성자 주입할 수 있습니다.

```
@Autowired
ChatMemory chatMemory;

또는

ClassName(ChatMemory chatMemory) {
}
```

9.2 대화 기억을 위한 Advisor

ChatMemory가 대화 기억을 제공하면, 이것을 프롬프트에 포함해야 합니다. 이 역할을 수행하는 적임자는 Advisor입니다. Advisor는 LLM에게 프롬프트를 전송하기 전에 전처리 작업으로 ChatMemory로부터 받은 대화 기억을 시스템 텍스트 또는 메시지 묶음으로 프롬프트에 추가합니다.

그리고 LLM으로부터 응답이 오면, 후처리 작업으로 사용자의 질문 UserMessage과 LLM의 응답 AssistantMessage을 ChatMemory를 이용해서 대화 기억 저장소에 저장합니다.

MessageChatMemoryAdvisor

MessageChatMemoryAdvisor는 ChatMemory에서 받은 대화 기억을 사용자 메시지 User Message 와 AI 메시지 AssistantMessage 들로 생성합니다. 그리고 이 메시지들을 프롬프트에 추가합니다.

> **NOTE** 03장 프롬프트 엔지니어링에서 복수 메시지 추가를 설명하는 절에서 여러 개의 메시지를 프롬프트에 추가하는 방법을 알아보았습니다. MessageChatMemoryAdvisor는 이와 같은 방법으로 프롬프트에 메시지들을 추가합니다.

다음은 MessageChatMemoryAdvisor를 빌드할 때 ChatMemory를 제공하는 코드입니다.

```
MessageChatMemoryAdvisor advisor = MessageChatMemoryAdvisor.builder(chatMemory).
build();
```

다음은 MessageChatMemoryAdvisor를 ChatClient의 기본 Advisor로 추가하는 코드입니다.

```
ChatClient chatClient = chatClientBuilder
    .defaultAdvisors(
        MessageChatMemoryAdvisor.builder(chatMemory).build()
    )
    .build();
```

PromptChatMemoryAdvisor

PromptChatMemoryAdvisor는 ChatMemory로부터 받은 대화 기억을 텍스트 형태로 시스템 메시지에 포함시킵니다. 다음은 PromptChatMemoryAdvisor를 빌드할 때 ChatMemory를 제공하는 코드입니다.

```
PromptChatMemoryAdvisor advisor = PromptChatMemoryAdvisor.builder(chatMemory).build();
```

다음은 PromptChatMemoryAdvisor를 ChatClient의 기본 Advisor로 추가하는 코드입니다.

```
ChatClient chatClient = chatClientBuilder
    .defaultAdvisors(
        PromptChatMemoryAdvisor.builder(chatMemory).build()
    )
    .build();
```

9.3 In-Memory 대화 기억

이 절에서는 LLM이 이전 대화를 기억하고 이를 바탕으로 자연스럽고 일관성 있는 응답을 생성할 수 있도록, 메모리를 대화 기억 저장소로 사용하는 방법을 설명합니다.

01 VS Code로 다음 경로의 ch09-in-memory-chat-memory 프로젝트 폴더를 엽니다.

book-spring-ai/projects/ch09-in-memory-chat-memory

02 application.properties 파일을 엽니다. 로깅 부분에 다음 코드가 추가되어 있는 것을 확인합니다.

```
spring.application.name=ch09-in-memory-chat-memory
...
## 로깅
logging.pattern.console=%clr(%-5level){green} %clr(%logger.%M\\(\\)){cyan}: %msg%n
logging.level.org.springframework.ai.chat.client.advisor=DEBUG
...
```

- org.springframework.ai.chat.client.advisor 패키지의 로깅 레벨을 DEBUG로 설정하는 이유는, Simple LoggerAdvisor가 출력하는 로그를 보기 위해서입니다. 로그를 보면 프롬프트에 대화 기억이 어떻게 포함되어 LLM에게 전달되는지를 확인할 수 있습니다.

03 service/AiService.java 파일을 엽니다. 필드와 생성자가 다음과 같이 선언되어 있습니다.

```
@Service
@Slf4j
public class AiService {
    // ##### 필드 #####
    private ChatClient chatClient;

    // ##### 생성자 #####
    public AiService(
❶       ChatMemory chatMemory,
        ChatClient.Builder chatClientBuilder) {
        this.chatClient = chatClientBuilder
            .defaultAdvisors(
❷              MessageChatMemoryAdvisor.builder(chatMemory).build(),
               //PromptChatMemoryAdvisor.builder(chatMemory).build(),
               new SimpleLoggerAdvisor(Ordered.LOWEST_PRECEDENCE-1)
            )
```

```
        .build();
  }
}
```

❶ 자동 구성된 ChatMemory 빈을 생성자 매개변수로 주입받습니다.

❷ ChatClient에 2개의 기본 Advisor를 추가합니다. ChatMemory에서 받은 대화 기억을 프롬프트에 추가하는 Advisor와 로깅 Advisor입니다. MessageChatMemoryAdvisor와 PromptChatMemoryAdvisor는 둘 중 하나만 추가되도록 주석 처리를 했습니다. SimpleLoggerAdvisor는 LLM 전송 직전에 프롬프트 내용을 출력하도록 가장 낮은 실행 순위를 주었습니다.

04 사용자의 질문을 LLM으로 전송하고, 그에 대한 응답을 받는 chat() 메소드가 다음과 같이 작성되어 있습니다.

```
public String chat(String userText, String conversationId) {
  String answer = chatClient.prompt()
    .user(userText)
    .advisors(advisorSpec -> advisorSpec.param(
      ChatMemory.CONVERSATION_ID, conversationId
    ))
    .call()
    .content();
  return answer;
}
```

- Advisor 공유 데이터에 ChatMemory.CONVERSATION_ID를 키로, 대화 ID인 conversationId를 값으로 저장합니다. 공유 데이터에 대한 내용은 7장의 '공유 데이터 이용' 절을 참고해 주세요.
  MessageChatMemoryAdvisor와 PromptChatMemoryAdvisor는 공유 데이터에서 conversationId를 얻어 대화 기억 저장소에서 검색 조건으로 사용하기도 하고, 대화 기억을 저장할 때도 사용합니다.

05 controller/AiController.java 파일을 엽니다. /ai/chat 요청 매핑 메소드를 보겠습니다.

```
@RestController
@RequestMapping("/ai")
@Slf4j
```

```
public class AiController {
    // ##### 필드 #####
    @Autowired
    private AiService aiService;

    // ##### 요청 매핑 메소드 #####
    @PostMapping(
        value = "/chat",
        consumes = MediaType.APPLICATION_FORM_URLENCODED_VALUE,
        produces = MediaType.TEXT_PLAIN_VALUE
    )
    public String inMemoryChatMemory(
        @RequestParam("question") String question, HttpSession session) {
        String answer = aiService.chat(question, session.getId());
        return answer;
    }
}
```

- AiService의 chat() 메소드를 호출할 때 사용자가 보낸 질문과, 사용자의 세션 ID를 매개값으로 제공합니다. 세션 ID는 요청한 사용자별로 다르기 때문에 대화 ID로 사용할 수 있습니다. 만약 대화 기억을 벡터 저장소나 데이터베이스에 저장해야 한다면 로그인한 사용자 ID가 대화 ID로 가장 적합합니다.

06 프로젝트를 실행하고 테스트합니다. 사용자 메시지와 AI 메시지를 합쳐서 20개만 저장할 수 있습니다. 사용자 메시지를 10번 이상 입력하고 처음 입력했던 내용을 물어보세요.

07 AiService의 생성자에서 MessageChatMemoryAdvisor와 PromptChatMemoryAdvisor를 서로 주석을 바꾸어가며 실행하고, Boot가 실행 중인 터미널(콘솔)에서 출력된 로그를 확인합니다.

ChatClient에 MessageChatMemoryAdvisor를 추가했을 때는 대화 기억에 해당하는 User Message와 AssistantMessage들이 프롬프트에 온전한 메시지 형태로 추가되어 있는 것을 볼 수 있습니다.

```
request: ChatClientRequest[prompt=Prompt{messages=[UserMessage{content='지금부
터 너의 이름을 자비스라고 부를게.', properties={messageType=USER}, messageType=USER},
AssistantMessage [messageType=ASSISTANT, toolCalls=[], textContent=알겠습니다! 자비스
라고 불러주시면 그 이름으로 대답할게요. 어떻게 도와드릴까요?,...] ]
```

ChatClient에 PromptChatMemoryAdvisor를 추가했을 때는 SystemMessage 내용으로 대화 기억에 해당하는 사용자 텍스트와 응답 텍스트가 포함되어 있는 것을 볼 수 있습니다.

```
request: ChatClientRequest[prompt=Prompt{messages=[SystemMessage{textContent='
Use the conversation memory from the MEMORY section to provide accurate answers.
---------------------
MEMORY:
USER:지금부터 너의 이름을 자비스라고 부를게.
ASSISTANT:좋아요! 앞으로 저를 자비스라고 불러주세요. 어떻게 도와드릴까요?
---------------------
', ...}]
```

9.4 VectorStore 대화 기억

대화 기억을 벡터 저장소 VectorStore에 저장하면, 현재 대화와 유사한 이전 대화 기록을 검색하여 활용할 수 있다는 장점이 있습니다. 이 방식은 대화의 양이 많고, 그중에서도 현재 대화와 관련된 기억만 선택적으로 활용하고자 할 때 효과적입니다. 다만, 텍스트 임베딩과 유사성 검색 과정을 거치므로 다른 방식에 비해 응답 속도가 다소 느릴 수 있습니다.

벡터 저장소를 사용할 때는 별도의 ChatMemory 구현체를 사용하지 않고, VectorStoreChatMemoryAdvisor만으로 대화 기억을 관리할 수 있습니다. 이 Advisor는 대화 기억을 벡터 저장소

에 저장하고, 현재 대화와 유사한 이전 대화를 검색해서, 프롬프트에 추가하는 모든 작업을 자체적으로 처리합니다. 따라서 VectorStore만 제공하면 충분하며, 다음과 같이 생성할 수 있습니다.

```
VectorStoreChatMemoryAdvisor advisor =
    VectorStoreChatMemoryAdvisor.builder(vectorStore).build();
```

다음은 ChatClient의 기본 Advisor로 VectorStoreChatMemoryAdvisor를 추가하는 코드입니다.

```
ChatClient chatClient = chatClientBuilder
    .defaultAdvisors(
        VectorStoreChatMemoryAdvisor.builder(vectorStore).build()
    )
    .build();
```

ch09-vector-store-chat-memory 프로젝트를 살펴보면서, 주요 코드에 대해 설명하겠습니다. 먼저 프로젝트 빌드 설정과 애플리케이션 구성 파일 내용을 살펴보겠습니다.

01 VS Code로 ch09-vector-store-chat-memory 프로젝트 폴더를 엽니다.

```
book-spring-ai/projects/ch09-vector-store-chat-memory
```

02 build.gradle 파일을 엽니다. 벡터 저장소에 대화 기억을 저장하고 사용하기 위해 어떤 의존성이 필요한지 확인해 보겠습니다.

```
// OpenAI
implementation 'org.springframework.ai:spring-ai-starter-model-openai'

// VectorStore
❶ implementation 'org.springframework.ai:spring-ai-starter-vector-store-pgvector'

// ChatMemory
❷ implementation 'org.springframework.ai:spring-ai-advisors-vector-store'
```

❶ VectorStore를 자동 구성하기 위해 PGVector 스타터(spring-ai-starter-vector-store-pgvector)가 추가되었습니다.

❷ VectorStoreChatMemoryAdvisor를 사용하기 위해 spring-ai-advisors-vector-store 모듈이 추가되었습니다.

03 application.properties 파일을 엽니다. PGVector를 사용하기 위해 PostgreSQL 연결 정보와 VectorStore를 사용하기 위한 구성을 확인합니다.

```
## PostgreSQL
spring.datasource.url=jdbc:postgresql://localhost:5432/postgres
spring.datasource.username=postgres
spring.datasource.password=postgres

## VectorStore
spring.ai.vectorstore.pgvector.initialize-schema=false
```

- VectorStore가 사용할 테이블을 초기화하지 않도록 false로 설정했습니다. true로 설정하면, 임베딩 벡터를 저장하는 vector_store 테이블이 자동 생성되는데, 이 테이블에 대화 기억을 저장하지 않고 다른 테이블을 생성해서 저장하려고 합니다.

대화 기억을 저장할 PGVector 테이블을 생성하겠습니다. 다음 순서대로 진행하시기 바랍니다.

01 pgAdmin 툴을 실행합니다.

02 [Docker-PGVector/Databases/postgres/Schemas/public/Tables]을 선택하고 마우스 우클릭해서 Query Tool 메뉴를 선택합니다.

03 상단 첫 번째 [Open File] 아이콘을 클릭하고, book-spring-ai/other/sql/ch09-chat_memory_vector_store.sql 파일을 엽니다. 그리고 [Execute Script] 버튼을 클릭해서 실행합니다. 생성된 테이블을 확인하기 위해 Object Explorer에서 [Tables ▶ 우클릭 ▶ Refresh] 메뉴를 선택합니다.

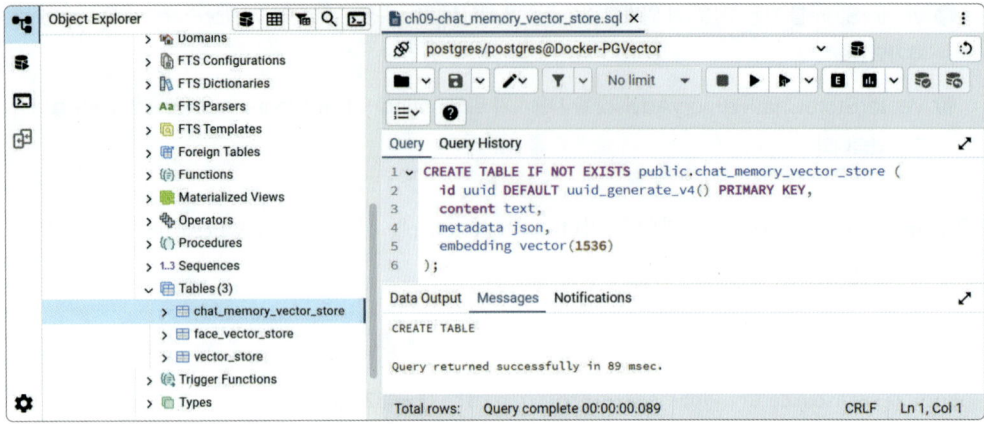

이제 프로젝트 소스 코드를 보겠습니다.

01 service/AiService.java 파일을 엽니다. 필드와 생성자 선언을 보겠습니다.

```
@Service
@Slf4j
public class AiService {
  // ##### 필드 #####
  private ChatClient chatClient;

  // ##### 생성자 #####
  public AiService(
❶     JdbcTemplate jdbcTemplate,
      EmbeddingModel embeddingModel,
      ChatClient.Builder chatClientBuilder) {

❷     VectorStore vectorStore = PgVectorStore.builder(jdbcTemplate, embeddingModel)
          .initializeSchema(false)
          .schemaName("public")
          .vectorTableName("chat_memory_vector_store")
          .dimensions(1536)
          .build();
```

```
    this.chatClient = chatClientBuilder
        .defaultAdvisors(
❸           VectorStoreChatMemoryAdvisor.builder(vectorStore).build(),
            new SimpleLoggerAdvisor(Ordered.LOWEST_PRECEDENCE - 1)
        )
        .build();
}
```

❶ 생성자 주입으로 JdbcTemplate, EmbeddingModel, ChatClient.Builder 빈들을 받았습니다.

❷ VectorStore를 빌드할 때, 대화 기억을 저장할 테이블 정보를 주었습니다. initializeSchema() 설정은 false로 해서 자동 생성을 방지하고, 대신에 schemaName()과 vectorTableName()으로 스키마와 테이블 이름을 직접 주었습니다.

❸ ChatClient의 기본 Advisor로 VectorStoreChatMemoryAdvisor와 SimpleLoggerAdvisor를 추가했습니다. VectorStoreChatMemoryAdvisor를 생성할 때 VectorStore를 builder() 매개값으로 전달했습니다.

02 사용자 질문을 LLM으로 전송해서 응답을 받는 chat() 메소드는 이전 프로젝트와 동일합니다.

```
public String chat(String userText, String conversationId) {
  String answer = chatClient.prompt()
    .user(userText)
    .advisors(advisorSpec -> advisorSpec.param(
      ChatMemory.CONVERSATION_ID, conversationId
    ))
    .call()
    .content();
  return answer;
}
```

- 대화 ID를 VectorStoreChatMemoryAdvisor에서 사용할 수 있도록 Advisor 공유 데이터에 ChatMemory.CONVERSATION_ID를 키로, conversationId를 값으로 저장합니다. VectorStoreChatMemoryAdvisor는 대화 ID를 대화 기억 저장소에서 검색 조건으로 사용하기도 하고, 대화 기억을 저장할 때도 사용합니다.

03 controller/AiController.java 파일을 엽니다. /ai/chat 요청 매핑 메소드를 보겠습니다.

```java
@RestController
@RequestMapping("/ai")
@Slf4j
public class AiController {
  // ##### 필드 #####
  @Autowired
  private AiService aiService;

  // ##### 요청 매핑 메소드 #####
  @PostMapping(
    value = "/chat",
    consumes = MediaType.APPLICATION_FORM_URLENCODED_VALUE,
    produces = MediaType.TEXT_PLAIN_VALUE
  )
  public String inMemoryChatMemory(
      @RequestParam("question") String question, HttpSession session) {
    String answer = aiService.chat(question, session.getId());
    return answer;
  }
}
```

- AiService의 chat() 메소드를 호출할 때 사용자가 보낸 질문과, 사용자의 세션 ID를 매개값으로 제공합니다. 세션 ID는 요청한 사용자별로 다르기 때문에 대화 ID로 사용할 수 있지만, 대화 기억을 벡터 저장소에 영구 저장할 때는 세션 ID보다는 사용자 로그인 ID를 사용하는 것이 좋습니다. 왜냐하면 이전 대화 기억을 검색할 때 현재 세션 ID로는 검색이 불가능하기 때문입니다. 동일한 사용자라 하더라도 브라우저가 재실행되면 세션 ID는 달라지기 때문입니다.

04 프로젝트를 실행하고 테스트를 합니다. 사용자 메시지를 입력할 때, 이전 내용에 대해 물어보세요. VectorStore에 저장하는 대화 기억 메시지 수는 제한이 없습니다.

05 pgAdmin 툴을 이용해서 대화 기억들이 chat_memory_vector_store 테이블에 잘 저장되었는지 확인해 봅니다.

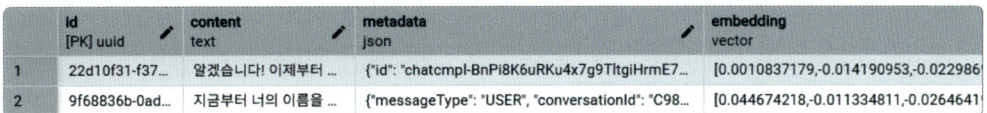

- metadata 컬럼에는 대화 ID(conversionId), 메시지의 타입(messageType) 등이 저장됩니다. 여기서 대화 ID가 중요한데, 여러 사용자 중에서 해당 사용자의 대화만 검색 대상이 되어야 하기 때문입니다.
- content 컬럼에는 대화 내용이 텍스트로 저장됩니다. 프롬프트에 추가되는 내용으로 사용됩니다.
- embedding 컬럼에는 대화 내용을 임베딩한 벡터가 저장됩니다. 벡터 저장소 유사도 검색에서 사용되는 값입니다.

9.5 RDBMS 대화 기억

관계형 데이터베이스에 대화 기억을 저장하려면, JdbcChatMemoryRepository를 사용합니다. 이 대화 기억 저장소는 대화 기억을 영구 저장해야 하는 애플리케이션에 적합합니다. JdbcChatMemoryRepository를 사용하려면 프로젝트 의존성에 다음 스타터를 추가해야 합니다.

```
dependencies {
    implementation 'org.springframework.ai:spring-ai-starter-model-chat-memory-
    repository-jdbc'
}
```

그러면, Spring AI는 애플리케이션에서 바로 사용할 수 있는 JdbcChatMemoryRepository 빈을 자동 생성합니다. 그리고 다음과 같이 필드 주입 또는 생성자 주입을 할 수 있습니다.

```
@Autowired
JdbcChatMemoryRepository chatMemoryRepository;

또는

ClassName(JdbcChatMemoryRepository chatMemoryRepository) {
}
```

Spring AI는 PostgreSQL, MySQL/MariaDB, SQL Server, HSQLDB에 한해서 JdbcChatMemoryRepository를 자동 구성해 줍니다. application.properties에서 spring.datasource.url 값을 보고 어떤 RDBMS를 사용하는지 자동으로 감지하고, 애플리케이션이 시작되면 스키마를 초기화하기 위해 RDBMS 별로 내장 스크립트 파일이 자동 실행됩니다. 생성되는 테이블 이름은 spring_ai_chat_memory입니다. RDBMS별 스크립트 파일의 위치는 다음과 같습니다.

```
classpath:org/springframework/ai/chat/memory/repository/jdbc/schema-xxxxx.sql
```

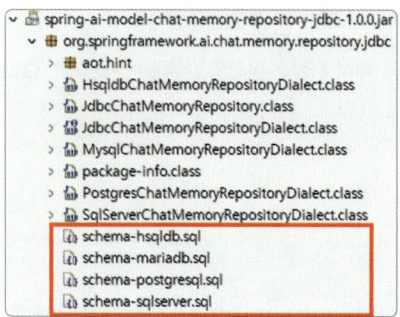

PostgreSQL의 스크립트 파일(schema-postgresql.sql) 내용은 다음과 같습니다.

```sql
CREATE TABLE IF NOT EXISTS SPRING_AI_CHAT_MEMORY (
    conversation_id VARCHAR(36) NOT NULL,
    content TEXT NOT NULL,
    type VARCHAR(10) NOT NULL
                CHECK (type IN ('USER', 'ASSISTANT', 'SYSTEM', 'TOOL')),
    "timestamp" TIMESTAMP NOT NULL
);

CREATE INDEX IF NOT EXISTS
    SPRING_AI_CHAT_MEMORY_CONVERSATION_ID_TIMESTAMP_IDX
ON SPRING_AI_CHAT_MEMORY(conversation_id, "timestamp");
```

프로젝트 소스를 보면서 설명을 이어 나가겠습니다.

01 VS Code로 다음 경로의 ch09-jdbc-chat-memory 프로젝트 폴더를 엽니다.

```
book-spring-ai/projects/ch09-jdbc-chat-memory
```

02 build.gradle 파일을 엽니다. 관계형 데이터베이스에 대화 기억을 저장하고 사용하기 위해 필요한 의존성 설정을 확인해 보겠습니다.

```
// JDBC
❶ implementation 'org.postgresql:postgresql:42.7.5'

// ChatMemory
❷ implementation 'org.springframework.ai:spring-ai-starter-model-chat-memory-repository-jdbc'
```

❶ PostgreSQL JDBC Driver를 추가했습니다.

❷ JdbcChatMemoryRepository를 자동 구성하기 위해 model-chat-memory-repository-jdbc 스타터를 추가했습니다.

03 application.properties 파일을 엽니다. PostgreSQL 연결 정보와 스키마 초기화 구성을 확인해 보겠습니다.

```
## PostgreSQL
spring.datasource.url=jdbc:postgresql://localhost:5432/postgres
spring.datasource.username=postgres
spring.datasource.password=postgres

## Chat Memory
spring.ai.chat.memory.repository.jdbc.initialize-schema=always
```

- 기본적으로 스키마 초기화는 임베디드 데이터베이스(HSQLDB)에 대해서만 실행됩니다. 다른 데이터베이스도 스키마 초기화 기능을 사용하고 싶다면 다음과 같이 설정해야 합니다.

    ```
    spring.ai.chat.memory.repository.jdbc.initialize-schema=always
    ```

설정 가능한 값은 다음과 같습니다.

언제 초기화할지 여부	설명
embedded (기본값)	임베디드 데이터베이스만 초기화합니다.
always	모든 데이터베이스에서 항상 초기화합니다.
never	초기화 하지 않습니다.

04 service/AiService.java 파일을 엽니다. 필드와 생성자 선언을 보겠습니다.

```java
@Service
@Slf4j
public class AiService {
  // ##### 필드 #####
  private ChatClient chatClient;

  // ##### 생성자 #####
  public AiService(
❶     JdbcChatMemoryRepository chatMemoryRepository,
      ChatClient.Builder chatClientBuilder) {
    ChatMemory chatMemory = MessageWindowChatMemory.builder()
❷       .chatMemoryRepository(chatMemoryRepository)
        .maxMessages(20)
        .build();

    this.chatClient = chatClientBuilder
        .defaultAdvisors(
❸         PromptChatMemoryAdvisor.builder(chatMemory).build(),
          new SimpleLoggerAdvisor(Ordered.LOWEST_PRECEDENCE-1)
        )
        .build();
  }
}
```

❶ 자동 구성된 JdbcChatMemoryRepository 빈을 생성자 매개변수로 주입받습니다.

❷ ChatMemory를 빌드할 때 chatMemoryRepository()로 JdbcChatMemoryRepository를 제공하고, 대화 기억으로 유지할 최대 메시지 수를 20개로 제한합니다. 생략해도 기본 20개입니다.

❸ PromptChatMemoryAdvisor를 빌드할 때 ChatMemory를 제공합니다.

05 사용자 질문을 LLM으로 전송해서 응답을 받는 chat() 메소드는 이전 프로젝트와 동일합니다.

```java
public String chat(String userText, String conversationId) {
  String answer = chatClient.prompt()
    .user(userText)
    .advisors(advisorSpec -> advisorSpec.param(
      ChatMemory.CONVERSATION_ID, conversationId
    ))
    .call()
    .content();
  return answer;
}
```

- 대화 ID를 PromptChatMemoryAdvisor에서 사용할 수 있도록 Advisor 공유 데이터에 ChatMemory.CONVERSATION_ID를 키로, conversationId를 값으로 저장합니다. PromptChatMemoryAdvisor는 대화 ID를 대화 기억 저장소에서 검색 조건으로 사용하기도 하고, 대화 기억을 저장할 때도 사용합니다.

06 AiController.java 파일의 내용은 이전 프로젝트와 동일하므로 설명을 생략합니다.

07 프로젝트를 실행하고 테스트합니다. 사용자 메시지를 입력할 때, 이전 내용에 대해 물어보세요. 사용자 메시지와 AI 메시지를 합쳐서 20개만 저장할 수 있습니다. 20개 이상을 입력하고 처음에 입력했던 내용을 다시 물어보세요.

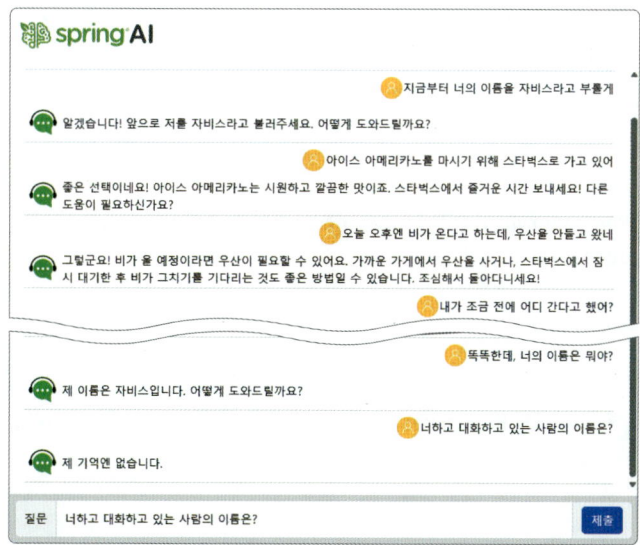

08 pgAdmin 툴을 이용해서 대화 기억들이 spring_ai_chat_memory 테이블에 잘 저장되었는지 확인해 봅니다.

	conversation_id character varying (36	content text	type character varyin	timestamp timestamp without time zone
1	F62A6490154B7...	지금부터 너의 이름을 자비스라고 부를게.	USER	2025-05-23 23:31:10.13
2	F62A6490154B7...	알겠습니다! 앞으로 저를 자비스라고 불러주세요. ...	ASSISTANT	2025-05-23 23:31:10.131
3	F62A6490154B7...	너의 이름이 뭐야?	USER	2025-05-23 23:31:10.132
4	F62A6490154B7...	제 이름은 자비스입니다! 어떻게 도와드릴까요?	ASSISTANT	2025-05-23 23:31:10.133

- conversation_id 컬럼에는 대화 ID가 저장됩니다. 사용자별로 대화 내용을 검색할 때 사용됩니다.
- content 컬럼에는 대화 내용이 저장됩니다. 프롬프트에 대화 기억을 추가할 때 사용됩니다.
- type 컬럼에는 메시지 타입이 저장됩니다. 프롬프트에 대화 기억을 추가할 때 사용됩니다.
- timestamp 컬럼에는 행이 추가될 때의 시간이 저장됩니다.

지원되는 4개의 RDBMS 외에 다른 RDBMS를 사용하고 싶을 경우, 또는 지원되는 4개의 RDBMS의 테이블의 이름 또는 컬럼 이름을 변경하고자 할 경우에는 다음 세 가지 작업을 해야 합니다.

01 스크립트 파일을 src/main/resources/jdbc/schema-xxx.sql로 작성하고, application.properties 파일에서 다음과 같이 구성합니다.

```
[application.properties]
spring.ai.chat.memory.repository.jdbc.schema=classpath:/jdbc/schema-xxx.sql
```

02 커스텀 Dialect(방언) 클래스를 작성합니다.

```java
public class CustomChatMemoryRepositoryDialect implements
  JdbcChatMemoryRepositoryDialect {
  @Override
  public String getSelectMessagesSql() {
    return """
        SELECT content, type FROM TABLE_NAME
        WHERE conversation_id = ? ORDER BY \"timestamp\"
    """;
  }
}
```

```
    @Override
    public String getInsertMessageSql() {
      return """
          INSERT INTO TABLE_NAME
          (conversation_id, content, type, \"timestamp\")
          VALUES (?, ?, ?, ?)
      """;
    }
    @Override
    public String getSelectConversationIdsSql() {
      return """
          SELECT DISTINCT conversation_id FROM TABLE_NAME
      """;
    }
    @Override
    public String getDeleteMessagesSql() {
      return """
          DELETE FROM TABLE_NAME WHERE conversation_id = ?
      """;
    }
  }
```

03 코드로 JdbcChatMemoryRepository를 빌드해서 사용합니다. AiService의 생성자를 다음과 같이 작성할 수 있습니다.

```
public AiService(JdbcTemplate jdbcTemplate, ChatClient.Builder chatClientBuilder) {
    JdbcChatMemoryRepository chatMemoryRepository = JdbcChatMemoryRepository.builder()
        .jdbcTemplate(jdbcTemplate)
        .dialect(new CustomChatMemoryRepositoryDialect())
        .build();

    ChatMemory chatMemory = MessageWindowChatMemory.builder()
        .chatMemoryRepository(chatMemoryRepository)
        .maxMessages(10)
        .build();

    this.chatClient = chatClientBuilder
        .defaultAdvisors(
```

```
        PromptChatMemoryAdvisor.builder(chatMemory).build(),
        new SimpleLoggerAdvisor(Ordered.LOWEST_PRECEDENCE-1)
    )
    .build();
}
```

9.6 Cassandra 대화 기억

Apache Cassandra(카산드라)는 오픈 소스 NoSQL 분산 데이터베이스입니다. 기억 저장소로서 Cassandra의 장점은 대화 기억을 시계열로 저장하기 때문에 TTL[Time-To-Live] 설정으로 간단하게 오래된 대화 기억을 자동으로 삭제시킬 수 있습니다. 이전 절에서 살펴보았던 관계형 데이터베이스는 개발자가 직접 이 기능을 구현해야 합니다.

예를 들어 대화 기억을 3년 동안 유지하도록 설정할 수 있습니다. 이는 거버넌스[governance] 및 감사 기능이 필요한 애플리케이션에 유용할 수 있습니다. 3년이 지난 대화 기록은 자동 삭제됩니다.

Cassandra 설치

Cassandra를 가장 쉽게 설치하는 방법은 Docker 컨테이너로 실행하는 방법입니다. Docker Desktop이 설치되어 있다면 docker 명령어로 간단하게 Cassandra를 Docker 컨테이너로 실행할 수 있습니다. Docker Desktop이 설치되어 있지 않다면 부록을 참고해서 설치하시기 바랍니다.

01 윈도우 터미널을 열고 다음 docker 명령어를 실행합니다.

```
C:\...> docker run --name cassandra -d -p 9042:9042 cassandra:5.0.4
```

02 성공적으로 실행되면 Docker Desktop의 컨테이너 목록에서 실행 중인 Cassandra를 확인할 수 있습니다.

Name	Container ID	Image	Port(s)	CPU (%)	Last started	Actions
● face-embed-api	4da3bd806c05	face-embed-api:latest	50001:8000	0.15%	1 day ago	
● pgvector	3d5b0435940c	pgvector/pgvector:pg1	5432:5432	798.14%	10 hours ago	
● cassandra	1698d79c910e	cassandra:5.0.4	9042:9042	2.53%	3 hours ago	

03 Cassandra 테이블 데이터를 조회하고 관리하기 위해 VS Code에서 Cassandra Extension Studio 확장을 설치합니다.

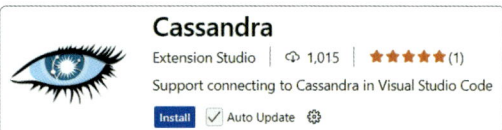

04 VS Code 좌측 사이드바에서 Database 아이콘을 클릭합니다. 그리고 [Create Connection] 버튼을 클릭합니다. Connect to Server 화면이 나오면, 다음과 같이 입력합니다.

```
Name: Cassandra
Server Type: Cassandra 선택
Host: 127.0.0.1
Port: 9042
[Save] 버튼 클릭
```

- Cassandra를 기본 설치하면 인증 없이 바로 사용이 가능합니다. 따라서 Username과 Password는 입력할 필요가 없습니다.

05 Database 패널에서 Cassandra 항목을 확장합니다. 다음과 같은 실행 예외가 발생합니다. 해당 경로에 JDBC Driver인 cassandra-jdbc-driver-1.4.jar 파일이 없기 때문입니다.

```
RuntimeException: Driver path C:\Users\사용자\.dbclient\drivers\cassandra-jdbc-driver-1.4.jar not exists! 또는 Jdbc server is shutdown!
```

책과 함께 제공되는 소스에서 다음 경로에 있는 cassandra-jdbc-driver-1.4.jar 파일을 복사해서 예외 메시지에서 언급하는 경로에 붙여넣기 해줍니다.

```
book-spring-ai/other/jdbc-driver/cassandra-jdbc-driver-1.4.jar
```

06 VS Code를 재실행하고, Database 패널에서 Cassandra 항목을 확장하면 다음과 같이 연결된 모습을 확인할 수 있습니다.

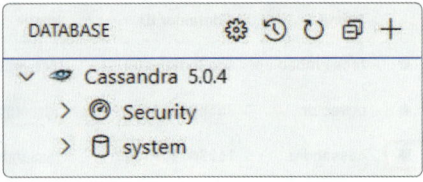

기억 저장소로 사용하기

프로젝트 소스를 보면서 설명을 이어 나가겠습니다.

01 VS Code로 다음 경로의 ch09-cassandra-chat-memory 프로젝트 폴더를 엽니다.

> book-spring-ai/projects/ch09-cassandra-chat-memory

02 build.gradle 파일을 엽니다. 대화 기억 저장소로 Cassandra를 사용하기 위한 의존성 설정을 확인합니다.

```
// ChatMemory
implementation
'org.springframework.ai:spring-ai-starter-model-chat-memory-repository-cassandra'
```

- model-chat-memory-repository-cassandra 스타터를 추가함으로써 Spring AI는 Cassandra를 대화 기억 저장소로 사용할 수 있도록 CassandraChatMemoryRepository 빈을 자동 생성합니다. 그리고 다음과 같이 필드 주입 또는 생성자 주입을 할 수 있습니다.

```
@Autowired
CassandraChatMemoryRepository chatMemoryRepository;

또는

ClassName(CassandraChatMemoryRepository chatMemoryRepository) {
}
```

03 application.properties 파일을 엽니다. 다음과 같이 Cassandra 서버 연결 설정, 스키마 초기화를 위한 설정, 그리고 TTL 설정이 구성되어 있습니다.

```
## Chat Memory
spring.cassandra.contactPoints=localhost
spring.cassandra.port=9042
#spring.cassandra.username=cassandra # Cassandra 기본 설치는 인증 사용하지 않음, 불필요함
#spring.cassandra.password=cassandra # Cassandra 기본 설치는 인증 사용하지 않음, 불필요함

spring.cassandra.localDatacenter=datacenter1
spring.ai.chat.memory.repository.cassandra.keyspace=springframework
spring.ai.chat.memory.repository.cassandra.table=ai_chat_memory

spring.ai.chat.memory.repository.cassandra.time-to-live=3600s

spring.ai.chat.memory.repository.cassandra.initialize-schema=true
```

❶ Cassandra 서버 연결 설정을 구성합니다. Cassandra를 기본 설치하면, 인증 없이 바로 사용이 가능하기 때문에 계정과 비밀번호 설정은 필요 없습니다.

❷ 스키마 자동 생성을 위해, Datacenter(노드 그룹) 이름과, keyspace(데이터베이스) 이름, table(테이블) 이름을 구성합니다.

❸ TTL을 초 단위로 구성합니다. 3600s는 1시간 이내의 대화 기억만 저장합니다. 주의할 점은 TTL 구성은 테이블을 생성할 때 적용되기 때문에, 이미 테이블이 생성되어 있으면, 적용되지 않습니다. 스키마 초기화가 이전에 되었다면, 이전 테이블을 삭제하고, 애플리케이션을 다시 시작해야만 TTL이 적용됩니다.

❹ 스키마를 초기화할지 여부를 구성합니다. true는 애플리케이션 시작 시 스키마를 초기화하여 테이블을 생성시킵니다. 아래 그림은 자동 생성된 keyspace(데이터베이스)와 table을 보여줍니다.

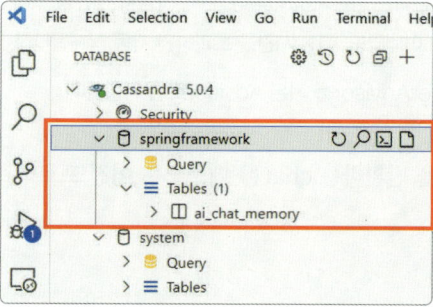

04 service/AiService.java 파일을 엽니다. 필드와 생성자 선언을 보겠습니다.

```java
@Service
@Slf4j
public class AiService {
    // ##### 필드 #####
    private ChatClient chatClient;

    // ##### 생성자 #####
    public AiService(
❶      CassandraChatMemoryRepository chatMemoryRepository,
       ChatClient.Builder chatClientBuilder) {

       ChatMemory chatMemory = MessageWindowChatMemory.builder()
❷          .chatMemoryRepository(chatMemoryRepository)
           .maxMessages(20)
           .build();

       this.chatClient = chatClientBuilder
           .defaultAdvisors(
❸             PromptChatMemoryAdvisor.builder(chatMemory).build(),
              new SimpleLoggerAdvisor(Ordered.LOWEST_PRECEDENCE-1)
           )
           .build();
    }
}
```

❶ 자동 구성된 CassandraChatMemoryRepository 빈을 주입받습니다.

❷ ChatMemory를 구성할 때 기억 저장소로 CassandraChatMemoryRepository를 제공합니다. 최대 유지 메시지 수는 20개로 설정했는데, 이것은 TTL 시간과는 상관이 없습니다. 현재 사용자 세션당 최대 20개라는 뜻입니다. 만약 TTL 시간을 너무 짧게 주면 20개 이내라도 TTL 시간을 초과하면 자동 삭제됩니다.

❸ PromptChatMemoryAdvisor와 SimpleLoggerAdvisor를 기본 Advisor로 추가합니다.

05 사용자 질문을 LLM으로 전송하고, 받은 응답을 반환하는 chat() 메소드는 이전 프로젝트와 동일합니다.

```
public String chat(String userText, String conversationId) {
    String answer = chatClient.prompt()
        .user(userText)
        .advisors(advisorSpec -> advisorSpec.param(
            ChatMemory.CONVERSATION_ID, conversationId
        ))
        .call()
        .content();
    return answer;
}
```

- 대화 ID를 PromptChatMemoryAdvisor에서 사용할 수 있도록 Advisor 공유 데이터에 ChatMemory.CONVERSATION_ID를 키로, conversationId를 값으로 저장합니다. PromptChatMemoryAdvisor는 대화 ID를 대화 기억 저장소에서 검색 조건으로 사용하기도 하고, 대화 기억을 저장할 때도 사용합니다.

06 controller/AiController.java 파일의 내용은 이전 프로젝트와 동일하므로 설명을 생략합니다.

07 프로젝트를 실행하고 테스트합니다. 사용자 메시지를 입력할 때, 이전 내용에 대해 물어보세요. 사용자 메시지와 AI 메시지를 합쳐서 20개만 저장할 수 있습니다. 20개 이상을 입력하고 처음 입력했던 내용을 물어보세요.

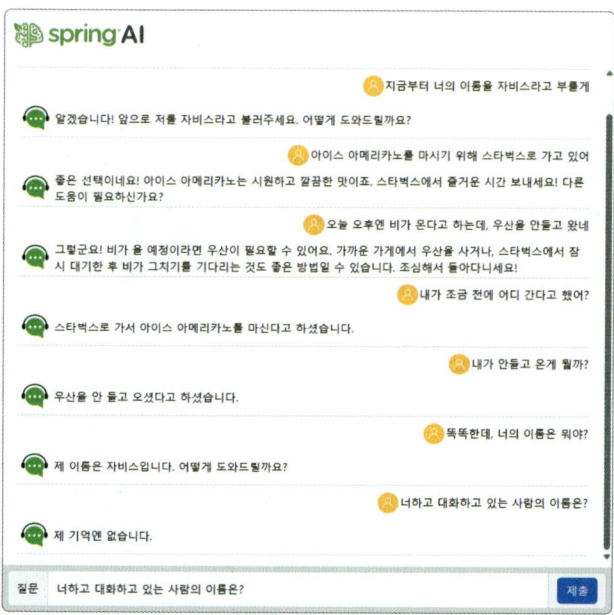

08 VS Code의 Database 패널에서 Cassandra 테이블 내용을 확인해 봅니다. DATABASE 뷰에서 [Cassandra ▶ springframework ▶ Tables ▶ ai_chat_memory]를 선택하고, 더블 클릭하거나, 오른쪽 아이콘 중에서 Open in New Tab을 클릭합니다.

다음과 같이 ai_chat_memory 테이블에 대화 기억들이 저장되어 있는 것을 볼 수 있습니다.

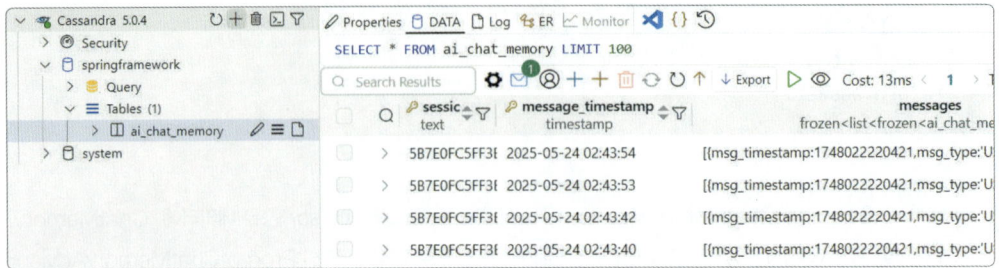

Chapter 10

문서 검색 기반 답변, RAG

10.1 RAG 이해하기
10.2 지식 기반 저장소와 ETL
10.3 ETL: Text, PDF, Word 파일
10.4 ETL: HTML, JSON
10.5 RAG: QuestionAnswerAdvisor
10.6 RAG: RetrievalAugmentationAdvisor
10.7 RAG: CompressionQueryTransformer 모듈
10.8 RAG: RewriteQueryTransformer 모듈
10.9 RAG: TranslationQueryTransformer 모듈
10.10 RAG: MultiQueryExpander 모듈

10.1 RAG 이해하기

LLM과 같은 생성형 AI 모델은 사전 학습된 데이터에 기반해 동작하기 때문에, 학습 이후의 정보에 대해서는 정확한 답변을 할 수 없습니다. 예를 들어, gpt-4o-mini 모델은 2023년 10월까지의 데이터로 학습되었기 때문에 그 이후의 사실에 대한 질문에는 답변을 하지 못하거나, 실제와 다른 내용을 생성하는 할루시네이션이 발생할 수 있습니다.

또한 특화된 도메인이나 기업의 내부 지식 기반으로 훈련되어 있지 않기 때문에, 이런 주제에 대해서는 AI 모델의 응답을 받기 힘듭니다.

이와 같은 문제점을 해결하기 위해 파인 튜닝Fine-tuning, 검색 증강 생성RAG, 도구 호출Tool Calling 등의 기술을 사용할 수 있습니다. 도구 호출에 대해서는 다음 장에서 자세히 설명하도록 하고, 여기서는 파인 튜닝과 검색 증강 생성의 차이점만 알아보겠습니다.

파인 튜닝(fine-tuning)

파인 튜닝Fine Tuning은 기존 모델을 추가 학습시키는 방법입니다. 고성능 하드웨어GPU가 필요하고, 훈련에 필요한 많은 양의 데이터와 훈련 시간이 필요합니다. 하지만 응답의 일관성, 추론 지연 감소, 적은 토큰량, 보안에 유리, 운영 및 배포의 단순성과 같은 장점도 있습니다.

검색 증강 생성(RAG, Retrieval Augmented Generation)

RAG는 사용자의 질문에 대한 해답을 얻기 위해 지식 기반 저장소(일반적으로 벡터 저장소를 말함)에서 우선 ❶검색을 합니다. 검색결과를 프롬프트 내에 문맥Context으로 추가해서 프롬프트를 ❷증강합니다. 그리고 LLM은 자신의 지식과 프롬프트 내에 증강된 내용을 참고해서 사용자의 질문에 맞는 자연스러운 ❸응답을 생성합니다.

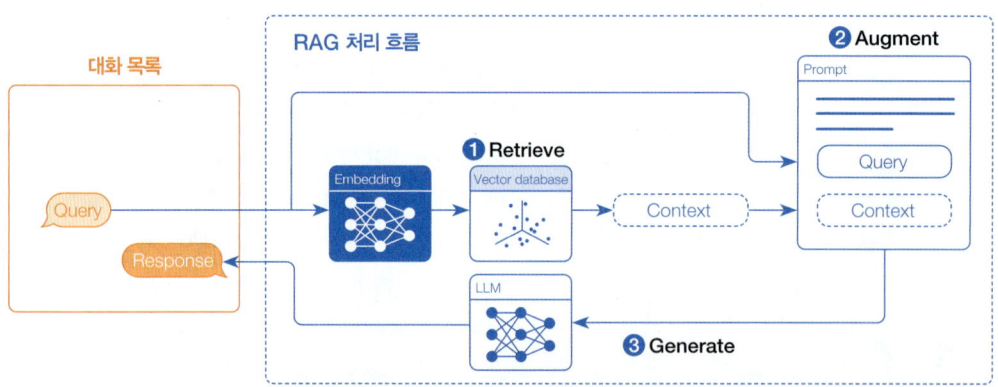

10.2 지식 기반 저장소와 ETL

RAG에서 말하는 지식 기반 저장소는 임베딩된 문서 조각들Documents을 저장하고 유사도 검색을 수행하는 벡터 저장소Vector Store를 가리킵니다. 여기서 문서 조각이란, 원본 문서의 전체 토큰 양이 너무 크기 때문에 원본 문서를 작게 분할한 것을 말합니다.

Spring AI는 외부 소스로부터 텍스트를 추출하고Extract, Document로 변환하고Transform, 벡터 저장소에 적재하는Load 일련의 과정을 ETL 파이프라인pipeline이라고 부릅니다. 아래 다이어그램은 ETL 파이프라인을 보여줍니다.

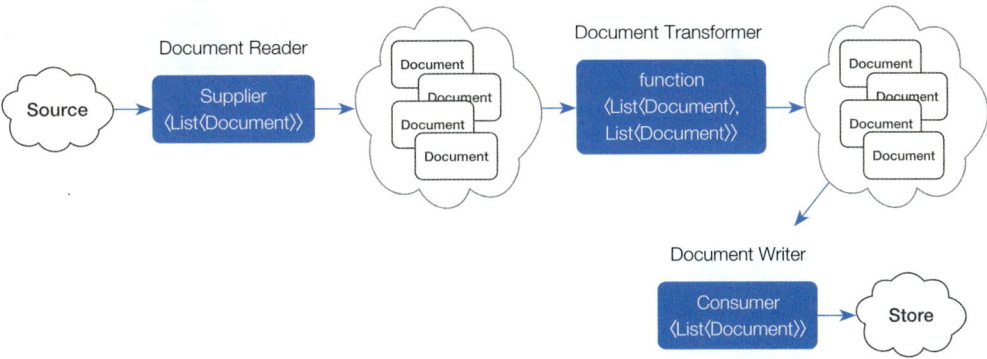

❶ DocumentReader는 소스로부터 텍스트를 추출하고, Document를 생성하는 역할을 합니다. 여기서 소스란 PDF, Word와 같은 로컬 파일이거나, 네트워크를 통해 읽은 데이터, 그리고 URL 등이 될 수 있습니다.

❷ DocumentTransformer는 생성된 Document를 작게 분할하거나, 키워드, 요약 정보를 추가하는 역할을 합니다. 작게 분할하고, 키워드와 요약 정보를 추가하는 이유는 벡터 저장소의 검색 효율을 높이기 위해서입니다. 작게 분할하는 이유는 검색된 Document로 프롬프트를 증강할 때, 프롬프트의 전체 토큰 양을 줄이기 위함입니다. 이렇게 작게 분할한 것을 청크chunk라고 합니다.

❸ DocumentWriter는 이렇게 작게 분할된 청크 Document를 벡터 저장소에 저장(적재)합니다.

다음 그림은 ETL 파이프라인과 결합된 전체 RAG 처리 흐름을 보여줍니다.

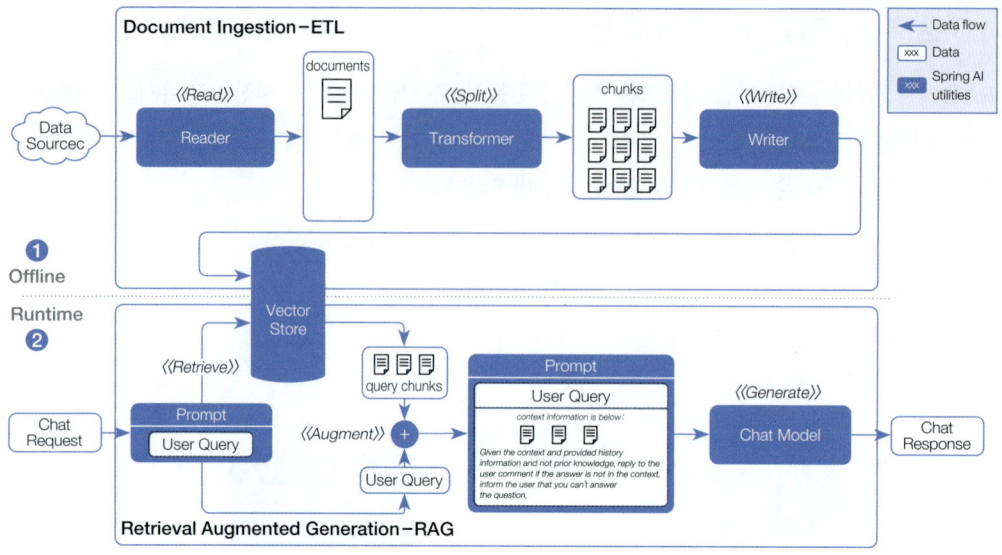

❶ Offline은 사용자의 질문이 있기 전에 미리 외부 Data Source로부터 ETL 과정을 거쳐 벡터 저장소를 준비하는 과정입니다.

❷ Runtime은 사용자의 질문이 들어오면 벡터 저장소를 검색해 관련 청크들을 프롬프트에 포함시키고 LLM을 통해 답변을 생성하는 과정입니다.

화살표를 따라서 데이터 흐름이 일어나고, Spring AI가 제공하는 API를 거쳐 가공되어 처리됩니다.

DocumentReader

DocumentReader는 소스로부터 텍스트를 추출하고, Document를 생성하는 역할을 합니다. 소스는 로컬 파일, 클래스패스 파일, 네트워크 입력 스트림, 바이트 배열, URL 등이 될 수 있습니다. 이들 소스는 Resource 객체로 포장되어서 DocumentReader의 입력으로 사용됩니다. Spring은 다양한 소스로부터 텍스트를 읽기 위해 Resource 인터페이스와 구현 클래스들을 제공하고 있습니다.

01 로컬 파일로부터 Resource 객체 얻기

```
Resource resource = new FileSystemResource("C:/data/sample.pdf");
```

02 클래스패스 파일로부터 Resource 객체 얻기

```
Resource resource = new ClassPathResource("data/sample.pdf");
```

03 URL로부터 Resource 객체 얻기

```
Resource resource = new URLResource("http://example.com/data/sample.html");
```

04 입력스트림으로부터 Resource 객체 얻기

```
InputStream inputStream = ...;
Resource resource = new InputStreamResource(inputStream);
```

05 바이트 배열로부터 Resource 객체 얻기

```
byte[] bytes = ...;
Resource resource = new ByteArrayResource(bytes);
```

이렇게 얻은 Resource 객체를 통해 DocumentReader는 텍스트를 추출하고, Document 목록을 반환합니다. 다음 코드는 클라이언트가 보낸 파일(MultipartFile)을 DocumentReader를 이용해서 Document 목록으로 반환하는 코드를 보여줍니다.

```
private List<Document> extract(MultipartFile attach) throws IOException {
    // 바이트 배열을 얻고, 리소스로 생성
    Resource resource = new ByteArrayResource(attach.getBytes());
    List<Document> documents = null;
    if (attach.getContentType().equals("text/plain")) {
        // TXT 파일일 경우
        DocumentReader reader = new TextReader(resource);
        documents = reader.read();
```

```
    } else if (attach.getContentType().equals("application/pdf")) {
        // PDF 파일일 경우
        DocumentReader reader = new PagePdfDocumentReader(resource);
        documents = reader.read();
    } else if (attach.getContentType().contains("wordprocessingml")) {
        // Word(DOCX) 파일일 경우
        DocumentReader reader = new TikaDocumentReader(resource);
        documents = reader.read();
    }
    return documents;
}
```

파일 종류별로 읽는 DocumentReader에 대해서는 다음 절에서 따로 설명을 하겠습니다.

DocumentTransformer: 분할하기

텍스트 임베딩 모델은 한 번에 입력할 수 있는 텍스트 양(토큰 수)이 제한되어 있습니다. 예를 들어, OpenAI의 text-embedding-3-small 모델은 한 번에 입력할 수 있는 최대 토큰 수가 8,191개입니다. 이 모델을 사용할 경우에는 청크 크기가 8,191개의 토큰을 넘지 않도록 해야 합니다.

DocumentReader는 읽은 전체 텍스트를 1개의 Document로 생성할 수 있기 때문에 8,191개의 토큰보다 더 클 수 있습니다. 따라서 작은 사이즈로 분할할 필요가 있습니다. 8,191개를 기준으로 나누면 될 것 같지만, 더 작은 사이즈로 분할해야 합니다.

벡터 저장소에서 유사도 검색 결과로 10개의 Document를 얻었다고 가정해보겠습니다. Document별로 8,191개의 토큰을 가지고 있다면, 프롬프트에 추가될 전체 토큰 수는 10배가 되어 81,910개가 됩니다. 여기에 사용자 질문, 시스템 메시지, 대화 기억까지 프롬프트에 추가된다면 전체 토큰 수는 매우 커집니다.

프롬프트의 전체 토큰 수가 커지면 LLM 사용료가 늘어나고, LLM의 응답 속도가 느려집니다. 그리고 LLM에 입력할 수 있는 최대 토큰 수(컨텍스트 윈도우)도 제한이 있습니다. gpt-4o와 gpt-4o-mini 모델일 경우 최대 입력 토큰 수는 128,000개입니다.

Document를 분할할 때 주의할 점은 콘텐츠 내용을 해치지 않는 선에서 청크 크기를 결정해야 합니다. 청크 크기를 너무 작게 잡으면 Document 콘텐츠 내용이 무엇인지 잘 모를 수 있습니다.

TokenTextSplitter는 Document를 작은 크기의 Document로 변환하는 Document Transformer입니다. 여기서 작은 크기는 청크chunk 크기를 말합니다. TokenTextSplitter의 생성자를 보면 다음과 같은 매개변수들이 있습니다.

```
TokenTextSplitter(
    int chunkSize,
    int minChunkSizeChars,
    int minChunkLengthToEmbed,
    int maxNumChunks,
    boolean keepSeparator
)
```

매개변수	설명	기본값
chunkSize	• 임시 청크로 나눌 때 기준이 되는 토큰 수	800 토큰
minChunkSizeChars	• 확정 청크의 최소 문자 수	350 문자
minChunkLengthToEmbed	• 자투리 텍스트가 확정 청크가 되기 위한 최소 문자 수 • 너무 짧은 텍스트는 임베딩 효율을 떨어뜨리므로 제외	5 문자
maxNumChunks	• 확정 청크 최대 수 • 확정 청크 수가 이 수를 초과하면 나머지는 무시됨 • 임베딩 비용을 줄이기 위함	10000 개
keepSeparator	• 줄바꿈(\n)를 청크에 포함할 지 여부 • 문장 경계를 명확히 할 때, 유리할 수 있음	true

TokenTextSplitter는 이들 매개변수를 런타임 시 다음 순서로 사용합니다.

순서	처리 내용	
1	입력 텍스트를 CL100K_BASE 인코딩을 사용하여 토큰으로 변환합니다.	
2	chunkSize를 기준으로 임시 청크로 분할합니다. ⑩ 2,000 토큰 → 800, 800, 400으로 임시 청크로 분할	
3	각 임시 청크에 대해 아래 내용을 반복합니다.	
	1)	다시 텍스트로 디코딩합니다.
	2)	텍스트를 minChunkSizeChars 기준으로 분리하되, 자연스러운 분리가 되도록 minChunkSizeChars 이후에 나오는 마침표, 물음표, 느낌표, 줄바꿈에서 분리합니다.
	3)	분리된 텍스트의 앞뒤 공백을 제거하고, keepSeparator 설정에 따라 줄바꿈 문자를 제거합니다.

	4)	자투리는 minChunkLengthToEmbed 문자 수보다 길면 확정 청크로 인정되고, 그렇지 않으면 무시됩니다.
4		확정된 전체 청크 수는 maxNumChunks을 초과할 수 없습니다. 나머지는 무시됩니다.

TokenTextSplitter 객체를 생성한 후, apply() 또는 transform() 메소드를 사용하면, 매개값으로 전달된 원본 Document 목록을 일정 크기의 청크로 나눈 Document 목록으로 변환할 수 있습니다.

다음 코드는 TokenTextSplitter 객체를 생성한 뒤, DocumentReader가 반환한 원본 Document 목록을 매개값으로 전달하여, 토큰 단위로 분할된 청크 Document 목록으로 변환하는 예시입니다.

```
DocumentTransformer transformer = new TokenTextSplitter();
List<Document> transformeredDocuments = transformer.apply(documents);
```

TokenTextSplitter를 커스터마이징하려면, 다음과 같이 생성자에 원하는 설정값을 지정하여 객체를 생성하면 됩니다.

```
DocumentTransformer transformer = new TokenTextSplitter(500, 200, 5, 1000, false);
List<Document> transformeredDocuments = transformer.apply(documents);
```

설정값에 따라, 프롬프트에 증강되는 내용이 달라지므로, LLM 응답 또한 달라질 수 있습니다. 테스트를 통해 적절한 크기를 찾아야 합니다.

DocumentTransformer: 키워드 추가하기

Document는 텍스트 콘텐츠 외에 메타데이터를 가질 수 있습니다. 만약 콘텐츠에 기반한 키워드가 메타데이터로 추가되어 있으면, 메타데이터 필터링을 통해 검색 효율을 높여줄 수 있습니다. 메타데이터를 필터링하면 벡터 유사도 연산 대상이 줄어들기 때문에 응답 속도가 개선될 수 있습니다.

Spring AI는 Document 콘텐츠에서 키워드를 뽑아 메타데이터로 추가하는 DocumentTransformer 구현 클래스인 KeywordMetadataEnricher를 제공합니다. 이 클래스는 LLM을 사용하여 Document 텍스트 콘텐츠로부터 키워드를 추출하고, 쉼표로 구분해서 "excerpt_keywords"

키로 메타데이터에 추가합니다.

다음은 KeywordMetadataEnricher를 생성하고 사용하는 방법을 보여줍니다. 생성자에는 첫 번째 매개값으로 LLM 호출을 위한 ChatModel을, 두 번째 매개값으로는 추출할 키워드의 개수를 전달합니다.

```
DocumentTransformer transformer = new KeywordMetadataEnricher(chatModel, 5);
List<Document> transformeredDocuments = transformer.apply(documents);
```

주의할 점은, apply() 메소드의 매개값으로는 반드시 TokenTextSplitter를 통해 청크로 분할된 Document 목록을 제공해야 한다는 점입니다. 키워드를 추출하여 메타데이터로 추가한 이후에는 문서를 다시 나눌 수 없기 때문입니다. 따라서 KeywordMetadataEnricher는 벡터 저장소에 저장하기 직전에 사용하는 것이 가장 적절합니다.

10.3 ETL: Text, PDF, Word 파일

이번 절에서는 화면에서 업로드한 Text, PDF, Word 파일을 가지고 ETL(추출-변환-적재) 과정을 수행하는 방법을 학습합니다. 책과 함께 제공되는 소스를 보면 다음 폴더에 다양한 형식의 문서 파일들이 있습니다.

```
book-spring-ai/data/document
```

프로젝트 소스를 보면서 설명을 이어가겠습니다.

01 VS Code에서 ch10-rag 프로젝트 폴더를 엽니다.

02 build.gradle 파일을 엽니다. 그리고 dependencies에서 필요한 의존성을 확인합니다.

```
// Spring AI
implementation 'org.springframework.ai:spring-ai-starter-model-openai'
implementation 'org.springframework.ai:spring-ai-starter-vector-store-pgvector'
implementation 'org.springframework.ai:spring-ai-pdf-document-reader'
implementation 'org.springframework.ai:spring-ai-tika-document-reader'
```

- pdf-document-reader 모듈에는 PDF 파일을 읽기 위한 PagePdfDocumentReader를 제공합니다.
- tika-document-reader 모듈은 word(doc/docx), Power Point(ppt/pptx) 파일을 읽기 위한 Tika DocumentReader를 제공합니다.

03 application.properties 파일을 엽니다. 사용할 LLM, 텍스트 임베딩 모델, PGVector 구성을 확인합니다.

```
## OpenAI
spring.ai.openai.api-key=${OPENAI_API_KEY}
spring.ai.openai.chat.options.model=gpt-4o-mini
spring.ai.openai.embedding.options.model=text-embedding-3-small

## PGVector
spring.datasource.url=jdbc:postgresql://localhost:5432/postgres
spring.datasource.username=postgres
spring.datasource.password=postgres
spring.ai.vectorstore.pgvector.initialize-schema=true
# spring.ai.vectorstore.pgvector.schema-name=public
# spring.ai.vectorstore.pgvector.table-name=vector_store
# spring.ai.vectorstore.pgvector.dimensions=1536
```

04 service/ETLService.java 파일을 엽니다. 필드와 생성자 선언을 보겠습니다.

```
@Service
@Slf4j
public class ETLService {
    // ##### 필드 #####
    private ChatModel chatModel;
    private VectorStore vectorStore;

    // ##### 생성자 #####
    public AiService(ChatModel chatModel, VectorStore vectorStore) {
        this.chatModel = chatModel;
        this.vectorStore = vectorStore;
    }
}
```

- 생성자 매개변수로 ChatModel과 VectorStore를 주입받고, 필드를 초기화합니다. ChatModel은 KeywordMetadataEnricher에서 키워드를 추출할 때 사용하고, VectorStore 필드는 Document를 벡터 저장소에 저장할 때 사용합니다.

05 etlFromFile() 메소드 내용을 보겠습니다. 이 메소드는 화면에서 업로드한 문서 제목, 작성자, 문서 파일을 받고 ETL 과정을 수행합니다.

```java
// ##### 업로드된 파일을 가지고 ETL 과정을 처리하는 메소드 #####
public String etlFromFile(String title, String author, MultipartFile attach)
  throws IOException {
  // E: 추출하기
❶ List<Document> documents = extractFromFile(attach);
  if (documents == null) {
    return ".txt, .pdf, .doc, .docx 파일 중에 하나를 올려주세요.";
  }
  log.info("추출된 Document 수: {} 개", documents.size());

  // T: 메타데이터에 공통 정보 추가하기
  for(Document doc : documents) {
    Map<String, Object> metadata = doc.getMetadata();
❷   metadata.putAll(Map.of(
      "title", title,
      "author", author,
      "source", attach.getOriginalFilename()
    ));
  }

  // T: 작은 사이즈로 분할하기
❸ documents = transform(documents);
  log.info("변환된 Document 수: {} 개", documents.size());

  // L: 적재하기
❹ vectorStore.add(documents);

  return "올린 문서를 추출-변환-적재 완료했습니다.";
}
```

❶ extractFromFile() 메소드를 이용해서 화면에서 업로드한 문서 파일에서 텍스트를 추출하고, Document 목록을 얻습니다.

❷ 화면에서 업로드한 문서 제목, 작성자, 출처 등을 Document 공통 메타데이터로 추가합니다. 공통 메타데이터는 Document가 작게 분할되더라도 유지됩니다.

❸ transform() 메소드를 이용해서 Document를 작은 크기로 분할합니다.

❹ Document 목록을 벡터 저장소에 저장(적재)합니다. 이때, Document 텍스트 콘텐츠는 임베딩됩니다.

06 extractFromFile() 메소드 내용을 보겠습니다. 이 메소드는 화면에서 업로드한 파일의 종류별로 텍스트를 추출하여 Document 목록으로 반환합니다.

```java
// ##### 업로드된 파일로부터 텍스트를 추출하는 메소드 #####
private List<Document> extractFromFile(MultipartFile attach) throws IOException {
    // 바이트 배열을 Resource로 생성
❶   Resource resource = new ByteArrayResource(attach.getBytes());

    List<Document> documents = null;
    if (attach.getContentType().equals("text/plain")) {
        // Text(.txt) 파일일 경우
❷       DocumentReader reader = new TextReader(resource);
        documents = reader.read();
    } else if (attach.getContentType().equals("application/pdf")) {
        // PDF(.pdf) 파일일 경우
❸       DocumentReader reader = new PagePdfDocumentReader(resource);
        documents = reader.read();
    } else if (attach.getContentType().contains("wordprocessingml")) {
        // Word(.doc, .docx) 파일일 경우
❹       DocumentReader reader = new TikaDocumentReader(resource);
        documents = reader.read();
    }

    return documents;
}
```

❶ MultipartFile로부터 파일 데이터인 byte[]을 얻고, Resource를 생성합니다.

❷ 텍스트 파일에서 텍스트를 추출할 때는 TextReader를 사용합니다. 이 DocumentReader는 읽은 텍스트 파일 1개를 1개의 Document로 생성합니다.

❸ PDF 파일에서 텍스트를 추출할 때는 PagePdfDocumentReader를 사용합니다. 이 DocumentReader는 이름에서도 알 수 있듯이 PDF 페이지 단위로 Document를 생성합니다. PDF 파일 내에 페이지가 10개라면 10개의 Document를 생성합니다.

❹ Word 파일에서 텍스트를 추출할 때는 TikaDocumentReader를 사용합니다. 이 DocumentReader는 Word 파일 1개를 1개의 Document로 생성합니다.

07 transform() 메소드 내용을 보겠습니다. 이 메소드는 Document를 작은 크기로 분할하고 키워드 메타데이터를 추가합니다.

```java
// ##### 작은 크기로 분할하고 키워드 메타데이터를 추가하는 메소드 #####
private List<Document> transform(List<Document> documents) {
  List<Document> transformedDocuments = null;

  // 작게 분할하기
❶ TokenTextSplitter tokenTextSplitter = new TokenTextSplitter();
  transformedDocuments = tokenTextSplitter.apply(documents);

  // 메타데이터에 키워드 추가하기(이부분은 LLM을 사용하므로 비용과 시간이 증가합니다.)
  KeywordMetadataEnricher keywordMetadataEnricher =
❷   new KeywordMetadataEnricher(chatModel, 5);
  transformedDocuments = keywordMetadataEnricher.apply(transformedDocuments);

  return transformedDocuments;
}
```

❶ TokenTextSplitter를 이용해서 Document를 작게 분할합니다.

❷ LLM을 통해 분할된 각각의 Document 콘텐츠에서 키워드를 알아내고, 해당 Document의 메타데이터로 추가합니다. 각 청크 Document마다 수행해야 하므로 비용과 시간이 증가합니다. 핵심 기능은 아니기 때문에 주석 처리해도 됩니다.

08 controller/AiController.java 파일을 엽니다. /ai/txt-pdf-docx-etl 요청 매핑 메소드를 확인합니다.

```java
@RestController
@RequestMapping("/ai")
@Slf4j
public class AiController {
  @Autowired
  private ETLService etlService;
```

```
// ##### 요청 매핑 메소드 #####
@PostMapping(
    value = "/txt-pdf-docx-etl",
    consumes = MediaType.MULTIPART_FORM_DATA_VALUE,
    produces = MediaType.TEXT_PLAIN_VALUE
)
public String txtPdfDocxEtl(
    @RequestParam("title") String title,
❶   @RequestParam("author") String author,
    @RequestParam("attach") MultipartFile attach) throws IOException {
❷   String result = etlService.etlFromFile(title, author, attach);
    return result;
}
```

❶ 화면에서 업로드한 문서 제목, 작성자, 문서 파일을 받습니다.

❷ ETLService의 etlFromFile() 메소드를 호출합니다. 이때, ❶에서 받은 정보를 넘겨줍니다.

09 pgAdmin 툴로 다음 SQL 문을 실행해서 vector_store 테이블의 모든 행들을 삭제합니다. 삭제에 특별한 이유는 없습니다. 깨끗한 상태에서 적재되는 내용을 확인하기 위해서입니다.

```
TRUNCATE TABLE vector_store;
```

10 프로젝트를 실행합니다. 브라우저에서 http://localhost:8080으로 요청하고, [txt-pdf-word-etl] 버튼을 클릭합니다.

11 각 입력란에서 다음과 같이 입력하고 [제출] 버튼을 클릭합니다.

- **제목:** 대한민국헌법
- **작성자:** 법제처
- **문서:** book-spring-ai/data/document /대한민국헌법(19880225).txt

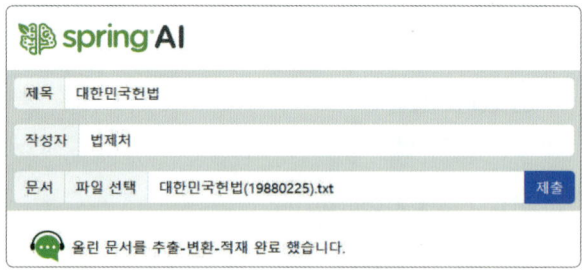

12 VS Code 터미널(콘솔)의 출력 로그를 확인합니다.

```
추출된 Document 수: 1 개
변환된 Document 수: 25 개
```

- 총 25개의 청크 Document가 생성되었습니다.

13 pgAdmin 툴을 이용해서 vector_store 테이블에 저장되었는지 확인합니다.

	id [PK] uuid	content text	metadata json	embedding vector
1	01d1e243-ccb4-4...	제35조 ①모든 국민은 건...	{"title": "대한민국헌법", "author": "법...	[0.029227402,0.047188267,0.034224033,0.05216561,0...
2	01f96ab2-5bfd-4...	⑦피고인의 자백이 고문·...	{"title": "대한민국헌법", "author": "법...	[0.018872643,0.0578691,0.0025207333,0.07128497,0.0
3	0cb18239-e71e-4...	선출된 최초의 국회의원의...	{"title": "대한민국헌법", "author": "법...	[-0.0056329537,0.038961675,0.038704958,0.01566958
4	115ff321-843f-46...	제101조 ①사법권은 법관...	{"title": "대한민국헌법", "author": "법...	[-0.017353984,0.05396107,0.032387868,0.02265841,0.
5	1185c284-dce2-4...	제92조 ①평화통일정책의...	{"title": "대한민국헌법", "author": "법...	[-0.005341054,0.008891641,0.014161886,0.02031219,-

- Document 콘텐츠 원문은 content 컬럼에, 임베딩 벡터는 embedding 컬럼에 저장되었습니다.
- metadata 컬럼에는 공용 메타데이터와 키워드 메타데이터(선택)가 저장되었습니다.

```
metadata
json
{"title": "대한민국헌법", "author": "법제처", "source": "대한민국헌법(19880225).txt", "charset": "UTF-8", "excerpt_keywords": "대한민국, 민주공화국, 주권,
{"title": "대한민국헌법", "author": "법제처", "source": "대한민국헌법(19880225).txt", "charset": "UTF-8", "excerpt_keywords": "Keywords: 국제평화, 정치적
{"title": "대한민국헌법", "author": "법제처", "source": "대한민국헌법(19880225).txt", "charset": "UTF-8", "excerpt_keywords": "차별, 자유, 체포, 변호인, 법적
```

14 10~13까지 반복해서 대한민국헌법(19880225).pdf 파일과 대한민국헌법(19880225).docx 파일도 올려서 ETL 과정이 잘 실행되는지 확인하기 바랍니다. 좀 더 빠른 결과를 위해서 transform() 메소드에서 다음 코드를 주석으로 하고, 프로젝트를 재실행한 후에 실습해 보시기 바랍니다.

```java
// ##### 작은 크기로 분할하고 키워드 메타데이터를 추가하는 메소드 #####
private List<Document> transform(List<Document> documents) {
    ...
    // 메타데이터에 키워드 추가하기
    // KeywordMetadataEnricher keywordMetadataEnricher =
    //     new KeywordMetadataEnricher(chatModel, 5);
    // transformedDocuments = keywordMetadataEnricher.apply(transformedDocuments);
    ...
}
```

10.4 ETL: HTML, JSON

이번 절에는 URL로부터 얻은 HTML과 JSON을 가지고 ETL(추출-변환-적재) 과정을 수행하는 방법을 학습합니다. ch10-rag 프로젝트가 실행 중인지 확인하고, 다음 URL로 HTML과 JSON이 다운로드되는 것을 확인합니다.

```
http://localhost:8080/document/constitution(19880225).html
http://localhost:8080/document/constitution(19880225).json
```

HTML ETL

URL로부터 얻은 HTML에서 텍스트를 추출하고 Document 목록을 얻으려면, DocumentReader 구현 클래스인 JsoupDocumentReader가 필요합니다. 이 클래스는 jsoup-document-reader 모듈에서 제공합니다.

01 build.gradle 파일을 엽니다. 그리고 dependencies에서 jsoup-document-reader 모듈이 추가되어 있는지 확인합니다.

```
// Spring AI
implementation 'org.springframework.ai:spring-ai-starter-model-openai'
implementation 'org.springframework.ai:spring-ai-starter-vector-store-pgvector'
implementation 'org.springframework.ai:spring-ai-pdf-document-reader'
implementation 'org.springframework.ai:spring-ai-tika-document-reader'
implementation 'org.springframework.ai:spring-ai-jsoup-document-reader'
```

02 service/ETLService.java 파일을 열고, etlFromHTML() 메소드 내용을 보겠습니다.

```
// ##### HTML의 ETL 과정을 처리하는 메소드 #####
public String etlFromHtml(String title, String author, String url) throws Exception {
    // URL로부터 Resource 얻기
❶   Resource resource = new UrlResource(url);
```

```
    // E: 추출하기
    JsoupDocumentReader reader = new JsoupDocumentReader(
        resource,
        JsoupDocumentReaderConfig.builder()
            .charset("UTF-8")
            .selector("#content")
❷           .additionalMetadata(Map.of(
                "title", title,
                "author", author,
                "url", url))
            .build());
    List<Document> documents = reader.read();
    log.info("추출된 Document 수: {} 개", documents.size());

    // T: 변환하기
    DocumentTransformer transformer = new TokenTextSplitter();
❸   List<Document> transformedDocuments = transformer.apply(documents);
    log.info("변환된 Document 수: {} 개", transformedDocuments.size());

    // L: 적재하기
❹   vectorStore.add(transformedDocuments);

    return "HTML에서 추출-변환-적재 완료했습니다.";
}
```

❶ URL로부터 Resource 객체를 생성합니다.

❷ JsoupDocumentReader 객체를 생성하고 텍스트를 추출합니다. 생성자를 통해 Resource와 Jsoup DocumentReaderConfig를 제공합니다. JsoupDocumentReaderConfig는 문자 인코딩 정보와 CSS 선택자를 사용해서 읽을 텍스트가 존재하는 위치를 알려주는 역할을 합니다.

JsoupDocumentReaderConfig는 메타데이터에 title 키가 없을 경우, <title> 태그 내용을 메타데이터로 자동 추가합니다. 그리고 metadataTags()로 <meta> 태그 내용을 메타데이터로 추가할 수도 있습니다. 직접 메타데이터의 내용을 구성하고 싶을 경우에는 additionalMetadata() 메소드를 사용할 수 있습니다.

❸ HTML은 페이지 구분을 할 수 없기 때문에 JsoupDocumentReader의 read() 메소드가 반환하는 List<Document>에는 한 개의 Document만 저장됩니다. 따라서 Document 크기가 매우 클 수 있습니다. 그래서 TokenTextSplitter를 이용해서 작은 크기로 분할된 List<Document>를 얻어야 합니다.

❹ 벡터 저장소에 Document를 저장(적재)합니다.

03 controller/AiController.java를 열고 /ai/html-etl 요청 매핑 메소드를 살펴보겠습니다.

```
@PostMapping(
  value = "/html-etl",
  consumes = MediaType.MULTIPART_FORM_DATA_VALUE,
  produces = MediaType.TEXT_PLAIN_VALUE
)
public String htmlEtl(
  @RequestParam("title") String title,
  @RequestParam("author") String author,
  @RequestParam("url") String url) throws Exception {
  String result = etlService.etlFromHtml(title, author, url);
  return result;
}
```

- 화면에서 업로드한 제목, 작성자, URL을 받아 ETLService의 etlFromHtml()을 호출하고, 반환값을 바로 반환합니다.

04 브라우저에서 http://localhost:8080으로 요청하고, [html-etl] 버튼을 클릭합니다.

05 다음과 같이 입력하고 [제출] 버튼을 클릭합니다.

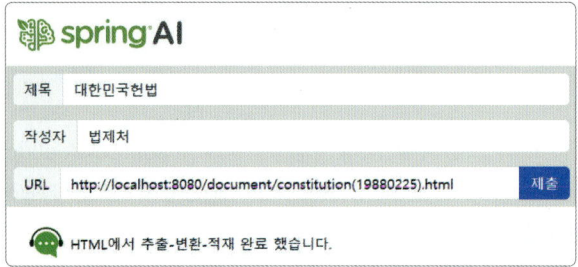

06 pgAdmin 툴을 이용해서 vector_store 테이블 내용을 확인합니다.

	id [PK] uuid	content text	metadata json	embedding vector
1	00763b3f-7194-4f6f-a9...	제49조 국회는 헌법 또는 법률에 특별한 ...	{"url": "http://localhost:...	[0.011379282,-0.002348274
2	099c6293-7a73-4ec0-b...	정치적 · 경제적 · 사회적 · 문화적 생활...	{"url": "http://localhost:...	[0.034746747,0.080006614,
3	165c2d01-b556-4cf7-91...	②선거에 관한 경비는 법률이 정하는 경...	{"url": "http://localhost:...	[0.035309996,0.06205761,0

JSON ETL

URL로부터 얻은 JSON에서 텍스트를 추출하고 Document 목록을 얻으려면, DocumentReader 구현 클래스인 JsonReader가 필요합니다. JsonReader는 Spring AI가 기본 지원하기 때문에 추가 모듈이 필요 없습니다.

01 ETLService.java 파일을 열고, etlFromJson() 메소드 내용을 확인해 보겠습니다.

```java
// ##### JSON의 ETL 과정을 처리하는 메소드 #####
public String etlFromJson(String url) throws Exception {
    // URL로부터 Resource 얻기
 ❶  Resource resource = new UrlResource(url);

    // E: 추출하기
    JsonReader reader = new JsonReader(
        resource,
        new JsonMetadataGenerator() {
            @Override
            public Map<String, Object> generate(Map<String, Object> jsonMap) {
                return Map.of(
 ❷                  "title", jsonMap.get("title"),
                    "author", jsonMap.get("author"),
                    "url", url);
            }
        },
        "date", "content");
    List<Document> documents = reader.read();
    log.info("추출된 Document 수: {} 개", documents.size());

    // T: 변환하기
    DocumentTransformer transformer = new TokenTextSplitter();
 ❸  List<Document> transformedDocuments = transformer.apply(documents);
    log.info("변환된 Document 수: {} 개", transformedDocuments.size());

    // L: 적재하기
 ❹  vectorStore.add(transformedDocuments);

    return "JSON에서 추출-변환-적재 완료했습니다.";
}
```

❶ URL로부터 Resource를 생성합니다.

❷ JsonReader를 생성하고 JSON으로부터 텍스트를 추출합니다. 생성자를 통해 Resource와 JsonMetadataGenerator 그리고 Document 콘텐츠에 포함될 속성(date, content)들을 나열해 줍니다.

JsonMetadataGenerator는 메타데이터를 생성하는 역할을 합니다. 인터페이스이므로 generate() 메소드를 재정의해서 메타데이터로 추가할 Map을 제공해야 합니다.

JSON이 배열일 경우, 배열의 항목이 하나의 Document로 생성됩니다. 따라서 JsonReader의 read() 메소드가 반환하는 List〈Document〉에는 배열의 항목 수만큼 Document가 포함됩니다.

❸ DocumentTransformer를 이용해서 작은 크기로 분할된 List〈Document〉를 얻습니다.

❹ 벡터 저장소에 적재합니다.

02 controller/AiController.java 파일을 열고, /ai/json-etl 요청 매핑 메소드를 확인해 보겠습니다.

```java
@PostMapping(
    value = "/json-etl",
    consumes = MediaType.MULTIPART_FORM_DATA_VALUE,
    produces = MediaType.TEXT_PLAIN_VALUE
)
public String jsonEtl(@RequestParam("url") String url) throws Exception {
    String result = etlService.etlFromJson(url);
    return result;
}
```

- 클라이언트로부터 URL을 받아, ETLService의 etlFromJson() 메소드를 호출하고 결과를 반환합니다.

03 브라우저에서 http://localhost:8080으로 요청하고, [json-etl] 버튼을 클릭합니다.

04 JSON 다운로드 URL을 입력하고 [제출] 버튼을 클릭합니다.

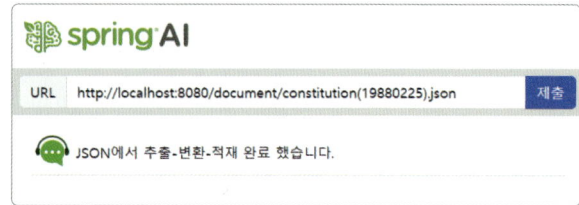

05 pgAdmin 툴을 이용해서 vector_store 테이블 내용을 확인합니다.

	id [PK] uuid	content text	metadata json	embedding vector
1	00763b3f-7194-4f6f-a9...	제49조 국회는 헌법 또는 법률에 특별한 ...	{"url": "http://localhost:...	[0.011379282,-0.002348274
2	099c6293-7a73-4ec0-b...	정치적 · 경제적 · 사회적 · 문화적 생활...	{"url": "http://localhost:...	[0.034746747,0.080006614,
3	165c2d01-b556-4cf7-91...	②선거에 관한 경비는 법률이 정하는 경...	{"url": "http://localhost:...	[0.035309996,0.06205761,0

10.5 RAG: QuestionAnswerAdvisor

이번 절은 프롬프트 내용을 증강하는 QuestionAnswerAdvisor 사용 방법을 학습합니다. QuestionAnswerAdvisor는 사용자의 질문으로 관련된 문서를 벡터 저장소에서 검색하고, 검색 결과를 프롬프트에 포함시키는 Advisor입니다.

QuestionAnswerAdvisor를 사용하려면 build.gradle 파일에서 다음 의존성 설정이 필요합니다.

```
implementation 'org.springframework.ai:spring-ai-advisors-vector-store'
```

QuestionAnswerAdvisor는 다음과 같이 생성할 수 있습니다.

```
QuestionAnswerAdvisor questionAnswerAdvisor =
............ = QuestionAnswerAdvisor
    .builder(vectorStore)
    .build();
```

검색 조건을 보다 정교하게 설정하기 위해 SearchRequest를 추가할 수도 있습니다. 다음은 메타데이터의 source가 '헌법'인 것 중에서 유사도가 0.5 이상인 상위 3개를 검색해서 프롬프트에 포함시키는 QuestionAnswerAdvisor를 생성합니다.

```
// 벡터 저장소 검색 조건 생성
SearchRequest searchRequest = SearchRequest.builder()
    .similarityThreshold(0.5)
    .topK(3)
```

```
        .filterExpression("source == '헌법'")
        .build();

// QuestionAnswerAdvisor 생성
QuestionAnswerAdvisor questionAnswerAdvisor =
    ............ = QuestionAnswerAdvisor
        .builder(vectorStore)
        .searchRequest(searchRequest)
        .build();
```

이렇게 생성된 QuestionAnswerAdvisor는 ChatClient를 호출할 때 또는 ChatClient의 기본 Advisor로 추가될 수 있습니다. 다음은 기본 Advisor로 추가하는 코드입니다.

```
ChatClient chatClient = chatClientBuilder
    .defaultAdvisors( questionAnswerAdvisor )
    .build();
```

만약 SearchRequest의 필터 표현식을 ChatClient가 호출될 때마다 변경하고 싶다면 Advisor 공용 데이터에 QuestionAnswerAdvisor.FILTER_EXPRESSION 상수를 키로 해서 표현식을 저장하면 QuestionAnswerAdvisor가 표현식을 동적으로 반영합니다.

```
String content = chatClient.prompt()
    .user("사용자 질문")
    .advisors(a -> a.param(QuestionAnswerAdvisor.FILTER_EXPRESSION, "source == ' 헌법 '"))
    .call()
    .content();
```

프로젝트 소스를 보면서 설명을 이어 나가겠습니다.

01 소스 이해를 돕기 위해 먼저 실행 화면부터 설명하겠습니다.

- 상단에는 ETL을 위한 입력 양식이 있습니다.
  [벡터 저장소 비우기] 버튼을 클릭하면, 벡터 저장소의 모든 데이터를 삭제합니다. 깨끗한 상태에서 PDF 파일을 ETL할 목적입니다.

[ETL 실행]을 클릭하면 입력된 문서, 출처, 임시 청크 및 최소 청크 크기를 이용해서 ETL 작업을 수행합니다.

- 중앙에는 사용자 질문과 REST API의 응답이 출력되는 대화 패널이 있습니다.
- 하단에는 RAG를 위한 입력 양식이 있습니다.

[제출] 버튼을 클릭하면, 입력된 질문, 유사도 임계점수, 출처를 가지고 벡터 저장소에 검색한 후, 결과를 프롬프트에 추가합니다. 그리고 LLM으로 전송해서 응답을 받습니다.

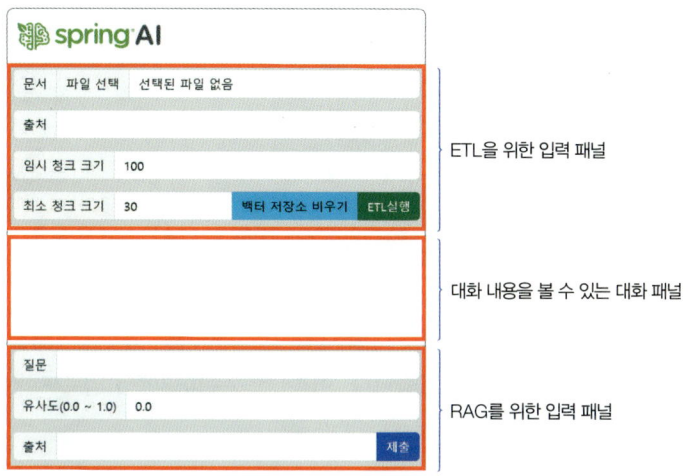

02 service/RagService1.java 파일을 열고, 필드와 생성자 선언 부분을 보겠습니다.

```java
@Service
@Slf4j
public class RagService1 {
  // ##### 필드 #####
  private ChatClient chatClient;
  @Autowired private VectorStore vectorStore;
❶ @Autowired private JdbcTemplate jdbcTemplate;

  // ##### 생성자 #####
  public RagService1(ChatClient.Builder chatClientBuilder) {
    this.chatClient = chatClientBuilder
        .defaultAdvisors(
❷           new SimpleLoggerAdvisor(Ordered.LOWEST_PRECEDENCE - 1)
        )
        .build();
  }
}
```

❶ 필드로 주입 받은 JdbcTemplate은 SQL문으로 벡터 저장소의 vector_store 테이블 내용을 전체 삭제할 때 사용합니다. VectorStore는 전체 삭제 메소드를 제공하지 않기 때문에 직접 SQL문을 사용해야 합니다.

❷ 벡터 저장소의 검색 결과가 프롬프트에 잘 추가되는지 확인하기 위해 SimpleLoggerAdvisor를 기본 Advisor로 추가했습니다.

03 RagService1 클래스의 clearVectorStore() 메소드를 보겠습니다. 이 메소드는 깨끗한 ETL을 위해서 작성한 것으로 벡터 저장소의 vector_store 테이블 내용을 모두 비웁니다. 브라우저 화면에서 [벡터 저장소 비우기] 버튼을 클릭했을 때 실행됩니다.

```java
// ##### 벡터 저장소의 데이터를 모두 삭제하는 메소드 #####
public void clearVectorStore() {
    jdbcTemplate.update("TRUNCATE TABLE vector_store");
}
```

04 RagService1 클래스의 ragEtl() 메소드를 보겠습니다. 이 메소드는 화면에서 업로드한 PDF 파일을 받아서 ETL을 수행합니다.

```java
// ##### PDF 파일을 ETL 처리하는 메소드 #####
public void ragEtl(MultipartFile attach, String source, int chunkSize, int minChunkSizeChars)
        throws IOException {
    // 추출하기
    Resource resource = new ByteArrayResource(attach.getBytes());
    DocumentReader reader = new PagePdfDocumentReader(resource);
    List<Document> documents = reader.read();

    // 메타데이터 추가
    for (Document doc : documents) {
        doc.getMetadata().put("source", source);
    }

    // 변환하기
    DocumentTransformer transformer = new TokenTextSplitter(
        chunkSize, minChunkSizeChars, 5, 10000, true);
    List<Document> transformedDocuments = transformer.apply(documents);
```

❶ ❷ ❸

```
    // 적재하기
❹   vectorStore.add(transformedDocuments);
    }
```

❶ 매개값으로 전달된 MultipartFile로부터 Resource 객체를 생성한 후, 이를 이용해 PagePdfDocument Reader를 초기화합니다. 그런 다음 PDF 파일로부터 텍스트를 추출하여 Document 목록을 생성합니다.

❷ 각 Document의 공통 메타데이터로 source(출처)를 포함시킵니다.

❸ TokenTextSplitter를 생성할 때, 임시 청크 사이즈(chunkSize)와 확정 청크의 최소 문자 수(minChunk SizeChars)를 화면에서 업로드한 값으로 대체시켰습니다.

청크 크기는 벡터 저장소 유사도 검색에 큰 영향을 미치기 때문에, 원본 PDF 내용에 따라서 어떤 값으로 설정해야 검색이 잘 되는지 충분한 테스트를 거쳐 적정 값을 얻어야 합니다. TokenTextSplitter 생성자 매개값에 대한 이해가 부족하다면 [지식 기반 저장소와 ETL] 절에서 [DocumentTransformer: 분할하기]를 다시 읽어보시기 바랍니다.

❹ 벡터 저장소에 적재합니다.

05 RagService1 클래스의 ragChat() 메소드를 보겠습니다. 이 메소드가 RAG 핵심입니다. 화면에서 질문, 유사도 임계점수, 출처를 받아, 벡터 저장소에서 유사도 검색을 수행하고, 그 결과를 프롬프트에 추가하고 LLM으로 전송합니다.

```
    // ##### LLM과 대화하는 메소드 #####
    public String ragChat(String question, double score, String source) {
        // 벡터 저장소 검색 조건 생성
        SearchRequest.Builder searchRequestBuilder = SearchRequest.builder()
❶           .similarityThreshold(score)
            .topK(3);
        if (StringUtils.hasText(source)) {
❷           searchRequestBuilder.filterExpression("source == '%s'".formatted(source));
        }
❸       SearchRequest searchRequest = searchRequestBuilder.build();

        // QuestionAnswerAdvisor 생성
        QuestionAnswerAdvisor questionAnswerAdvisor =
❹       ........ = QuestionAnswerAdvisor
            .builder(vectorStore)
```

```
        .searchRequest(searchRequest)
        .build();
// 프롬프트를 LLM으로 전송하고 응답을 받는 코드
❺ String answer = this.chatClient.prompt()
        .user(question)
        .advisors(questionAnswerAdvisor)
        .call()
        .content();
    return answer;
}
```

❶ 검색 시 공통으로 적용되는 조건입니다. similarityThreshold() 메소드를 사용하여 유사도 임계점수를 설정합니다. 이 값은 0.0부터 1.0 사이의 실수로 지정하며, 설정된 임계점수 이상으로 유사한 Document만 검색 대상에 포함됩니다. 임계점수는 화면에서 입력한 값입니다.

❷ 출처(source) 정보가 제공될 경우, 메타데이터에서 해당 출처로 필터링해서 유사도 검색을 수행합니다. 이는 전체 문서에 대해 유사도 검색을 수행하는 것보다 검색 속도를 향상시킬 수 있습니다.

이번 실습에서는 벡터 저장소에 오직 헌법 내용만 저장되어 있기 때문에 출처로 필터링하는 것이 큰 의미는 없습니다. 그러나 다양한 종류의 문서가 혼합되어 있다면 출처 기반 필터링이 매우 유용하게 활용될 수 있습니다.

❸ 검색 조건 객체인 SearchRequest를 생성합니다.

❹ RAG 처리를 담당하는 QuestionAnswerAdvisor를 생성합니다. SearchRequest에 정의된 검색 조건을 사용하여 벡터 저장소에서 관련 문서를 검색하고, 검색 결과를 프롬프트에 포함시키는 역할을 합니다.

❺ LLM으로 전송되기 전에 RAG 작업을 하도록 QuestionAnswerAdvisor를 ChatClient에 추가합니다.

06 controller/AiController.java 파일을 열고, 요청 매핑 메소드를 살펴보겠습니다. 화면을 처리하려면 총 3개의 요청 매핑 메소드가 필요합니다. /ai/rag-clear 요청을 처리하는 ragClear() 메소드부터 보겠습니다. 이 메소드는 vector_store의 내용을 모두 비우기 위해 RagService1의 clearVectorStore() 메소드를 호출합니다.

```
@RestController
@RequestMapping("/ai")
@Slf4j
public class AiController {
    // ##### 필드 #####
```

```
...
@Autowired
private RagService1 ragService1;

// #### 요청 매핑 메소드 ####
...
@GetMapping(
  value = "/rag-clear",
  produces = MediaType.TEXT_PLAIN_VALUE
)
public String ragClear() {
  ragService1.clearVectorStore();
  return "벡터 저장소의 데이터를 모두 삭제했습니다.";
}
}
```

07 이어서 /ai/rag-etl 요청을 처리하는 ragEtl() 메소드를 보겠습니다. 이 메소드는 화면에서 첨부 문서, 출처, 임시 청크 크기, 최소 청크 문자 수를 받아, RagService1의 ragEtl() 메소드를 호출합니다.

```
@PostMapping(
  value = "/rag-etl",
  consumes = MediaType.MULTIPART_FORM_DATA_VALUE,
  produces = MediaType.TEXT_PLAIN_VALUE
)
public String ragEtl(
  @RequestParam("attach") MultipartFile attach,
  @RequestParam("source") String source,
  @RequestParam(value = "chunkSize", defaultValue = "200") int chunkSize,
  @RequestParam(value = "minChunkSizeChars", defaultValue = "100") int minChunkSizeChars
) throws Exception {
  ragService1.ragEtl(attach, source, chunkSize, minChunkSizeChars);
  return "PDF ETL 과정을 성공적으로 처리했습니다.";
}
```

- 임시 청크 크기와 최소 청크 문자 수의 기본 값을 200과 100으로 주었습니다. 이 값이 헌법 문서에는 적합한 값이지만, 모든 문서에서는 그렇지 않습니다. 충분한 테스트를 거쳐 검색이 잘되는 청크 크기를 알아내는 게 중요합니다.

08 이어서 /ai/rag-chat 요청을 처리하는 ragChat() 메소드를 보겠습니다. 이 메소드는 화면에서 질문, 유사도 임계점수, 출처를 받아 RagService1의 ragChat() 메소드를 호출합니다.

```java
@PostMapping(
    value = "/rag-chat",
    consumes = MediaType.APPLICATION_FORM_URLENCODED_VALUE,
    produces = MediaType.TEXT_PLAIN_VALUE
)
public String ragChat(
    @RequestParam("question") String question,
    @RequestParam(value = "score", defaultValue = "0.0") double score,
    @RequestParam("source") String source
) {
    String answer = ragService1.ragChat(question, score, source);
    return answer;
}
```

- 유사도 임계점수의 기본값을 0.0으로 주었습니다. 이 값이 너무 낮으면, 관련성 없는 Document가 검색될 수 있고, 이 값이 너무 높으면 관련성 있는 Document는 검색되지 않을 수도 있습니다.

09 이제 화면에서 테스트를 해보겠습니다. 브라우저로 http://localhost:8080으로 요청한 후, [rag] 버튼을 클릭합니다. 먼저 [벡터 저장소 비우기] 버튼을 클릭해서 벡터 저장소의 vector_store 테이블 내용을 모두 삭제합니다. 그리고 pgAdmin 툴로 삭제되었는지 확인합니다.

10 문서의 [파일 선택] 버튼을 클릭하고 다음 경로에 있는 PDF 파일을 선택합니다.

```
book-spring-ai/data/document/대한민국헌법(19880225).pdf
```

출처는 '헌법'이라고 입력하고, 임시 청크 크기 chunkSize 와 최소 청크 크기 minChunkSizeChars 는 기본 값으로 주고 [ETL 실행] 버튼을 클릭합니다.

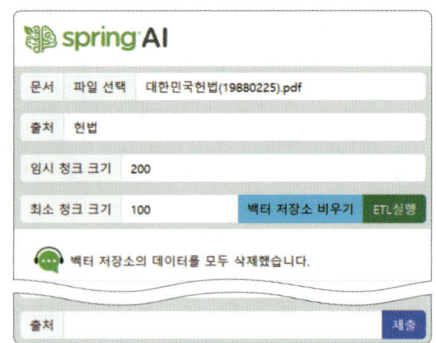

11 pgAdmin 툴을 이용해서 vector_store 테이블에 Document가 잘 저장되었는지 확인합니다. 최소 청크 크기 minChunkSizeChars를 100으로 주면 약 150개의 청크 Document가 생성됩니다.

id [PK] uuid	content text	metadata json	embedding vector
146　f48f33dd-f4b2-4daa-b...	④누구든지　　　체포　또는　구속을　...	{"source": "헌법", "page_n...	[0.019838028,0.0648
147　f63d7d15-c2da-47cb-8...	④비상계엄하의　　　군사재판은　군...	{"source": "헌법", "page_n...	[0.044944216,0.0530
148　fb562414-7337-4e5b-b...	제30조　타인의　범죄행위로　인하...	{"source": "헌법", "page_n...	[0.0690067,0.080112
149　fbffd3d1-45f5-493e-88...	제55조　①한　회계연도를　넘어　...	{"source": "헌법", "page_n...	[0.059653178,0.0232
150　fc106f11-b3a3-4e20-a...	제37조　①국민의　자유와　권리는　...	{"source": "헌법", "page_n...	[-0.020724332,0.029

12 이번에는 질문 입력란에 '대통령의 임기는?'을 입력하고, 유사도는 0.0, 출처는 비워놓고 [제출] 버튼을 클릭합니다. 유사도를 점점 높여가며, [제출] 버튼을 클릭하면 답변을 줄 수 없다는 메시지가 출력됩니다.

13 질문에 대한 유사도 검색 결과로 가져오는 Document의 유사도가 어떻게 되는지 확인하기 위해 VS Code 터미널(콘솔)에서 로그를 확인합니다.

```
Document{id='1809d290-a1b2-400b-9bb9-156ea4a0cb36', text='⑤
대통령의           선거에           관한           사항은           법률로           정한다.
제68조       ①대통령의           임기가           만료되는           때에는           임기만
료           70일           내지           40일           전에           후임자를           선거한다.', media='null',
```

```
metadata={distance=0.54076964, source=헌법, page_number=7},
score=0.48540228605270386},
Document{id='322c8db3-8ac9-4e1e-9c45-e8a9da621cb1', text='②원장은    국회의   동
의를   얻어   대통령이   임명하고,   그  임기는   4년으로   하며,   1차에
한  하여   중임할    수   있다.', media='null', metadata={distance=0.567972, source=
헌법, page_number=10}, score=0.44777852296829224},
Document{id='2c8014fc-2fab-441a-a6c5-c6787faeaf7f', text='제70
조   대통령의    임기는   5년으로   하며,   중임할   수   없다.',
media='null', metadata={distance=0.57035834, source=헌법, page_number=7},
score=0.3930121660232544}
```

- 각 Document의 유사도 점수는 약 0.39 ~ 0.48 사이로 보입니다. 그렇다면 화면에서 이 점수보다 낮게 유사도 임계점수를 주면, 정답을 가져오지만, 더 높게 주면 답을 가져오지 못합니다.

검색된 Document의 유사도 점수는 임시 청크 크기^{chunkSize}와 최소 청크 크기^{minChunkSizeChars}에 따라서 달라집니다. 청크 크기가 클수록, 대체로 유사도는 낮게 나옵니다. 반대로 너무 작게 주면 사용자 질문을 온전히 포함한 Document가 없을 수 있습니다.

이번 실습에서는 출처에 대한 메타데이터 필터링은 의미가 없습니다. 벡터 저장소에는 헌법만 저장되어 있기 때문입니다. 출처에 '헌법'이라고 입력하고 [제출] 버튼을 클릭해도 동일한 결과를 얻습니다. 그런데 다른 글자를 넣으면, 필터링 결과가 없으므로 검색이 되지 않습니다.

10.6 RAG: RetrievalAugmentationAdvisor

RAG용 Advisor로는 QuestionAnswerAdvisor 외에도 RetrievalAugmentationAdvisor가 있습니다. 이 Advisor는 검색^{Retrieval}, 증강^{Augmentation}, 생성^{Generation}의 세 단계를 모듈화한 구조로 설계되었습니다. 각 단계를 독립적인 구성요소로 나누어, 런타임 시점에 필요한 모듈을 조합하여 유연하게 사용할 수 있도록 되어 있습니다.

예를 들어, QuestionAnswerAdvisor는 유사도 검색 기능이 내장되어 있다면, RetrievalAugmentationAdvisor는 유사도 검색 기능을 위해 documentRetriever() 메소드로 VectorStoreDocumentRetriever 모듈을 다음과 같이 추가해서 사용해야 합니다.

```
Advisor retrievalAugmentationAdvisor = RetrievalAugmentationAdvisor.builder()
    .documentRetriever(vectorStoreDocumentRetriever)
    .build();

String response = chatClient.prompt()
    .advisors(retrievalAugmentationAdvisor)
    .user("사용자 질문")
    .call()
    .content();
```

모듈 구분

RetrievalAugmentationAdvisor에 추가되는 모듈은 사용 시점에 따라 네 종류로 구분합니다.

- **검색 전(Pre-Retrieval) 모듈:** 유사도 검색 전에 실행하는 모듈
- **검색(Retrieval) 모듈:** 유사도 검색 시 사용하는 모듈
- **검색 후(Post-Retrieval) 모듈:** 유사도 검색 후에 실행하는 모듈
- **생성(Generation) 모듈:** LLM으로 보내기 직전에 실행하는 모듈

Spring AI는 검색 전 모듈을 많이 지원하는데, 다음 표는 검색 전 모듈과 용도를 설명합니다.

검색 전 모듈	용도
압축 쿼리 변환기: CompressionQueryTransformer	대화 기억과 관련이 있는 모호한 사용자의 질문을 LLM을 이용해서 완전한 질문으로 변환해줍니다.
쿼리 재작성 변환기: RewriteQueryTransformer	사용자 질문에 검색 결과의 품질에 영향을 줄 수 있는 불필요한 내용이 포함되어 있을 경우, LLM을 이용해서 사용자의 질문을 재작성합니다.
번역 쿼리 변환기: TranslationQueryTransformer	사용자 질문을 LLM을 이용해서 임베딩 모델이 지원하는 대상 언어로 번역합니다. 사용자 질문이 이미 대상 언어로 되어 있거나 언어를 알 수 없는 경우에는 번역하지 않습니다.
쿼리 확장: MultiQueryExpander	사용자의 질문을 LLM을 이용해서 다양한 변형 질문으로 확장합니다. 확장된 질문들은 개별적으로 벡터 저장소 유사도 검색에 사용되며, 검색된 Document들은 자동으로 합쳐집니다.

의존성 설정

RetrievalAugmentationAdvisor와 관련 있는 클래스를 사용하려면 build.gradle 파일에 다음과 같은 의존성 설정이 필요합니다.

```
dependencies {
  implementation 'org.springframework.ai:spring-ai-rag'
}
```

ch10-rag 프로젝트의 build.gradle 파일을 열고, spring-ai-rag 모듈이 추가되어 있는지 확인합니다.

10.7 RAG: CompressionQueryTransformer 모듈

CompressionQueryTransformer는 유사도 검색을 수행하기 전에 실행되는 검색 전 모듈입니다. CompressionQueryTransformer는 이전 대화와 관련이 있는 모호한 사용자의 질문을 LLM을 활용하여 명확하고 완전한 질문으로 변환합니다. 이렇게 변환된 질문은 임베딩 과정을 거쳐 벡터 저장소 유사도 검색에 사용됩니다.

예를 들어, 사용자 질문이 "국회의원은?" 이라면, 무엇을 알려달라고 하는지 모호합니다. 하지만 이전 대화 기억에 "대통령의 임기는 몇 년입니까?"가 있을 경우, 사용자가 국회의원의 임기를 물어보고 있다는 것을 알 수 있습니다. 그래서 사용자의 질문을 다음과 같이 명확하고 완전한 질문으로 변환할 필요가 있습니다.

```
"국회의원은?" -> "국회의원의 임기는 몇 년입니까?"
```

CompressionQueryTransformer가 LLM에게 완전한 질문 변환을 요청하려면 이전 대화 내용이 프롬프트에 포함되어 있어야 합니다. LLM이 이전 대화 내용을 모른다면 완전한 질문으로 변환할 수 없기 때문입니다. 따라서 CompressionQueryTransformer가 실행되기 전에 대화 내용을 프롬프트에 추가하는 Advisor가 먼저 실행되어야 합니다.

대화 기억을 프롬프트에 추가하는 Advisor는 09장에서 이미 학습하였습니다. MessageChatMemory

Advisor와 PromptChatMemoryAdvisor입니다. 두 개 중에서 CompressionQueryTransformer와 함께 사용할 수 있는 Advisor는 MessageChatMemoryAdvisor입니다.

LLM은 UserMessage를 기준으로 질문을 재작성하므로, 프롬프트 안에 대화 기억을 포함시킬 때에는 UserMessage와 AssistantMessage가 따로 구분되어야 합니다. 그렇기 때문에 시스템 텍스트로 대화 기억을 추가하는 PromptChatMemoryAdvisor는 함께 사용할 수 없습니다.

프로젝트 소스를 보면서 설명을 이어가겠습니다.

01 ch10-rag 프로젝트에서 service/RagService2.java 파일을 열고, 필드 선언과 생성자 선언을 살펴보겠습니다.

```java
@Service
@Slf4j
public class RagService2 {
  // ##### 필드 #####
  private ChatClient chatClient;
  @Autowired
  private ChatModel chatModel;           // ❶
  @Autowired
  private VectorStore vectorStore;       // ❷
  @Autowired
  private ChatMemory chatMemory;         // ❸

  // ##### 생성자 #####
  public CompressionQueryTransformerService(
    ChatClient.Builder chatClientBuilder, ChatMemory chatMemory) {
    this.chatClient = chatClientBuilder
        .defaultAdvisors(                                              // ❹
            new SimpleLoggerAdvisor(Ordered.LOWEST_PRECEDENCE - 1)
        )
        .build();
  }
}
```

❶ ChatModel을 주입받았습니다. ChatModel은 검색 전 모듈들이 사용할 새로운 ChatClient.Builder를 생성할 때 필요합니다.

❷ VectorStore를 주입받았습니다. VectorStoreDocumentRetriever를 생성할 때 필요합니다.

❸ ChatMemory를 주입받았습니다. MessageChatMemoryAdvisor에서 대화 기억을 프롬프트에 추가할 때 필요합니다.

❹ 프롬프트 내용과 LLM 응답을 로깅하기 위해 SimpleLoggerAdvisor가 ChatClient의 기본 Advisor로 추가되어 있습니다.

02 CompressionQueryTransformer를 생성하는 createCompressionQueryTransformer() 메소드를 보겠습니다.

```
// ##### CompressionQueryTransformer를 생성하는 메소드 #####
private CompressionQueryTransformer createCompressionQueryTransformer() {
    // 새로운 ChatClient를 생성하는 빌더 생성
    ChatClient.Builder chatClientBuilder = ChatClient.builder(chatModel)
        .defaultAdvisors(
            new SimpleLoggerAdvisor(Ordered.LOWEST_PRECEDENCE - 1)
        );

    // 압축 쿼리 변환기 생성
    CompressionQueryTransformer compressionQueryTransformer =
        CompressionQueryTransformer.builder()
            .chatClientBuilder(chatClientBuilder)
            .build();

    return compressionQueryTransformer;
}
```

❶ 사용자 질문을 완전한 질문으로 만들기 위해서는 원래 사용자 질문을 위한 ChatClient와는 별도로 새로운 ChatClient를 사용해야 합니다. 따라서 새로운 ChatClient.Builder가 필요합니다. 그리고 변환된 완전한 질문을 볼 수 있도록 SimpleLoggerAdvisor를 추가했습니다.

❷ CompressionQueryTransformer를 생성합니다. 이때 ❶에서 생성한 ChatClient.Builder를 제공합니다.

03 VectorStoreDocumentRetriever를 생성하는 createVectorStoreDocumentRetriever() 메소드를 보겠습니다. VectorStoreDocumentRetriever는 벡터 저장소에서 유사도 검색을 수행하는 모듈입니다.

```
// ##### VectorStoreDocumentRetriever 생성하고 반환하는 메소드 #####
private VectorStoreDocumentRetriever createVectorStoreDocumentRetriever(
    double score, String source) {
  VectorStoreDocumentRetriever vectorStoreDocumentRetriever =
      VectorStoreDocumentRetriever.builder()
❶         .vectorStore(vectorStore)
          .similarityThreshold(score)
          .topK(3)
❷         .filterExpression(() -> {
              FilterExpressionBuilder builder = new FilterExpressionBuilder();
              if (StringUtils.hasText(source)) {
                return builder.eq("source", source).build();
              } else {
                return null;
              }
          })
          .build();
  return vectorStoreDocumentRetriever;
}
```

❶ 유사도 검색을 수행하기 위한 벡터 저장소와 유사도 임계점수 이상의 상위 3개만 가져오도록 설정했습니다.

❷ 메타데이터 필터링을 위한 코드입니다. 화면에서 출처(source)를 보내면, 동일한 출처인 Document만 유사도 검색을 수행합니다. 출처가 없으면, 전체 Document를 대상으로 유사도 검색을 수행합니다.

04 chatWithCompression() 메소드를 보겠습니다. 이 메소드는 RetrievalAugmentation Advisor로 RAG를 수행하고, 응답을 받아 반환합니다.

```
// ##### LLM과 대화하는 메소드 #####
public String chatWithCompression(
    String question, double score, String source, String conversationId) {
  // RetrievalAugmentationAdvisor 생성
  RetrievalAugmentationAdvisor retrievalAugmentationAdvisor =
      RetrievalAugmentationAdvisor.builder()
❶         .queryTransformers(createCompressionQueryTransformer())
          .documentRetriever(createVectorStoreDocumentRetriever(score, source))
          .build();
```

```
    // 프롬프트를 LLM으로 전송하고 응답을 받는 코드
    String answer = this.chatClient.prompt()
        .user(question)
        .advisors(
            MessageChatMemoryAdvisor.builder(chatMemory).build(),
❷           retrievalAugmentationAdvisor
        )
❸       .advisors(advisorSpec -> advisorSpec.param(
            ChatMemory.CONVERSATION_ID, conversationId))
        .call()
        .content();
    return answer;
}
```

❶ 질문 변환 모듈을 추가하는 queryTransformers() 메소드로 CompressionQueryTransformer를 추가해 줍니다. 그리고 검색 모듈을 추가하는 documentRetriever() 메소드로 VectorStoreDocumentRetriever를 추가해 줍니다.

❷ 대화 기록을 프롬프트에 추가하는 MessageChatMemoryAdvisor와 완성된 RetrievalAugmentationAdvisor를 ChatClient에 추가해 줍니다.

❸ MessageChatMemoryAdvisor에서 사용할 대화 ID를 Advisor 공유 데이터에 ChatMemory.CONVERSATION_ID를 키로 해서 conversationId를 값으로 저장합니다.

05 controller/AiController.java 파일을 열고, /ai/compression-query-transformer 요청을 처리하는 compressionQueryTransformer() 메소드를 보겠습니다.

```
@RestController
@RequestMapping("/ai")
@Slf4j
public class AiController {
    // ##### 필드 #####
    ...
    @Autowired
    private RagService2 ragService2;

    // ##### 요청 매핑 메소드 #####
    ...
```

```
    @PostMapping(
      value = "/compression-query-transformer",
      consumes = MediaType.APPLICATION_FORM_URLENCODED_VALUE,
      produces = MediaType.TEXT_PLAIN_VALUE
    )
    public String compressionQueryTransformer(
      @RequestParam("question") String question,
      @RequestParam(value = "score", defaultValue = "0.0") double score,
      @RequestParam("source") String source,
❶     HttpSession session
    ) {
      String answer = ragService2.chatWithCompression(question, score, source,
❷     session.getId());
      return answer;
    }
```

❶ 대화 ID로 세션 ID를 사용하기 위해 HttpSession 객체를 주입받습니다.

❷ RagService2의 chatWithCompression() 메소드를 호출합니다. 이때, 사용자의 질문, 유사도 임계점수, 출처, 대화 ID로 사용할 세션 ID를 매개값으로 전달합니다.

06 브라우저에서 http://localhost:8080으로 요청한 후, [compression-query-transformer] 버튼을 클릭하고 테스트합니다.

07 질문 입력란에 처음에는 완전한 질문인 '대통령의 임기는 어떻게 됩니까?'로 입력하고 [제출] 버튼을 클릭합니다. 두 번째 질문은 '국회의원은?'이라고 불완전한 질문을 입력하고 [제출] 버튼을 클릭합니다.

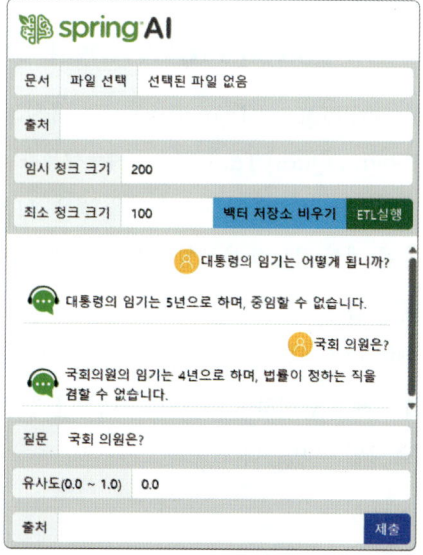

08 CompressionQueryTransformer가 불완전한 질문을 완전한 질문으로 변환하기 위해 LLM 으로 요청하고 받은 응답을 로그로 확인합니다.

```
request: UserMessage{content= ' 다음 대화 기록과 후속 질의가 주어졌을 때, 해당 기록의 문맥을
반영하여 간결하고 독립적인 질의를 작성하세요. 작성된 독립형 질의는 명확하고 구체적이며 사용자의 의
도를 유지해야 합니다.'

대화 기록:
❶ USER: 대통령의 임기는 어떻게 됩니까?
ASSISTANT: 대통령의 임기는 5년으로 하며, 중임할 수 없습니다.
USER: 국회의원은?

후속 질의:
국회의원은?
...}
❷ response: { ..., "text" : "국회의원의 임기는 어떻게 되며, 중임이 가능한가요?", ... }
```

❶ LLM 요청 내용으로, 완전한 질문으로 만들어 달라는 UserMessage 내용을 보여줍니다. 여기에는 질문 내용, 대화 기록, 불완전한 후속 질의가 무엇인지 담겨 있습니다. 대화 기록과 후속 질의를 제외한 나머지 텍스트는 모두 영어로 출력되는데, 학습 편의상 한국어로 번역했습니다.

❷ LLM으로부터 온 응답입니다. 완전한 질문으로 변환된 내용을 볼 수 있습니다.

10.8 RAG: RewriteQueryTransformer 모듈

RewriteQueryTransformer는 유사도 검색을 수행하기 전에 실행되는 검색 전 모듈입니다. RewriteQueryTransformer는 사용자 질문이 장황하고, 검색 결과의 품질에 영향을 줄 수 있는 불필요한 정보가 포함되어 있을 경우, LLM을 활용하여 질문을 재작성합니다. 이렇게 재작성된 질문은 벡터 저장소 유사성 검색에서 더 나은 결과를 얻도록 도와줍니다.

예를 들어, "국회의원은 하는 일 없이 당파 싸움만 하고 있어. 이래가지고 나라가 발전할 수 있겠어? 정말 국회의원 뭐하는 사람들이야?"라고 사용자가 감정이 섞여 질문할 수 있습니다. 물론 감정을 고려해서 답변하면 좋겠지만, 핵심만 추려낸다면 "국회의원의 의무와 역할에 대해서 알려주세요?"로 줄일 수 있습니다.

> " 국회의원은 하는 일 없이 당파 싸움만 하고 있어. 이래가지고 나라가 발전할 수 있겠어? 정말 국회의원은 뭐하는 사람들이야? " ➡ " 국회의원의 임무와 역할에 대해서 알려주세요? "

RewriteQueryTransformer는 이와 같이 사용자의 질문을 재작성하는 역할을 합니다. 이렇게 재작성된 질문은 임베딩하여 벡터 저장소 유사도 검색에 사용됩니다.

프로젝트 소스를 보면서 설명을 이어가겠습니다.

01 service/RagService2.java 파일을 열고, RewriteQueryTransformer를 생성하는 createRewriteQueryTransformer() 메소드를 보겠습니다.

```java
// ##### RewriteQueryTransformer 생성하고 반환하는 메소드 #####
private RewriteQueryTransformer createRewriteQueryTransformer() {
    // 새로운 ChatClient를 생성하는 빌더 생성
    ChatClient.Builder chatClientBuilder = ChatClient.builder(chatModel)
        .defaultAdvisors(
            new SimpleLoggerAdvisor(Ordered.LOWEST_PRECEDENCE - 1)
        );

    // 질문 재작성기 생성
    RewriteQueryTransformer rewriteQueryTransformer =
        RewriteQueryTransformer.builder()
            .chatClientBuilder(chatClientBuilder)
            .build();

    return rewriteQueryTransformer;
}
```

❶ 사용자 질문을 재작성하기 위해서는 원래 사용자 질문을 위한 ChatClient와는 별도로 새로운 ChatClient를 사용해야 합니다. 따라서 새로운 ChatClient.Builder가 필요합니다. 그리고 재작성된 질문을 볼 수 있도록 SimpleLoggerAdvisor를 추가했습니다.

❷ RewriteQueryTransformer를 생성합니다. 이때, ❶에서 생성한 ChatClient.Builder를 제공해 줍니다.

02 chatWithRewriteQuery() 메소드를 보겠습니다. 이 메소드는 RetrievalAugmentation Advisor로 RAG를 수행하고, 응답을 받아 반환합니다.

```java
// #### LLM과 대화하는 메소드 ####
public String chatWithRewriteQuery(String question, double score, String source) {
    // RetrievalAugmentationAdvisor 생성
    RetrievalAugmentationAdvisor retrievalAugmentationAdvisor =
        RetrievalAugmentationAdvisor.builder()
❶            .queryTransformers(createRewriteQueryTransformer())
            .documentRetriever(createVectorStoreDocumentRetriever(score, source))
            .build();

    // 프롬프트를 LLM으로 전송하고 응답을 받는 코드
    String answer = this.chatClient.prompt()
        .user(question)
❷        .advisors(retrievalAugmentationAdvisor)
        .call()
        .content();
    return answer;
}
```

❶ 질문 변환 모듈을 추가하는 queryTransformers() 메소드로 RewriteQueryTransformer를 추가해 줍니다. 그리고 검색 모듈을 추가하는 documentRetriever() 메소드로 VectorStoreDocumentRetriever를 추가해 줍니다.

❷ 완성된 RetrievalAugmentationAdvisor를 ChatClient에 추가해 줍니다.

03 controller/AiController.java 파일을 열고, /ai/rewrite-query-transformer 요청을 처리하는 rewriteQueryTransformer() 메소드를 보겠습니다.

```java
@PostMapping(
    value = "/rewrite-query-transformer",
    consumes = MediaType.APPLICATION_FORM_URLENCODED_VALUE,
    produces = MediaType.TEXT_PLAIN_VALUE
)
public String rewriteQueryTransformer(
    @RequestParam("question") String question,
    @RequestParam(value = "score", defaultValue = "0.0") double score,
```

```
        @RequestParam("source") String source
) {
    String answer = ragService2.chatWithRewriteQuery(question, score, source);
    return answer;
}
```

- RagService2의 chatWithRewriteQuery() 메소드를 호출합니다. 이때, 사용자의 질문, 유사도 임계점수, 출처 정보를 넘겨줍니다.

04 브라우저에서 http://localhost:8080으로 요청하고, [rewrite-query-transformer] 버튼을 클릭합니다.

05 장황한 질문을 입력하고 [제출] 버튼을 클릭합니다.

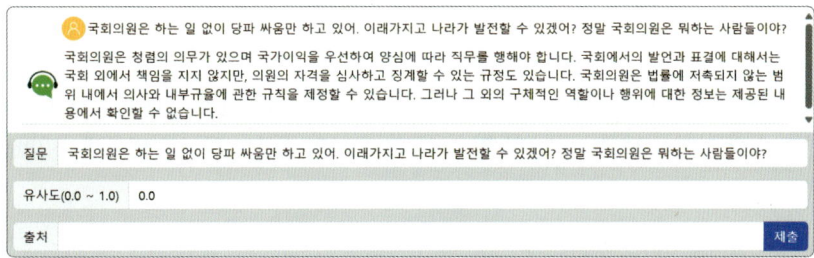

06 RewriteQueryTransformer가 질문을 재작성하기 위해 LLM으로 요청하고 받은 응답을 로그로 확인합니다.

```
request: 사용자 질의가 주어지면, 벡터 스토어를 조회할 때 더 나은 결과를 얻을 수 있도록
재작성하세요. 관련 없는 정보를 제거하고, 질의가 간결하고 구체적이도록 하세요.
❶ Original query:
국회의원은 하는 일 없이 당파 싸움만 하고 있어. 이래가지고 나라가 발전할 수 있겠어? 정말 국회의원은
뭐하는 사람들이야?

❷ response: {..., "text" : "국회의원의 역할과 책임은 무엇인가?" ...}
```

❶ LLM 요청 내용으로 질문을 재작성해 달라는 UserMessage 내용을 보여줍니다. 학습 편의상 한국어로 번역했습니다.

❷ LLM으로부터 온 응답으로, 재작성된 질문을 볼 수 있습니다.

10.9 RAG: TranslationQueryTransformer 모듈

TranslationQueryTransformer는 유사도 검색을 수행하기 전에 실행되는 검색 전 모듈입니다. TranslationQueryTransformer는 LLM을 활용하여 사용자 질문을 임베딩 모델이 지원하는 대상 언어로 번역합니다. 사용자 질문이 이미 대상 언어로 되어 있거나 언어를 알 수 없는 경우에는 번역되지 않습니다.

현재 벡터 스토어에는 한국어로 임베딩된 벡터가 저장되어 있습니다. 만약 독일어로 'Wie lange ist die Amtszeit des Präsidenten?(대통령의 임기는 어떻게 됩니까?)'라고 질문을 한다면, 한국어와 마찬가지로 유사도 높은 Document를 가지고 올까요? 사실 가지고 옵니다. 이것은 OpenAI 임베딩 모델의 훈련과 관련이 있습니다.

OpenAI의 임베딩 모델은 다국어 텍스트를 모두 하나의 공통된 의미 공간 semantic space 에 매핑하도록 훈련되어 있습니다. 그 결과, 서로 다른 언어지만 같은 의미를 담고 있는 문장들은 유사한 벡터로 출력합니다.

하지만 모든 임베딩 모델이 OpenAI 임베딩 모델처럼 다양한 언어로 학습되어 있진 않습니다. 만약 영어 문장으로만 학습된 임베딩 모델을 사용할 경우에는 사용자의 질문도 영어로 변환해서 임베딩을 수행해야 합니다.

프로젝트 소스를 보면서 설명을 이어가겠습니다.

01 service/RagService2.java 파일을 열고, TranslationQueryTransformer를 생성하는 createTranslationQueryTransformer() 메소드를 보겠습니다.

```java
// ##### TranslationQueryTransformer 생성하고 반환하는 메소드 #####
private TranslationQueryTransformer createTranslationQueryTransformer() {
    // 새로운 ChatClient를 생성하는 빌더 생성
    ChatClient.Builder chatClientBuilder = ChatClient.builder(chatModel)
❶       .defaultAdvisors(
            new SimpleLoggerAdvisor(Ordered.LOWEST_PRECEDENCE - 1)
        );

    // 질문 번역기 생성
    TranslationQueryTransformer translationQueryTransformer =
❷       TranslationQueryTransformer.builder()
```

```
            .chatClientBuilder(chatClientBuilder)
            .targetLanguage("korean")
            .build();

    return translationQueryTransformer;
}
```

❶ 사용자 질문을 번역하기 위해서는 원래 사용자 질문을 위한 ChatClient와는 별도로 새로운 ChatClient를 사용해야 합니다. 따라서 새로운 ChatClient.Builder가 필요합니다. 그리고 번역된 질문을 볼 수 있도록 SimpleLoggerAdvisor를 추가했습니다.

❷ 번역 대상 언어가 한국어인 TranslationQueryTransformer를 생성합니다. 역시 LLM을 사용해야 하므로 ChatClient 생성을 위한 ChatClient.Builder를 제공해 주었습니다.

02 chatWithTranslation() 메소드를 보겠습니다. 이 메소드는 RetrievalAugmentation Advisor로 RAG를 수행하고, 응답을 받아 반환합니다.

```
// #### LLM과 대화하는 메소드 ####
public String chatWithTranslation(String question, double score, String source) {
    // RetrievalAugmentationAdvisor 생성
    RetrievalAugmentationAdvisor retrievalAugmentationAdvisor =
        RetrievalAugmentationAdvisor.builder()
❶           .queryTransformers(createTranslationQueryTransformer())
            .documentRetriever(createVectorStoreDocumentRetriever(score, source))
            .build();

    // 프롬프트를 LLM으로 전송하고 응답을 받는 코드
    String answer = this.chatClient.prompt()
        .user(question)
❷       .advisors(retrievalAugmentationAdvisor)
        .call()
        .content();
    return answer;
}
```

❶ 질문 변환 모듈을 추가하는 queryTransformers() 메소드로 TranslationQueryTransformer를 추가해 줍니다. 그리고 검색 모듈을 추가하는 documentRetriever() 메소드로 VectorStoreDocumentRetriever를 추가해 줍니다.

❷ 완성된 RetrievalAugmentationAdvisor를 ChatClient에 추가해 줍니다.

03 controller/AiController.java 파일을 열고, /ai/translation-query-transformer 요청을 처리하는 translationQueryTransformer() 메소드를 보겠습니다.

```java
@PostMapping(
    value = "/translation-query-transformer",
    consumes = MediaType.APPLICATION_FORM_URLENCODED_VALUE,
    produces = MediaType.TEXT_PLAIN_VALUE
)
public String translationQueryTransformer(
    @RequestParam("question") String question,
    @RequestParam(value = "score", defaultValue = "0.0") double score,
    @RequestParam("source") String source
) {
    String answer = ragService2.chatWithTranslation(question, score, source);
    return answer;
}
```

- RagService2의 chatWithTranslation() 메소드를 호출합니다. 이때, 사용자의 질문, 유사도 임계점수, 출처를 넘겨줍니다.

04 브라우저에서 http://localhost:8080으로 요청하고, [translation-query-transformer] 버튼을 클릭합니다.

05 한국어가 아닌 다른 언어로 질문을 해봅니다.

06 TranslationQueryTransformer가 질문을 번역하기 위해 LLM으로 요청하고 받은 응답을 로그로 확인합니다.

> ❶ request: 사용자 질의가 주어지면 한국어로 번역합니다. 질의가 이미 한국어로 되어 있으면 그대로 반환합니다. 질의 언어를 모르는 경우에도 그대로 반환합니다. 설명이나 다른 텍스트를 추가하지 마세요.
> 원본 질의:
> Wie lange ist die Amtszeit des Pr⌐sidenten?
>
> ❷ response: {..., "text" : "대통령의 임기는 얼마나 됩니까?" ...}

❶ LLM 요청 내용으로, 질문을 번역해 달라는 UserMessage 내용을 보여줍니다. 학습 편의상 한국어로 번역했습니다.

❷ LLM으로부터 온 응답입니다. 번역된 질문을 볼 수 있습니다.

> **여기서 잠깐**
>
> ☼ **OpenAI 임베딩 모델일 경우**
>
> OpenAI 임베딩 모델을 사용할 경우에는 TranslationQueryTransformer를 사용하지 않아도 다양한 언어로 질문하더라도 올바른 답변이 출력됩니다.

10.10 RAG: MultiQueryExpander 모듈

MultiQueryExpander는 유사도 검색을 수행하기 전에 실행되는 검색 전 모듈입니다. MultiQueryExpander는 사용자의 질문을 LLM을 활용하여 다양한 확장 질문들로 생성합니다. 확장된 질문들은 개별적으로 벡터 저장소 유사도 검색에 사용되며, 검색된 Document는 자동으로 합쳐집니다.

MultiQueryExpander를 사용하면 사용자의 질문을 여러 관점에서 보게 되고, 벡터 유사도 검색 시 질문에 맞는 결과를 찾을 가능성을 높여줍니다.

프로젝트 소스를 보면서 설명을 이어가겠습니다.

01 service/RagService2.java 파일을 열고, MultiQueryExpander를 생성하는 createMulti
QueryExpander() 메소드를 보겠습니다.

```java
// ##### MultiQueryExpander 생성하고 반환하는 메소드 #####
private MultiQueryExpander createMultiQueryExpander() {
    // 새로운 ChatClient 빌더 생성
    ChatClient.Builder chatClientBuilder = ChatClient.builder(chatModel)
        .defaultAdvisors(
            new SimpleLoggerAdvisor(Ordered.LOWEST_PRECEDENCE - 1)
        );

    // 질문 확장기 생성
    MultiQueryExpander multiQueryExpander =
        MultiQueryExpander.builder()
            .chatClientBuilder(chatClientBuilder)
            .includeOriginal(true)
            .numberOfQueries(3)
            .build();

    return multiQueryExpander;
}
```

❶ 사용자 질문을 확장하기 위해서는 원래 사용자 질문을 위한 ChatClient와는 별도로 새로운 ChatClient를 사용해야 합니다. 따라서 새로운 ChatClient.Builder가 필요합니다. 그리고 확장된 질문을 볼 수 있도록 SimpleLoggerAdvisor를 추가했습니다.

❷ MultiQueryExpander를 생성합니다. 원본 질문도 포함시키고, 추가적으로 3개의 확장된 질문을 만듭니다. 그럼 총 4개의 질문이 유사도 검색에 참여합니다. 3개의 확장 질문을 만들기 위해 LLM을 사용해야 하므로 ChatClient 생성을 위한 ChatClient.Builder를 제공해 주었습니다.

02 chatWithMultiQuery() 메소드를 보겠습니다. 이 메소드는 RetrievalAugmentation Advisor로 RAG를 수행하고, 응답을 받아 반환합니다.

```java
// ##### LLM과 대화하는 메소드 #####
public String chatWithMultiQuery(String question, double score, String source) {
    // RetrievalAugmentationAdvisor 생성
    RetrievalAugmentationAdvisor retrievalAugmentationAdvisor =
        RetrievalAugmentationAdvisor.builder()
```

```
❶         .queryExpander(createMultiQueryExpander())
            .documentRetriever(createVectorStoreDocumentRetriever(score, source))
            .build();

    // 프롬프트를 LLM으로 전송하고 응답을 받는 코드
    String answer = this.chatClient.prompt()
        .user(question)
❷       .advisors(retrievalAugmentationAdvisor)
        .call()
        .content();
    return answer;
}
```

❶ 질문 확장 모듈을 추가하는 queryExpander() 메소드로 MultiQueryExpander를 추가해 줍니다. 그리고 검색 모듈을 추가하는 documentRetriever() 메소드로 VectorStoreDocumentRetriever를 추가해 줍니다.

❷ 완성된 RetrievalAugmentationAdvisor를 ChatClient에 추가해 줍니다.

03 controller/AiController.java 파일을 열고, /ai/multi-query-expander 요청을 처리하는 multiQueryExpander() 메소드를 보겠습니다.

```
@PostMapping(
    value = "/multi-query-expander",
    consumes = MediaType.APPLICATION_FORM_URLENCODED_VALUE,
    produces = MediaType.TEXT_PLAIN_VALUE
)
public String multiQueryExpander(
    @RequestParam("question") String question,
    @RequestParam(value = "score", defaultValue = "0.0") double score,
    @RequestParam("source") String source
) {
❶   String answer = ragService2.chatWithMultiQuery(question, score, source);
    return answer;
}
```

❶ RagService2의 chatWithMultiQuery() 메소드를 호출합니다. 이때, 사용자의 질문, 유사도 임계점수, 출처를 넘겨줍니다.

04 프로젝트를 재실행합니다. 브라우저에서 http://localhost:8080으로 요청하고, [multi-query-expander] 버튼을 클릭합니다.

05 질문에서 '대통령의 임기는 어떻게 됩니까?'라고 입력하고 [제출] 버튼을 클릭합니다.

06 MultiQueryExpander가 질문을 확장하기 위해 LLM으로 요청하고 받은 응답을 로그로 확인합니다.

> ❶ request: 당신은 정보 검색 및 검색 최적화 전문가입니다. 당신의 임무는 주어진 질의를 바탕으로 서로 다른 관점이나 측면을 담은 3가지 버전을 생성하는 것입니다.
>
> 각 변형은 원래 질의의 핵심 의도를 유지하면서도 주제에 대한 다양한 시각을 제공해야 합니다. 목표는 검색 범위를 확장하고 관련 정보를 찾을 가능성을 높이는 것입니다.
> 선택 이유를 설명하거나 다른 텍스트를 추가하지 마세요.
> 질의 변형은 줄바꿈으로 구분하여 제공하세요.
> Original query: 대통령 임기는 어떻게 됩니까?
>
> ❷ response: {..., "text" : "대통령 임기 규정은 무엇인가요?   \n대통령의 임기 기간은 얼마나 되나요?   \n한국 대통령의 임기 제도에 대한 정보는?" ...}

❶ LLM 요청 내용으로, 질문을 확장해 달라는 UserMessage 내용을 보여줍니다. 학습 편의상 한국어로 번역했습니다.

❷ LLM으로부터 온 응답입니다. 확장된 질문 3개를 볼 수 있습니다.

Chapter **11**

▶ **도구 호출**

11.1 도구 호출
11.2 도구 정의하기
11.3 프롬프트에 도구 정보 포함
11.4 추가 데이터 제공
11.5 도구에서 바로 응답
11.6 도구 예외 처리
11.7 이미지 분석 후 조치 도구
11.8 파일 관리 도구
11.9 인터넷 검색 도구

11.1 도구 호출

도구 호출Tool Calling은 함수 호출Function Call이라고도 불립니다. 도구 호출은 LLM이 애플리케이션 내부 또는 외부의 API와 상호작용함으로써 기능을 확장할 수 있도록 해주는 기술입니다.

애플리케이션이 보유한 도구 목록을 LLM에게 노출하면, LLM은 필요에 따라 이 도구들을 호출할 수 있습니다. LLM이 도구를 호출하는 주요 목적은 모델이 사전에 학습하지 못한 정보를 실시간으로 조회하거나, 외부 조치를 자동으로 실행하기 위해서입니다.

정보 조회

도구 호출을 통해 LLM은 데이터베이스, 웹 검색 엔진, 파일 시스템 등에서 정보를 검색할 수 있습니다. 이를 통해 LLM은 사전 학습된 지식에 의존하지 않고도 최신 정보나 사용자 맞춤형 데이터를 실시간으로 확인할 수 있기 때문에 스스로 답할 수 없는 질문에 대해서도 적절한 응답을 생성할 수 있게 됩니다.

조치 취하기

도구 호출은 단순한 정보 조회를 넘어 문제를 해결하기 위해 LLM이 적절한 조치를 수행할 때에도 호출할 수 있습니다. 예를 들어, 이메일 전송, 데이터베이스 갱신, 웹 양식 자동 작성 및 제출, 하드웨어 장치 제어 등 사람이 직접 수행하던 다양한 작업을 LLM이 대신 처리할 수 있습니다.

일반적으로 도구 호출Tool Calling은 LLM의 확장 기능으로 설명되지만, 실제로 도구를 호출하고 실행하는 주체는 애플리케이션입니다.

LLM은 특정 작업을 수행하기 위해 도구 호출을 요청하고, 필요한 매개변수만 제공합니다. 이 요청을 받은 애플리케이션은 해당 메소드를 직접 실행하고, 그 결과를 다시 LLM에게 전달합니다. 따라서 실행 제어와 보안 관리의 책임은 애플리케이션에 있게 됩니다.

Spring AI는 도구를 정의하고, LLM의 도구 호출 요청을 처리하는 데 유용한 API를 제공합니다. 도구 호출을 위한 인터페이스와 어노테이션을 제공하여, 개발자가 애플리케이션의 메소드를 손쉽게 도구로 등록할 수 있도록 지원합니다. LLM이 도구 호출을 요청하면 해당 요청을 메소드로 매핑하고 실행한 뒤, 결과를 다시 LLM에 전달하는 흐름도 자동으로 처리됩니다.

다음은 Spring AI에서 도구 호출이 이루어지는 전반적인 흐름을 도식화한 것입니다.

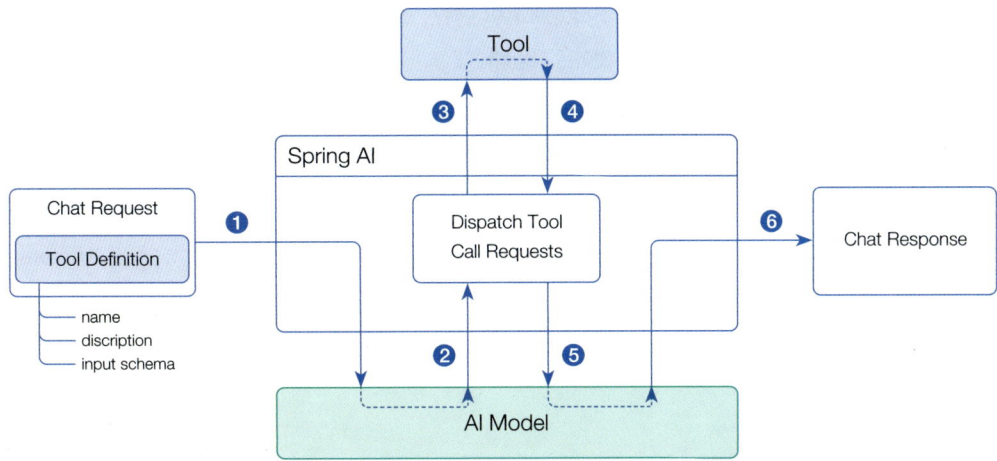

❶ Spring AI는 도구 정의를 프롬프트에 포함해서 LLM으로 전송합니다. 도구 정의는 이름, 설명, 입력 스키마(매개변수) 등으로 구성됩니다.

❷ LLM이 도구의 설명을 검토한 후, 호출하기로 결정하면, 도구 이름과 입력 매개값을 포함한 응답을 Spring AI로 보냅니다.

❸ Spring AI는 도구 이름과 입력 매개값을 받고, 도구를 호출해서 실행합니다.

❹❺ Spring AI는 도구 호출 결과를 다시 LLM으로 전송합니다.

❻ LLM은 도구 호출 결과를 받고, 최종 응답을 생성하고 Spring AI로 보냅니다.

11.2 도구 정의하기

도구의 코드 형태는 메소드입니다. 메소드가 도구로서 사용되려면 @Tool 어노테이션을 적용해야 합니다. 다음은 도구를 정의하는 코드입니다.

```
@Tool(description = "도구 설명...")
public String toolName(...) {
    ...
}
```

- @Tool을 적용할 수 있는 메소드는 정적이거나 인스턴스 메소드일 수 있으며, 접근 제한자는 public, protected, default, private 중 어느 것이든 가능합니다.
- 도구의 매개변수 타입은 기본 타입(⑨ int, boolean, double)과 참조 타입을 모두 사용할 수 있습니다. 참조 타입에는 클래스, 인터페이스, 열거 타입(enum), 배열, List, Map 등이 포함됩니다. 매개변수의 개수에는 제한이 없습니다. 반환 타입 역시 void를 포함하여 참조 타입을 사용할 수 있습니다.

도구의 매개변수와 반환 타입은 LLM에게 전달할 수 있도록 JSON으로 직렬화가 가능한 구조여야 합니다. 따라서 직렬화되지 않는 특수 타입은 사용할 수 없습니다. 다음은 매개변수 및 반환 타입으로 사용할 수 없는 예외적인 타입들입니다.

- Optional
- **비동기 타입:** CompletableFuture, Future
- **리액티브 타입:** Flow, Mono, Flux
- **함수형 타입:** Function, Supplier, Consumer

이러한 도구 메소드들을 제공하는 클래스는 최상위 클래스뿐만 아니라 중첩 클래스^{nested class}로도 정의할 수 있습니다. 또한, 해당 클래스는 단순한 POJO^{Plain Old Java Object} 형태로 생성할 수도 있고, Spring 빈으로 등록하여 의존성 주입 등 Spring의 기능을 활용할 수도 있습니다.

```
public class Tools { ... }
```

또는

```
@Component
public class Tools { ... }
```

@Tool 어노테이션

@Tool 어노테이션은 description 속성 외에도 다음과 같은 속성들이 있습니다.

```
@Tool(name=" ", description=" ", resultConverter=" ", returnDirect=[true | false])
```

속성	설명
name (옵션)	• 도구의 이름. 제공하지 않으면 메소드 이름이 사용됩니다. • LLM은 이 이름을 사용하여 도구를 호출 요청합니다. • LLM으로 제공되는 도구 목록에서 도구 이름은 유일해야 합니다.
description (필수)	• LLM이 도구를 어떤 경우에 호출하면 좋은지에 대해 설명합니다. • 설명이 부족하면 LLM은 도구 호출을 할 수 없습니다.
resultConverter (옵션)	• 도구 호출 결과는 문자열로 변환되어 LLM에게 전송됩니다. • 기본적으로 Jackson을 사용하여 JSON으로 직렬화됩니다. • 사용자 정의 직렬화를 위해 ToolCallResultConverter를 제공할 수도 있습니다.
returnDirect (옵션)	• 도구 호출의 결과를 LLM에게 전송할 경우 false를 지정합니다. • 도구 호출의 결과를 클라이언트에게 직접 반환할 경우 true로 지정합니다. • 제공하지 않으면 기본 값은 false입니다.

@ToolParam 어노테이션

@Tool의 description 속성은 LLM이 언제, 어떻게 해당 도구를 호출해야 하는지 결정하는 데 사용됩니다. description에 매개변수에 대한 설명을 넣을 수 있지만, 매개변수에 직접 @ToolParam을 적용해서 설명이나 필수 여부 등의 추가 정보를 제공할 수도 있습니다. 예를 들어 다음 setAlarm 도구는 time 매개변수를 가지고 있습니다. LLM이 setAlarm 도구를 호출할 때 어떤 형식으로 time 매개값을 제공해야 하는지 @ToolParam 어노테이션을 적용해서 알려주고 있습니다.

```
@Tool(description = "지정된 시간에 사용자 알람을 설정합니다.")
public void setAlarm(
    @ToolParam(description = "ISO-8601 형식의 시간", required = true)  String time) {
   ...
}
```

다음 표는 @ToolParam 어노테이션에서 사용할 수 있는 속성들입니다.

속성	설명
description (필수)	• LLM이 어떤 매개값을 제공해야 하는지 도움을 주는 설명을 작성합니다. • 매개값의 형식, 허용되는 값 등이 포함될 수 있습니다.
required (옵션)	• 매개값 제공이 필수(true)인지 선택사항(false)인지를 지정합니다. • 제공하지 않으면 기본 값은 true입니다.

매개변수에 @Nullable 어노테이션이 적용되면, 명시적으로 @ToolParam 어노테이션을 사용하여 필수로 표시하지 않는 한 선택적인 것으로 간주됩니다.

매개변수의 필수 여부를 지정하는 것은 LLM이 도구를 호출할 때 올바른 입력을 제공하도록 보장합니다. 매개변수가 선택일 경우, LLM은 값을 제공하지 않고 도구를 호출할 수 있다는 의미입니다.

11.3 프롬프트에 도구 정보 포함

LLM에게 전송되는 프롬프트에 도구 정보를 포함시키려면, ChatClient를 호출할 때 tools() 메소드를 통해 도구가 정의된 클래스의 인스턴스들을 전달하면 됩니다.

이때 전달된 인스턴스 내에서 @Tool 어노테이션이 적용된 메소드들에 대한 정의 정보가 자동으로 추출되어, 프롬프트에 포함됩니다.

이 정보는 도구의 이름, 설명, 입력 매개변수 구조 등을 포함하며, LLM은 이를 바탕으로 어떤 도구를 사용할 수 있는지 판단하게 됩니다.

```
String answer = chatClient.prompt()
    .tools(new ATools(), new BTools() )
    ...
    .content();
```

도구가 정의된 클래스가 Spring 빈(@Component)으로 생성되면, 다음과 같이 주입을 받아서 제공할 수도 있습니다.

```
@Component
public class ATools {
    ...
}
```

```
@Autowired
private ATools aTools;
```

```
String answer = chatClient.prompt()
    .tools(aTools, new BTools())
    ...
    .content();
```

ChatClient를 호출할 때 마다 도구 정의를 프롬프트에 포함시키지 않고, 다음과 같이 ChatClient를 생성할 때 기본 도구로 추가할 수 있습니다. 기본 도구는 동일한 ChatClient를 사용하는 모든 대화에서 사용할 수 있습니다.

```
private ChatClient chatClient;

public XxxController(ChatClient.Builder chatClientBuilder) {
  this.chatClient = chatClientBuilder
      .defaultTools(new ATools(), new BTools())
      .build();
}
```

프로젝트 소스를 보면서 설명을 이어 나가겠습니다.

01 VS Code로 다음 경로에 있는 ch11-tool-calling 프로젝트 폴더를 엽니다.

```
book-spring-ai/projects/ch11-tool-calling
```

02 datetime/DateTimeTools.java 파일을 열고, 도구 정의 코드를 살펴보겠습니다. DateTimeTools 클래스에는 애플리케이션의 현재 날짜와 시간 정보를 제공하는 도구와, 알람을 설정하는 도구가 다음과 같이 정의되어 있습니다.

```
@Component
@Slf4j
public class DateTimeTools {
❶   @Tool(description = "현재 날짜와 시간 정보를 제공합니다.")
    public String getCurrentDateTime() {
        String nowTime = LocalDateTime.now()
```

```
            .atZone(LocaleContextHolder.getTimeZone().toZoneId())
            .toString();
    log.info("현재 시간: {}", nowTime);
    return nowTime;
}

    @Tool(description = "지정된 시간에 알람을 설정합니다.")
❷   public void setAlarm(
        @ToolParam(description = "ISO-8601 형식의 시간", required = true)  String time) {
    /*
    LLM은 다음과 같은 값을 제공할 수 있습니다.
    2025-07-03T24:12:29+09:00
    하지만 이 값은 유효하지 않은 ISO-8601 날짜/시간 포맷입니다.
    시간의 유효 범위를 0 ~ 23으로 제한하기 때문에 24:12:29 는 파싱 불가능합니다.
    따라서 24:... 를 00:... 로 변환하면서 날짜를 다음 날로 증가시켜야 합니다.
    */
    // "T24:" 패턴 처리
    if (time.contains("T24:")) {
        int tIndex = time.indexOf("T");
        String datePart = time.substring(0, tIndex);
        String timePart = time.substring(tIndex + 1);
        // 날짜 +1
        LocalDate date = LocalDate.parse(datePart);
        date = date.plusDays(1);
        // "24:" → "00:"으로 교체
        timePart = timePart.replaceFirst("24:", "00:");
        // 재조합
        time = date + "T" + timePart;
    }
    // 파싱 시도
    LocalDateTime alarmTime = LocalDateTime.parse(time,
    DateTimeFormatter.ISO_DATE_TIME);
    log.info("알람 설정 시간: " + alarmTime);
    }
}
```

❶ @Tool 어노테이션을 적용해서 도구로 정의합니다. 매개변수는 없고 반환 타입이 String인 메소드로 선언했습니다. @Tool의 name 속성을 구성하지 않았기 때문에 메소드 이름이 도구의 이름이 됩니다. description 속성에는 이 도구가 현재 날짜와 시간 정보를 제공한다고 설명하고 있습니다.

❷ @Tool 어노테이션을 적용해서 도구로 정의합니다. 매개변수가 하나있고, 반환 타입이 없는 메소드로 선언했습니다. 매개변수는 @ToolParam 어노테이션을 이용해서 ISO-8601 형식의 문자열 시간을 받는다고 설명하고 있습니다. ISO-8601 형식은 '년-월-일T시:분:초'로 구성되는데, 날짜와 시간 데이터를 교환하는 국제 표준 형식입니다.

03 datetime/DateTimeService.java 파일을 열고, LLM과 대화하는 chat() 메소드를 살펴보겠습니다.

```java
@Service
@Slf4j
public class DateTimeService {
  // ##### 필드 #####
  private ChatClient chatClient;

❶ @Autowired
  private DateTimeTools dateTimeTools;

  // ##### 생성자 #####
  public DateTimeService(ChatClient.Builder chatClientBuilder) {
    this.chatClient = chatClientBuilder
        .build();
  }

  // ##### LLM과 대화하는 메소드 #####
  public String chat(String question) {
    String answer = this.chatClient.prompt()
        .user(question)
❷       .tools(dateTimeTools)
        .call()
        .content();
    return answer;
  }
}
```

❶ DateTimeTools 빈을 주입받았습니다.

❷ ChatClient를 호출할 때 tools() 메소드로 DateTimeTools을 제공했습니다.

04 datetime/DateTimeController.java 파일을 열고, /ai/date-time-tools 요청 매핑 메소드를 보겠습니다.

```
@RestController
@RequestMapping("/ai")
@Slf4j
public class DateTimeController {
  // ##### 필드 #####
❶   @Autowired
    private DateTimeService dateTimeService;

  // ##### 요청 매핑 메소드 #####
  @PostMapping(
    value = "/date-time-tools",
    consumes = MediaType.APPLICATION_FORM_URLENCODED_VALUE,
    produces = MediaType.TEXT_PLAIN_VALUE
  )
  public String dateTimeTools(@RequestParam("question") String question) {
❷   String answer = dateTimeService.chat(question);
    return answer;
  }
}
```

❶❷ DateTimeService 빈을 주입받고, 화면에서 입력한 질문을 받아, chat() 메소드를 호출합니다.

05 LLM에서 도구 호출 요청이 들어오면 도구 호출 로그를 출력하기 위해 애플리케이션 구성 파일에 다음과 같이 로깅 레벨을 추가할 수 있습니다. application.properties 파일을 열고 확인합니다.

```
## 로깅
logging.pattern.console=%clr(%-5level){green} %clr(%logger.%M\\(\\)){cyan}: %msg%n
logging.level.org.springframework.ai.tool=DEBUG
```

06 프로젝트를 실행합니다. 브라우저에서 [date-time-tools] 버튼을 클릭하고, 테스트합니다. 오늘 날짜가 아니라 내일 날짜를 질문해 봅니다. 그리고 터미널(콘솔)에 도구 호출이 되었는지 확인합니다.

```
Starting execution of tool: getCurrentDateTime                    ← LLM 도구 호출
현재 시간: 2025-05-27T17:43:08.646779100+09:00[Asia/Seoul]
Successful execution of tool: getCurrentDateTime
Converting tool result to JSON.                                   → LLM에게 전달
```

- 로그를 보면 getCurrentDateTime() 도구가 호출되었고, 성공적으로 실행되었다고 되어 있습니다. 그리고 도구 호출 결과가 JSON으로 변환되었다고 나옵니다. 로그에는 출력되지는 않았지만 변환된 JSON은 LLM에게 다시 전송됩니다.

07 이번에는 지금부터 1시간 뒤에 알람을 설정해 달라고 요청해 봅니다. 그리고 터미널(콘솔)에 도구가 어떻게 호출되었는지 확인합니다.

```
Starting execution of tool: getCurrentDateTime                    ← LLM 도구 호출
현재 시간: 2025-05-27T17:43:08.646779100+09:00[Asia/Seoul]
Successful execution of tool: getCurrentDateTime
Converting tool result to JSON.                                   → LLM에게 전달

Starting execution of tool: setAlarm                              ← LLM 도구 호출
알람 설정 시간: 2025-05-27T18:43:08
Successful execution of tool: setAlarm
The tool has no return type. Converting to conventional response. → LLM에게 전달
```

- LLM은 도구 호출 요청을 2번 했습니다. 첫 번째는 현재 시간 정보를 얻기 위해 getCurrentDateTime() 도구를 호출했고, 두 번째는 알람을 설정하기 위해 setAlarm() 도구를 호출했습니다. LLM은 첫 번째 호출 결과에 1시간을 추가해서 두 번째 호출 요청 시 매개값으로 제공했습니다.

11.4 추가 데이터 제공

LLM이 도구 호출을 요청할 때 전달하는 매개값과는 별도로, Spring AI는 애플리케이션이 직접 관리하는 민감한 정보를 도구에 전달할 수 있도록 ToolContext 객체를 제공합니다.

도구 메소드의 매개변수로 ToolContext를 선언해 두면, Spring AI는 도구 메소드 호출 시 ToolContext를 자동 주입시켜 줍니다.

```
@Tool(description = "...")
public void method(..., ToolContext toolContext) {
   ...
}
```

ToolContext는 LLM이 접근해서는 안 되는 정보(예 인증 정보, 사용자 세션, 내부 설정값 등)를 안전하게 도구 메소드 내에서 활용할 수 있도록 해줍니다. 다음 그림은 ToolContext가 LLM을 거치지 않고 바로 도구 메소드로 제공되는 모습을 보여줍니다.

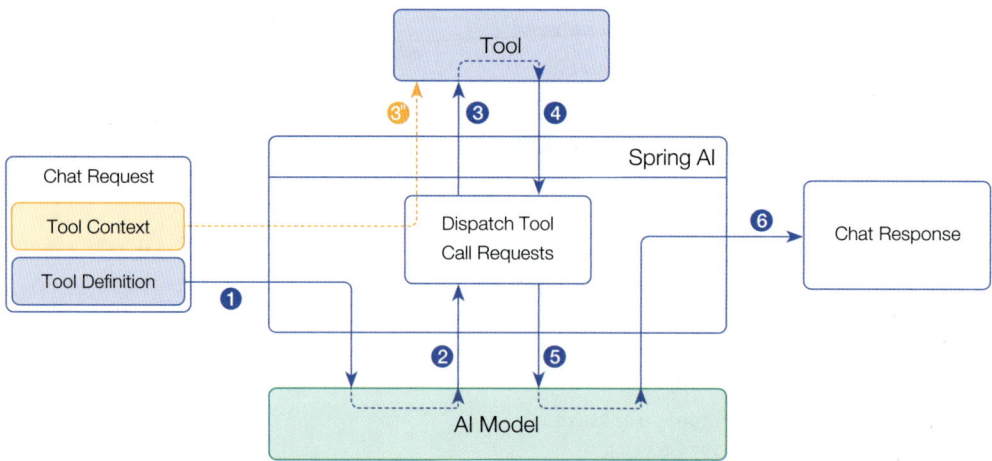

ToolContext는 Map 타입 객체입니다. 다음과 같이 ChatClient를 호출할 때 toolContext() 메소드로 키와 값으로 구성된 Map 객체를 제공하면 됩니다.

```
String response = chatClient.prompt()
    .user("사용자 질문")
    .tools(...)
    .toolContext(Map.of("key1", "value1", "key2", "value2"))
    .call()
    .content();
```

위 코드는 질문을 요청할 때마다 키와 값을 다시 세팅합니다. 만약 질문과 상관없이 키와 값이 고정적이라면 defaultToolContext()로 다음과 같이 한 번만 세팅할 수도 있습니다.

```
ChatClient chatClient = chatClientBuilder
    .defaultToolContext(Map.of("key1", "value1", "key2", "value2"))
    .build();
```

제공될 데이터가 질문할 때마다 변경된다면 toolContext()로, 그렇지 않다면 defaultToolContext()로 생성하는 것이 좋습니다. 둘 다 존재한다면 데이터는 병합되고, toolContext()로 제공된 것이 우선 적용됩니다.

도구 메소드는 매개변수로 선언된 ToolContext부터 다음과 같이 키로 값을 얻어 이용합니다.

```
@Tool(description = "...")
public void method(..., ToolContext toolContext) {
    String value1 = (String) toolContext.getContext().get("key1");
    String value2 = (String) toolContext.getContext().get("key2");
    ...
}
```

프로젝트 소스 코드를 보면서 설명을 이어가겠습니다.

01 heatingsystem/HeatingSystemTools.java 파일을 엽니다. HeatingSystemTools 클래스에 정의된 도구들은 LLM이 건물의 난방 시스템을 제어하기 위해 사용한다고 가정했습니다. LLM이 난방 시스템을 가지고 장난을 칠 수 없도록 LLM 요청 시 제어키를 ToolContext로 제공합니다. 올바른 제어키가 제공될 경우에만 도구들이 성공적으로 동작합니다.

02 startHeatingSystem() 도구 메소드를 보겠습니다.

```
@Tool(description =
    """
    타겟 온도까지 난방 시스템을 가동합니다.
    난방 시스템 가동이 성공되었을 경우 success를 반환합니다.
    난방 시스템 가동이 실패되었을 경우 failure를 반환합니다.
    """
)
public String startHeatingSystem(
    @ToolParam(description = "타겟 온도", required = true) int targetTemperature,
❶   ToolContext toolContext) {
❷   String controlKey = (String) toolContext.getContext().get("controlKey");
    if(controlKey!=null && controlKey.equals("heatingSystemKey")) {
        log.info("{}도까지 난방 시스템을 가동합니다.", targetTemperature);
        return "success";
    } else {
        log.info("난방 시스템을 가동할 권한이 없습니다.");
        return "failure";
    }
}
```

❶ ToolContext를 주입받기 위해 매개변수를 선언했습니다.

❷ controlKey에 대한 값을 얻고, null인지 그리고 올바른 키인지 확인합니다.

03 stopHeatingSystem() 도구 메소드를 보겠습니다.

```
@Tool(description =
    """
    난방 시스템을 중지합니다.
    난방 시스템 중지가 성공되었을 경우 success를 반환합니다.
    난방 시스템 중지가 실패되었을 경우 failure를 반환합니다.
    """
)
❶ public String stopHeatingSystem(ToolContext toolContext) {
❷   String controlKey = (String) toolContext.getContext().get("controlKey");
    if(controlKey!=null && controlKey.equals("heatingSystemKey")) {
        log.info("난방 시스템을 중지합니다.");
```

```
      return "success";
    } else {
      log.info("난방 시스템을 중지할 권한이 없습니다.");
      return "failure";
    }
}
```

❶ ToolContext를 주입받기 위해 매개변수를 선언했습니다.

❷ controlKey에 대한 값을 얻고, null인지 그리고 올바른 키인지 확인합니다.

04 getTemperature() 도구 메소드를 보겠습니다.

```
@Tool(description = "현재 온도를 제공합니다.")
public int getTemperature() {
  Random random = new Random();
  int temperature = random.nextInt(13) + 18;
  log.info("현재 온도: {}", temperature);
  return temperature;
}
```

- 건물의 온도는 센서를 통해 정보를 얻어야 하지만, 여기서는 학습 편의상 18 ~ 30까지 랜덤한 온도를 사용했습니다.

05 heatingsystem/HeatingSystemService.java 파일을 엽니다. 이 클래스는 LLM과 대화하는 메소드가 선언되어 있습니다.

```
@Service
@Slf4j
public class HeatingSystemService {
  // ##### 필드 #####
  private ChatClient chatClient;

❶ @Autowired
  private HeatingSystemTools heatingSystemTools;
```

```java
    // ##### 생성자 #####
    public HeatingSystemService(ChatModel chatModel) {
        this.chatClient = ChatClient.builder(chatModel).build();
    }

    // ##### LLM과 대화하는 메소드 #####
    public String chat(String question) {
        String answer = chatClient.prompt()
            .system("""
                현재 온도가 사용자가 원하는 온도 이상이라면 난방 시스템을 중지하세요.
                현재 온도가 사용자가 원하는 온도 이하라면 난방 시스템을 가동시켜주세요.
                """)
            .user(question)
❷          .tools(heatingSystemTools)
            .toolContext(Map.of("controlKey", "heatingSystemKey"))
            .call()
            .content();
        return answer;
    }
}
```

❶ HeatingSystemTools 빈을 주입받습니다.

❷ 질문을 할 때마다 tools()로 HeatingSystemTools를 제공하고, 제어키 값을 ToolContext에 포함시켰습니다. 만약 toolContext()를 생략하면, 도구에서 매개변수로 ToolContext 빈을 주입받을 수 없기 때문에 IllegalArgumentException이 발생합니다.

06 heatingsystem/HeatingSystemController.java 파일을 열고, /ai/heating-system-tools 요청 매핑 메소드를 보겠습니다.

```java
@RestController
@RequestMapping("/ai")
@Slf4j
public class HeatingSystemController {
    // ##### 필드 #####
❶  @Autowired
    private HeatingSystemService heatingSystemService;
```

```
    // #### 요청 매핑 메소드 ####
    @PostMapping(
        value = "/heating-system-tools",
        consumes = MediaType.APPLICATION_FORM_URLENCODED_VALUE,
        produces = MediaType.TEXT_PLAIN_VALUE
    )
    public String heatingSystemTools(@RequestParam("question") String question) {
❷      String answer = heatingSystemService.chat(question);
        return answer;
    }
}
```

❶❷ HeatingSystemService를 주입받고, 사용자의 질문을 매개값으로 해서 chat() 메소드를 호출했습니다.

07 브라우저에서 http://localhost:8080를 요청하고 [heating-system-tools] 버튼을 클릭하고 테스트합니다. 질문으로 "현재 온도를 23도 유지해 줘."라고 입력하고 [제출] 버튼을 클릭합니다. 현재 온도에 따라서 랜덤하게 답변이 올 수 있습니다.

08 터미널(콘솔)에 출력된 로그를 보면서 도구 호출 상황을 보겠습니다.

```
Starting execution of tool: getTemperature          ← LLM 도구 호출 (현재 온도)
현재 온도: 20
Successful execution of tool: getTemperature
Converting tool result to JSON.                     → LLM에게 전달
Starting execution of tool: startHeatingSystem      ← LLM 도구 호출 (난방 가동)
```

Chapter 11 · 도구 호출   357

```
23도까지 난방 시스템을 가동합니다.
Successful execution of tool: startHeatingSystem
Converting tool result to JSON.                    → LLM에게 전달
```

LLM은 난방 시스템을 제어하기 위해 먼저 현재 온도를 알기 위해 getTemperature() 도구 호출을 요청합니다. 현재 온도를 알게 된 LLM은 난방 시스템 가동이 필요함을 알고 startHeatingSystem() 도구 호출을 요청합니다.

HeatingSystemService 클래스에서 다음과 같이 코드를 변경해서 테스트해 보세요.

```
// ##### LLM과 대화하는 메소드 #####
  public String chat(String question) {
    String answer = chatClient.prompt()
        .system("""
            현재 온도가 사용자가 원하는 온도 이상이라면 난방 시스템을 중지하세요.
            현재 온도가 사용자가 원하는 온도 이하라면 난방 시스템을 가동시켜주세요.
            """)
        .user(question)
        .tools(heatingSystemTools)
        .toolContext(Map.of("controlKey", "잘못된 제어키"))
        .call()
        .content();
    return answer;
  }
```

ToolContext에 잘못된 제어키를 전달하게 되면, 다음과 같이 실패합니다.

VS Code 터미널(콘솔)에 출력된 로그를 보면, 다음과 같이 출력됩니다.

```
Starting execution of tool: getTemperature          ← LLM 도구 호출 (현재 온도)
현재 온도: 20
Successful execution of tool: getTemperature
Converting tool result to JSON.                     → LLM에게 전달
Starting execution of tool: startHeatingSystem      ← LLM 도구 호출 (난방 가동)
난방 시스템을 가동할 권한이 없습니다.
Successful execution of tool: startHeatingSystem
Converting tool result to JSON.                     → LLM에게 전달
```

11.5 도구에서 바로 응답

기본적으로 도구 호출의 결과는 LLM으로 전송됩니다. LLM은 이 결과를 사용하여 최종 응답을 생성합니다. 그러나 결과를 LLM에게 보내는 대신 사용자에게 직접 도구 호출의 결과를 반환할 수도 있습니다.

LLM으로 도구 호출 결과를 전달하는 이유는 추가적인 추론과 자연스러운 응답을 만들기 위해서인데, 더 이상의 추론이 필요 없고, 애플리케이션에서 바로 반환하는 것이 성능, 비용, 보안 면에서 유리할 때가 있습니다.

예를 들어, 사용자의 정보를 LLM에게 요청하고, LLM이 사용자의 정보를 조회하는 도구를 호출할 경우, 사용자의 정보를 LLM에게 전달하지 않고, 바로 응답으로 제공하는 것이 좋습니다. 사용자의 정보는 민감한 데이터이기 때문에 LLM으로 전달해서는 안 됩니다.

다른 예로, 도구 호출 결과가 사용자가 요구하는 형식과 일치할 경우에 결과를 LLM으로 전달할 필요 없이 바로 응답으로 제공하는 것이 성능(빠른 응답) 면에서 좋습니다.

다음 그림은 도구 호출 결과를 LLM에게 전달하지 않고 바로 응답으로 제공하는 처리 흐름을 보여줍니다. ❹에서 바로 ❺로 갑니다.

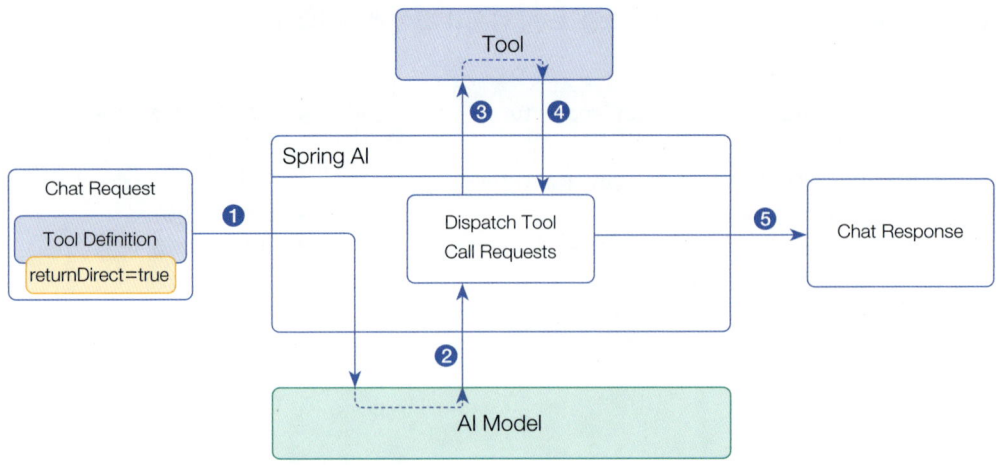

도구 호출 결과를 바로 응답으로 보내기 위해서는 @Tool 어노테이션을 작성할 때 다음과 같이 returnDirect 속성값을 true로 설정하면 됩니다. 도구 호출 결과는 LLM으로 전달되지 않고 바로 응답으로 반환됩니다. 이 속성을 생략하면 기본값은 false입니다.

```
@Tool(description=" ... ", returnDirect=true)
```

만약 여러 도구들이 동시에 호출될 경우, 모든 도구가 returnDirect 속성이 true로 설정되어야만 결과가 직접 반환됩니다. 그렇지 않으면 결과는 LLM에게 전달됩니다.

프로젝트 소스를 보면서 설명을 이어 나가겠습니다.

01 recommendmovie/RecommendMovieTools.java 파일을 엽니다. 이 클래스 안에는 사용자가 관람한 영화 목록을 제공하는 도구와 주어진 장르의 추천 영화 목록을 제공하는 도구가 정의되어 있습니다.

02 사용자가 관람한 영화 목록을 제공하는 도구인 getMovieListByUserId() 메소드를 보겠습니다.

```
@Tool(description = "사용자가 관람한 영화 목록을 제공합니다.")
public List<String> getMovieListByUserId(
  @ToolParam(description = "사용자 ID", required = true) String userId) {
    //데이터베이스에서 검색해서 가져온 내용
```

```
        List<String> movies = List.of(
            "엣지오브투모로우","투모로우","아이언맨","혹성탈출","타이타닉","엘리시움",
            "인터스텔라", "아바타", "마션"
        );
        return movies;
    }
```

- 매개값으로 주어진 사용자 ID로 데이터베이스에서 검색해서 가져오지 않고, 코드 간편화를 위해 정적 리스트를 생성해서 반환합니다.

03 주어진 장르의 추천 영화 목록을 제공하는 도구인 recommendMovie() 메소드 코드를 보겠습니다.

```
❶ @Tool(description = "주어진 장르의 추천 영화 목록을 제공합니다.", returnDirect = true)
   public List<String> recommendMovie(
       @ToolParam(description = "장르", required = true) String genre) {
       //데이터베이스에서 검색해서 가져온 내용
❷      List<String> movies = List.of("크레븐", "베놈", "메이드");
       return movies;
   }
```

❶ @Tool 어노테이션에서 returnDirect 속성값을 true로 설정했습니다. 그러면 메소드의 반환값은 LLM으로 전송되지 않고 바로 응답으로 반환됩니다.

❷ recommendMovie() 메소드는 List<String>을 반환하므로, JSON으로 바로 직렬화가 될 수 있습니다. 사용자가 JSON 형식으로 응답을 원한다면 LLM에게 전달할 필요가 없습니다.

04 recommendmovie/RecommendMovieService.java 파일을 엽니다. LLM과 대화를 하는 chat() 메소드 코드를 보겠습니다.

```
@Service
@Slf4j
public class RecommendMovieService {
    // ##### 필드 #####
    private ChatClient chatClient;
```

```
    ❶  @Autowired
       private RecommendMovieTools recommendMovieTools;

       // ##### 생성자 #####
       public RecommendMovieService(ChatModel chatModel) {
         this.chatClient = ChatClient.builder(chatModel).build();
       }

       // ##### LLM과 대화하는 메소드 #####
       public String chat(String question) {
         String answer = chatClient.prompt()
             .user(question)
    ❷       .tools(recommendMovieTools)
             .call()
             .content();
         return answer;
       }
    }
```

❶❷ RecommendMovieTools 빈을 주입받고, ChatClient를 호출할 때 tools()로 제공했습니다.

05 recommendmovie/RecommendMovieController.java 파일을 엽니다. /ai/recommend-movie-tools 요청 매핑 메소드 코드를 보겠습니다.

```
@RestController
@RequestMapping("/ai")
@Slf4j
public class RecommendMovieController {
    // ##### 필드 #####
 ❶  @Autowired
    private RecommendMovieService recommendMovieService;

    // ##### 요청 매핑 메소드 #####
    @PostMapping(
      value = "/recommend-movie-tools",
      consumes = MediaType.APPLICATION_FORM_URLENCODED_VALUE,
      produces = MediaType.TEXT_PLAIN_VALUE
    )
```

```
    public String recommendMovieTools(@RequestParam("question") String question) {
❷      String answer = recommendMovieService.chat(question);
       return answer;
    }
}
```

❶❷ RecommendMovieService를 주입받고, 사용자 질문으로 chat() 메소드를 호출합니다.

06 브라우저에서 http://localhost:8080으로 요청하고, [recommend-movie-tools] 버튼을 클릭하고 테스트합니다. 질문에는 '〈사용자 ID〉가 좋아할 만한 영화를 추천해 줘.'라고 입력하고 [제출] 버튼을 클릭합니다. 여기서는 데이터베이스 검색이 생략되었기 때문에 〈사용자 ID〉는 어떤 문자열을 넣어도 상관없습니다.

07 터미널(콘솔)에 출력된 로그를 보며, 도구 호출 상황을 봅니다.

```
Starting execution of tool: getMovieListByUserId      ← LLM 도구 호출
Successful execution of tool: getMovieListByUserId
Converting tool result to JSON.                        → LLM으로 전송
Starting execution of tool: recommendMovie             ← LLM 도구 호출
Successful execution of tool: recommendMovie
Converting tool result to JSON.
```

- 도구에서 바로 응답으로 반환한다는 로그 출력은 없지만, 응답 결과를 보면 알 수 있습니다. 응답 결과는 List〈String〉을 직렬화한 JSON으로 출력되었습니다. 만약 LLM에게 도구 호출 결과가 전달되었다면 자연스러운 문장으로 응답이 출력되었을 겁니다.

11.6 도구 예외 처리

도구 실행이 실패하면 ToolExecutionException 예외가 발생합니다. 이를 catch해서 예외를 처리할 수 있습니다. 예외 처리는 예외 메시지를 LLM으로 전달해서 LLM이 처리하도록 할 수 있고, 아니면 애플리케이션이 직접 처리할 수도 있습니다.

기본적으로 도구 실행 예외 처리는 DefaultToolExecutionExceptionProcessor가 합니다. 기본 처리 방식은 오류 메시지를 LLM으로 전달하고, LLM이 응답으로 오류 메시지를 애플리케이션으로 보내줍니다.

애플리케이션에서 직접 예외를 처리하고 싶다면 다음과 같이 ToolExecutionExceptionProcessor 빈을 생성하면 됩니다. DefaultToolExecutionExceptionProcessor 생성자의 매개값을 true로 주면, 오류 메시지를 LLM으로 전달하는 대신 예외가 애플리케이션으로 던져집니다.

```java
@Configuration
public class ExceptionHandlingConfig {
  @Bean
  ToolExecutionExceptionProcessor toolExecutionExceptionProcessor() {
    return new DefaultToolExecutionExceptionProcessor(true);
  }
}
```

프로젝트 소스를 보면서 설명을 이어가겠습니다.

01 exceptionhandling/RecommendMovieTools.java 파일을 열어보면 getMovieListByUserId() 도구는 항상 실행 예외가 발생합니다

```java
@Tool(description = "사용자가 관람한 영화 목록을 제공합니다.")
public List<String> getMovieListByUserId(
    @ToolParam(description = "사용자 ID", required = true) String userId) {
  throw new RuntimeException("사용자 ID가 존재하지 않습니다.");
}
```

02 도구 호출에서 정상적인 결과가 아닌 예외 메시지도 LLM 입장에서 정상적인 도구 호출 결과로 보기 때문에 할루시네이션 현상이 발생할 수 있습니다. 그렇기 때문에 사용자의 질문을 보강해서 이에 대한 대처를 해야 합니다. exceptionhandling/RecommendMovieService.java 파일을 열고, LLM과 대화하는 chat() 메소드를 보겠습니다.

```
public String chat(String question) {
    String answer = chatClient.prompt()
        .user("""
❶           질문에 대해 답변해 주세요.
            사용자 ID가 존재하지 않을 경우, 진행을 멈추고,
            '[LLM] 질문을 처리할 수 없습니다.'라고 답변해 주세요.

            질문: %s
            """.formatted(question))
        .tools(recommendMovieTools)
        .call()
        .content();
    return answer;
}
```

❶ 화면에서 입력한 질문 그대로 사용하지 않고, 사용자 ID가 존재하지 않을 경우에 대한 처리 방법을 추가적으로 넣어, 프롬프트를 보강했습니다.

03 exceptionhandling/ExceptionHandlingConfig.java 파일을 엽니다.

```
@Configuration
public class ExceptionHandlingConfig {
❶   // @Bean
    ToolExecutionExceptionProcessor toolExecutionExceptionProcessor() {
        return new DefaultToolExecutionExceptionProcessor(true);
    }
}
```

❶ @Bean 어노테이션이 주석 처리되어 있습니다. 기본적으로 도구 실행 시 예외가 발생하면 LLM으로 예외 메시지를 전송하도록 했습니다.

04 exceptionhandling/RecommendMovieController.java 파일을 열고, /ai/exception-handling 요청 매핑 메소드를 보겠습니다.

```
@PostMapping(
    value = "/exception-handling",
    consumes = MediaType.APPLICATION_FORM_URLENCODED_VALUE,
    produces = MediaType.TEXT_PLAIN_VALUE
)
public String exceptionHandling(@RequestParam("question") String question) {
❶   try {
        String answer = recommendMovieService.chat(question);
        return answer;
❶   } catch(Exception e) {
        return "[애플리케이션] 질문을 처리할 수가 없습니다.";
    }
}
```

❶ try-catch 절은 애플리케이션이 예외 처리를 할 때 필요합니다. LLM이 예외 처리를 할 경우에는 필요가 없습니다. 03번에서 @Bean 주석을 해제할 경우에는 애플리케이션이 예외 처리를 해야 하므로 try-catch 절이나, @ControllerAdvice가 적용된 예외 처리 객체를 사용해야 합니다.

05 브라우저에서 http://localhost:8080으로 요청하고, [exception-handling] 버튼을 클릭합니다.

06 질문에는 사용자 ID를 포함해서 '〈사용자ID〉가 좋아할 만한 영화를 추천해 줘.'라고 입력하고 [제출] 버튼을 클릭합니다.

07 이번에는 03번에서 언급한 @Bean 주석을 해제하고, 프로젝트를 재실행한 후에, 동일한 질문으로 해서 [제출] 버튼을 클릭합니다.

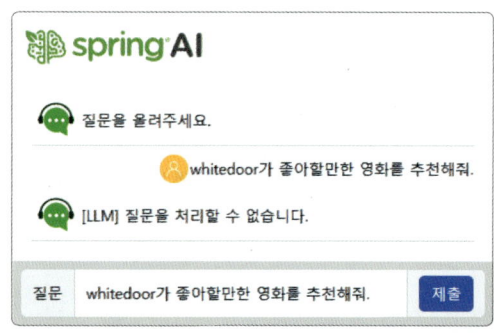

06번과 07번의 출력 결과를 보면 [LLM]과 [애플리케이션]이 앞에 붙어 있습니다. 누가 예외 처리를 했는지를 구분해 줍니다.

11.7 이미지 분석 후 조치 도구

LLM은 다양한 외부 환경 데이터를 받아서 분석한 후에, 시스템 제어를 위한 도구를 호출할 수 있습니다. 만약 외부 환경 데이터가 이미지(카메라 영상의 프레임)일 경우, 이미지를 분석하고, 적절한 도구를 호출해서 관련 시스템을 제어할 수 있습니다.

예를 들어 차량 출입 통제 시스템, 방범 시스템과 같이 다양한 환경에서 센서 값을 감지하고, 카메라 영상을 찍은 후, 분석하고 조치 등을 할 수 있습니다.

이번 절에서는 등록된 차량만 출입을 허가하는 차량 출입 개폐기를 LLM이 제어하는 방법을 설명합니다. LLM은 차량 이미지에서 번호판을 보고 숫자를 인식한 후에, 등록된 차량 번호인지를 도구로 확인하고, 개폐기의 오픈 여부를 결정합니다.

01 boombarrier/CarCheckTools.java 파일을 엽니다. 이 클래스 안에는 차량 번호가 등록되어 있는지 검사하는 도구가 포함되어 있습니다.

```
@Component
@Slf4j
public class CarCheckTools {
    // ##### 필드 #####
    //데이터베이스에 다음과 같이 차량 번호가 등록되어 있다고 가정
❶   private List<String> carNumbers = List.of(
        "23가4567", "234부8372", "345가6789"
    );

    // ##### 도구 #####
❷   @Tool(description = "차량 번호 등록 여부를 확인합니다.")
    public boolean checkCarNumber(@ToolParam(description = "차량 번호") String carNumber) {
        //차량 번호에 포함된 모든 공백 제거
        carNumber = carNumber.replaceAll("\\s+", "");
        log.info("LLM이 인식한 차량 번호: {}", carNumber);
        //데이터베이스에 차량 번호가 등록되어 있는지 확인
❸       boolean result = carNumbers.contains(carNumber);
```

```
    return result;
  }
}
```

❶ 실제 데이터베이스와 연동하는 대신, 등록된 차량 번호들이 있는 List 객체를 사용합니다.

❷ 도구 메소드를 선언합니다. 차량 번호 등록 확인이 필요할 때 LLM에 의해 호출됩니다.

❸ 주어진 차량 번호가 등록되어 있는지 확인하고 boolean을 반환합니다.

02 boombarrier/BoomBarrierTools.java 파일을 엽니다. 이 클래스 안에는 Boom Barrier(차단봉)을 올리고 내리는 도구가 정의되어 있습니다.

```
@Component
@Slf4j
public class BoomBarrierTools {
  // ##### 도구 #####
  @Tool(description = "차단봉을 올립니다.")
  public void boomBarrierUp() {                                    ❶
    log.info("차단봉을 올립니다.");
  }

  @Tool(description = "차단봉을 내립니다.")
  public void boomBarrierDown() {                                  ❷
    log.info("차단봉을 내립니다.");
  }
}
```

03 boombarrier/BoomBarrierService.java 파일을 엽니다. 이 클래스 안에는 LLM과 대화하는 chat() 메소드가 있습니다. 필드 선언과 생성자 선언을 보겠습니다.

```
@Service
@Slf4j
public class BoomBarrierService {
  // ##### 필드 #####
  private ChatClient chatClient;
```

```
    @Autowired
    private CarCheckTools carCheckTools;

❶
    @Autowired
    private BoomBarrierTools boomBarrierTools;

    // ##### 생성자 #####
    public BoomBarrierService(ChatModel chatModel) {
        this.chatClient = ChatClient.builder(chatModel).build();
    }
```

❶ 도구들을 가지고 있는 두 개의 빈을 주입받았습니다.

04 LLM과 대화하는 chat() 메소드를 보겠습니다. 이 메소드는 텍스트와 이미지를 LLM에게 전달하고 차단봉을 제어하도록 지시하고 있습니다.

```
    // ##### LLM과 대화하는 메소드 #####
    public String chat(String contentType, byte[] bytes) {
        // 미디어 생성
❶       Media media = Media.builder()
            .mimeType(MimeType.valueOf(contentType))
            .data(new ByteArrayResource(bytes))
            .build();

        // 사용자 메시지 생성
        UserMessage userMessage = UserMessage.builder()
            .text("""
                이미지에서 '(숫자 2개~3개)-(한글 1자)-(숫자 4개)'로 구성된
                차량 번호를 인식하세요. 예: 78라1234, 567바2558
❷               인식된 차량 번호가 등록된 차량 번호인지 도구로 확인을 하세요.
                등록된 번호라면 도구로 차단봉을 올리고, 답변은 '차단기 올림'으로 하세요.
                등록된 번호가 아니라면 도구로 차단봉을 내리고, 답변은 '차단기 내림'으로 하세요.
                """)
            .media(media)
            .build();

        // LLM으로 요청하고 응답받기
        String answer = chatClient.prompt()
```

```
❸        .messages(userMessage)
         .tools(carCheckTools, boomBarrierTools)
         .call()
         .content();
    return answer;
  }
}
```

❶ 매개값으로 받은 이미지 Mime 타입과 데이터를 가지고 Media 객체를 생성했습니다.

❷ UserMessage를 생성할 때, text()로 LLM 요청 내용을, media()로 Media 객체를 주었습니다.

❸ 프롬프트를 구성할 때, messages()로 UserMessage를 추가하고, tools()로 CarCheckTools와 BoomBarrierTools를 추가했습니다.

05 boombarrier/BoomBarrierController.java 파일을 엽니다. 이 클래스에는 /ai/boom-barrier-tools 요청 매핑 메소드가 있습니다.

```
@RestController
@RequestMapping("/ai")
@Slf4j
public class BoomBarrierController {
  // ##### 필드 #####
  @Autowired
  private BoomBarrierService boomBarrierService;

  // ##### 요청 매핑 메소드 #####
  @PostMapping(
    value = "/boom-barrier-tools",
    consumes = MediaType.MULTIPART_FORM_DATA_VALUE,
    produces = MediaType.TEXT_PLAIN_VALUE)
  public String boomBarrierTools(
❶      @RequestParam("attach") MultipartFile attach) throws IOException {
❷    String answer = boomBarrierService.chat(
         attach.getContentType(), attach.getBytes());
    return answer;
  }
}
```

❶ MultipartFile로 차량 이미지를 받습니다.

❷ BoomBarrierService의 chat() 메소드를 호출하면서 이미지 Mime 타입과 데이터를 넘겨줍니다.

06 브라우저에서 http://localhost:8080으로 요청합니다. [boom-barrier-tools] 버튼을 클릭하고 테스트합니다.

07 책과 함께 제공되는 소스에서 다음 경로에 있는 자동차 그림을 선택하고 [제출] 버튼을 클릭합니다.

book-spring-ai/data/image/car1.jpg ~ car3.jpg

08 VS Code 터미널(콘솔)에서 도구 호출이 어떻게 진행되었는지 로그를 확인합니다.

```
Starting execution of tool: checkCarNumber          ← LLM 도구 호출
LLM이 인식한 차량 번호: 234가5678
Successful execution of tool: checkCarNumber
Converting tool result to JSON.                     → LLM에게 전달
Starting execution of tool: boomBarrierDown         ← LLM 도구 호출
차단봉을 내립니다.
Successful execution of tool: boomBarrierDown
The tool has no return type. Converting to conventional response.   → LLM에게 전달

Starting execution of tool: checkCarNumber          ← LLM 도구 호출
LLM이 인식한 차량 번호: 345가6789
```

```
Successful execution of tool: checkCarNumber
Converting tool result to JSON.                          → LLM에게 전달
Starting execution of tool: boomBarrierUp                ← LLM 도구 호출
차단봉을 올립니다.
Successful execution of tool: boomBarrierUp
The tool has no return type. Converting to conventional response.  → LLM에게 전달
```

11.8 파일 관리 도구

LLM과 파일 관리 도구를 결합하면, 복잡한 디렉토리 구조를 탐색하거나 터미널 명령어를 외우지 않고도 자연어로 직관적인 파일 입출력 작업을 수행할 수 있습니다.

예를 들어 "오늘 작성한 보고서 모아서 보여 줘.", "새로운 프로젝트 폴더 만들어 줘.", "파일 내용을 읽어줘"와 같은 자연어 요청을 하면, 내부적으로 파일 관리 도구가 해당 작업을 수행합니다. 이를 통해 사용자는 반복적인 파일 생성, 삭제, 조회 작업에서 벗어나 보다 창의적이고 분석적인 업무에 집중할 수 있습니다.

주의할 점은 파일 관리 도구는 지정된 디렉토리 내부에서만 동작해야 합니다. 중요한 시스템 파일이나 개인 데이터가 있는 곳에서 사용하면 안 됩니다. 이렇게 함으로써 실수나 악의적인 요청으로 파일 시스템 전체에 영향을 미치는 위험을 방지할 수 있습니다. 또한 멀티 사용자 환경에서 동시성 제어도 함께 고려되어야 합니다.

프로젝트 소스를 보면서 LLM과 파일 관리 도구를 결합하는 방법을 설명하겠습니다.

01 filesystem/FileSystemTools.java 파일을 엽니다. 이 클래스는 파일 관리를 위한 도구들이 정의되어 있습니다. 필드와 생성자 선언부터 보겠습니다.

```java
@Component
@Slf4j
public class FileSystemTools {
    private final Path rootDirectory;

    public FileSystemTools() {
```

```
❶    Path home = Paths.get(System.getProperty("user.home"));
     this.rootDirectory = home.resolve("Documents/ch11-tool-calling");
     try {
❷      Files.createDirectories(rootDirectory);
     } catch (IOException e) {
       throw new RuntimeException("루트 디렉토리 생성 실패: " + rootDirectory, e);
     }
   }
 }
```

❶ 도구들이 작업하는 루트 디렉토리 ^{rootDirectory}를 〈사용자 홈〉/Documents/ch11-tool-calling으로 지정합니다. 경로를 코드에서 지정하지 않고 애플리케이션 구성 파일(application.properties)에서 지정할 수도 있습니다. 도구들이 작업하는 폴더를 제한하는 것은 보안상 매우 중요합니다.

❷ 프로젝트를 실행할 때, 루트 디렉토리(〈사용자 홈〉/Documents/ch11-tool-calling)가 없다면 새로 생성합니다.

02 resolve() 메서드를 보겠습니다. 이 메서드는 LLM이 제공하는 상대 경로^{relativePath}를 해석하고, 절대 경로^{Path}로 변환해서 반환합니다. 잘못된 경로가 제공되더라도 루트 디렉토리 안에서만 작업하도록 보장합니다.

```
  private Path resolve(String relativePath) {
    Path path = null;
    if(!StringUtils.hasText(relativePath)) {
❶     path = rootDirectory;
    }

❷   path = rootDirectory.resolve(relativePath).normalize();

    if(!path.startsWith(rootDirectory)) {
❸     path = rootDirectory;
    }

❹   return path;
  }
```

❶ 주어진 경로가 없으면 루트 디렉토리로 설정합니다.

❷ rootDirectory.resolve(relativePath)는 루트 디렉토리 뒤에 상대 경로를 붙여 절대 경로 Path로 반환합니다. 만약 LLM이 제공하는 relativePath가 절대 경로(C:/... 또는 /...)라면 루트 디렉토리를 붙이지 않습니다. normalize()는 .(현재 디렉토리)와 ..(상위 디렉토리)와 같은 상대 경로를 정리합니다. 예를 들어 Documents/ch11-tool-calling/../secret.txt일 경우, normalize()를 거치면, Documents/secret.txt 처럼 경로가 단순화됩니다.

❸ Path가 루트 디렉토리로 시작하지 않으면 강제로 루트 디렉토리로 설정합니다.

❹ 해석이 끝난 절대 경로^{Path}를 반환합니다.

03 디렉토리 항목 조회 도구인 listFiles() 메소드를 보겠습니다.

```java
@Tool(description = "디렉토리 항목 조회")
public List<Item> listFiles(String relativePath) {
  Path path = resolve(relativePath);
  try {
    Stream<Path> stream = Files.list(path);
    List<Item> list = stream.map(p -> {
      return new Item(p, Files.isDirectory(p));
    })
    .toList();
    stream.close();
    return list;
  } catch(Exception e) {
    log.info(e.toString());
    return new ArrayList<>();
  }
}

public record Item(Path path, boolean isDirectory) {
}
```

- 상대 경로를 절대 경로 Path로 변환하고, 디렉토리 내의 항목을 List<Item>에 담아 반환합니다. Item은 개별 파일과 서브 디렉토리를 표현하는 레코드로 path와 isDirectory 정보를 가지고 있습니다. isDirectory는 LLM이 path가 파일인지 디렉토리인지 알 수 있게 합니다.

04 디렉토리 생성 도구인 createDir() 메소드를 보겠습니다.

```java
@Tool(description = "디렉토리 생성")
public String createDir(String relativePath) {
  Path path = resolve(relativePath);
  try {
    Files.createDirectories(path);
    return "디렉토리를 생성했습니다.";
  } catch(Exception e) {
    log.info(e.toString());
    return "디렉토리를 생성할 수 없습니다.";
  }
}
```

- 상대 경로를 절대 경로 Path로 변환하고, 디렉토리를 생성합니다.

05 파일 생성 도구인 createFile() 메소드를 보겠습니다.

```java
@Tool(description = "파일 생성")
public String createFile(
  @ToolParam(description = "부모 디렉토리") String parentPath,
  @ToolParam(description = "파일 이름") String fileName,
  @ToolParam(description = "확장 이름") String extName,
  @ToolParam(description = "파일 내용") String content
) {
  if(!StringUtils.hasText(fileName) ||
    !StringUtils.hasText(extName)) {
    return "디렉토리 또는 파일명이 없습니다.";
  }
  if(!StringUtils.hasText(content)) {
    content = "";
  }
  Path path = resolve(parentPath);
  if(!fileName.endsWith("." + extName)) {
    path = path.resolve(fileName + "." + extName);
  } else {
    path = path.resolve(fileName);
  }
```

```
    try {
        Files.writeString(path, content, StandardCharsets.UTF_8);
        return "파일을 생성했습니다.";
    } catch(Exception e) {
        log.info(e.toString());
        return "파일 생성에 실패했습니다.";
    }
}
```

- 부모 디렉토리를 절대 경로 Path로 변환하고, 파일 이름과 확장 이름을 추가해서 완전한 Path로 변환합니다.
- 변환된 Path 위치에 content를 내용으로 하는 텍스트 파일을 생성합니다. 파일 인코딩은 UTF-8로 지정했습니다.

06 파일 및 디렉토리 삭제 도구인 deletePath() 메소드를 보겠습니다.

```
@Tool(description = "파일 및 디렉토리 삭제")
public String deletePath(String relativePath) {
    Path path = resolve(relativePath);
    if (Files.notExists(path))
        return "파일 또는 디렉토리가 존재하지 않습니다.";
    try {
        Stream<Path> stream = Files.walk(path);
        stream
            .sorted(Comparator.reverseOrder()) // 자식 → 부모 순서로 삭제
            .forEach(p -> {
                try {
                    Files.delete(p);
                } catch (IOException ignored) {
                }
            });
        stream.close();
        return "파일 또는 디렉토리를 삭제했습니다.";
    } catch(Exception e) {
        log.info(e.toString());
        return "파일 또는 디렉토리를 삭제하지 못했습니다.";
    }
}
```

- 상대 경로를 절대 경로 Path로 변환합니다.
- Files.walk(Path start) 메소드는 파일 트리 탐색 기능을 제공하는 유틸리티로, 주어진 시작 경로를 기준으로 재귀적으로 모든 하위 파일과 디렉토리를 방문하여 Stream〈Path〉 형태로 반환합니다. 항목이 있는 디렉토리는 바로 삭제할 수 없기 때문에 디렉토리 내부 항목부터 삭제하고, 디렉토리를 삭제합니다(자식 ▶ 부모 순서로 삭제).

07 파일 이동 및 이름 변경 도구인 moveFile() 메소드를 보겠습니다.

```
@Tool(description = "파일 이동 또는 이름 변경")
public String moveFile(String sourceRelativePath, String targetRelativePath) {
  Path source = resolve(sourceRelativePath);
  Path target = resolve(targetRelativePath);
  try {
    Files.move(source, target, StandardCopyOption.REPLACE_EXISTING);
    return "파일 이동 또는 이름 변경을 했습니다.";
  } catch(Exception e) {
    log.info(e.toString());
    return "파일 이동 또는 이름 변경을 못했습니다.";
  }
}
```

- 원본 파일(source)과 대상 파일(target)의 상대 경로를 절대 경로 Path로 변환합니다.
- Files.move() 메소드는 부모 디렉토리가 다르면 이동, 부모 디렉토리가 같으면 파일 이름만 변경합니다. StandardCopyOption.REPLACE_EXISTING 옵션은 대상 파일 target이 이미 존재할 경우에는 대체하도록 합니다.

08 filesystem/FileSystemService.java 파일을 엽니다. 이 클래스는 LLM과 대화하는 chat() 메소드가 있습니다. 먼저 필드와 생성자 선언부터 보겠습니다.

```
@Service
@Slf4j
public class FileSystemService {
  // ##### 필드 #####
  private ChatClient chatClient;

❶ @Autowired
  private FileSystemTools fileSystemTools;
```

```
// ##### 생성자 #####
public FileSystemService(ChatClient.Builder chatClientBuilder, ChatMemory
chatMemory) {
    this.chatClient = chatClientBuilder
❷       .defaultAdvisors(MessageChatMemoryAdvisor.builder(chatMemory).build())
        .defaultSystem("""
            HTML과 CSS를 사용해서 들여쓰기가 된 답변으로 출력하세요.
❸           <div>에 들어가는 내용으로만 답변을 주세요. <h1>, <h2>, <h3>태그는 사용하지 마세요.
            파일, 디렉토리 관련 질문은 반드시 도구를 사용하세요.
            """)
        .build();
}
```

❶ FileSystemTools 빈을 주입했습니다.

❷ 대화 기억을 관리하기 위해 MessageChatMemoryAdvisor를 ChatClient의 기본 Advisor로 추가했습니다. 이전 답변 내용을 파일로 저장하는 경우도 있기 때문에 추가했습니다.

❸ 답변을 보기 좋게 보여줄 목적으로 HTML과 CSS를 포함하도록 지시했습니다. 그리고 사용자의 질문이 파일과 디렉토리 관련 내용이라면 반드시 도구를 사용하라고 지시했습니다. 이 문구가 빠지면 할루시네이션hallucination 현상이 일부 나타났습니다.

09 LLM과 대화하는 메소드인 chat() 메소드를 보겠습니다.

```
// ##### LLM과 대화하는 메소드 #####
public String chat(String question, String conversationId) {
    String answer = this.chatClient.prompt()
        .user(question)
        .advisors(advisorSpec -> advisorSpec.param(
❶           ChatMemory.CONVERSATION_ID, conversationId
        ))
❷       .tools(fileSystemTools)
        .call()
        .content();
    return answer;
}
```

❶ MessageChatMemoryAdvisor에게 전달할 대화 ID를 공유 데이터에 저장하고 있습니다.

❷ FileSystemTools 인스턴스를 제공해서 LLM이 도구를 호출할 수 있도록 했습니다.

10 filesystem/FileSystemController.java 파일을 엽니다. 이 클래스에는 /ai/file-system-tools 요청 매핑 메소드가 있습니다.

```java
@RestController
@RequestMapping("/ai")
@Slf4j
public class FileSystemController {
  // ##### 필드 #####
❶ @Autowired
  private FileSystemService fileSystemService;

  // ##### 요청 매핑 메소드 #####
  @PostMapping(
    value = "/file-system-tools",
    consumes = MediaType.APPLICATION_FORM_URLENCODED_VALUE,
    produces = MediaType.TEXT_PLAIN_VALUE
  )
  public String dateTimeTools(@RequestParam("question") String question) {
❷   String answer = fileSystemService.chat(question);
    return answer;
  }
}
```

❶❷ FileSystemService 빈을 주입받고, 화면에서 입력한 질문과 브라우저 세션 ID를 가지고 chat() 메소드를 호출했습니다.

11 브라우저에서 http://localhost:8080으로 요청하고 [file-system-tools] 버튼을 클릭합니다.

12 질문 입력란에 'Spring AI에 대해서 300자 이내로 설명해 주고 파일로 저장해 주세요.'라고 입력하고 [제출] 버튼을 클릭합니다. 다음 질문으로 '파일 목록을 보여주세요.'라고 입력하고 [제출] 버튼을 클릭합니다.

- 생성된 파일명은 다를 수 있습니다.

13 질문 입력란에 '파일을 복사하는 코드를 자바로 작성하고 자바 소스 파일로 저장해 줘.'라고 입력하고 [제출] 버튼을 클릭합니다. 다음 질문으로 '〈생성된 파일 이름〉 파일 내용을 보여 줘.'라고 입력하고 [제출] 버튼을 클릭합니다.

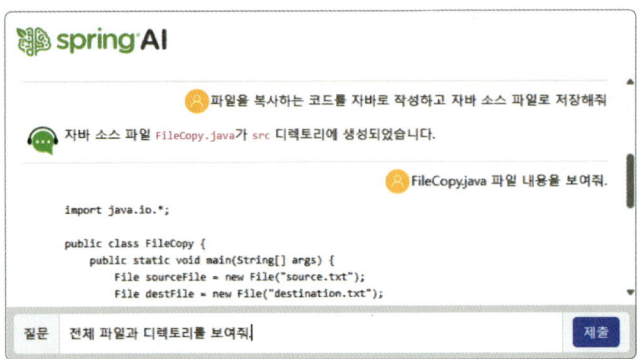

14 질문 입력란에 '전체 파일과 디렉토리를 보여 줘.'라고 입력하고 [제출] 버튼을 클릭합니다.

15 질문 입력란에 'java 디렉토리를 만들고, 〈생성된 파일 이름〉을 이동해 줘.'라고 입력하고 [제출] 버튼을 클릭합니다.

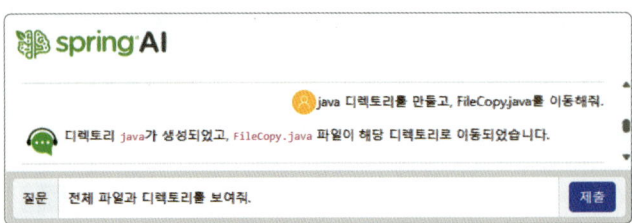

16 질문 입력란에 '전체 파일과 디렉토리를 보여 줘.'라고 입력하고 [제출] 버튼을 클릭합니다.

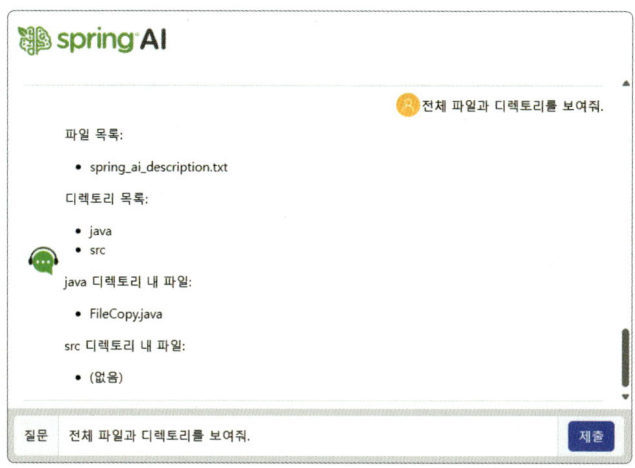

17 터미널(콘솔)에서 파일 관리 도구들이 어떻게 사용되고 있는지 출력된 로그를 확인합니다. 보는 방법은 이전 실습과 동일합니다.

11.9 인터넷 검색 도구

LLM은 사전 학습된 데이터에 기반해 작동하므로, 학습 시점 이후에 발생한 뉴스, 주가, 날씨 변화, 기술 업데이트 등 실시간 정보를 반영하지 못하는 한계가 있습니다. 그러나 인터넷 검색 도구와 연동하면, 최신 기사, 공식 문서, 연구 결과 등을 실시간으로 조회하여 응답에 반영할 수 있습니다. 이를 통해 LLM의 정보 최신성을 보완하고 보다 정확하고 시의성 있는 답변을 제공할 수 있습니다.

도구를 통해 획득한 정보는 일반적으로 출처(URL, 문서 제목 등)를 함께 제공하므로, 응답의 신뢰성과 투명성을 높이는 데 기여합니다. 사용자는 LLM이 어떤 근거를 바탕으로 답변을 생성했는지 확인할 수 있으며, 필요할 경우 원문을 직접 열람하여 내용을 추가로 검증할 수 있습니다.

실시간 정보를 다루는 애플리케이션 입장에서 보면, LLM이 인터넷 검색 도구를 사용해서 신뢰할 수 있는 최신성을 갖춘 응답을 제공함으로써, 사용자의 질문에 더 유익한 정보를 제공할 수 있게 됩니다. ChatGPT, Claude와 같은 AI 애플리케이션(Agent)들은 LLM이 인터넷 검색 도구를 사용하는 것이 이제는 기본 기능으로 제공되고 있습니다.

인터넷 검색 도구를 구현하려면, 먼저 어떤 검색 서비스를 사용할지 결정하고, 해당 서비스의 인증 방식과 응답 형식을 도큐먼트를 통해 파악해야 합니다. 대표적인 검색 서비스의 종류는 다음과 같습니다.

항목	Bing Web Search API	Brave Search API	Google Custom Search API
제공사	Microsoft	Brave Software	Google
장점	• 방대한 글로벌 웹 크롤링 • 실시간·주기적 업데이트	• 프라이버시 중심 • 트래킹 미수집 지향	• Google 전용 초대형 크롤러 • 초저지연·고가용성 • 실시간 업데이트 • 정확도 우수
반환 데이터	name(title), url, snippet, datePublished, image	title, url, description	title, link, snippet, htmlSnippet, displayLink
인증 방식	HTTP 헤더 Ocp-Apim-Subscription-Key	HTTP 헤더 X-API-KEY	쿼리 파라미터 key, cx(engineId)

> **여기서 잠깐**
>
> ☼ **description과 snippet의 차이**
>
> description은 웹페이지 제작자가 〈meta name="description"〉 태그에 직접 작성해 놓은 요약 문구를 말합니다. 이 문구는 페이지 전체 내용을 대표하기 위해 제작자가 미리 정의해 둔 것입니다. 반면 snippet은 사용자가 입력한 검색어와 연관된 부분을 검색 엔진이 자동으로 본문에서 잘라 만들어낸 미리보기 텍스트입니다. description은 페이지 측에서 제공한 고정된 요약문이고, snippet은 동적으로 생성된 발췌문이라 할 수 있습니다.

그 다음 단계는 HTTP 요청을 수행할 클라이언트를 구성해야 합니다. Spring Boot 환경에서는 WebClient나 RestTemplate을 사용해 엔드포인트, 요청 헤더와 쿼리 파라미터를 세팅해야 합니다. 마지막 단계는 검색 서비스로부터 받은 JSON이나 XML에서 제목^{title}, 링크^{URL}, 요약$^{description,\ snippet}$ 같은 핵심 정보를 얻어냅니다. 필요하다면 HTML 본문을 추가로 페칭^{fetching}할 수도 있습니다. 이렇게 얻은 검색 결과는 도구의 반환값이 됩니다. LLM은 도구 호출 결과를 받아 최종 응답에 반영합니다. 프로젝트 소스 코드를 보면서 설명하겠습니다.

01 internetsearch/InternetSearchTools.java 파일을 엽니다. 이 클래스에는 인터넷을 서칭하는 도구와 URL 페이지 본문을 페칭하는 도구가 정의되어 있습니다. 먼저 필드와 생성자 선언부터 보겠습니다.

```
@Component
@Slf4j
public class InternetSearchTools {
  // ##### 필드 #####
❶ private String googleEndpoint;
  private String apiKey;
  private String engineId;
❷ private WebClient webClient;
❸ private ObjectMapper objectMapper = new ObjectMapper();

  // ##### 생성자 #####
  public InternetSearchTools(
❹     @Value("${google.search.endpoint}") String endpoint,
      @Value("${google.search.apiKey}") String apiKey,
      @Value("${google.search.engineId}") String engineId,
      WebClient.Builder webClientBuilder
  ) {
    this.googleEndpoint = endpoint;
    this.apiKey = apiKey;
    this.engineId = engineId;
❺   this.webClient = webClientBuilder
        .baseUrl(googleEndpoint)
        .defaultHeader("Accept", "application/json")
        .build();
  }
}
```

❶ ❹ 인터넷 검색 서비스로 Google Custom Search API를 사용하기 위해 필요한 요청 경로^{endpoint}, API 키^{apiKey}, 검색 엔진 ID^{engineId}를 애플리케이션 구성 파일^{application.properties}에서 가져와서 초기화합니다. application. properties 파일을 열고 다음 내용을 확인합니다.

```
## Google Custom Search API
google.search.endpoint=https://www.googleapis.com/customsearch/v1
google.search.apiKey= ${GOOGLE_SEARCH_API_KEY}
google.search.engineId=65daed9bd612a4acd
```

google.search.apiKey 속성값은 API key 노출을 막기 위해 GOOGLE_SEARCH_API_KEY 환경 변수 값을 사용하고 있습니다. API_KEY를 얻는 방법은 다음 페이지에 언급되어 있습니다.

> https://developers.google.com/custom-search/v1/introduction?hl=ko

API key를 얻고 나서 운영체제의 시스템 환경 변수로 GOOGLE_SEARCH_API_KEY를 생성하세요. 생성하고 나서 VS Code를 재시작해야 환경 변수를 인식할 수 있습니다.

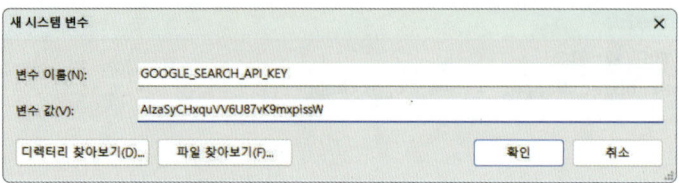

❷ HTTP 클라이언트로 WebClient를 사용합니다.

❸ ObjectMapper는 인터넷 서칭 결과로 얻은 JSON을 JsonNode 객체로 매핑하는 역할을 합니다.

❹ application.properties에서 엔드포인트, API key, 엔진 ID를 읽고 주입합니다.

❺ WebClient를 생성하는 코드입니다. 기본 URL과 응답으로 받아야 할 Mime 타입을 설정했습니다.

02 이제 인터넷 검색 도구인 googleSearch() 메소드를 보겠습니다.

```java
@Tool(description = "인터넷 검색을 합니다. 제목, 링크, 요약을 문자열로 반환합니다.")
public String googleSearch(String query) {
  try {
    String responseBody = webClient.get()
        .uri(uriBuilder -> uriBuilder
            .queryParam("key", apiKey)
            .queryParam("cx", engineId)
            .queryParam("q", query)
            .build())
        .retrieve()
        .bodyToMono(String.class)
        .block();
    log.info("응답본문: {}", responseBody);

    JsonNode root = objectMapper.readTree(responseBody);
    JsonNode items = root.path("items");

    if (!items.isArray() || items.isEmpty()) {
```

```
        return "검색 결과가 없습니다.";
      }

      StringBuilder sb = new StringBuilder();
      for (int i = 0; i < Math.min(3, items.size()); i++) {
        JsonNode item = items.get(i);
        String title = item.path("title").asText();
        String link = item.path("link").asText();
        String snippet = item.path("snippet").asText();
        sb.append(String.format("[%d] %s\n%s\n%s\n\n", i + 1, title, link, snippet));
      }
      return sb.toString().trim();

    } catch (Exception e) {
      return "인터넷 검색 중 오류 발생: " + e.getMessage();
    }
  }
}
```

❶ WebClient을 이용해서 다음과 같이 GET 방식으로 요청합니다.

```
https://www.googleapis.com/customsearch/v1?key=apiKey&cx=engineId &q=query
```

쿼리 파라미터	설명
key	• Google Custom Search API를 사용하기 위한 API key입니다. • https://developers.google.com/custom-search/v1/introduction?hl=ko
cx	• 검색을 실행하는 데 사용할 검색 엔진을 지정합니다. • 엔진 목록 보기: https://programmablesearchengine.google.com/controlpanel/all • ChatGPT 검색 엔진을 사용할 경우: '65daed9bd612a4acd'를 engineId로 사용 • ChatGPT 검색 엔진 테스트 URL: https://cse.google.com/cse?cx=65daed9bd612a4acd
q	• 사용자의 질의 내용입니다.

❶의 응답 JSON 구조는 다음과 같습니다.

```
{
  "kind": "customsearch#search",
```

```
  "url": {
    "type": "application/json",
    "template": "https://www.googleapis.com/customsearch/v1?q={searchTerms}..."
  },
  ...
  "searchInformation": { ... },
  "items": [                                        질의 내용에 따른 검색 결과: 배열
    {
      "title": "용인 기흥역 기흥나무동물병원 추천(과잉진료 없고 친절한 곳)",
      "htmlTitle": "기흥나무동물병원",
      "link": "https://blog.naver.com/ggu2ya/223583690973",
      "displayLink": "blog.naver.com",
      "snippet": "Sep 14, 2024 ... 기흥나무동물병원: 10:00 ~ 19:00 (18:30 ...",
      "htmlSnippet": "Sep 14, 2024 \u003cb\u003e...기흥나무동물병원",
      "formattedUrl": "https://blog.naver.com/ggu2ya/223583690973",
      "htmlFormattedUrl": "https://blog.naver.com/ggu2ya/223583690973",
      "pagemap": {...}
    },
    ...
  ]
}
```

❷ 응답 JSON을 JsonNode 객체로 매핑하고, 검색 결과인 items 배열을 JsonNode로 얻습니다.

❸ items 배열에서 상위 3개 항목에 대해 title, link, snippet을 얻고 다음과 같은 문자열로 구성하고, 반환합니다.

```
1 용인 기흥역 기흥나무동물병원 추천(과잉진료 없고 친절한 곳)
https://blog.naver.com/ggu2ya/223583690973
주소 : 경기 용인시 기흥구 기흥로 12 · 유성빌딩 1층(구갈동 374-1) ...

2 기흥나무동물병원 오시는길, 이용 시간 안내
https://blog.naver.com/namoo_ah/222221603804?viewType=pc
월~금 :오전10시-오후7시 토: 오전10시 ~오후 7시(일요일은 매주 휴무) 진료 ...

3 기흥나무 동물병원 - 카카오톡채널
https://pf.kakao.com/_hwfFxb/posts
포스트 본문영역 · 건강검진 가격표○. 문의사항은 플러스 친구 메세지로 문의 부탁드립니다. ...
```

03 다음은 웹 페이지 페칭 도구인 fetchPageContent() 메소드를 보겠습니다. 웹 페이지 페칭 도구는 LLM이 더 상세한 정보를 얻기 위해 호출합니다.

```
@Tool(description = "웹 페이지의 본문 텍스트를 반환합니다.")
public String fetchPageContent(String url) {
  try {
    // WebClient를 사용해 응답 HTML 가져오기
    String html = webClient..get()
❶       .uri(url)
        .retrieve()
        .bodyToMono(String.class)
        .block();

    if (html == null || html.isBlank()) {
      return "페이지 내용을 가져올 수 없습니다.";
    }
    // Jsoup으로 파싱하고 <body> 내부 텍스트 추출
    Document doc = Jsoup.parse(html);
❷   String bodyText = doc.body().text();

    return bodyText.isBlank() ? "본문 텍스트가 비어 있습니다." : bodyText;

  } catch (Exception e) {
    return "페이지 로딩 중 오류 발생: " + e.getMessage();
  }
}
```

❶ GET 방식으로 url(인터넷 검색 도구의 반환 내용 중에 link)로 요청합니다.

❷ Jsoup.parse()로 WebClient가 반환한 응답 HTML을 파싱하고 Document 객체를 반환합니다. Document에서 body().text()로 본문 텍스트를 얻고 반환합니다. Jsoup 클래스를 사용하려면 build.gradle 파일에서 다음과 같은 의존성이 추가되어 있어야 합니다.

```
dependencies {
  ...
  implementation 'org.springframework.ai:spring-ai-jsoup-document-reader'
}
```

04 internetsearch/InternetSearchService.java 파일을 엽니다. 이 클래스에는 LLM과 대화하는 chat() 메소드가 있습니다.

```java
@Service
@Slf4j
public class InternetSearchService {
  // ##### 필드 #####
  private ChatClient chatClient;

❶ @Autowired
  private InternetSearchTools internetSearchTools;

  // ##### 생성자 #####
  public InternetSearchService(ChatClient.Builder chatClientBuilder) {
    this.chatClient = chatClientBuilder.build();
  }

  // ##### LLM과 대화하는 메소드 #####
  public String chat(String question) {
    String answer = this.chatClient.prompt()
        .system("""
            HTML과 CSS를 사용해서 들여쓰기가 된 답변을 출력하세요.
            <div>에 들어가는 내용으로만 답변을 주세요. <h1>, <h2>, <h3>태그는 사용하지 마세요.
            """)
        .user(question)
❷       .tools(internetSearchTools)
        .call()
        .content();
    return answer;
  }
}
```

❶❷ InternetSearchTools 빈을 주입받고, LLM이 호출할 수 있도록 tools()로 프롬프트에 추가해 주었습니다.

05 internetsearch/InternetSearchController.java 파일을 엽니다. 이 클래스에는 /ai/internet-search-tools 요청 매핑 메소드가 있습니다.

```
@RestController
@RequestMapping("/ai")
@Slf4j
public class InternetSearchController {
    // #### 필드 ####
❶   @Autowired
    private InternetSearchService internetSearchService;

    // #### 요청 매핑 메소드 ####
    @PostMapping(
        value = "/internet-search-tools",
        consumes = MediaType.APPLICATION_FORM_URLENCODED_VALUE,
        produces = MediaType.TEXT_PLAIN_VALUE
    )
    public String dateTimeTools(@RequestParam("question") String question) {
❷       String answer = internetSearchService.chat(question);
        return answer;
    }
}
```

❶❷ InternetSearchService 빈을 주입받고, 화면에서 입력한 사용자 질문을 매개값으로 하여 chat() 메소드를 호출하고 있습니다.

06 프로젝트를 재실행합니다. 브라우저에서 http://localhost:8080으로 요청하고, [internet-search-tools] 버튼을 클릭합니다.

07 질문 입력란에 최신 정보를 묻는 내용으로 입력하고 [제출] 버튼을 클릭합니다.

Chapter 11 · 도구 호출   389

08 터미널(콘솔)에 출력된 로그를 보고, 어떤 도구들을 LLM이 호출했는지 확인해 봅니다.

```
Starting execution of tool: googleSearch      ← LLM이 googleSearch() 도구 호출 요청
Successful execution of tool: googleSearch
Converting tool result to JSON.               → LLM에게 도구 호출 결과 전송
Starting execution of tool: fetchPageContent  ← LLM이 fetchPageContent() 도구 호출 요청
Successful execution of tool: fetchPageContent
Converting tool result to JSON                → LLM에게 도구 호출 결과 전송
```

- LLM이 googleSearch() 도구 호출 결과만으로도 충분히 답변할 수 있는 경우에는 fetchPageContent() 도구를 호출하지 않을 수도 있습니다.

Chapter 12

MCP, 외부 도구

12.1 MCP란
12.2 MCP 통신 방식
12.3 STDIO 통신 방식 MCP Server
12.4 WebMVC 기반 SSE 통신 방식 MCP Server
12.5 WebFlux 기반 SSE 통신 방식 MCP Server

12.1 MCP란

MCP ^Model Context Protocol는 애플리케이션과 다양한 외부 도구를 연결하는 표준화된 방법을 제공합니다. 11장에서 정의한 도구가 애플리케이션 내부 도구라면, 외부 도구는 애플리케이션 외부에서 제공되는 도구를 말합니다. MCP에서는 외부 도구를 MCP Server라고 합니다.

11장의 내부 도구는 자바로 개발해야 하지만, MCP Server는 다양한 언어로 개발할 수 있습니다. Spring Boot로 개발된 애플리케이션이라도 파이썬이나 Node.js로 개발된 MCP Server를 사용할 수 있습니다. 11장의 내부 도구는 애플리케이션과 코드로 강한 결합이 되지만, MCP Server는 코드로 결합되는 방식이 아니기 때문에 애플리케이션에서 쉽게 탈부착이 가능합니다.

내부 도구이건 외부 도구^MCP Server이건 도구가 하는 역할은 동일합니다. 도구는 파일 관리, 실시간 인터넷 검색, 로컬 데이터베이스 검색, 다양한 조치(회원가입, 주문, 메일 전송, 일정 관리, 예약, 장치 제어)등을 할 수 있습니다. 단지 애플리케이션 내부에 있느냐, 외부에 있느냐의 차이입니다.

다음은 MCP 소개 페이지입니다.

> https://modelcontextprotocol.io/introduction

MCP는 호스트인 애플리케이션이 MCP Client가 되어, 여러 MCP Server와 연결하는 클라이언트-서버 아키텍처 구조를 가지고 있습니다.

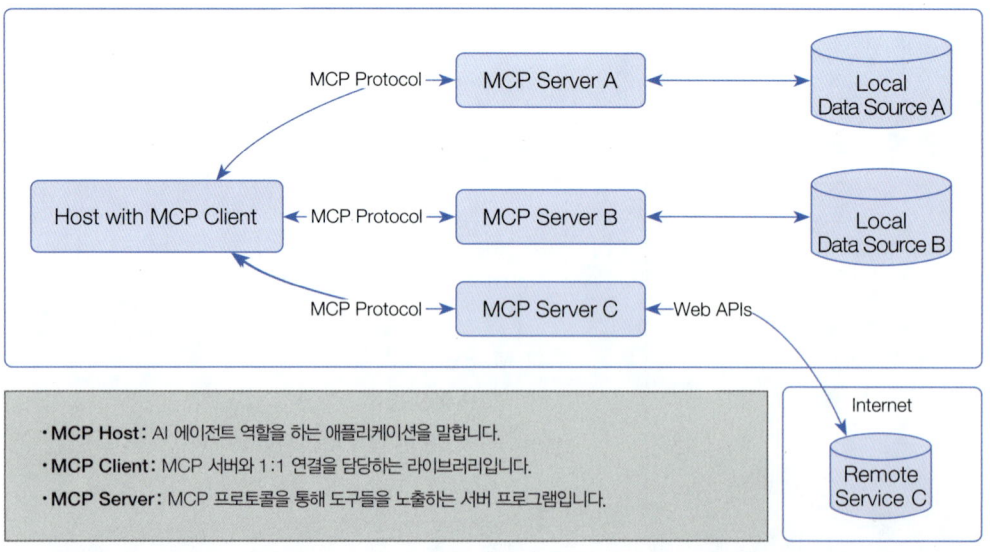

- **MCP Host**: AI 에이전트 역할을 하는 애플리케이션을 말합니다.
- **MCP Client**: MCP 서버와 1:1 연결을 담당하는 라이브러리입니다.
- **MCP Server**: MCP 프로토콜을 통해 도구들을 노출하는 서버 프로그램입니다.

MCP는 USB-C 포트와 유사합니다. USB-C 포트가 컴퓨터에 다양한 주변 장치를 연결하는 표준화된 방법을 제공하듯이, MCP는 애플리케이션에 다양한 MCP Server를 연결하는 표준화된 방법을 제공합니다. 다양한 언어로 개발된 MCP Server는 MCP 프로토콜로 MCP Client와 통신할 수 있습니다.

아래 그림을 보면 USB-C 포트와 같이 MCP Server를 미리 연결해 놓습니다. 애플리케이션$^{MCP\ Host}$은 LLM과 대화하는 도중에 LLM으로부터 외부 도구 호출 요청이 들어오면, MCP Client를 통해 MCP Server가 가지고 있는 외부 도구를 호출합니다.

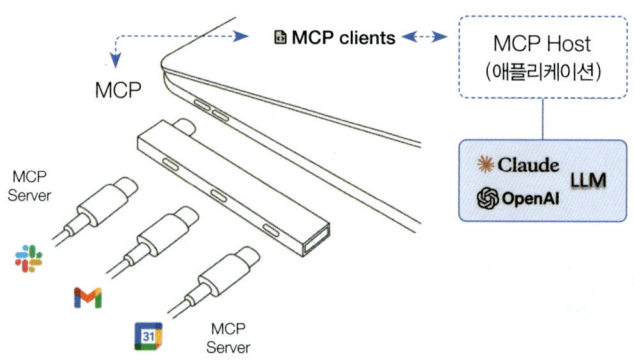

다음 그림은 LLM이 MCP Server를 어떻게 사용하는지 흐름을 보여주고 있습니다.

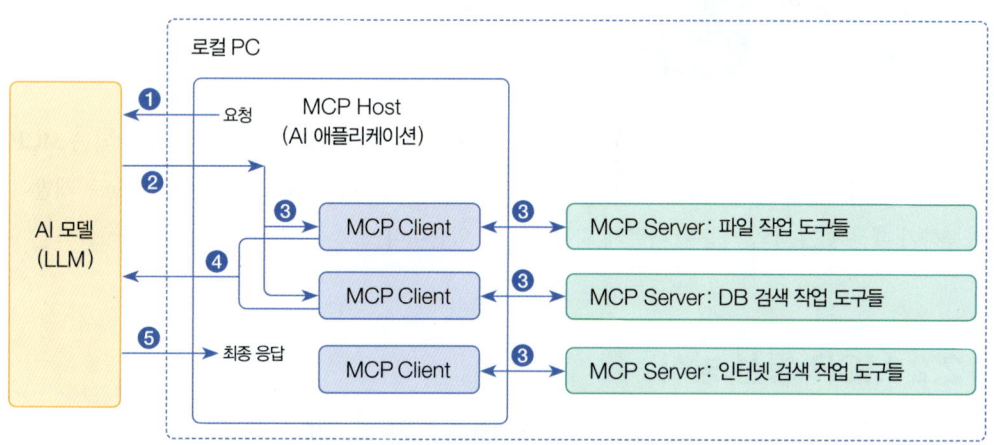

❶ MCP Host가 LLM에게 질문을 할 때, 현재 연결되어 있는 MCP Server의 도구 목록을 프롬프트에 실어 LLM에게 전달합니다.

❷ LLM은 학습하지 않은 정보가 필요할 때, 그리고 어떤 조치가 필요할 때, MCP Host가 보낸 도구 목록 중에서 호출 가능한 것이 있는지 확인하고, MCP Host에게 도구 호출 요청을 보냅니다.

❸ MCP Host는 LLM 요청에 따라 MCP Client를 통해 MCP Server가 가지고 있는 외부 도구를 호출하고 결과를 받습니다.

❹ MCP Host는 도구 호출 결과를 LLM에게 전달합니다.

❺ LLM은 도구 호출 결과를 취합해서 최종 답변을 MCP Host로 보냅니다.

LLM은 MCP Server가 실행하는 머신의 로컬 파일 시스템, 로컬 프로그램, 주변 장치를 도구를 통해서 사용하거나 제어할 수 있습니다. 예를 들어 MCP Server가 홈 서버에서 실행된다면 LLM은 도구를 이용해서 홈 서버와 연결된 모든 가정용 제품을 제어할 수 있습니다.

또한 건물 통제 서버에서 MCP Server가 실행된다면, LLM은 건물 통제 서버와 연결된 모든 장치를 제어할 수 있습니다.

MCP는 LLM이 잘 할 수 없는 것을 외부 도구를 통해서 해결할 수 있도록 합니다. 연결되는 MCP Server의 개수는 제한이 없으며, 소프트웨어로 가능한 어떠한 기능이라도 MCP Server로 개발이 가능하기 때문에 LLM의 기능을 빠르게 확장시킬 수 있습니다.

12.2 MCP 통신 방식

MCP 통신은 아래 그림에서 보듯이 3계층 아키텍처를 따릅니다. MCP Client와 MCP Server 계층에서는 MCP Client 측과 MCP Server 측의 프로토콜 작업을 관리합니다. MCP Client와 MCP Server는 JSON-RPC (https://www.jsonrpc.org) 메시지를 주고받습니다. JSON-RPC는 JSON으로 원격 함수를 호출하고, 결과를 JSON으로 받는 프로토콜입니다.

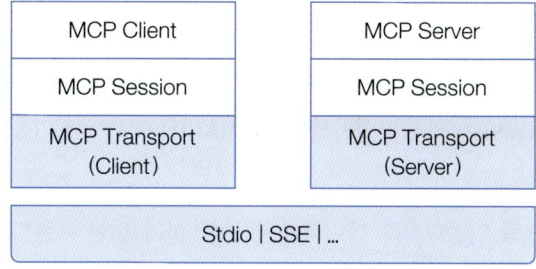

MCP Session은 MCP Client와 MCP Server의 통신 상태를 관리하고, MCP Transport는 JSON-RPC 메시지를 직렬화 및 역직렬화합니다.

상대방으로 JSON 메시지를 보낼 때에는 STDIO 또는 SSE 통신 방식을 이용합니다. 이번 절에서 학습할 내용이 STDIO와 SSE 통신 방식입니다.

STDIO 통신 방식

애플리케이션이 시작될 때 같은 머신에서 MCP Server를 시작시키는 경우에 통신하는 방식입니다. LLM으로부터 도구 호출 요청이 들어오면 MCP Client는 표준 입출력 Standard Input/Output을 이용해서 MCP Server와 통신을 합니다.

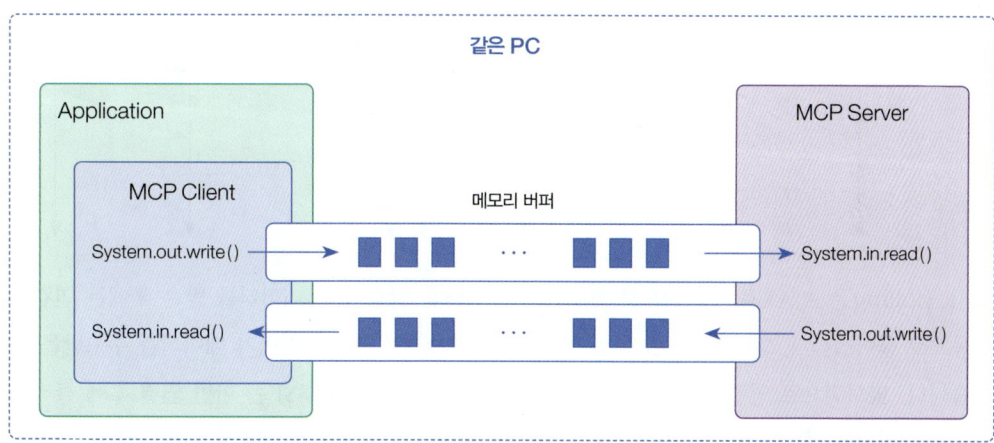

STDIO 통신 방식은 운영체제가 제공해주는 파이프(메모리 버퍼)를 이용해서 한쪽에서는 출력, 다른 한쪽에서는 입력하는 방식입니다. 그렇기 때문에 STDIO 통신 방식의 MCP Server는 애플리케이션이 실행될 때 같이 실행되고, 종료될 때 같이 종료되어야 합니다.

SSE(Server-Sent Events) 통신 방식

애플리케이션과 MCP Server가 원격에서 개별적으로 실행하는 경우에 통신하는 방식입니다. MCP Server는 웹 서버로 동작하며 항상 실행하고 있습니다. 애플리케이션은 Web API(HTTP)를 이용해서 MCP Server와 통신합니다.

Server-Sent Events^{SSE}는 서버가 클라이언트로 일방향으로 데이터를 푸시^{push}하기 위한 표준화된 웹 기술입니다. 주로 실시간 업데이트가 필요한 경우에 사용합니다. 클라이언트가 서버에 지속적인 요청을 보내는 대신, 서버가 필요할 때 클라이언트로 데이터를 푸시합니다. 다음은 연속적인 데이터를 받기 위한 세 가지 방법을 비교한 그림입니다.

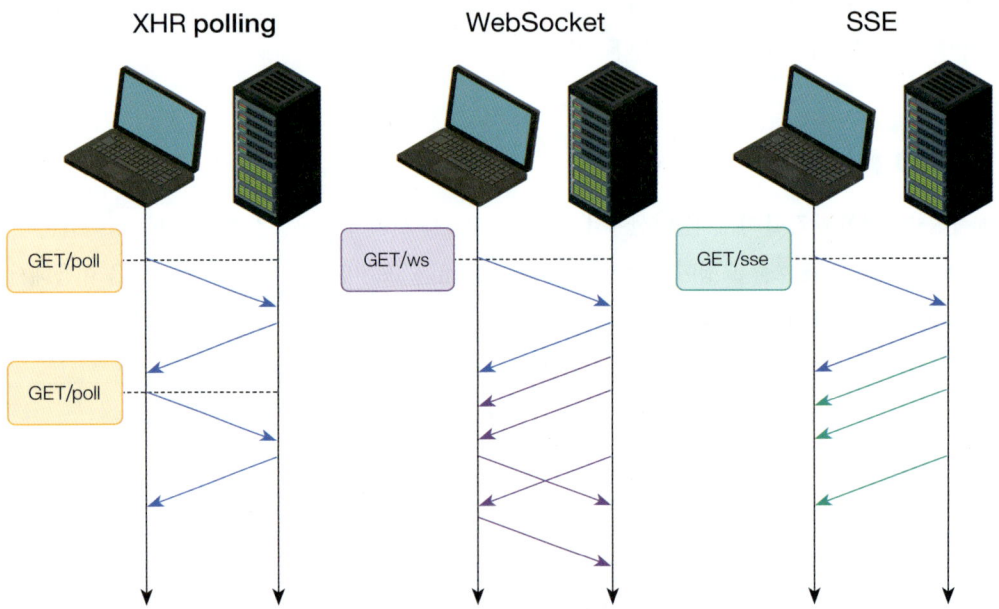

XHR polling은 AJAX로 주기적으로 요청해서 데이터를 받습니다. 데이터를 받은 후에는 연결이 자동으로 끊어집니다. WebSocket은 한 번 연결 후에 클라이언트와 서버가 데이터를 주고받을 수 있습니다. 명시적으로 연결을 끊지 않으면 연결이 계속 유지됩니다. SSE는 한번 연결 후에 클라이언트는 데이터를 받기만 합니다. 명시적으로 연결을 끊지 않으면 연결이 계속 유지됩니다.

MCP Client가 MCP Server로 도구 호출 요청을 HTTP POST로 보내면 MCP Server는 요청 접수 응답을 즉시 보냅니다. 그리고 MCP Server는 도구를 실행하고 결과를 미리 열어 놓은 SSE 채널을 통해 MCP Client에게 푸시해 줍니다.

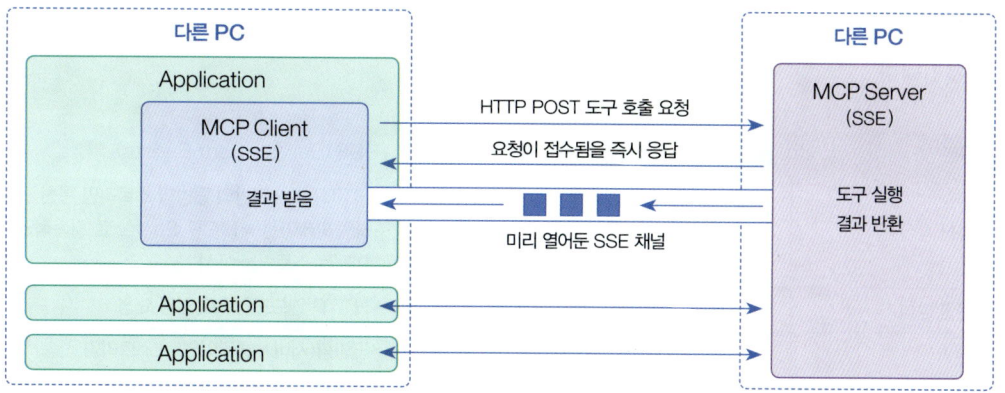

SSE 통신 방식은 일반적으로 하나의 MCP Server를 두고, 여러 개의 애플리케이션이 연결해서 도구를 호출할 때 사용합니다.

다음 그림은 MCP Server의 실행 위치별 통신 방식을 설명하고 있습니다. MCP Server는 애플리케이션과 동일 머신에서 실행(STDIO 방식)할 수도 있고, 원격 머신(SSE 방식)에서도 실행할 수 있습니다.

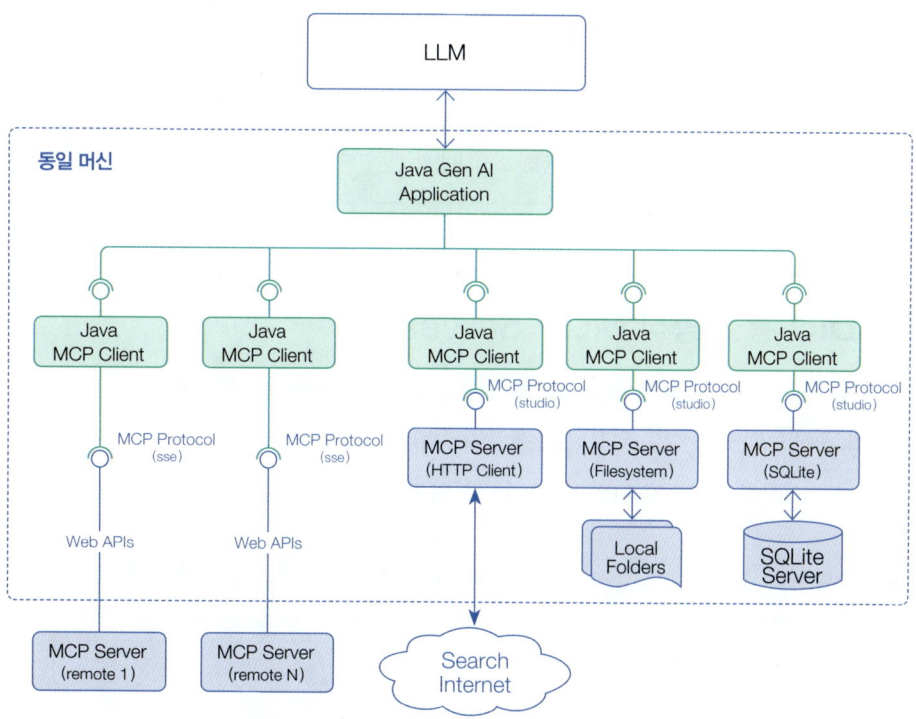

아래 표는 STDIO(표준 입출력) 방식과 SSE Server-Sent Events 방식 간의 주요 차이점을 항목별로 정리한 것입니다.

구분	STDIO (Standard Input/Output)	SSE (Server-Sent Events)
통신 방식	• 프로세스 간 표준 입출력 • 주로 로컬(같은 머신)에서 실행되는 두 프로세스 간 통신에 적합	• HTTP/1.1 기반의 단방향 스트리밍 통신 • 애플리케이션 ◀ MCP Server로 지속적인 이벤트 스트림을 푸시
연결 방식	• 별도의 네트워크 연결 설정 불필요	• HTTP 엔드포인트로 연결 요청
데이터 전송 방향	• 양방향 통신	• 단방향(서버 ▶ 클라이언트) 스트리밍 전송 • 클라이언트는 수신만 함. • 도구 호출 요청은 별도 HTTP로 요청
실시간성 / 지연 시간	• 곧바로 입출력으로 전달됨 • 상대적으로 지연이 거의 없음	• 약간의 지연이 발생 • 보통 수십~수백 밀리 초 수준
오류 발생	• 애플리케이션이 예기치 않게 종료되면 MCP Server도 종료	• 독립적으로 MCP Server가 동작 • 다른 애플리케이션에 영향을 주지 않음
운영 방법	• 애플리케이션만 실행하면 됨	• MCP Server를 위한 별도 운영 서버 필요
확장성	• 단일 머신 내 프로세스에 국한되므로 분산 환경 확장이 어려움	• HTTP 기반이므로 로드밸런서나 리버스 프록시 뒤에서도 동작 • 수많은 애플리케이션을 동시에 연결해도 확장성 확보 용이
보안 측면	• 네트워크 공격 면에서 상대적으로 안전 • 로컬 권한 관리(파일 권한 등)만 고려하면 됨	• HTTPS를 통해 전송 가능 • CORS, 인증 토큰 관리 등 웹 보안 고려사항이 추가

12.3 STDIO 통신 방식 MCP Server

STDIO 통신 방식의 MCP Server는 같은 PC에서 애플리케이션과 함께 실행되어, 파일 시스템 및 주변 기기 제어, 데이터베이스 작업, 인터넷 검색 등의 작업을 수행합니다.

Spring AI는 다음 의존성 설정으로 STDIO 통신 방식의 MCP Server 자동 구성을 제공합니다.

Spring Boot Starter	Artifact ID
Model Context Protocol Server	spring-ai-starter-mcp-server

프로젝트 소스 코드를 보면서 설명을 이어가겠습니다.

MCP Server 설정

01 VS Code로 ch12-mcp-server-stdio-datetime 프로젝트 폴더를 엽니다. 이 프로젝트는 ch11-tool-calling 프로젝트의 datetime 패키지에 있는 도구들을 MCP Server로 구현한 것입니다.

02 build.gradle 파일을 열고, 의존성^{dependencies}을 보면, spring-ai-starter-mcp-server가 추가되어 있는 것을 볼 수 있습니다. 그리고 웹 애플리케이션이 아니므로 Spring Web 스타터가 추가되어 있지 않습니다.

```
dependencies {
  // 공통
  compileOnly 'org.projectlombok:lombok'
  annotationProcessor 'org.projectlombok:lombok'
  testImplementation 'org.springframework.boot:spring-boot-starter-test'
  testImplementation 'io.projectreactor:reactor-test'
  testRuntimeOnly 'org.junit.platform:junit-platform-launcher'

  // Spring AI
  implementation 'org.springframework.ai:spring-ai-starter-mcp-server'
}
```

03 application.properties 파일을 열고, 구성 내용을 보겠습니다.

```
## 프로젝트 이름
spring.application.name=ch12-mcp-server-stdio-datetime

## STDIO 방식의 MCP Server 구성
spring.main.web-application-type=none
spring.ai.mcp.server.name=ch12-mcp-server-stdio-datetime
spring.ai.mcp.server.version="0.0.1"
spring.main.banner-mode=off
logging.pattern.console=
logging.file.name=ch12-mcp-server-stdio-datetime.log
```

- spring.main.web-application-type=none은 MCP Server가 웹 애플리케이션으로 동작하지 않도록 구성합니다.

- spring.ai.mcp.server.name과 spring.ai.mcp.server.version은 MCP Client에서 MCP Server를 식별할 때 사용하는 정보입니다.
- spring.main.banner-mode=off는 MCP Server를 실행할 때 Spring Boot 배너를 출력하지 않겠다는 설정입니다. STDIO 통신 방식에서는 JSON-RPC 메시지를 제외한 어떤 내용도 표준 출력되면 안 됩니다.
- logging.pattern.console=은 표준 출력으로 로그를 출력하지 않도록 값을 제거했습니다. STDIO 통신 방식에서는 JSON-RPC 메시지를 제외한 어떤 내용도 표준 출력되면 안 됩니다.
- 대신에 로그는 logging.file.name 속성으로 지정된 파일로 출력하도록 설정했습니다.

MCP Server는 그 자체가 도구가 아니라, 도구를 제공하는 애플리케이션입니다. MCP Server에는 하나 이상의 도구들이 포함될 수 있습니다. MCP Server가 제공하는 도구들은 서비스 클래스에서 메소드 형태로 작성됩니다.

도구 정의

01 tool/DateTimeTools.java 파일을 엽니다. 이 클래스에는 도구들이 정의되어 있습니다. 도구를 정의하는 방법은 11장에서 설명한 도구 정의 방법과 동일합니다.

```java
@Component
@Slf4j
public class DateTimeTools {
  @Tool(description = "현재 날짜와 시간 정보를 제공합니다.")
  public String getCurrentDateTime() {
    String nowTime = LocalDateTime.now()
            .atZone(LocaleContextHolder.getTimeZone().toZoneId())
            .toString();
    log.info("현재 시간: {}", nowTime);
    return nowTime;
  }

  @Tool(description = "지정된 시간에 알람을 설정합니다.")
  public void setAlarm(
      @ToolParam(description = "ISO-8601 형식의 시간", required = true)
      String time) {
    /*
    LLM은 다음과 같은 값을 제공할 수 있습니다.
```

```
         2025-07-03T24:12:29+09:00
         하지만 이 값은 유효하지 않은 ISO-8601 날짜/시간 포맷입니다.
         시간의 유효 범위를 0 ~ 23으로 제한하기 때문에 24:12:29 는 파싱 불가능합니다.
         따라서 24:... 를 00:... 로 변환하면서 날짜를 다음 날로 증가시켜야 합니다.
         */
         // "T24:" 패턴 처리
         if (time.contains("T24:")) {
             int tIndex = time.indexOf("T");
             String datePart = time.substring(0, tIndex);
             String timePart = time.substring(tIndex + 1);
             // 날짜 +1
             LocalDate date = LocalDate.parse(datePart);
             date = date.plusDays(1);
             // "24:"를 "00:"으로 교체
             timePart = timePart.replaceFirst("24:", "00:");
             // 재조합
             time = date + "T" + timePart;
         }
         // 파싱 시도
         LocalDateTime alarmTime = LocalDateTime.parse(time, DateTimeFormatter.ISO_DATE_TIME);
         log.info("알람 설정 시간: " + alarmTime);
     }
 }
```

02 DemoApplication.java 파일을 엽니다. 이 클래스에는 ToolCallbackProvider 빈을 생성하는 메소드가 선언되어 있습니다. MCP Server는 자신의 도구들에 대한 정보를 MCP Client에 제공해야 합니다. 이때, ToolCallbackProvider 빈이 사용됩니다.

```
@SpringBootApplication
public class DemoApplication {
❶    @Autowired
     private DateTimeTools dateTimeTools;

     public static void main(String[] args) {
         SpringApplication.run(DemoApplication.class, args);
     }
```

```
    @Bean
    public ToolCallbackProvider getToolCallbackProvider() {
      return MethodToolCallbackProvider.builder()
              .toolObjects(dateTimeTools)
              .build();
    }
  }
```

❶ DateTimeTools 빈을 주입받습니다.

❷ @Bean을 붙여 메소드가 반환하는 ToolCallbackProvider를 빈으로 생성합니다. 도구가 메소드 형태로 정의되었기 때문에 ToolCallbackProvider 구현 클래스인 MethodToolCallbackProvider로 객체를 생성합니다. toolObjects()에는 도구들을 가지고 있는 DateTimeTools 인스턴스를 제공합니다.

03 프로젝트 빌드를 수행해서 이상이 없는지 확인합니다. VS Code에서 [Side Bar ▶ Gradle 아이콘 클릭 ▶ ch12-mcp-server-stdio-datetime ▶ Tasks ▶ build ▶ build] 항목을 선택하고, 우측의 삼각 아이콘을 클릭해서 실행합니다. 다음과 같이 로그가 출력되면 빌드에 문제가 없다는 뜻입니다.

```
...
BUILD SUCCESSFUL in 535ms
7 actionable tasks: 7 up-to-date
```

이 과정이 중요한 이유는 애플리케이션의 최종 산출물인 JAR 파일은 빌드 과정을 통해 생성되기 때문입니다. ch12-mcp-server-stdio-datetime 프로젝트 폴더에서 JAR 파일 생성 위치는 다음과 같습니다.

```
build/libs/ch12-mcp-server-stdio-datetime-0.0.1-SNAPSHOT.jar
```

생성된 JAR 파일은 호스트인 애플리케이션이 MCP Server를 실행할 때 사용합니다.

MCP Server 실행

01 마지막으로 프로젝트가 잘 실행되는지 확인이 필요합니다. 프로젝트를 실행했을 때 터미널(콘솔)에서 실행 상태를 계속 유지해야 합니다. MCP Client와 STDIO 방식으로 통신하려면 어떠한 내용도 출력되어서는 안 됩니다.

프로젝트 폴더를 리프레쉬하면 프로젝트 루트에 로그 파일(ch12-mcp-server-stdio-datetime.log)이 생성된 것을 볼 수 있습니다. 이 파일을 열고, 아래와 같이 로그가 기록되었는지 확인합니다.

```
Starting DemoApplication using Java 21.0.7 with PID 15896
No active profile set, falling back to 1 default profile: "default"
Enable tools capabilities, notification: true
Registered tools: 2    ← 등록된 도구 수
Enable resources capabilities, notification: true
Enable prompts capabilities, notification: true
Enable completions capabilities
Started DemoApplication in 1.497 seconds (process running for 1.999)
```

02 정상 실행을 확인했다면 MCP Server를 종료합니다. STDIO 통신 방식에서는 애플리케이션이 실행될 때 MCP Server를 자동 실행시키기 때문에 따로 실행시킬 필요가 없습니다.

지금까지 STDIO 통신 방식의 MCP Server를 개발하는 방법을 설명했습니다. 같은 방법으로 다음 프로젝트들을 확인해 주세요. 각각의 MCP Server 프로젝트에서 build.gradle과 application.properties 파일을 열고, 도구들이 실행할 때 필요한 의존성과 구성을 확인하고 테스트해 보시길 바랍니다.

도구를 정의하는 방법은 11장과 동일하기 때문에 생략합니다.

```
ch12-mcp-server-stdio-filesystem
ch12-mcp-server-stdio-internetsearch
ch12-mcp-server-stdio-boombarrier
```

하나의 MCP Server 프로젝트에 모든 도구들을 함께 정의할 수도 있지만, 기능별로 분리하여 별도의 MCP Server로 개발하는 방식을 추천합니다. 그 이유는 애플리케이션에서 필요한 MCP Server만 선택적으로 탈부착할 수 있도록 구성하는 것이 유지보수와 확장성 측면에서 더 유리하기 때문입니다.

애플리케이션 설정

애플리케이션이 STDIO 통신 방식의 MCP Server가 제공하는 도구들을 사용하려면, 애플리케이션 시작 시 MCP Server를 함께 구동해야 합니다. 그래야 표준 입출력 파이프를 공유할 수 있습니다. 구동해야 할 MCP Server는 애플리케이션의 구성 파일(application.properties)에서 지정할 수 있습니다.

애플리케이션은 MCP Server와의 통신을 위해 MCP Client를 사용합니다. Spring AI는 애플리케이션이 STDIO 통신 방식을 사용할 경우, 아래와 같은 의존성 설정만으로 MCP Client를 자동으로 구성해 줍니다.

Spring Boot Starter	Artifact ID
Model Context Protocol Client	spring-ai-starter-mcp-client

프로젝트 소스 코드를 보면서 설명하겠습니다.

01 VS Code로 ch12-mcp-server-stdio-application 프로젝트 폴더를 엽니다. 이 애플리케이션을 나중에 실행하게 되면 4개의 MCP Server도 같이 구동됩니다. 4개의 MCP Server는 이전 절에서 확인한 4개의 프로젝트입니다. MCP Server당 여러 개의 도구가 제공되기 때문에 실제 제공되는 도구 수는 더 많습니다. 애플리케이션은 LLM으로부터 도구 호출 요청을 받으면, 해당 MCP Server에게 도구 실행을 지시하고, 결과를 다시 LLM에게 전송합니다.

02 build.gradle 파일을 열고, 의존성을 보겠습니다.

```
dependencies {
    // 공통
    implementation 'org.springframework.boot:spring-boot-starter-thymeleaf'
    implementation 'org.springframework.boot:spring-boot-starter-web'
    implementation 'org.springframework.boot:spring-boot-starter-webflux'
    compileOnly 'org.projectlombok:lombok'
    annotationProcessor 'org.projectlombok:lombok'
    testImplementation 'org.springframework.boot:spring-boot-starter-test'
    testImplementation 'io.projectreactor:reactor-test'
    testRuntimeOnly 'org.junit.platform:junit-platform-launcher'

    // Spring AI
```

```
    implementation 'org.springframework.ai:spring-ai-starter-model-openai'
    implementation 'org.springframework.ai:spring-ai-starter-mcp-client'
}
...
```

- spring-ai-starter-mcp-client 의존성을 추가했습니다.

03 application.properties 파일을 열고, 필요한 구성을 확인하겠습니다.

```
## 로깅
logging.pattern.console=%clr(%-5level){green} %clr(%logger.%M\\(\\)){cyan}: %msg%n
# MCP Server가 반환하는 JSON 로깅
logging.level.io.modelcontextprotocol=DEBUG
# LLM이 어떤 도구를 호출 요청했는지 로깅
logging.level.org.springframework.ai=DEBUG

## STDIO MCP Server 실행 구성
spring.ai.mcp.client.stdio.servers-configuration=classpath:mcp-servers.json
```

❶ MCP 관련 로그를 출력하기 위해 구성하였습니다.

❷ 함께 실행해야 할 MCP Server가 무엇이고, 어떻게 실행하는지를 기술한 mcp-servers.json 파일을 지정했습니다. classpath:mcp-servers.json은 resources 폴더에 있는 mcp-servers.json 파일입니다.

04 mcp-servers.json 파일을 열고 애플리케이션이 어떤 MCP Server를 사용하는지 살펴보겠습니다.

```
{
  "mcpServers": {
    "ch12-mcp-server-stdio-boombarrier": {
      "command": "java",
      "args": [
        "-jar",
        "<사용자 홈>/book-spring-ai/projects/ch12-mcp-server-stdio-boombarrier/build
          /libs/ch12-mcp-server-stdio-boombarrier-0.0.1-SNAPSHOT.jar"
      ]
    },
```

```
    "ch12-mcp-server-stdio-datetime": {
      ...
    },
    "ch12-mcp-server-stdio-filesystem": {
      ...
    },
    "ch12-mcp-server-stdio-internetsearch": {
      ...
    }
  }
}
```

- 점선 박스는 하나의 MCP Server를 실행하기 위한 JSON입니다. 동일한 구조로 이 파일에는 총 4개의 MCP Server가 실행되도록 구성되어 있습니다. 실제 MCP Server 실행 명령어는 다음과 같이 구성됩니다.

```
java -jar <사용자 홈>/.../ch12-mcp-server-stdio-internetsearch-0.0.1-SNAPSHOT.jar
```

<사용자 홈>은 실제로 book-spring-ai 폴더가 있는 절대 경로로 대체해야 합니다. 지금은 각 MCP Server 프로젝트 경로를 사용하지만, 운영 서버에서는 정해진 폴더에 MCP Server JAR 파일을 저장하고 사용하는 것이 좋습니다.

다음은 MCP Server를 실행하기 위한 전체 JSON 구조를 보여줍니다.

```
"MCP Server Name": {
   "command": "java",
   "args": [ "-jar", "JAR 파일의 절대 경로" ],
   "env": {
      "API_KEY": "xxxxxxxxx",
      "ACCESS_TOKEN": "yyyyyyyyy"
   }
}
```

- MCP Server Name은 실행하는 MCP Server를 식별하는 용도로 사용됩니다.

- command에는 MCP Server를 실행하기 위한 명령어를 작성합니다. MCP Server는 다양한 언어로 개발될 수 있기 때문에, 실행 환경에 따라 command가 다를 수 있습니다. 다음은 실행 환경에 따라 command와 args 예시를 보여줍니다.

실행 환경	command 예시	args 예시
JVM	java	["-jar", "mcp-server.jar"]
Python	python, uv, uvx	["mcp-server.py"], ["mcp-server-package", ...]
Node.js	node, npx, npx.cmd(윈도우)	["mcp-server.js"], ["-y", "mcp-server-package", ...]
Docker	docker	["run", "-i", "--rm", "mcp-server-image"]

- env에는 MCP Server로 정보를 전달하기 위해 환경 변수와 값을 기술합니다. MCP Server는 공용성이 있기 때문에 특정 애플리케이션에 종속적인 데이터를 가지지 않는 것이 좋습니다. 예를 들어 MCP Server에서 사용하는 API_KEY는 애플리케이션별로 다를 수 있습니다. 이 경우, 애플리케이션은 환경 변수 형태로 MCP Server에게 제공해야 합니다.

> **여기서 잠깐**
>
> ☆ **MCP Server의 다른 구성 방법**
>
> STDIO 방식의 MCP Server는 다음과 같은 방법으로도 구성할 수도 있습니다. MCP Server 개수만큼 server1, server2, ...로 구분해서 작성합니다.
>
> spring.ai.mcp.client.stdio.connections.server1.command=java
> spring.ai.mcp.client.stdio.connections.server1.args=-jar
> spring.ai.mcp.client.stdio.connections.server1.args=JAR 파일 경로
> spring.ai.mcp.client.stdio.connections.server1.env.환경변수=값

애플리케이션 서비스

01 service/AiService.java 파일을 엽니다. 이 서비스 클래스에는 LLM과 텍스트로 대화하는 chat() 메소드와, 텍스트와 이미지를 함께 처리하는 boomBarrier() 메소드가 포함되어 있습니다. 두 메소드 모두 ChatClient를 호출할 때 도구들의 호출 정보를 프롬프트에 함께 포함시켜, LLM이 필요 시 해당 도구들을 호출할 수 있도록 합니다.

먼저 필드와 생성자 선언을 보겠습니다.

```
@Service
@Slf4j
public class AiService {
    // ##### 필드 #####
    private ChatClient chatClient;

    // ##### 생성자 #####
    public AiService(ChatClient.Builder chatClientBuilder,
❶                   ToolCallbackProvider toolCallbackProvider) {
        this.chatClient = chatClientBuilder
❷              .defaultToolCallbacks(toolCallbackProvider)
                .build();
    }
}
```

❶ 도구 호출 정보를 제공해주는 ToolCallbackProvider 빈을 주입받습니다.

❷ ChatClient를 호출할 때마다 도구 호출 정보를 프롬프트에 추가하기 위해 defaultToolCallbacks() 메소드로 ToolCallbackProvider를 제공하고 있습니다.

02 LLM과 텍스트 대화를 하는 chat() 메소드를 보겠습니다.

```
public String chat(String question) {
    String answer = this.chatClient.prompt()
        .system("""
                HTML과 CSS를 사용해서 들여쓰기가 된 답변을 출력하세요.
                <div>에 들어가는 내용으로만 답변을 주세요. <h1>, <h2>, <h3>태그는 사용하지 마세요.
                현재 날짜와 시간 질문은 반드시 도구를 사용하세요.
                파일과 디렉토리 관련 질문은 반드시 도구를 사용하세요.
                """)
        .user(question)
        .call()
        .content();
    return answer;
}
```

• 시스템 텍스트를 보면, HTML로 보기 좋게 출력해 달라는 것, 사용자의 질문이 현재 날짜와 시간, 파일과 디렉토리 관련 내용이라면 반드시 도구를 사용하라고 되어 있습니다. 이 문구가 빠지면 LLM 할루시네이션 hallucination 현상이 나타날 수 있습니다.

03 사진에서 차량 번호를 인식하고, 차단봉을 제어하는 boomBarrier() 메소드를 보겠습니다.

```java
public String boomBarrier(String contentType, byte[] bytes) {
    // 미디어 생성
    Media media = Media.builder()
❶       .mimeType(MimeType.valueOf(contentType))
        .data(new ByteArrayResource(bytes))
        .build();

    // 사용자 메시지 생성
    UserMessage userMessage = UserMessage.builder()
        .text("""
            이미지에서 '(숫자 2개~3개)-(한글 1자)-(숫자 4개)'로 구성된
            차량 번호를 인식하세요. 예: 78라1234, 567바2558
❷          인식된 차량 번호가 등록된 차량 번호인지 도구로 확인을 하세요.
            등록된 번호라면 도구로 차단봉을 올리고, 답변은 '차단기 올림'으로 하세요.
            등록된 번호가 아니라면 도구로 차단봉을 내리고, 답변은 '차단기 내림'으로 하세요.
            """)
        .media(media)
        .build();

    // LLM으로 요청하고 응답받기
    String answer = chatClient.prompt()
❸       .messages(userMessage)
        .call()
        .content();
    return answer;
}
```

❶ 매개값으로 받은 이미지 Mime 타입과 데이터를 가지고 Media 객체를 생성했습니다.

❷ UserMessage를 생성할 때, text()로 LLM 요청 내용을, media()로 Media 객체를 주었습니다.

❸ 프롬프트를 구성할 때, messages()로 UserMessage를 추가했습니다.

눈에 보이지 않는 코드 흐름에 대해서 설명하겠습니다. LLM은 받은 이미지에서 차량 번호를 인식하고 MCP Server에게 등록된 번호인지 물어볼 겁니다. 그러면 MCP Server는 등록된 번호라고 LLM에게 알려줍니다. 그러면 LLM은 다른 MCP Server에게 차단봉을 올리라고 할 겁니다.

애플리케이션 컨트롤러

01 controller/AiController.java 파일을 엽니다. 이 컨트롤러 클래스에는 /ai/chat과 /ai/boom-barrier 요청 매핑 메소드가 선언되어 있습니다.

```java
@RestController
@RequestMapping("/ai")
@Slf4j
public class AiController {
    // ##### 필드 #####
    @Autowired
    private AiService aiService;

    // ##### 요청 매핑 메소드 #####
    @PostMapping(
        value = "/chat",
        consumes = MediaType.APPLICATION_FORM_URLENCODED_VALUE,
        produces = MediaType.TEXT_PLAIN_VALUE
    )
    public String dateTimeTools(@RequestParam("question") String question) {
        String answer = aiService.chat(question);
        return answer;
    }

    @PostMapping(
        value = "/boom-barrier",
        consumes = MediaType.MULTIPART_FORM_DATA_VALUE,
        produces = MediaType.TEXT_PLAIN_VALUE)
    public String boomBarrier(
        @RequestParam("attach") MultipartFile attach) throws IOException {
        String answer = aiService.boomBarrier(
            attach.getContentType(), attach.getBytes());
        return answer;
    }
}
```

❶ 화면에서 입력한 질문을 받고, AiService의 chat()을 호출합니다.

❷ 화면에서 입력한 차량 번호가 포함된 이미지를 전달받아, 해당 이미지의 MIME 타입과 데이터를 추출한 후, 이를 AiService의 boomBarrier() 메소드를 호출할 때 전달합니다.

애플리케이션 실행

01 ch12-mcp-server-stdio-application 프로젝트를 실행합니다. 터미널(콘솔)에 출력되는 로그에서 애플리케이션과 함께 MCP Server가 잘 실행되고 있는지 확인합니다.

```
... "serverInfo":{"name":"ch12-mcp-server-stdio-internetsearch","version":"\"0.0.1\""}
... "serverInfo":{"name":"ch12-mcp-server-stdio-boombarrier","version":"\"0.0.1\""}
... "serverInfo":{"name":"ch12-mcp-server-stdio-filesystem","version":"\"0.0.1\""}
... "serverInfo":{"name":"ch12-mcp-server-stdio-datetime","version":"\"0.0.1\""}
... MCP Server가 제공하는 도구들에 대한 정보 출력 ...
...
Started DemoApplication in 2.272 seconds (process running for 2.778)
```

02 브라우저에서 http://localhost:8080으로 요청합니다. 그리고 [chat] 버튼을 클릭합니다.

03 먼저 ch12-mcp-server-stdio-datetime MCP Server가 잘 동작하는지 테스트하기 위해, 첫 번째 질문으로 "현재 날짜와 시간을 알려 줘."라고 입력하고 [제출] 버튼을 클릭합니다. 이어서 두 번째 질문으로 "지금부터 2시간 뒤에 알람이 울리도록 설정해 줘."라고 입력하고 [제출] 버튼을 클릭합니다.

04 LLM이 도구 호출 요청을 하고 있는지, 그리고 MCP Server 도구들이 잘 실행되고, 결과가 LLM에게 전송되는지를 확인하기 위해 터미널(콘솔)에 출력된 로그를 확인합니다.

```
[첫 번째 질문에 대한 LLM의 도구 호출 요청 로그]
Executing tool call: _ai_mcp_client_ch12_mcp_server_stdio_datetime_getCurrentDateTime
Received JSON message: ...
```

```
Received Response: ...                    → LLM 전송

[두 번째 질문에 대한 LLM의 도구 호출 요청 로그]
Executing tool call: _ai_mcp_client_ch12_mcp_server_stdio_datetime_getCurrentDateTime
Received JSON message: ...
Received Response: ...
Executing tool call: spring_ai_mcp_client_ch12_mcp_server_stdio_datetime_setAlarm
Received JSON message: ...
Received Response: ...                    → LLM 전송
```

05 이번에는 ch12-mcp-server-stdio-filesystem MCP Server가 잘 동작하는지 테스트하기 위해, 첫 번째 질문으로 "Spring AI에 대해 50자 이내로 설명해 주고, 파일로 저장해 줘."라고 질문을 입력하고 [제출] 버튼을 클릭합니다.

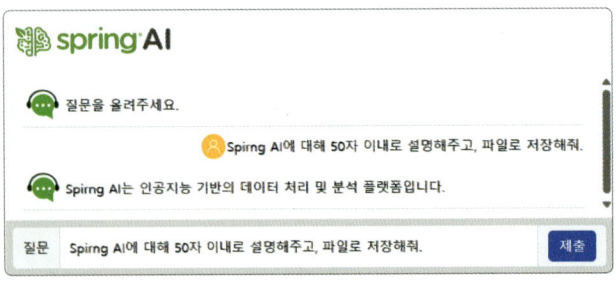

06 두 번째 질문으로 "파일을 복사하는 자바 코드를 작성해 주고, CopyFile.java 파일로 저장해 줘."라고 질문을 입력하고 [제출] 버튼을 클릭합니다.

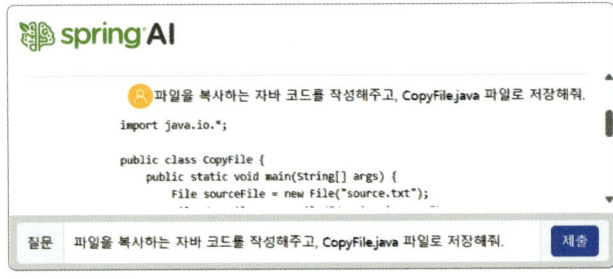

07 세 번째 질문으로 "java 폴더를 생성하고, CopyFile.java 파일을 이동해 줘."라고 입력하고 [제출] 버튼을 클릭합니다.

08 네 번째 질문으로 "전체 파일과 디렉토리를 구분해서 알려 줘."라고 입력하고 [제출] 버튼을 클릭합니다.

09 이번에는 ch12-mcp-server-stdio-internetsearch MCP Server가 잘 동작하는지 테스트하기 위해, 질문으로 "오늘 삼성전자 주가와 거래량을 알려 줘."라고 최근 정보를 요청하도록 입력하고 [제출] 버튼을 클릭합니다.

10 이번에는 ch12-mcp-server-stdio-boombarrier MCP Server가 잘 동작하는지 테스트하기 위해, 브라우저로 http://localhost:8080으로 요청하고 [boom-barrier] 버튼을 클릭합니다.

11 [파일 선택] 버튼을 클릭하고, book-spring-ai/data/image/car1.jpg ~ car3.jpg 중 하나를 선택합니다. 그리고 [제출] 버튼을 클릭합니다.

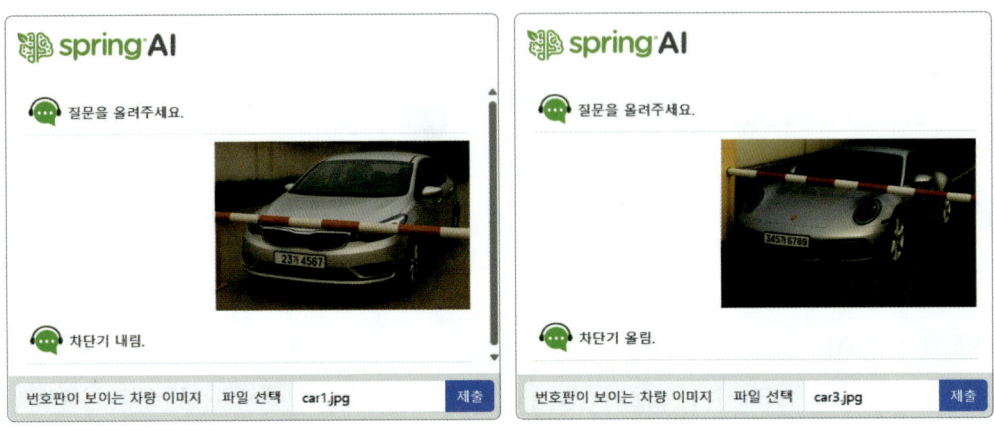

12 LLM이 도구 호출 요청을 하고 있는지, 그리고 도구들이 잘 실행되고, 결과가 LLM에게 전송되는지 확인하기 위해 터미널(콘솔)에 출력된 로그를 확인합니다.

12.4 WebMVC 기반 SSE 통신 방식 MCP Server

Spring Web(WebMVC)은 전통적인 방식의 스프링 웹 애플리케이션을 개발할 때 주로 사용하는 스타터입니다. 클라이언트가 요청을 보내면, 서버는 응답을 반환할 때까지 해당 요청을 블로킹하는 동기 처리 방식으로 동작합니다. WebMVC 기반의 SSE^{Server-Sent Events} 통신 방식을 사용하는 MCP Server 프로젝트를 생성할 때에는 다음 두 가지 Spring Boot 스타터를 선택해야 합니다.

Spring Boot 스타터	Artifact ID
Spring Web	spring-boot-starter-web
Model Context Protocol Server	spring-ai-starter-mcp-server-webmvc

프로젝트 소스를 보면서 설명을 이어가겠습니다.

MCP Server 설정

01 VS Code로 ch12-mcp-server-sse-webmvc 프로젝트 폴더를 엽니다. 이 프로젝트는 ch12-mcp-server-stdio-datetime, filesystem, internetsearch, boombarrier 프로젝트들의 도구들을 하나의 MCP Server에서 제공하는 것으로 구현되었습니다.

02 build.gradle 파일을 열고, 의존성^{dependencies}을 보겠습니다.

```
dependencies {
    // 공통
❶   implementation 'org.springframework.boot:spring-boot-starter-web'
    implementation 'org.springframework.boot:spring-boot-starter-webflux'
    compileOnly 'org.projectlombok:lombok'
    annotationProcessor 'org.projectlombok:lombok'
    testImplementation 'org.springframework.boot:spring-boot-starter-test'
    testImplementation 'io.projectreactor:reactor-test'
    testRuntimeOnly 'org.junit.platform:junit-platform-launcher'

    // Spring AI
❷   implementation 'org.springframework.ai:spring-ai-starter-mcp-server-webmvc'
    implementation 'org.springframework.ai:spring-ai-jsoup-document-reader'
}
```

❶ 동기식 WebMVC 기반의 스타터(spring-boot-starter-web)가 의존성에 추가되어 있습니다. 비동기식 WebFlux 기반의 스타터(spring-boot-starter-webflux)가 함께 추가되어 있더라도, 기본적으로는 WebMVC 방식으로 동작합니다. WebFlux 기반의 스타터를 추가한 이유는 비동기 방식의 HTTP 클라이언트인 WebClient를 사용하기 때문입니다.

❷ WebMVC 기반의 SSE 통신 방식을 사용하는 MCP Server를 위해 spring-ai-starter-mcp-server-webmvc 스타터가 추가되어 있습니다. 그리고 spring-ai-jsoup-document-reader 모듈은 인터넷 검색 도구에서 사용합니다.

03 application.properties 파일을 열고, 구성 내용을 보겠습니다.

```
## 프로젝트 이름
spring.application.name=ch12-mcp-server-sse-webmvc
```

```
## 서버 포트 구성
❶ server.port=8081

## 터미널 컬러 출력 구성
spring.output.ansi.enabled=ALWAYS

## 로깅
logging.pattern.console=%clr(%-5level){green} %clr(%logger.%M\\(\\)){cyan}: %msg%n

## SSE 방식의 MCP Server 구성
❷ spring.ai.mcp.server.name=ch12-mcp-server-sse-webmvc
   spring.ai.mcp.server.version=0.0.1

## Google Custom Search API
   google.search.endpoint=https://www.googleapis.com/customsearch/v1
❸ google.search.apiKey=${GOOGLE_SEARCH_API_KEY}
   google.search.engineId=65daed9bd612a4acd
```

❶ SSE 방식의 MCP Server는 웹 애플리케이션이므로 접속 포트가 필요합니다. 애플리케이션과 같은 PC에서 실행하기 때문에 server.port를 8081로 하였습니다. 애플리케이션이 사용하는 포트가 8080이므로 MCP Server는 다른 포트를 사용해야 합니다.

❷ SSE 방식의 MCP Server의 기본 정보입니다. 이름과 버전을 구성해 줍니다. MCP Client에서 MCP Server를 식별할 때 사용합니다.

❸ 인터넷 검색 도구에서 사용할 Google Custom Search API를 사용하기 위한 구성입니다.

도구 정의

tool 패키지를 보면 5개의 도구 클래스들이 있습니다. STDIO 통신 방식에서는 이들 클래스를 개별 MCP Server 프로젝트에서 작성했지만, 이번 SSE 통신 방식의 MCP Server 프로젝트에서는 모든 도구들을 포함하고 있습니다.

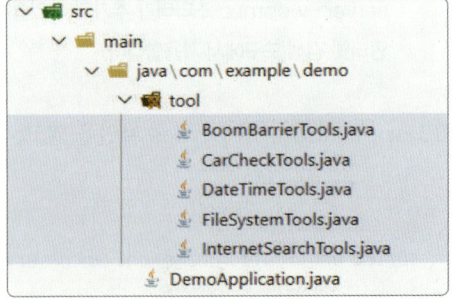

도구 클래스 내용은 동일하기 때문에 어떤 도구들이 정의되어 있는지만 알아보고 넘어가겠습니다.

BoomBarrierTools 클래스에는 차량 차단봉을 제어하는 다음 도구들이 정의되어 있습니다.

```
@Component
@Slf4j
public class BoomBarrierTools {
  @Tool(description = "차단봉을 올립니다.")
  public void boomBarrierUp() {
    ...
  }

  @Tool(description = "차단봉을 내립니다.")
  public void boomBarrierDown() {
    ...
  }
}
```

CarCheckTools 클래스에는 차량 번호 등록 여부를 확인하는 도구가 정의되어 있습니다.

```
@Component
@Slf4j
public class CarCheckTools {
  ...
  @Tool(description = "차량 번호 등록 여부를 확인합니다.")
  public boolean checkCarNumber(@ToolParam(description = "차량 번호") String carNumber) {
    ...
  }
}
```

DateTimeTools 클래스에는 현재 날짜와 시간, 그리고 알람을 설정하는 도구들이 정의되어 있습니다.

```
@Component
@Slf4j
public class DateTimeTools {
```

```
    @Tool(description = "현재 날짜와 시간 정보를 제공합니다.")
    public String getCurrentDateTime() {
        ...
    }

    @Tool(description = "지정된 시간에 대해 알람을 설정합니다.")
    public void setAlarm(
        @ToolParam(description = "ISO-8601 형식의 시간", required = true) String time) {
        ...
    }
}
```

FileSystemTools 클래스에는 파일 관리 도구들이 정의되어 있습니다.

```
@Component
@Slf4j
public class FileSystemTools {
    ...
    @Tool(description = "디렉토리 항목 조회")
    public List<Item> listFiles(String relativePath) {
        ...
    }

    public record Item(Path path, boolean isDirectory) {
    }

    @Tool(description = "디렉토리 생성")
    public String createDir(String relativePath) {
        ...
    }

    @Tool(description = "파일 생성")
    public String createFile(
        @ToolParam(description = "부모 디렉토리") String parentPath,
        @ToolParam(description = "파일 이름") String fileName,
        @ToolParam(description = "확장 이름") String extName,
        @ToolParam(description = "파일 내용") String content
    ) {
```

```
    ...
  }

  @Tool(description = "파일 내용 읽기")
  public String readFile(String relativePath) {
    ...
  }

  @Tool(description = "파일 및 디렉토리 삭제")
  public String deletePath(String relativePath) {
    ...
  }

  @Tool(description = "파일 이동 또는 이름 변경")
  public String moveFile(String sourceRelativePath, String targetRelativePath) {
    ...
  }
}
```

ToolCallbackProvider 생성

MCP Server가 가지고 있는 도구들을 애플리케이션^{MCP Client}에게 노출시키는 ToolCallbackProvider 빈을 생성해야 합니다.

DemoApplication.java 파일을 열고, ToolCallbackProvider 빈을 생성하는 메소드를 확인합니다.

```
@SpringBootApplication
public class DemoApplication {
  @Autowired
  private DateTimeTools dateTimeTools;

  @Autowired
❶ private FileSystemTools fileSystemTools1;

  @Autowired
  private InternetSearchTools internetSearchTools;
```

```
    @Autowired
    private BoomBarrierTools boomBarrierTools;

    @Autowired
    private CarCheckTools carCheckTools;

    public static void main(String[] args) {
        SpringApplication.run(DemoApplication.class, args);
    }

    @Bean
    public ToolCallbackProvider getToolCallbackProvider() {
        return MethodToolCallbackProvider.builder()
            .toolObjects(
                dateTimeTools, fileSystemTools1,
                internetSearchTools, boomBarrierTools, carCheckTools)
            .build();
    }
}
```

❶ tool 패키지에 있는 5개의 도구 정의 빈들을 필드로 주입받습니다.

❷ MethodToolCallbackProvider를 생성할 때, toolObject() 메소드로 5개의 도구 정의 빈들을 추가해 줍니다.

MCP Server 실행

WebMVC 기반의 SSE 통신 방식을 사용하는 MCP Server는 하나의 웹 애플리케이션이므로 다른 웹 애플리케이션 실행 방법과 동일합니다. 다른 점은 애플리케이션 MCP Client 에서 연결해서 사용한다는 점입니다. 프로젝트를 실행하고 나서 터미널(콘솔)에 몇 개의 도구가 등록되었는지 확인해 보겠습니다. 도구가 등록되었다는 것은 MCP Server가 제공한다는 뜻입니다.

```
Enable tools capabilities, notification: true
Registered tools: 13
...
Started DemoApplication in 1.455 seconds (process running for 1.895)
```

- 총 13개의 도구가 등록되었다고 출력되었습니다. 도구의 수는 @Tool로 정의된 메소드 수입니다.

애플리케이션 설정

애플리케이션은 MCP Server가 제공하는 도구 목록과 각 도구의 호출 정보를 파악한 뒤, 이를 LLM에게 전달합니다. LLM은 응답 생성에 필요한 정보를 얻기 위해 적절한 도구를 선택하고, 애플리케이션에게 해당 도구를 호출하도록 지시합니다.

애플리케이션은 MCP Client를 통해 MCP Server에 도구 호출을 요청하고, 실행 결과를 전달받습니다. 이 결과는 LLM에게 전달되며, LLM은 이를 바탕으로 최종 응답을 생성하여 애플리케이션에 반환합니다.

SSE 통신 방식을 사용하는 MCP Server와 통신하려면, 애플리케이션에서도 SSE 방식의 MCP Client를 사용해야 합니다. 이를 위해 애플리케이션에는 다음 스타터를 의존성으로 추가해야 합니다. STDIO 통신 방식에서 사용하는 의존성과 동일하지만, 애플리케이션의 구성 설정(application.properties)에 따라 SSE 통신 방식의 MCP Client로 동작하게 됩니다.

Spring Boot Starter	Artifact ID
Model Context Protocol Client	spring-ai-starter-mcp-client

프로젝트 소스 코드를 보면서 설명을 계속하겠습니다.

01 VS Code로 ch12-mcp-server-sse-webmvc-application 프로젝트 폴더를 엽니다.

02 build.gradle 파일을 열고, 의존성을 확인해 보겠습니다.

```
dependencies {
    // 공통
    implementation 'org.springframework.boot:spring-boot-starter-thymeleaf'
❶   implementation 'org.springframework.boot:spring-boot-starter-web'
    implementation 'org.springframework.boot:spring-boot-starter-webflux'
    compileOnly 'org.projectlombok:lombok'
    annotationProcessor 'org.projectlombok:lombok'
    testImplementation 'org.springframework.boot:spring-boot-starter-test'
    testImplementation 'io.projectreactor:reactor-test'
    testRuntimeOnly 'org.junit.platform:junit-platform-launcher'

    // Spring AI
    implementation 'org.springframework.ai:spring-ai-starter-model-openai'
```

```
❷    implementation 'org.springframework.ai:spring-ai-starter-mcp-client'
    }
```

❶ 동기식 WebMVC 기반의 웹 애플리케이션을 위한 스타터(spring-boot-starter-web)가 의존성에 추가 되어 있습니다. 비동기식 WebFlux 기반의 스타터(spring-boot-starter-webflux)가 함께 추가되어 있 더라도, 기본적으로는 WebMVC 방식으로 동작합니다.

❷ SSE 통신 방식을 사용하는 MCP Server와의 통신을 위해, MCP Client 의존성이 애플리케이션에 추가되 어 있습니다.

03 application.properties 파일을 열고 애플리케이션 구성 내용을 보겠습니다.

```
## 프로젝트 이름
spring.application.name=ch12-mcp-server-sse-webmvc-application

## 서버 포트
server.port=8080
...
## 로깅
logging.pattern.console=%clr(%-5level){green} %clr(%logger.%M\\(\\)){cyan}: %msg%n
# MCP Server가 반환하는 JSON 로깅
❶ logging.level.io.modelcontextprotocol=DEBUG
# LLM이 어떤 도구를 호출 요청했는지 로깅
logging.level.org.springframework.ai=DEBUG
...
## SSE MCP Server 연결 구성
❷ spring.ai.mcp.client.sse.connections.server1.url=http://localhost:8081
```

❶ MCP 관련 로그를 출력할 수 있도록 로깅 설정을 구성하였습니다.

❷ MCP Server와 SSE 통신을 하기 위해 연결 URL을 구성하였습니다.

애플리케이션 서비스

01 service/AiService.java 파일을 엽니다. 이 서비스 클래스에는 LLM과 텍스트로 대화하는 chat() 메소드와, 텍스트와 이미지를 함께 처리하는 boomBarrier() 메소드가 포함되어 있습니 다. 두 메소드 모두 ChatClient를 호출할 때 MCP Server에서 제공하는 도구들의 호출 정보를 프

롬프트에 함께 포함시켜, LLM이 필요 시 해당 도구들을 호출할 수 있도록 합니다.

먼저 필드와 생성자 선언을 보겠습니다.

```java
@Service
@Slf4j
public class AiService {
    // ##### 필드 #####
    private ChatClient chatClient;

    // ##### 생성자 #####
    public AiService(ChatClient.Builder chatClientBuilder,
❶                   ToolCallbackProvider toolCallbackProvider) {
        this.chatClient = chatClientBuilder
❷           .defaultToolCallbacks(toolCallbackProvider)
            .build();
    }
}
```

❶ MCP Server의 도구 호출 정보를 제공해주는 ToolCallbackProvider 빈을 주입받습니다.

❷ ChatClient를 호출할 때마다 도구 호출 정보를 프롬프트에 추가하기 위해 defaultToolCallbacks() 메소드로 ToolCallbackProvider를 제공하고 있습니다.

02 LLM과 텍스트 대화를 하는 chat() 메소드를 보겠습니다.

```java
public String chat(String question) {
    String answer = this.chatClient.prompt()
        .system("""
                HTML과 CSS를 사용해서 들여쓰기가 된 답변을 출력하세요.
                <div>에 들어가는 내용으로만 답변을 주세요. <h1>, <h2>, <h3>태그는 사용하지 마세요.
                현재 날짜와 시간 질문은 반드시 도구를 사용하세요.
                파일과 디렉토리 관련 질문은 반드시 도구를 사용하세요.
                """)
        .user(question)
        .call()
        .content();
    return answer;
}
```

- 시스템 텍스트를 보면, HTML로 보기 좋게 출력해 달라는 것과, 사용자의 질문이 현재 날짜와 시간, 파일과 디렉 토리 관련 내용이라면 반드시 도구를 사용하라고 되어 있습니다. 이 문구가 빠지면 LLM 할루시네이션 hallucination 현상이 나타날 수 있습니다.

03 사진에서 차량 번호를 인식하고, 차단봉을 제어하는 boomBarrier() 메소드를 보겠습니다.

```
public String boomBarrier(String contentType, byte[] bytes) {
    // 미디어 생성
    Media media = Media.builder()
❶       .mimeType(MimeType.valueOf(contentType))
        .data(new ByteArrayResource(bytes))
        .build();

    // 사용자 메시지 생성
    UserMessage userMessage = UserMessage.builder()
        .text("""
            이미지에서 '(숫자 2개~3개)-(한글 1자)-(숫자 4개)'로 구성된
            차량 번호를 인식하세요. 예: 78라1234, 567바2558
❷          인식된 차량 번호가 등록된 차량 번호인지 도구로 확인을 하세요.
            등록된 번호라면 도구로 차단봉을 올리고, 답변은 '차단기 올림'으로 하세요.
            등록된 번호가 아니라면 도구로 차단봉을 내리고, 답변은 '차단기 내림'으로 하세요.
            """)
        .media(media)
        .build();

    // LLM으로 요청하고 응답받기
    String answer = chatClient.prompt()
❸       .messages(userMessage)
        .call()
        .content();
    return answer;
}
```

❶ 매개값으로 받은 이미지 Mime 타입과 데이터를 가지고 Media 객체를 생성했습니다.

❷ UserMessage를 생성할 때, text()로 LLM 요청 내용을, media()로 Media 객체를 주었습니다.

❸ 프롬프트를 구성할 때, messages()로 UserMessage를 추가했습니다.

- 눈에 보이지 않는 코드 흐름에 대해 설명하겠습니다. LLM은 받은 이미지에서 차량 번호를 인식하고 MCP Server에게 등록된 번호인지 물어볼 겁니다. 그러면 MCP Server는 등록된 번호라고 LLM에게 알려줍니다. 그러면 LLM은 MCP Server에게 차단봉을 올리라고 할 겁니다.

애플리케이션 컨트롤러

01 controller/AiController.java 파일을 엽니다. 이 컨트롤러 클래스에는 /ai/chat과 /ai/boom-barrier 요청 매핑 메소드가 선언되어 있습니다.

```java
@RestController
@RequestMapping("/ai")
@Slf4j
public class AiController {
  // ##### 필드 #####
  @Autowired
  private AiService aiService;

  // ##### 요청 매핑 메소드 #####
  @PostMapping(
    value = "/chat",
    consumes = MediaType.APPLICATION_FORM_URLENCODED_VALUE,
    produces = MediaType.TEXT_PLAIN_VALUE
  ) ❶
  public String chat(@RequestParam("question") String question) {
    String answer = aiService.chat(question);
    return answer;
  }

  @PostMapping(
    value = "/boom-barrier",
    consumes = MediaType.MULTIPART_FORM_DATA_VALUE,
    produces = MediaType.TEXT_PLAIN_VALUE)
  ❷ public String boomBarrier(
      @RequestParam("attach") MultipartFile attach) throws IOException {
    String answer = aiService.boomBarrier(
        attach.getContentType(), attach.getBytes());
    return answer;
  }
}
```

❶ 화면에서 입력한 질문을 받고, AiService의 chat()을 호출합니다.

❷ 화면에서 입력한 차량 번호가 포함된 이미지를 전달받아, 해당 이미지의 MIME 타입과 데이터를 추출한 후, 이를 AiService의 boomBarrier() 메소드를 호출할 때 전달합니다.

애플리케이션 실행

01 ch12-mcp-server-sse-webmvc-application 프로젝트를 실행합니다. 프로젝트를 실행하기 전에 MCP Server인 ch12-mcp-server-sse-webmvc 프로젝트가 미리 실행되고 있어야 합니다.

터미널(콘솔) 로그를 확인해 보면, 연결된 MCP Server가 애플리케이션에게 푸시한 JSON 메시지를 볼 수 있습니다. 이 JSON에는 MCP Server의 기본 정보와 제공되는 도구들의 호출 방법이 포함되어 있습니다. 애플리케이션은 이 정보를 프롬프트에 포함시켜, LLM으로 전송하게 됩니다.

```
Received JSON message: {
    ... "serverInfo":{"name":"ch12-mcp-server-sse-webmvc","version":"0.0.1"} ... }

Received JSON message: {
    ... MCP Server가 제공하는 도구들에 대한 정보 출력 ... }
```

02 브라우저에서 http://localhost:8080으로 요청합니다. 그리고 [chat] 버튼을 클릭합니다.

03 첫 번째 질문으로 "현재 날짜와 시간을 알려 줘."라고 입력하고 [제출] 버튼을 클릭합니다. 이어서 두 번째 질문으로 "지금부터 2시간 뒤에 알람이 울리도록 설정해 줘."라고 입력하고 [제출] 버튼을 클릭합니다.

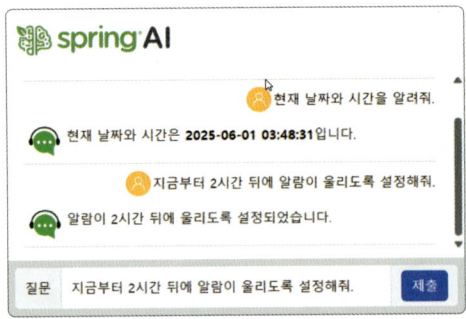

04 LLM이 도구 호출 요청을 하고 있는지, 그리고 MCP Server 도구들이 잘 실행되었는지 확인하기 위해 터미널(콘솔)에 출력된 로그를 확인합니다.

```
[첫 번째 질문에 대한 LLM의 도구 호출 요청 로그]
Executing tool call: spring_ai_mcp_client_server1_getCurrentDateTime  ← LLM 도구 호출 요청
Received JSON message: {"jsonrpc":"2.0","id":"608cfd90-3","result":{..., "isError":false}}
...

[두 번째 질문에 대한 LLM의 도구 호출 요청 로그]
Executing tool call: spring_ai_mcp_client_server1_getCurrentDateTime  ← LLM 도구 호출 요청
Received JSON message: {"jsonrpc":"2.0","id":"608cfd90-4","result":{..., "isError":false}}
...
Executing tool call: spring_ai_mcp_client_server1_setAlarm            ← LLM 도구 호출
Received JSON message: {"jsonrpc":"2.0","id":"608cfd90-5","result":{..., "isError":false}}
...
```

05 세 번째 질문으로 "Spring AI에 대해 50자 이내로 설명해 주고, 파일로 저장해 줘."라고 질문을 입력하고 [제출] 버튼을 클릭합니다.

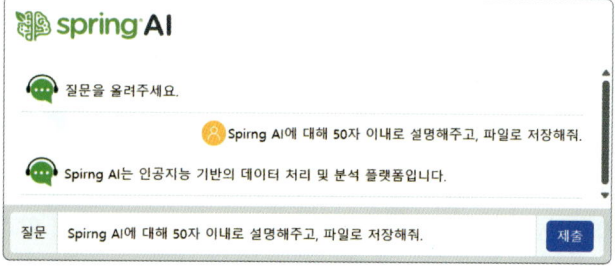

06 네 번째 질문으로 "파일을 복사하는 자바 코드를 작성해 주고, CopyFile.java 파일로 저장해 줘."라고 질문을 입력하고 [제출] 버튼을 클릭합니다.

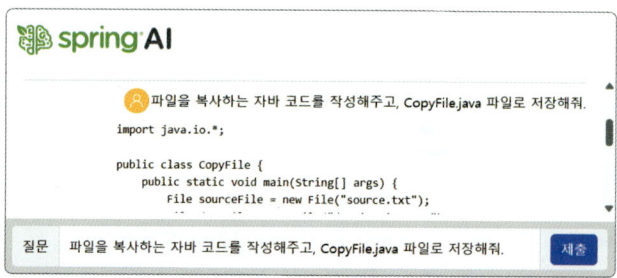

07 다섯 번째 질문으로 "java 폴더를 생성하고, CopyFile.java 파일을 이동해 줘."라고 입력하고 [제출] 버튼을 클릭합니다.

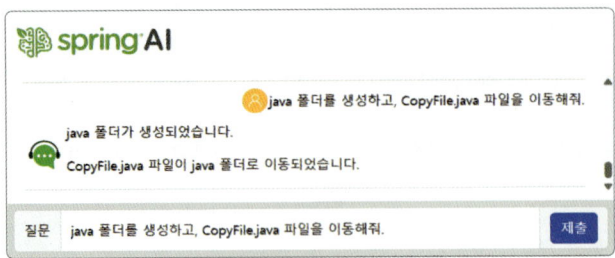

08 여섯 번째 질문으로 "전체 파일과 디렉토리를 구분해서 알려 줘."라고 입력하고 [제출] 버튼을 클릭합니다.

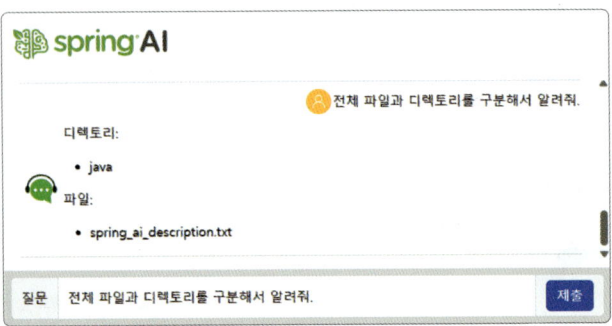

09 일곱 번째 질문으로 "오늘 삼성전자 주가와 거래량을 알려 줘."라고 최근 정보를 요청하도록 입력하고 [제출] 버튼을 클릭합니다.

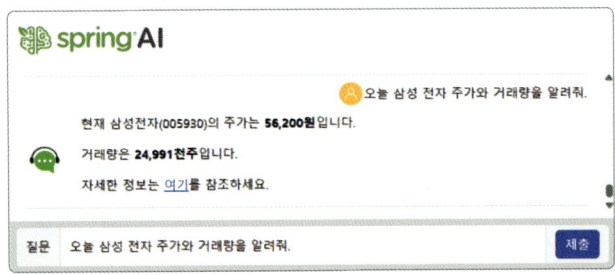

10 브라우저로 http://localhost:8080으로 요청하고 [boom-barrier] 버튼을 클릭합니다.

11 [파일 선택] 버튼을 클릭하고, book-spring-ai/data/image/car1.jpg ~ car3.jpg 중 하나를 선택합니다. 그리고 [제출] 버튼을 클릭합니다.

12 LLM이 도구 호출 요청을 하고 있는지, 그리고 MCP Server 도구들이 잘 실행되었는지 확인하기 위해 터미널(콘솔)에 출력된 로그를 확인합니다. 확인하는 방법은 **04**와 동일합니다.

12.5 WebFlux 기반 SSE 통신 방식 MCP Server

Spring Web(WebMVC)이 동기 방식이라면, Spring Reactive Web(WebFlux)은 비동기(논블로킹) 방식입니다. 브라우저 입장에서는 WebMVC이든 WebFlux이든 "HTTP 요청을 보내면 응답이 올 때까지 기다린다"는 점에서 차이가 없습니다.

하지만 웹 애플리케이션 내부 동작 방식에는 분명한 차이가 있습니다. 다음 표는 Spring Web과 Spring Reactive Web의 차이점을 설명하고 있습니다.

항목	Spring Web (WebMVC)	Spring Reactive Web (WebFlux)
프로그래밍 모델	동기(Synchronous), 블로킹(Blocking)	비동기(Asynchronous), 논블로킹(Non-blocking)
기반 기술	서블릿(Servlet) 기반 Tomcat 서버 이용	리액터(Reactor) 기반 Netty 서버 이용
의존 라이브러리	spring-boot-starter-web spring-ai-starter-mcp-server-webmvc spring-ai-starter-mcp-client	spring-boot-starter-webflux spring-ai-starter-mcp-server-webflux spring-boot-starter-client-webflux

요청 처리	요청당 하나의 스레드 사용	이벤트 루프 기반으로 동시성 처리
장점	안정적이고, 검증된 기술 개발과 유지보수에 유리	많은 동시 요청에 유리 실시간 데이터 처리 가능

WebFlux 기반의 SSE 통신 방식을 사용하는 MCP Server와 애플리케이션을 개발하기 위해서 다음 세 가지 Spring Boot 스타터를 사용할 수 있습니다.

Spring Boot Starter	Artifact ID
Spring Reactive Web	spring-boot-starter-webflux
Model Context Protocol Server	spring-ai-starter-mcp-server-webflux
Model Context Protocol Client	spring-ai-starter-mcp-client-webflux

Spring Boot 프로젝트를 생성할 때, 스타터 선택 단계에서 Spring Reactive Web과 함께 Model Context Protocol Server를 선택하면 spring-ai-starter-mcp-server-webflux 의존성이 추가되고, Spring Reactive Web과 함께 Model Context Protocol Client를 선택하면 spring-ai-starter-mcp-client-webflux 의존성이 추가됩니다.

MCP Server 설정

01 VS Code로 ch12-mcp-server-sse-webflux 프로젝트 폴더를 엽니다. 이 프로젝트는 ch12-mcp-server-sse-webmvc 프로젝트와 마찬가지로 도구들을 하나의 MCP Server에서 제공합니다.

02 build.gradle 파일을 열고, 의존성^{dependencies}을 보겠습니다.

```
dependencies {
    // WebFlux 기반
❶   implementation 'org.springframework.boot:spring-boot-starter-webflux'
    compileOnly 'org.projectlombok:lombok'
    annotationProcessor 'org.projectlombok:lombok'
    testImplementation 'org.springframework.boot:spring-boot-starter-test'
    testImplementation 'io.projectreactor:reactor-test'
    testRuntimeOnly 'org.junit.platform:junit-platform-launcher'
```

```
    // Spring AI
❷   implementation 'org.springframework.ai:spring-ai-starter-mcp-server-webflux'
    implementation 'org.springframework.ai:spring-ai-jsoup-document-reader'
}
```

❶ 비동기식 WebFlux 기반의 spring-boot-starter-webflux 스타터만 추가되었습니다. 만약 동기식 Web MVC 기반의 spring-boot-starter-web 스타터가 추가되면 WebMVC로 동작하기 때문에 이번 프로젝트에서는 spring-boot-starter-web 스타터가 추가되어서는 안 됩니다.

❷ WebFlux 기반의 SSE 통신 방식을 사용하는 MCP Server를 위해 spring-ai-starter-mcp-server-webflux가 추가되었습니다. 그리고 spring-ai-jsoup-document-reader는 인터넷 검색 도구에서 사용합니다.

03 application.properties 파일을 열고, 구성 내용을 보겠습니다.

```
## 프로젝트 이름
spring.application.name=ch12-mcp-server-sse-webflux

## 서버 포트 구성
❶ server.port=8081

## 터미널 컬러 출력 구성
spring.output.ansi.enabled=ALWAYS

## 로깅
logging.pattern.console=%clr(%-5level){green} %clr(%logger.%M\\(\\)){cyan}: %msg%n

## SSE 방식의 MCP Server 구성
❷ spring.ai.mcp.server.name=ch12-mcp-server-sse-webflux
   spring.ai.mcp.server.version=0.0.1

## Google Custom Search API
   google.search.endpoint=https://www.googleapis.com/customsearch/v1
❸ google.search.apiKey=${GOOGLE_SEARCH_API_KEY}
   google.search.engineId=65daed9bd612a4acd
```

❶ SSE 방식의 MCP Server는 웹 애플리케이션이므로 접속 포트가 필요합니다. server.port를 8081로 하였습니다. 애플리케이션이 사용하는 포트가 8080이므로 MCP Server는 다른 포트를 사용해야 합니다.

❷ SSE 방식의 MCP Server의 기본 정보입니다. 이름과 버전을 구성해 줍니다. MCP Client에서 MCP Server를 식별할 때 사용합니다.

❸ 인터넷 검색 도구에서 사용할 Google Custom Search API를 사용하기 위한 구성입니다.

도구 정의

tool 패키지를 보면 5개의 Tools 클래스들이 있습니다. 이들 클래스를 작성하는 방법은 이전 프로젝트와 동일하므로 설명을 생략하겠습니다.

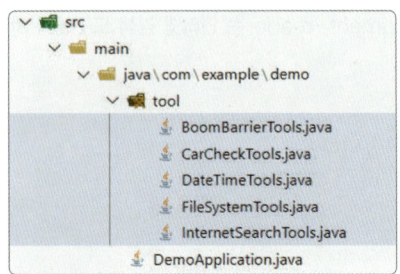

ToolCallbackProvider 생성

MCP Server가 가지고 있는 도구들을 애플리케이션(MCP Client)로 노출시키는 ToolCallback Provider 빈을 생성해야 합니다.

DemoApplication.java 파일을 열고, ToolCallbackProvider 빈을 생성하는 메소드를 확인합니다. 이전 프로젝트와 내용이 동일하기 때문에 설명은 생략합니다.

MCP Server 실행

WebFlux 기반의 SSE 통신 방식을 사용하는 MCP Server는 하나의 웹 애플리케이션이므로 다른 웹 애플리케이션 실행 방법과 동일합니다. 다른 점은 애플리케이션^MCP Client에서 연결해서 사용한다는 점입니다. 프로젝트를 실행하고 나서 터미널(콘솔)에 몇 개의 도구가 등록되었는지 확인해 보겠습니다. 도구가 등록되었다는 것은 MCP Server가 제공한다는 뜻입니다.

```
Enable tools capabilities, notification: true
❶ Registered tools: 13
...
Started DemoApplication in 1.745 seconds (process running for 2.24)
```

- 총 13개의 도구가 등록되었다고 출력되었습니다. 도구의 수는 @Tool로 정의된 메소드 수입니다.

애플리케이션 설정

애플리케이션을 개발할 때에는 SSE 통신 방식의 MCP Server의 프로그래밍 모델(동기식, 비동기식)에 맞출 필요는 없습니다. MCP Server와는 독립적으로 개발할 수 있습니다.

이전 절에서 살펴보았던 동기식 ch12-mcp-server-sse-webmvc-application 프로젝트를 그대로 사용해도 되지만, 이번 절에서는 비동기식 ch12-mcp-server-sse-webflux-application 프로젝트를 살펴보려고 합니다.

프로젝트 소스 코드를 보면서 설명을 계속하겠습니다.

01 VS Code로 ch12-mcp-server-sse-webflux-application 프로젝트 폴더를 엽니다.

02 build.gradle 파일을 열고, 의존성을 확인해 보겠습니다.

```
dependencies {
  // 공통
  implementation 'org.springframework.boot:spring-boot-starter-thymeleaf'
❶ implementation 'org.springframework.boot:spring-boot-starter-webflux'
  compileOnly 'org.projectlombok:lombok'
  annotationProcessor 'org.projectlombok:lombok'
  testImplementation 'org.springframework.boot:spring-boot-starter-test'
  testImplementation 'io.projectreactor:reactor-test'
  testRuntimeOnly 'org.junit.platform:junit-platform-launcher'

  // Spring AI
  implementation 'org.springframework.ai:spring-ai-starter-model-openai'
❷ implementation 'org.springframework.ai:spring-ai-starter-mcp-client-webflux'
}
```

❶ 비동기식 WebFlux 기반의 애플리케이션을 위한 의존성이 추가되어 있습니다. 주의할 점은 spring-boot-starter-web이 함께 추가되면 안 됩니다. 이 의존성이 추가되면 동기식 WebMVC로 동작하기 때문입니다.

❷ 비동기식 WebFlux 기반의 MCP Client 의존성이 추가되어 있습니다.

03 application.properties 파일을 열고 애플리케이션 구성 내용을 보겠습니다.

```
## 프로젝트 이름
spring.application.name=ch12-mcp-server-sse-webflux-application

## 서버 포트 구성
server.port=8080

## 터미널 칼라 출력 구성
spring.output.ansi.enabled=ALWAYS

## 로깅 구성
logging.pattern.console=%clr(%-5level){green} %clr(%logger.%M\\(\\)){cyan}: %msg%n
# MCP Server가 반환하는 JSON 로깅
logging.level.io.modelcontextprotocol=DEBUG
# LLM이 어떤 도구를 호출 요청했는지 로깅
logging.level.org.springframework.ai=DEBUG

## 파일 업로드
# WebFlux에는 요청 본문의 크기를 제한하는 구성은 없음

## 정적 리소스에 대해 캐시 사용 안 함
spring.web.resources.cache.cachecontrol.no-cache=true
spring.web.resources.cache.cachecontrol.no-store=true
spring.web.resources.cache.cachecontrol.must-revalidate=true

## OpenAI 구성
spring.ai.openai.api-key=${OPENAI_API_KEY}
spring.ai.openai.chat.options.model=gpt-4o-mini

## SSE MCP Server 연결 구성
spring.ai.mcp.client.sse.connections.server1.url=http://localhost:8081
```

- 파일 업로드 제한 구성이 없는 것을 빼고는 달라진 점이 없습니다. WebMVC처럼 요청 본문 내용의 크기를 제한하는 구성이 WebFlux에는 없습니다.

애플리케이션 서비스

WebFlux 기반 애플리케이션의 서비스 메소드는 블로킹이 되는 동기 방식의 코드를 사용해서는 안 됩니다. 그리고 반환 타입도 비동기 스트림 타입인 Flux⟨T⟩ 또는 비동기 단일 값 타입인 Mono⟨T⟩가 되어야 합니다.

01 service/AiService.java 파일을 엽니다. 이 서비스 클래스에는 LLM과 텍스트로 대화하는 chat() 메소드와, 텍스트와 이미지를 함께 처리하는 boomBarrier() 메소드가 포함되어 있습니다. 두 메소드 모두 ChatClient를 호출할 때 MCP Server에서 제공하는 도구들의 호출 정보를 프롬프트에 함께 포함시켜, LLM이 필요 시 해당 도구들을 호출할 수 있도록 합니다.

먼저 필드와 생성자 선언을 보겠습니다.

```
@Service
@Slf4j
public class AiService {
    // ##### 필드 #####
    private ChatClient chatClient;

    // ##### 생성자 #####
    public AiService(ChatClient.Builder chatClientBuilder,
❶                   ToolCallbackProvider toolCallbackProvider) {
        this.chatClient = chatClientBuilder
❷               .defaultToolCallbacks(toolCallbackProvider)
                .build();
    }
}
```

❶ MCP Server의 도구 호출 정보를 제공해주는 ToolCallbackProvider 빈을 주입받습니다.

❷ ChatClient를 호출할 때마다 도구 호출 정보를 프롬프트에 추가하기 위해 defaultToolCallbacks() 메소드로 ToolCallbackProvider를 제공하고 있습니다.

02 LLM과 텍스트 대화를 하는 chat() 메소드를 보겠습니다.

```
❶ public Flux<String> chat(String question) {
    Flux<String> answer = this.chatClient.prompt()
        .system("""
            HTML과 CSS를 사용해서 들여쓰기가 된 답변을 출력하세요.
            <div>에 들어가는 내용으로만 답변을 주세요. <h1>, <h2>, <h3>태그는 사용하지 마세요.
            현재 날짜와 시간 질문은 반드시 도구를 사용하세요.
            파일과 디렉토리 관련 질문은 반드시 도구를 사용하세요.
            """)
        .user(question)
❷      .stream()
        .content();
    return answer;
}
```

❶ 반환 타입을 비동기 스트림 타입인 Flux<String>으로 지정했습니다.

❷ 스트림으로 응답을 받기 위해 stream()을 호출했습니다.

03 사진에서 차량 번호를 인식하고, 차단봉을 제어하는 boomBarrier() 메소드를 보겠습니다.

```
❶ public Flux<String> boomBarrier(String contentType, byte[] bytes) {
    // 미디어 생성
    Media media = Media.builder()
        .mimeType(MimeType.valueOf(contentType))
        .data(new ByteArrayResource(bytes))
        .build();

    // 사용자 메시지 생성
    UserMessage userMessage = UserMessage.builder()
        .text("""
            이미지에서 '(숫자 2개-3개)-(한글 1자)-(숫자 4개)'로 구성된
            차량 번호를 인식하세요. 예: 78라1234, 567바2558
            인식된 차량 번호가 등록된 차량 번호인지 도구로 확인을 하세요.
            등록된 번호라면 도구로 차단봉을 올리고, 답변은 '차단기 올림'으로 하세요.
            등록된 번호가 아니라면 도구로 차단봉을 내리고, 답변은 '차단기 내림'으로 하세요.
            """)
```

```
        .media(media)
        .build();

    // LLM으로 요청하고 응답받기
    Flux<String> answer = chatClient.prompt()
        .messages(systemMessage, userMessage)
❷       .stream()
        .content();
    return answer;
}
```

❶ 반환 타입을 비동기 스트림 타입인 Flux<String>으로 지정했습니다.
❷ 스트림으로 응답을 받기 위해 stream()을 호출했습니다.

애플리케이션 컨트롤러

WebFlux 기반 애플리케이션은 요청 매핑 메소드의 매개 타입 및 반환 타입이 WebMVC와 차이점이 있습니다. POST 폼 양식의 값을 받을 때는 @RequestParam 어노테이션을 사용할 수 없고, @RequestBody를 사용해야 합니다. 그리고 멀티 파트에서 개별 파트를 받을 때 @RequestPart를 사용해야 하며, 파일 파트는 MultipartFile 대신 FilePart로 받아야 합니다.

```
record RequestData(String question) {}
Flux<String> method(@RequestBody RequestData requestData) { ... }
Flux<String> method(@RequestBody Map<String, String> map) { ... }
Flux<String> method(@RequestPart("attach") FilePart attach) { ... }
```

또한 반환 타입도 비동기 스트림 타입인 Flux<T> 또는 비동기 단일 값 타입인 Mono<T>가 되어야 합니다. 소스 코드를 보면서 설명을 하겠습니다.

01 controller/AiController.java 파일을 엽니다. 이 컨트롤러 클래스에는 /ai/chat과 /ai/boom-barrier 요청 매핑 메소드가 선언되어 있습니다. 먼저 /ai/chat 요청 매핑 메소드부터 보겠습니다.

```
@RestController
@RequestMapping("/ai")
@Slf4j
public class AiController {
  // ##### 필드 #####
  @Autowired
  private AiService aiService;

  // ##### 요청 매핑 메소드 #####
  @PostMapping(
    value = "/chat",
❶   consumes = MediaType.APPLICATION_JSON_VALUE,
    produces = MediaType.TEXT_PLAIN_VALUE
  )
  public Flux<String> dateTimeTools(@RequestBody Map<String, String> map) {
❷   Flux<String> answer = aiService.chat(map.get("question"));
    return answer;
  }
}
```

❶ 요청 본문에서 JSON을 읽겠다고 되어 있습니다.

❷ 요청 본문의 JSON을 파싱하여 Map<String, String> 타입으로 역직렬화한 뒤, 이를 매개변수로 전달받습니다. 이 Map에서 사용자 질문을 추출한 후, AiService의 chat() 메소드를 호출하고 Flux<String>을 얻습니다. 그리고 별도의 가공 없이 그대로 반환합니다.

02 이어서 /ai/boom-barrier 요청 매핑 메소드를 보겠습니다. 이 메소드는 업로드된 이미지에 대한 MIME 타입과 데이터를 다음과 같은 방법으로 얻습니다.

```
  @PostMapping(
    value = "/boom-barrier",
    consumes = MediaType.MULTIPART_FORM_DATA_VALUE,
    produces = MediaType.TEXT_PLAIN_VALUE)
❶ public Flux<String> boomBarrier(@RequestPart("attach") FilePart attach)
    throwsIOException {
    // 파일의 MIME 타입 얻기(image/jpeg)
❷   String contentType = attach.headers().getContentType().toString();

    // 파일 데이터(Flux<DataBuffer>)를 한 번에 합쳐서 Mono<DataBuffer>로 만듦
```

❸ ```
Mono<DataBuffer> monoDataBuffer = DataBufferUtils.join(attach.content());
```

❹ ```
Flux<String> answer = monoDataBuffer.flatMapMany(dataBuffer -> {
    try {
        // DataBuffer 내용을 모두 읽어 byte[] 에 담음
        int size = dataBuffer.readableByteCount();
        byte[] bytes = new byte[size];
        dataBuffer.read(bytes);
        //AiService의 boomBarrier() 호출
        Flux<String> fluxString = aiService.boomBarrier(contentType, bytes);
        return fluxString;
    } finally {
        // DataBuffer는 명시적으로 메모리에서 제거해줌
        DataBufferUtils.release(dataBuffer);
    }
});

    return answer;
  }
}
```

❶ 화면에서 업로드한 파일 정보를 받기 위해 @RequestPart("attach") FilePart attach로 매개변수를 선언했습니다. 그리고 반환 타입은 비동기 스트림 타입인 Flux<String>으로 선언했습니다.

❷ 업로드된 파일의 MIME 타입을 얻습니다.

❸ FilePart의 content() 메소드는 비동기 스트림 타입인 Flux<DataBuffer>입니다. 이것을 하나로 뭉친 Mono<DataBuffer>로 얻기 위해 DataBufferUtils.join() 메소드가 사용되었습니다.

❹ flatMapMany() 메소드는 Mono<T>를 Flux<R>로 변환할 때 사용하는 메소드입니다. Mono<DataBuffer>에서 이미지 데이터인 byte[]을 얻어내고, 이것을 AiService의 boomBarrier()로 처리한 후, Flux<String>을 얻습니다.

애플리케이션 실행

ch12-mcp-server-sse-webflux-application 프로젝트를 실행합니다. 프로젝트를 실행하기 전에 MCP Server인 ch12-mcp-server-sse-webflux 프로젝트가 미리 실행되고 있어야 합니다.

터미널(콘솔) 로그를 확인해 보면, 연결된 MCP Server가 애플리케이션에게 푸시한 JSON 메시지를 볼 수 있습니다. 이 JSON에는 MCP Server의 기본 정보와 제공되는 도구들의 호출 방법이 포함되어 있습니다. 애플리케이션은 이 정보를 프롬프트에 포함시켜, LLM으로 전송하게 됩니다.

```
Received JSON message: {
    ... "serverInfo":{"name":"ch12-mcp-server-sse-webmvc","version":"0.0.1"} ... }

Received JSON message: {
    ... MCP Server가 제공하는 도구들에 대한 정보 출력 ... }
```

이후 브라우저에서 테스트하는 방법은 ch12-mcp-server-sse-webmvc-application 프로젝트와 동일하므로 생략하겠습니다.

APPENDIX ▶ 부록

A.1 OpenAI API key 생성 및 Credits 결제
A.2 Docker Desktop 설치
A.3 Vertex AI Gemini 모델 사용
A.4 온-프레미스 LLM 설치

A.1 OpenAI API key 생성 및 Credits 결제

책의 실습 프로젝트들은 Spring AI가 제공하는 OpenAI 스타터를 사용하기 때문에 내부적으로 OpenAI API를 사용합니다. 따라서 OpenAI API key가 있어야 하고 API 사용료를 지불할 크레딧을 구매해야 합니다. 먼저 다음 사이트를 방문합니다.

https://openai.com/api/

좌측 메뉴의 API Login 또는 우측 상단의 Log in을 클릭해서 API Platform 회원으로 가입을 하고, 로그인을 합니다. 그리고 오른쪽 상단의 톱니 모양의 [Settings] 아이콘을 클릭합니다.

좌측 메뉴에서 API keys 클릭하고, 우측 상단 [+Create new secret key] 버튼을 클릭합니다.

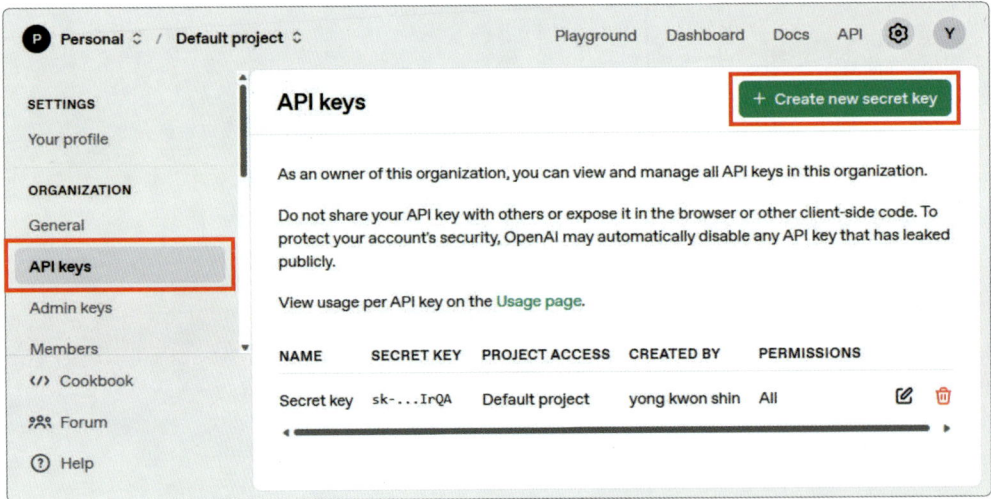

Create new secret key 화면이 나오면, Name 입력란에는 키 이름을 적당히 입력하고, Project 선택란에는 Default project를 선택합니다. 그리고 [Create secret key] 버튼을 클릭합니다.

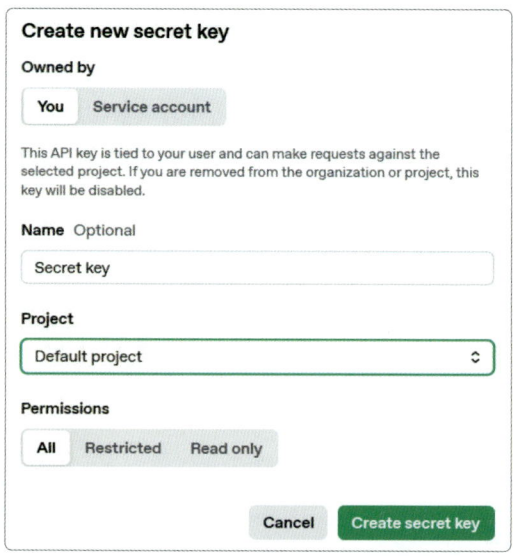

다음과 같이 Save your key 화면이 나오면 [Copy] 버튼을 클릭해서 복사합니다. API Key는 다시 볼 수 없기 때문에 텍스트 파일에 붙여넣기 한 후 잘 보관합니다.

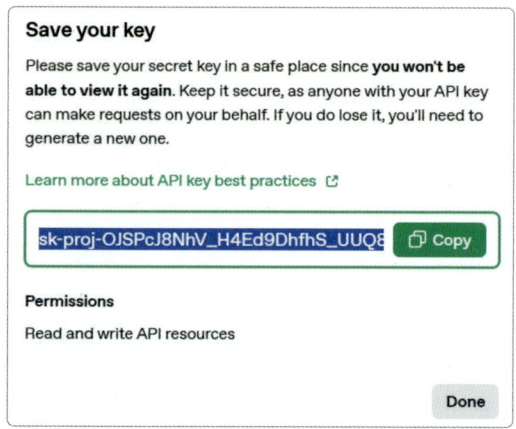

OpenAI API는 선불 요금제로 운영됩니다. 좌측 메뉴에서 Billing을 클릭하고 [Add to credit balance] 버튼을 클릭합니다.

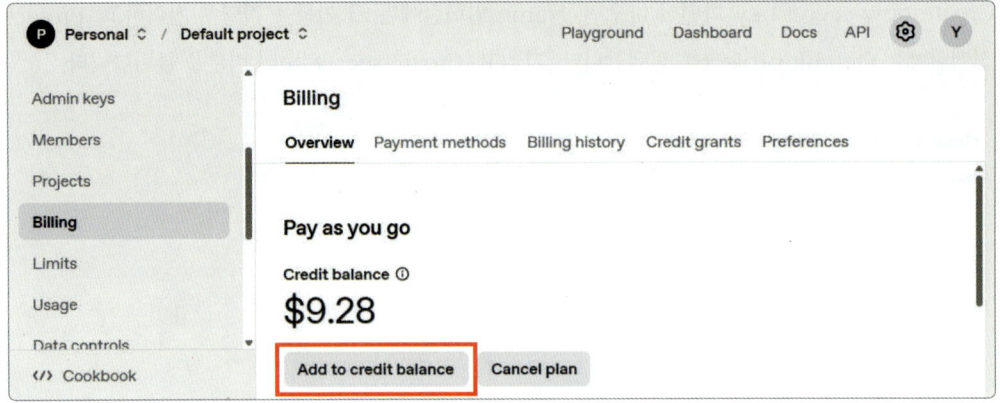

최소 $5부터 크레딧을 구매할 수 있으며, 사용한 만큼 크레딧을 차감하는 방식으로 운영됩니다. 처음에는 $5를 구매하고 책을 학습할 동안 부족하면 추가로 $5를 구매하는 방법으로 하세요. 위 그림 상에는 $9.28 달러가 남아 있다고 되어 있습니다.

A.2 Docker Desktop 설치

책에서는 실습을 위해 필요한 외부 서버들을 도커 컨테이너로 실행합니다. 그래서 도커 런타임이 필요합니다. 도커 런타임은 리눅스 환경에서 설치해야 하지만 현재 사용 중인 운영체제에서 Docker Desktop을 설치하면 내부적으로 리눅스 환경을 만들어 Docker 런타임을 사용할 수 있도록 해줍니다.

다음과 같은 순서로 설치 파일을 다운로드받고 설치하시기 바랍니다.

01 https://www.docker.com/products/docker-desktop 페이지를 방문합니다.

02 [Download Docker Desktop] 버튼을 클릭해서 운영체제에 맞는 설치 파일을 다운로드 합니다.

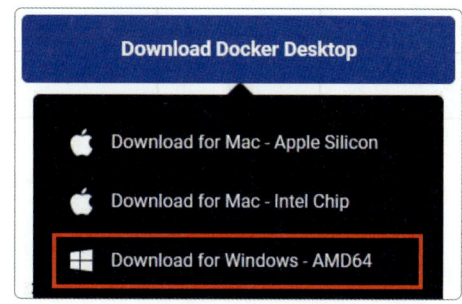

03 설치 파일을 더블 클릭해서 설치를 시작합니다.

04 [이 앱이 디바이스를 변경할 수 있도록 허용하시겠어요?] ▶ [예] 버튼을 클릭합니다.

05 Configuration 화면에서 기본 선택 옵션을 그대로 두고 [OK] 버튼을 클릭합니다.

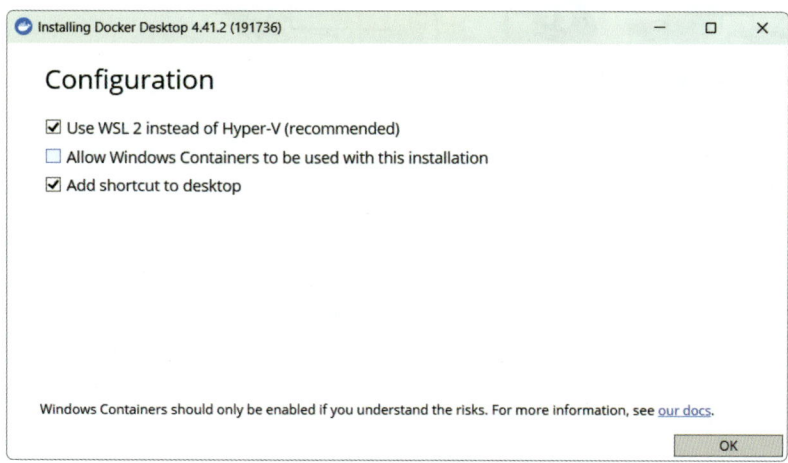

06 설치가 완료되면 [Close and restart] 버튼을 클릭합니다.

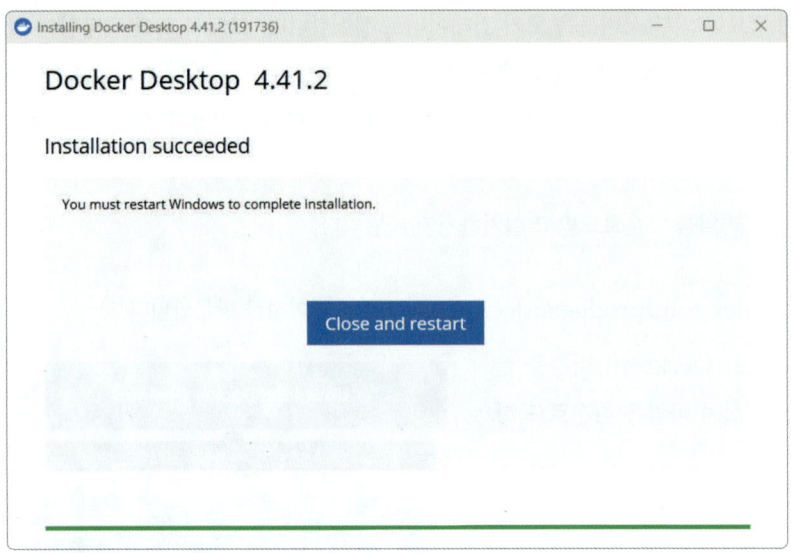

07 Windows가 재부팅되고, 조금 기다리면 다음과 같은 화면이 자동으로 실행됩니다. 여기서 [Accept] 버튼을 클릭합니다.

08 Finish setting up Docker Desktop 화면에서 기본 선택을 그대로 두고, [Finish] 버튼을 클릭합니다.

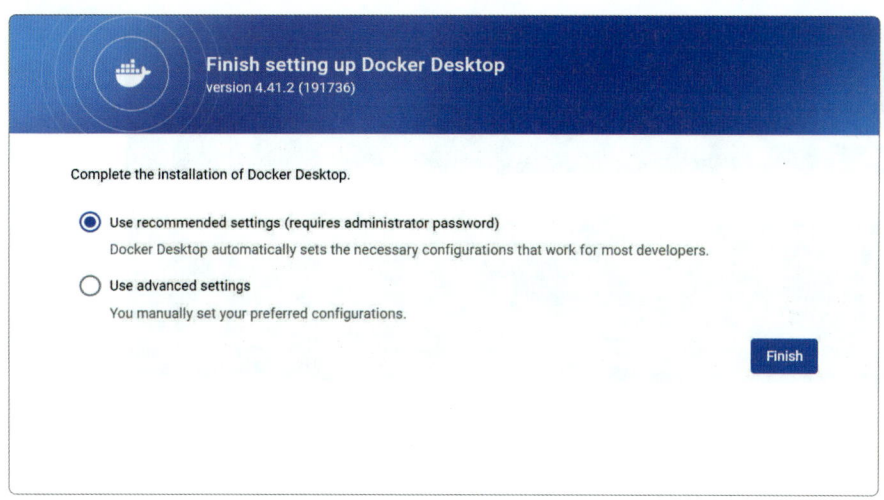

09 이 앱이 디바이스를 변경할 수 있도록 허용하시겠어요? Docker Desktop privileged Helper 창이 뜨면 [예] 버튼을 클릭합니다.

10 다음과 같은 창이 뜰 수도 있습니다.

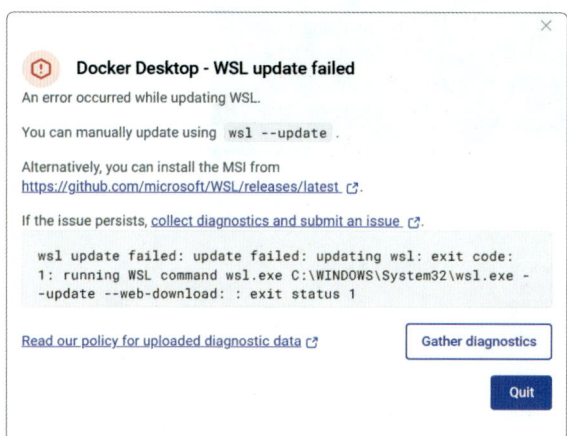

이 경우에는 [Quit] 버튼을 클릭해서 창을 닫고, 터미널 또는 파워쉘을 열고 다음 명령어를 직접 입력하고 실행합니다.

```
C:\...>wsl --update
```

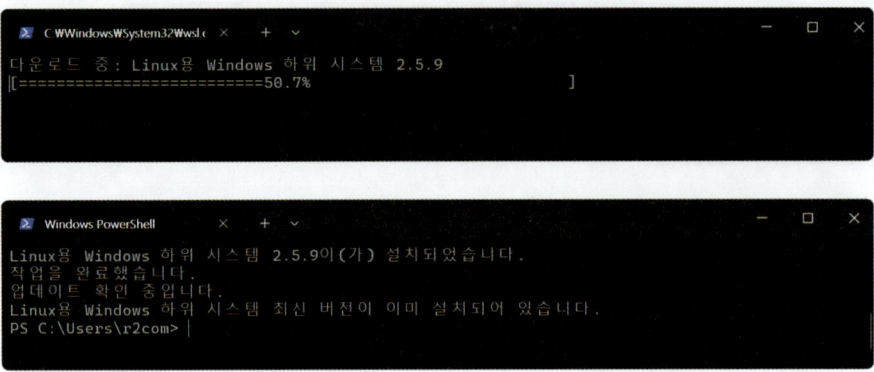

11 Docker Desktop 앱을 실행시킵니다. 이 앱이 디바이스를 변경할 수 있도록 허용하시겠어요? Docker Desktop privileged Helper 창이 뜨면 [예] 버튼을 클릭합니다.

12 Linux-용 Windows 하위 시스템 시작 창이 뜨면 오른쪽 상단 [x]를 클릭해서 창을 닫습니다.

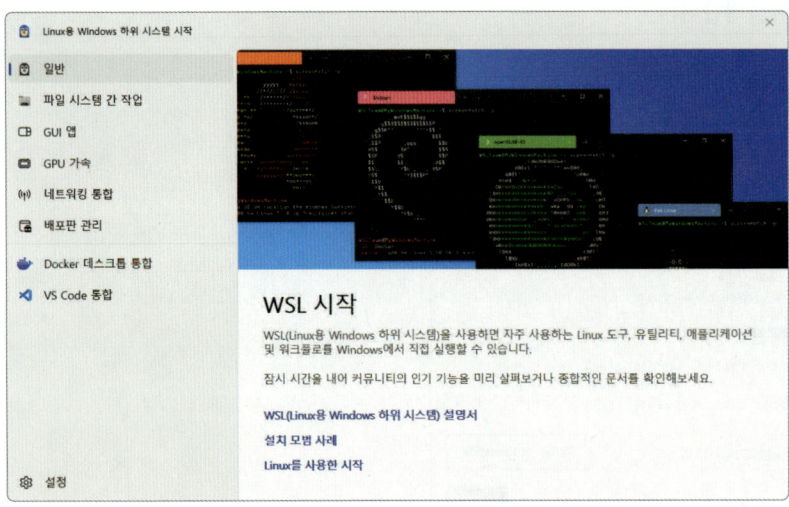

13 Welcome to Docker 창에서 Personal 탭을 선택합니다.

14 Docker에 이미 가입을 했다면 가입한 Email을 입력하고, [Continue] 버튼을 클릭합니다. Docker 회원 가입이 안 되어 있으면 [Create an account] 버튼을 클릭해서 회원 가입을 먼저 합니다.

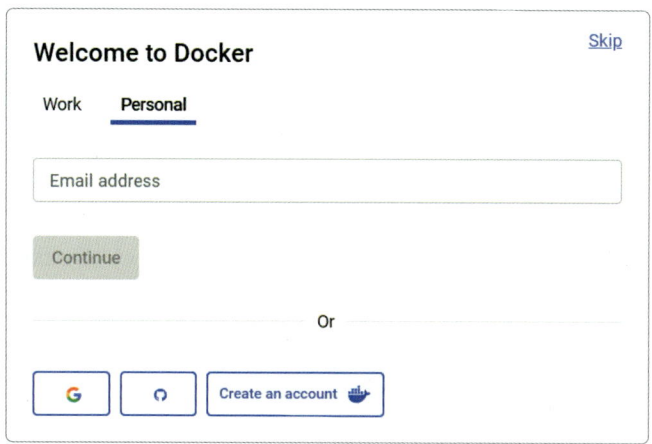

15 [Create an account] 버튼을 클릭하면 다음과 같은 웹 페이지가 열리는데, 여기서도 Personal 탭을 클릭합니다. 그리고 Email, Username, Password를 입력하고 [Sign up] 버튼을 클릭합니다.

16 가입한 Username 또는 Email을 입력하고 [Continue] 버튼을 클릭합니다. 그리고 Password를 입력하고, [Continue] 버튼을 클릭합니다.

17 Docker Desktop.exe을(를) 여시겠습니까? 창이 뜨면 [Docker Desktop.exe 열기] 버튼을 클릭합니다.

18 Welcome Survey 창이 뜨면 오른쪽 상단 skip 링크를 클릭합니다. 다음 창이 나오면 Docker 런타임을 사용할 준비가 끝난 겁니다.

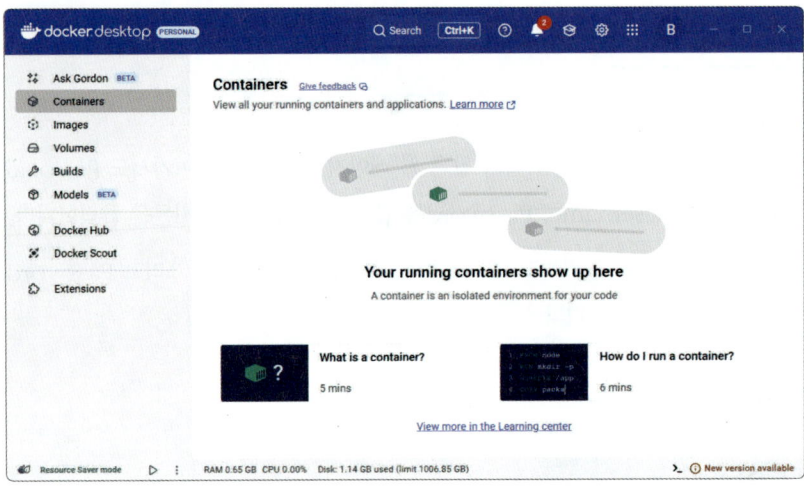

A.3 Vertex AI Gemini 모델 사용

Spring AI는 Google Cloud의 Vertex AI를 통해 Gemini 모델을 사용할 수 있도록 지원합니다. Vertex AI는 Google Cloud에서 제공하는 통합 머신러닝 플랫폼으로, Gemini와 같은 최신 모델을 API 형태로 제공합니다. 다음은 Vertex AI를 소개하는 페이지입니다.

> https://cloud.google.com/vertex-ai

이번 절에서는 Spring AI를 이용해 Vertex AI Gemini 모델을 사용하는 방법을 설명합니다.

Google Cloud Project 생성

Google Cloud(https://cloud.google.com)의 모든 서비스는 프로젝트 단위로 구성되고 관리됩니다. 각 프로젝트는 결제 계정과 연결되며, 이를 통해 서비스 사용에 따른 비용을 프로젝트별로 부과합니다. 따라서 Vertex AI 서비스를 사용하려면, 먼저 해당 서비스를 실행할 프로젝트를 생성해야 합니다.

01 브라우저에서 구글 계정으로 로그인을 합니다.

02 구글 클라우드 프로젝트를 생성하기 위해 다음 페이지를 엽니다.

> https://console.cloud.google.com/

03 Google Cloud 글자를 클릭하면 현재 작업 중인 프로젝트를 볼 수 있습니다. 여기서 프로젝트 ID를 확인할 수 있습니다.

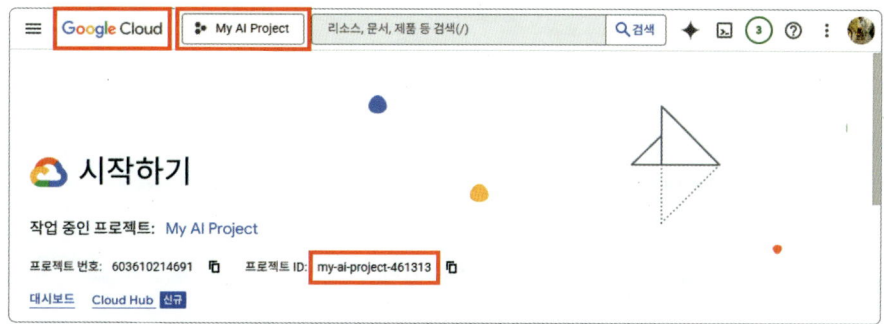

04 바로 옆 프로젝트 선택 박스를 클릭하면 전체 프로젝트 목록을 볼 수 있고, 새 프로젝트를 생성할 수도 있습니다.

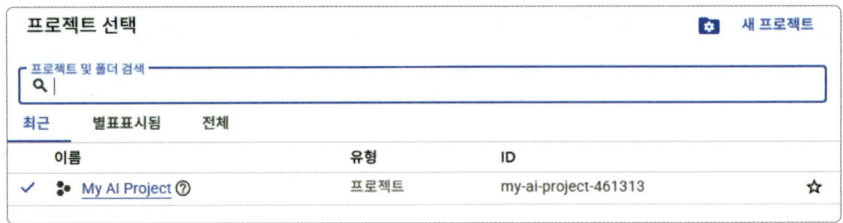

05 오른쪽 상단에서 [새 프로젝트] 링크를 클릭합니다. 적당한 프로젝트 이름을 입력하고 [만들기] 버튼을 클릭합니다.

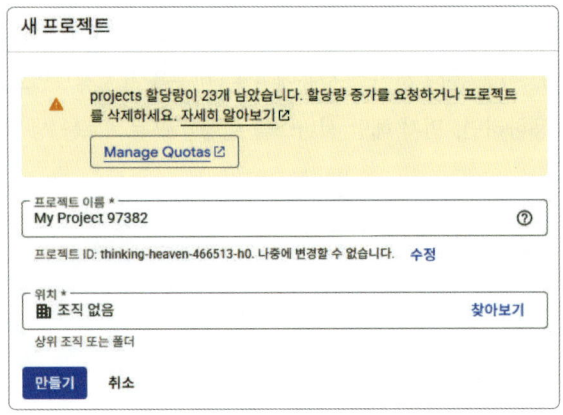

06 왼쪽 상단에 있는 프로젝트 선택 박스에서 생성된 프로젝트를 선택합니다.

07 빠른 액세스에서 [API 및 서비스]를 클릭합니다.

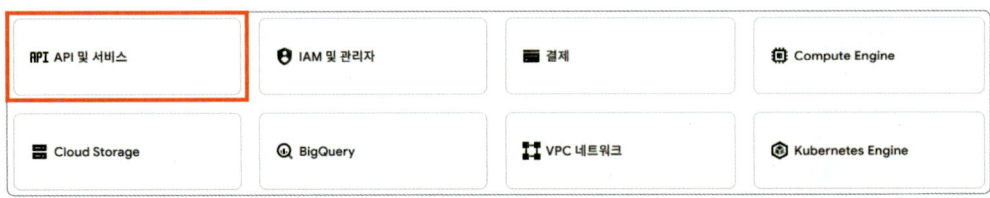

08 상단에 있는 [+ API 및 서비스 사용 설정] 버튼을 클릭합니다.

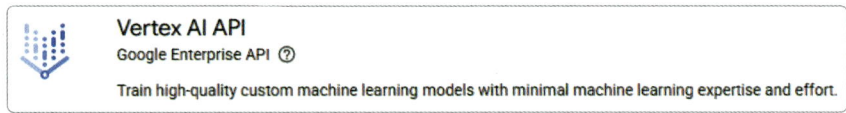

09 상단 검색란에서 'Vertex AI API'를 입력하고 검색합니다. 다음과 같이 Vertex AI API가 검색되면 클릭합니다. 그리고 [사용] 버튼을 클릭합니다.

10 좌측 메뉴에서 [사용 설정된 API 및 서비스]를 클릭하고, 페이지 하단에 Vertex AI API가 추가되어 있는지 확인합니다.

11 왼쪽 상단에 있는 Google Cloud 글자를 클릭하면 프로젝트 홈으로 다시 돌아옵니다.

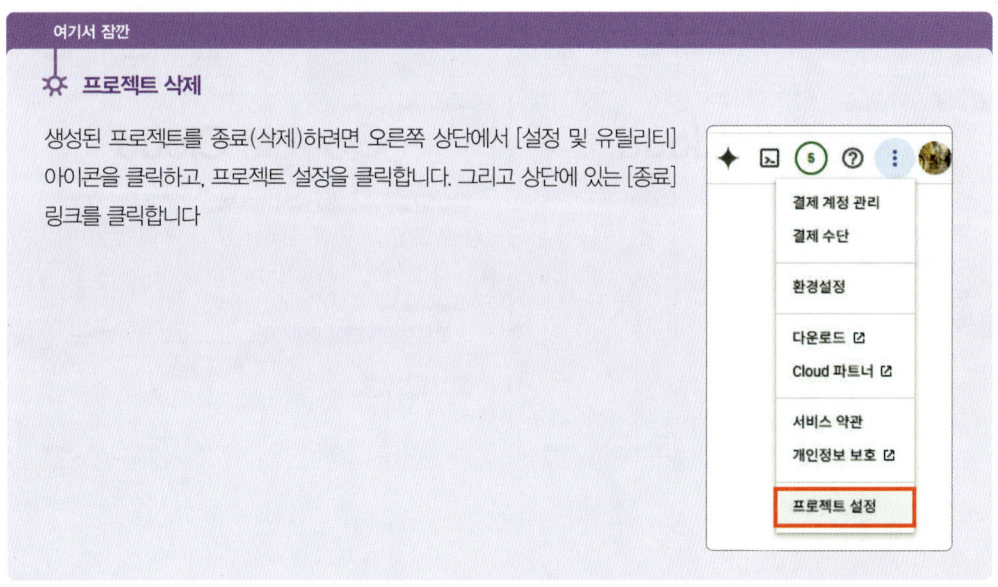

> **여기서 잠깐**
>
> 💡 **프로젝트 삭제**
>
> 생성된 프로젝트를 종료(삭제)하려면 오른쪽 상단에서 [설정 및 유틸리티] 아이콘을 클릭하고, 프로젝트 설정을 클릭합니다. 그리고 상단에 있는 [종료] 링크를 클릭합니다

gcloud CLI 설치

gcloud CLI는 개발자나 운영자가 터미널에서 Google Cloud 리소스를 관리할 수 있도록 지원합니다. Spring AI에서 Vertex AI를 사용하기 위해 운영체제에 맞는 gcloud CLI를 설치해야 합니다.

01 다음 페이지에서 운영 체제에 맞는 gcloud CLI 설치 파일을 다운로드합니다.

https://cloud.google.com/sdk/docs/install

02 다운로드한 설치 파일(GoogleCloudSDKInstaller.exe)을 더블 클릭해 설치합니다.

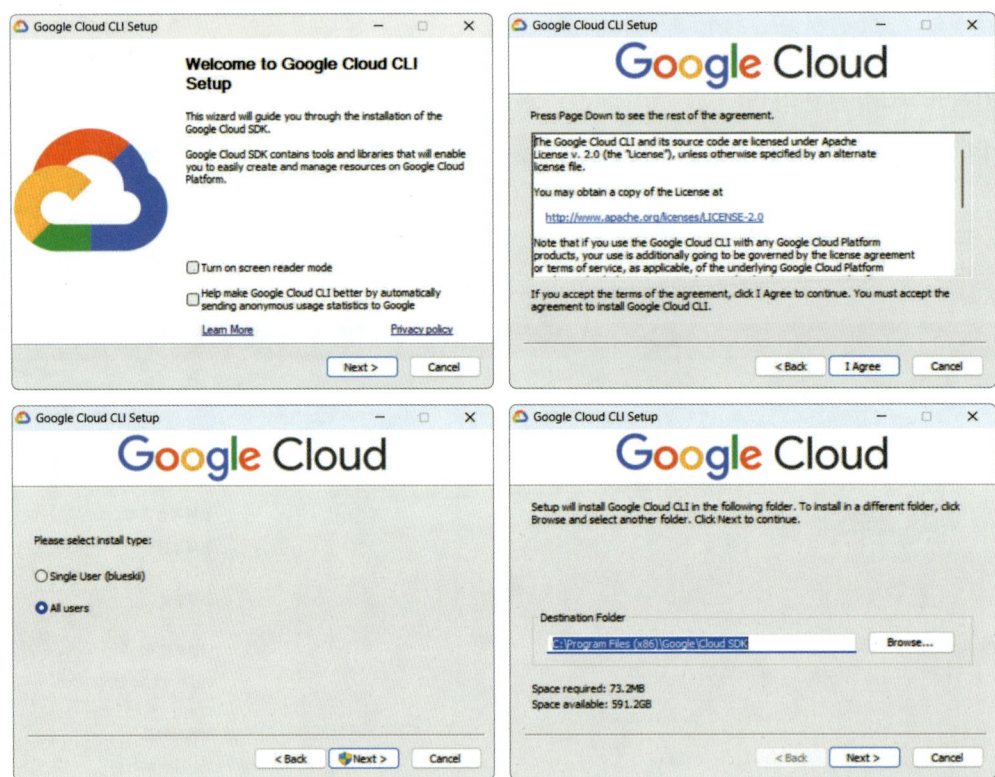

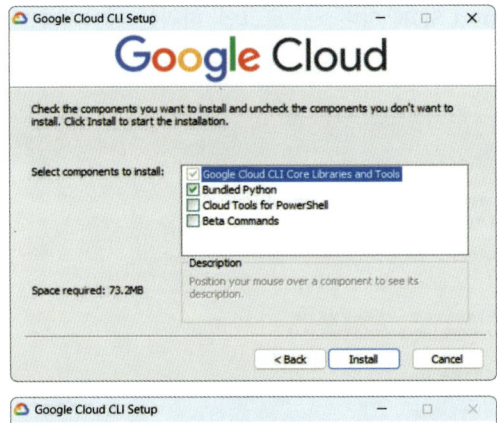
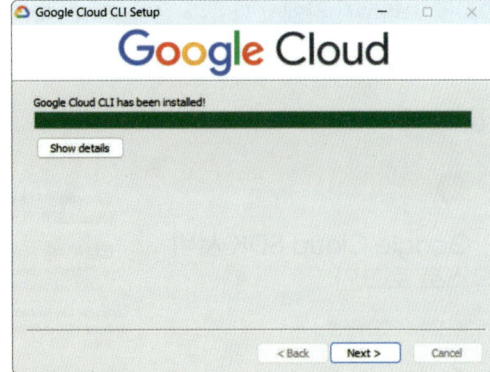

NOTE ▶ Google Cloud CLI에는 Python이 필요하며 지원되는 버전은 Python 3.9~3.13입니다. 기본적으로 Windows 버전의 Google Cloud CLI는 Python 3과 함께 제공됩니다.

03 설치가 완료되면 Google Cloud CLI를 구성하기 위해 'gcloud init' 명령어가 자동 실행되어, 다음과 같은 창이 뜹니다. 마지막을 보면 로그인할지를 물어보는데 'Y'를 입력하고 Enter 키를 누릅니다.

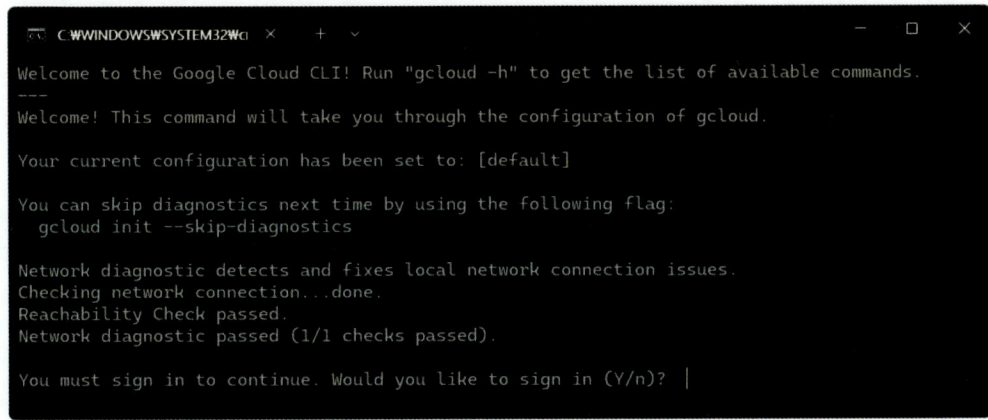

04 웹 브라우저 창에서 다음과 같이 'Google Cloud SDK 서비스로 로그인' 하라는 페이지가 나옵니다. [계속] 버튼을 클릭합니다.

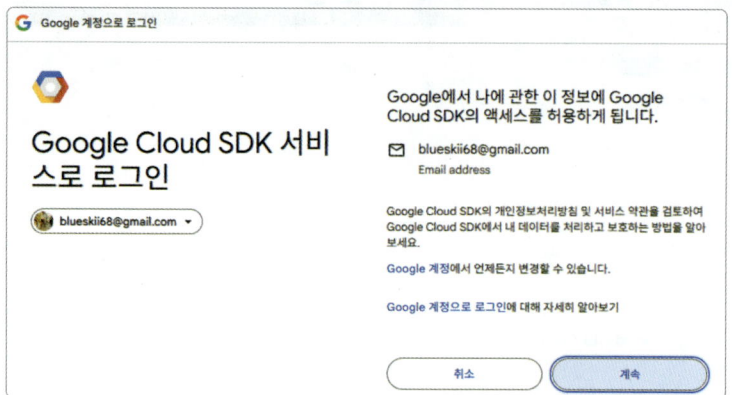

05 Google Cloud SDK에서 Google 계정에 액세스할 수 있도록 [허용] 버튼을 클릭합니다.

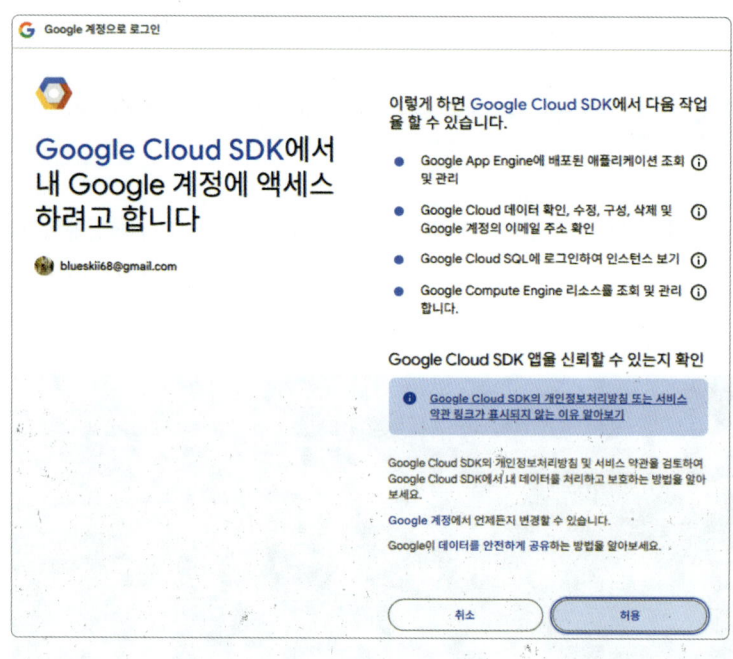

다음과 같이 '이제 gcloud CLI로 인증되었습니다!' 페이지가 나오면 웹 브라우저 창을 닫습니다.

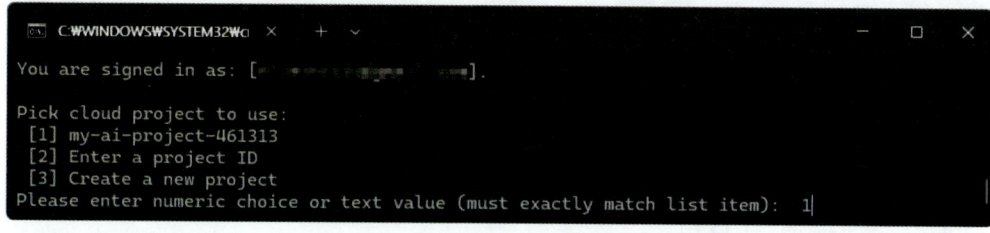

06 05 과정을 마치면 03번에서 실행된 gcloud init 창에서 Pick cloud project to use: 가 출력됩니다. 이미 생성된 Google Cloud Project ID를 선택하기 위해 1을 입력하고 Enter 키를 누릅니다.

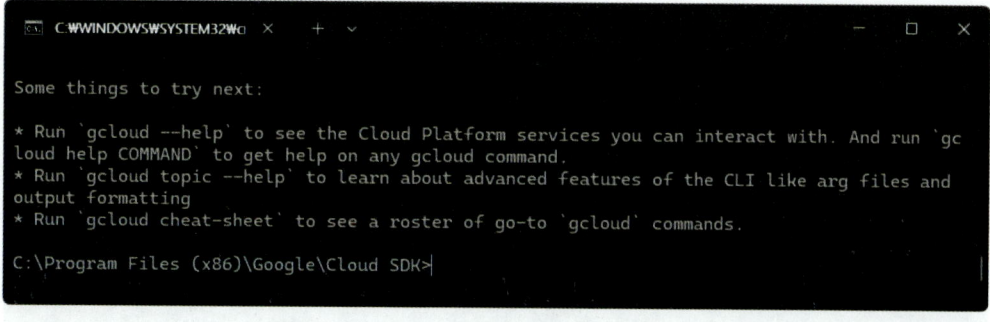

> **여기서 잠깐**
>
> ☼ **Google Cloud Project ID 확인 페이지**
>
> https://console.cloud.google.com/

```
C:\WINDOWS\SYSTEM32\

Some things to try next:

* Run `gcloud --help` to see the Cloud Platform services you can interact with. And run `gc
loud help COMMAND` to get help on any gcloud command.
* Run `gcloud topic --help` to learn about advanced features of the CLI like arg files and
output formatting
* Run `gcloud cheat-sheet` to see a roster of go-to `gcloud` commands.

C:\Program Files (x86)\Google\Cloud SDK>
```

APPENDIX · 부록 457

07 계속해 다음과 같이 gcloud 명령어를 실행합니다.

```
C:\...\Google\Cloud SDK>gcloud auth application-default login xxxxx@gmail.com
```

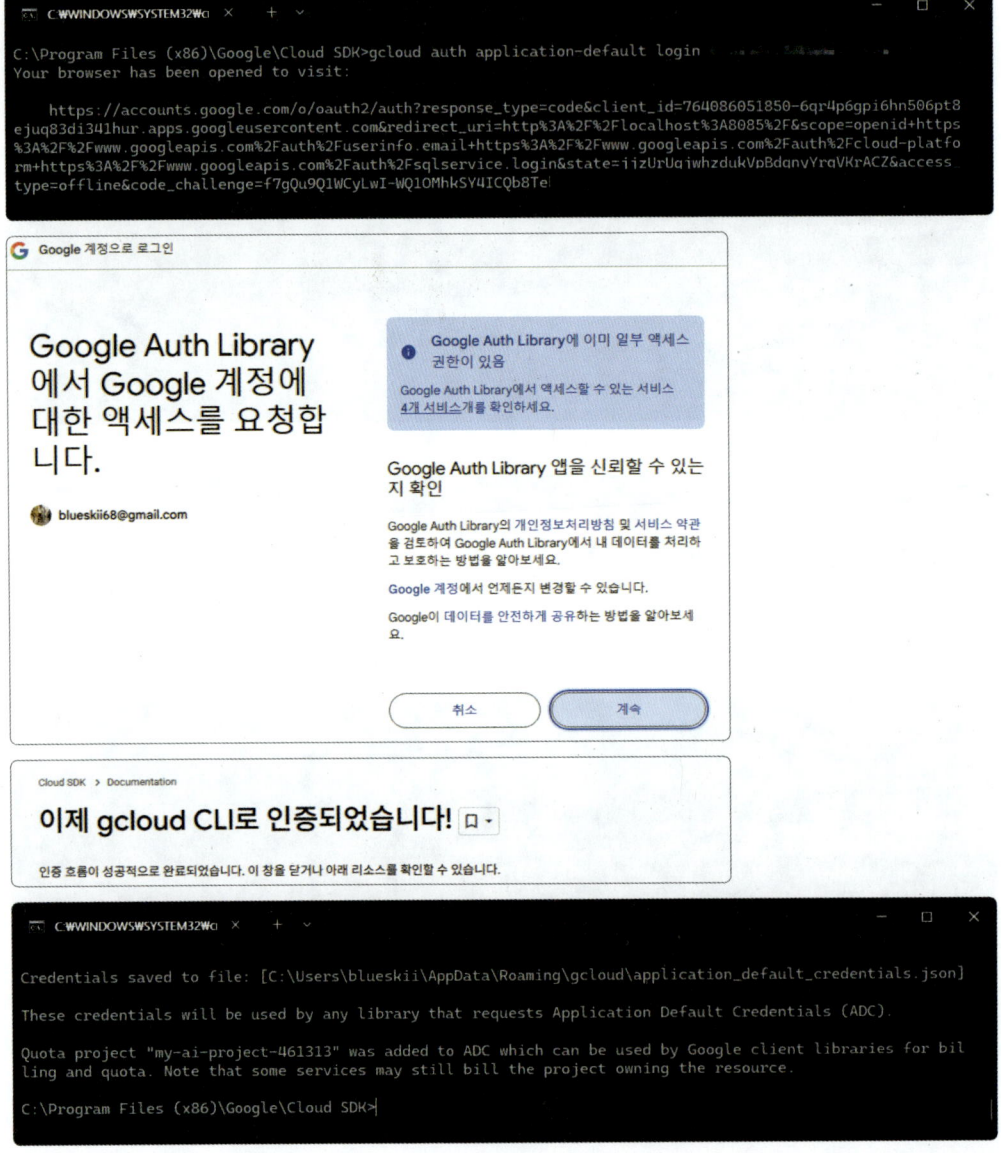

08 다음과 같이 'gcloud config list' 명령어를 실행해 구성 내용을 다시 확인합니다.

```
C:\...\Google\Cloud SDK>gcloud config list
```

```
C:\Program Files (x86)\Google\Cloud SDK>gcloud config list
[accessibility]
screen_reader = False
[core]
account = blueskii68@gmail.com
disable_usage_reporting = True
project = my-ai-project-461313

Your active configuration is: [default]

C:\Program Files (x86)\Google\Cloud SDK>
```

프로젝트 구성

01 Spring AI는 VertexAI Gemini Chat Client를 위한 Spring Boot 자동 구성을 제공합니다. 이를 활성화하려면, 프로젝트의 Gradle build.gradle 빌드 파일에 다음 의존성을 추가하세요.

```
dependencies {
    implementation 'org.springframework.ai:spring-ai-starter-model-vertex-ai-gemini'
}
```

02 application.properties 파일에서 다음과 같이 구성합니다.

```
spring.ai.vertex.ai.gemini.project-id=<프로젝트 ID>
spring.ai.vertex.ai.gemini.chat.options.model=gemini-2.0-flash
spring.ai.vertex.ai.gemini.location=us-central1
```

- spring.ai.vertex.ai.gemini.project-id는 구글 클라우드 프로젝트 ID를 지정합니다.
- spring.ai.vertex.ai.gemini.chat.options.model은 애플리케이션에서 사용하려는 생성형 AI 모델 (LLM)의 이름을 지정합니다. 생략할 경우 Spring AI 1.0.0은 gemini-2.0-flash를 사용합니다. 생성형 AI 모델의 종류는 다음 페이지에서 확인할 수 있습니다.

https://cloud.google.com/vertex-ai/generative-ai/docs/models (English 페이지)

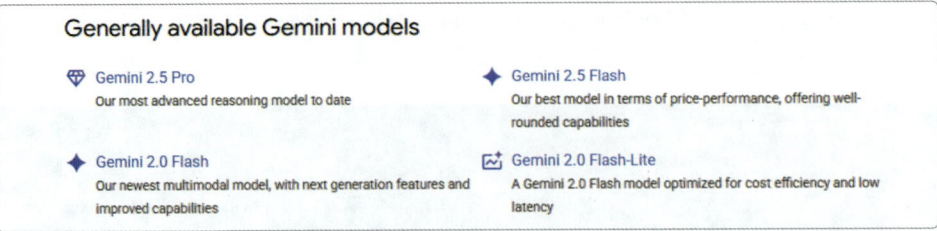

- spring.ai.vertex.ai.gemini.location에는 모델을 어떤 위치에서 사용할 것인지를 지정합니다. Google Cloud는 리전(region)을 사용하여 실제 컴퓨팅 리소스의 지리적 위치를 정의합니다. 예를 들어 us-central1 리전을 지정하고 요청을 수행하면 다음 엔드포인트가 사용됩니다.

https://us-central1-aiplatform.googleapis.com

주의할 점은 사용하고자 하는 생성형 AI 모델이 해당 위치에 있는지 확인해야 합니다. 다음 페이지는 위치별로 사용 가능한 생성형 AI 모델을 확인할 수 있습니다.

https://cloud.google.com/vertex-ai/generative-ai/docs/learn/locations (English 페이지)

United States							
	Columbus, Ohio (us-east5)	Dallas, Texas (us-south1)	Iowa (us-central1)	Las Vegas, Nevada (us-west4)	Moncks Corner, South Carolina (us-east1)	Northern Virginia (us-east4)	Oregon (us-west1)
Gemini 2.5 Flash (`gemini-2.5-flash`)	✓	✓	✓	✓	✓	✓	✓
Gemini 2.5 Pro (`gemini-2.5-pro`)	✓	✓	✓	✓	✓	✓	✓
Gemini 2.5 Flash-Lite (`gemini-2.5-flash-lite-preview-06-17`)							
Gemini 2.0 Flash (`gemini-2.0-flash-001`)	✓	✓	✓	✓	✓	✓	✓
Gemini 2.0 Flash-Lite (`gemini-2.0-flash-lite-001`)	✓	✓	✓	✓	✓	✓	✓

03 다음 경로에 있는 프로젝트를 참고하여, 전체 구성 파일의 내용과 애플리케이션 소스 코드를 확인하고, 테스트해보기 바랍니다.

book-spring-ai/projects/appendix-chat-model-api-vertex-ai-gemini

A.4 온-프레미스 LLM 설치

온-프레미스(On-Premises, 로컬) 환경에서 LLM을 운영하면, LLM에 입력되는 데이터가 내부에서 사용되므로, 데이터 유출 위험이 줄어듭니다. 따라서 민감한 정보나 고객 데이터를 다루는 경우, 클라우드 서비스 형태로 제공되는 LLM을 사용하는 것 보다는 온-프레미스 환경에서 실행되는 LLM이 보안상 유리합니다.

Ollama (https://ollama.com)는 다양한 LLM을 온-프레미스 환경에서 설치하고, 운영하는 도구입니다.

지금부터 Ollama를 사용해서 로컬 PC에서 Meta가 제공하는 llama 모델을 설치하고 프로젝트에서 사용해 보겠습니다.

Ollama 명령어 설치

Ollama 명령어를 설치하기 위해 다음 페이지를 방문합니다.

> https://ollama.com/download

운영체제에 맞게 설치 파일을 다운로드합니다. 책에서는 윈도우를 기준으로 설명합니다.

> 설치 파일명: OllamaSetup.exe

설치 파일을 더블 클릭해서 설치 과정을 끝냅니다. 그리고 터미널(명령 프롬프트)를 열고 ollama 명령어가 잘 실행되는지 다음과 같이 테스트합니다.

```
> ollama --version

ollama version is x.x.x
```

버전이 잘 출력되면 정상적으로 설치가 되었다고 볼 수 있습니다.

설치 가능한 모델 확인

다음 페이지를 방문하면 Ollama로 설치 가능한 모델 목록을 볼 수 있습니다.

https://ollama.com/search

모델의 이름 아래에는 3b, 8b, 70b와 같이 모델 성능별로 다운로드할 수 있는 버튼이 있습니다. 이 숫자들은 모델의 파라미터^{parameters} 수를 의미합니다. b는 Billion(십억)을 뜻하며, 7b는 70억 개의 파라미터를 가진 모델이라는 의미입니다.

모델의 파라미터 수가 많을수록 더 복잡한 패턴을 학습했다는 뜻이므로 모델 성능이 좋습니다. 하지만, 모델의 파일 크기가 커지고, 추론에 더 많은 연산이 필요합니다. 따라서 고성능(RAM 및 GPU) 장비가 설치된 실행 환경이 필요합니다.

모델 설치 및 실행

책에서는 llama3.2 3b 모델을 다운로드받고 실행해 보겠습니다. 이 모델의 크기는 약 2GB입니다. ollama 명령어로 모델을 설치하고 실행해 보겠습니다.

```
> ollama run llama3.2:3b
```

```
PS C:\Users\blueskii> ollama run llama3.2:3b
pulling manifest
pulling dde5aa3fc5ff...  100%                                          2.0 GB
pulling 966de95ca8a6...  100%                                          1.4 KB
pulling fcc5a6bec9da...  100%                                          7.7 KB
pulling a70ff7e570d9...  100%                                          6.0 KB
pulling 56bb8bd477a5...  100%                                          96 B
pulling 34bb5ab01051...  100%                                          561 B
verifying sha256 digest
writing manifest
success
>>> 대한민국의 수도는?
서울
```

pulling은 모델을 다운로드 받고 있다는 뜻입니다. success가 출력되면 모델이 사용할 준비가 되었다는 뜻입니다. >>> 프롬프트가 출력되면, 모델에게 간단한 질문을 할 수 있는데, 위 그림에서는 대한민국의 수도를 물어보았습니다. 답변이 서울로 돌아왔습니다.

모델 실행을 중지하려면, `Ctrl`+`D`를 입력하면 됩니다. 모델 실행을 중지하고, 다음 명령어를 실행하면 현재 설치된 모델을 모두 확인할 수 있습니다.

```
> ollama list
```

```
PS C:\Users\blueskii> ollama list
NAME                         ID              SIZE      MODIFIED
mxbai-embed-large:latest     468836162de7    669 MB    5 weeks ago
llama3.2:3b                  a80c4f17acd5    2.0 GB    5 weeks ago
```

mxbai-embed-large는 텍스트 임베딩 모델입니다. 임베딩이 필요할 경우에 설치하면 됩니다. 다시 llama3.2 모델을 실행하려면 설치할 때와 동일하게 다음 명령어를 사용할 수 있습니다.

```
> ollama run llama3.2:3b
```

프로젝트 생성 및 구성

01 VS Code의 우측 하단 톱니 모양의 아이콘을 클릭하고 Command Palette…를 선택하거나, 단축키로 `Ctrl`+`Shift`+`P`를 누릅니다.

02 상단 입력란에서 Spring Initializr를 입력하는 도중에, 나오는 드롭다운 메뉴에서 Spring Initializr: Create a Gradle Project…를 선택합니다.

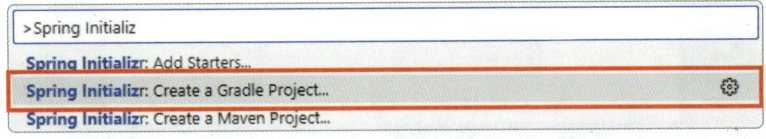

03 사용할 Spring Boot version은 3.4.x 버전을 선택합니다.

04 Project Language로 Java를 선택합니다.

05 Group Id는 기본 com.example을 그대로 두고, `Enter` 키를 누릅니다.

06 Artifact Id도 기본 demo를 그대로 두고 `Enter` 키를 누릅니다.

07 Packaging type은 Jar를 선택합니다.

08 Java version은 21을 선택합니다.

09 의존성 dependencies 에는 Spring Web, Spring Reactive Web, Thymeleaf, Lombok, Ollama AI 등 5가지 스타터를 선택합니다. 선택 완료되면 Enter 키를 누릅니다.

10 [폴더 선택 다이얼로그]에서 프로젝트가 저장될 부모 폴더를 선택해 줍니다. 어디서 생성하든지 상관이 없습니다. [Generate into this folder] 버튼을 클릭합니다. 프로젝트는 demo 폴더로 생성됩니다.

11 성공적으로 생성했다는 팝업이 오른쪽 하단에 뜰 텐데 [Open] 버튼을 클릭해서 프로젝트 폴더를 엽니다.

12 build.gradle에 다음 내용이 포함되어 있는지 확인합니다.

```
dependencies {
    implementation 'org.springframework.boot:spring-boot-starter-thymeleaf'
    implementation 'org.springframework.boot:spring-boot-starter-web'
    implementation 'org.springframework.boot:spring-boot-starter-webflux'
    implementation 'org.springframework.ai:spring-ai-starter-model-ollama'
    compileOnly 'org.projectlombok:lombok'
    annotationProcessor 'org.projectlombok:lombok'
    testImplementation 'org.springframework.boot:spring-boot-starter-test'
    testImplementation 'io.projectreactor:reactor-test'
    testRuntimeOnly 'org.junit.platform:junit-platform-launcher'
}
```

13 application.properties 파일을 열고 다음 내용을 추가합니다.

```
spring.ai.ollama.base-url=http://localhost:11434
spring.ai.ollama.chat.model=llama3.2:3b
```

- spring.ai.ollama.base-url 속성값은 Ollama API 엔드포인트 endpoint 입니다. 다음과 같이 LLM을 로컬에서 실행하면, 기본 11434 포트에서 Ollama API가 구동합니다.

```
> ollama run llama3.2:3b
```

- spring.ai.ollama.chat.model에는 현재 실행 중인 모델명을 지정해 줍니다.

14 다음 경로에 있는 프로젝트를 참고해서 애플리케이션 소스 코드를 작성하고 테스트해 보시기 바랍니다.

book-spring-ai/projects/appendix-chat-model-api-ollama

찾아보기

기호

@ToolParam 어노테이션 345
@Tool 어노테이션 343, 344

A

Advisor 192
Advisor Chain 193
advisors() 202
Advisor 구현 198
Advisor 적용 200
AI 018
AI 모델 019
AI 에이전트 018
APPLICATION_NDJSON_VALUE 037
APPLICATION_NDJSON_VALUE(application/x-ndjson) 045
application/x-ndjson 056
Artificial Intelligence 018
AssistantMessage 046, 064
AssistantPromptTemplate 065

B

BeanOutputConverter〈List〈T〉〉 105
BeanOutputConverter〈T〉 099, 102
book-spring-ai 폴더 026
built-in Advisor 211

C

call() 043, 060
CallAdvisor 196
CallAdvisorChain 196

CassandraChatMemoryRepository 267
Cassandra 대화 기억 286
Chain of Thought 프롬프트 089
ChatClient 058
ChatClient.Builder 060
ChatClientRequest 197
ChatClientResponse 197
Chat History 266
Chat Memory 070, 266
ChatMemory.CONVERSATION_ID 271
ChatMemory 인터페이스 266
ChatModel 042
ChatModel 스트리밍 응답 054
ChatModel 인터페이스 043
ChatOptions 064
ChatOptions 인터페이스 047
ChatResponse 클래스 048
CompressionQueryTransformer 323, 324
consumes 036
content() 060
Context Window 052
Converter〈String, T〉 098
Cosine Distance 222
CoT 프롬프트 089

D

defaultAdvisors() 201
defaultOptions() 074
defaultSystem() 074
defaultUser() 074
Diffusion 과정 166
Docker Desktop 445
DocumentReader 296

찾아보기

DocumentTransformer 298
Document 검색 242
Document 삭제 247
Document 저장 239
Document 타입 239

E

Embedding 220
Embedding Model 020, 220
EmbeddingModel 042
EmbeddingModel 인터페이스 230
EmbeddingRequest 클래스 231
EmbeddingResponseMetadata 클래스 232
EmbeddingResponse 클래스 232
Embedding 클래스 232
entity( ) 104
ETL 파이프라인 295
Euclidean Distance 222

F~G

Face Recognition 248
Few-Shot 프롬프트 080
Filter.Expression 243
FilterExpressionBuilder 244
fine-tuning 294
Fluent API 스타일 061
Flux〈Chat Response〉 044, 055
Flux〈String〉 044, 055, 061
Flux〈T〉 044
FormatProvider 098
Function Call 342
Generation 클래스 049

I

Image Generation Model 020
ImageGeneration 클래스 173
ImageMessage 클래스 172
ImageModel 042
ImageModel 인터페이스 171
ImageOptions 인터페이스 172
ImagePrompt 클래스 171
ImageResponse 클래스 173
InMemoryChatMemoryRepository 267
In-Memory 대화 기억 269

J

JdbcChatMemoryRepository 267, 279
JSON 098
JsonReader 311
JsoupDocumentReader 308

L

L2 거리 222
Large Language Model 020
ListOutputConverter 099, 100
LLM 020

M

MapOutputConverter 099, 108
MCP 392
MCP Client 392
MCP Host 392
MCP Server 392
Media 150

MessageChatMemoryAdvisor 211, 268
MessageWindowChatMemory 267
Message 인터페이스 045
Model Context Protocol 392
Multimodal 148
MultiQueryExpander 323, 337

O

Object Detection 151
Ollama 462
One-Shot 080
OpenAI API key 442
OPENAI_API_KEY 032
options() 060

P

PagePdfDocumentReader 304
ParameterizedTypeReference 106
pgAdmin 225
PGVector 223
pipeline 295
Postman 252
produces 037
prompt() 060
PromptChatMemoryAdvisor 211, 269
Prompt Engineering 076
PromptTemplate 064
Prompt 클래스 045, 064

Q~R

QuestionAnswerAdvisor 211, 313
RAG 294

RDBMS 대화 기억 279
RetrievalAugmentationAdvisor 211, 322
RewriteQueryTransformer 323, 330

S

SafeGuardAdvisor 211, 215
Self-Consistency 092
Server-Sent Events 통신 방식 396
Similarity 220, 222
similaritySearch() 242
similarityThreshold 243
SimpleLoggerAdvisor 211, 212
SpeechModel 042
Speech-To-Text 116
Spring AI 021
springAiVersion 029
Spring AI 도큐먼트 022
springai.메소드() 034
Spring AI 프로젝트 생성 026
Spring Initializr 027
Spring Reactive Web 027
Spring Web 027
SSE 통신 방식 396
State Analysis 152
static 폴더 034
STDIO 통신 방식 395
Step-Back 프롬프트 085
stream() 044, 061
StreamAdvisor 196
StreamAdvisorChain 196
StreamingChatModel 인터페이스 044
Structured Output 098
StructuredOutputConverter⟨T⟩ 098

찾아보기

STT 020, 116
system() 060
SystemMessage 046, 064
SystemPromptTemplate 065

T

template 064
templates 폴더 034
TextReader 304
Text-To-Speech 116
Text-to-Voice Model 020
TikaDocumentReader 305
TokenTextSplitter 299
ToolCallbackProvider 419, 432
Tool Calling 342
ToolContext 352
ToolExecutionException 364
ToolExecutionExceptionProcessor 364
ToolResponseMessage 046
TranslationQueryTransformer 323, 334
TTS 020, 116

U

user() 060
UserMessage 046, 064

V

Vector Store 221
VectorStoreChatMemoryAdvisor 211, 273
VectorStore 대화 기억 273
VectorStore 인터페이스 237
Vertex AI Gemini 451

vision 148
Voice-to-Text Model 020
VS Code 024

W

WebClient 027
WebFlux 027
WebFlux 기반 SSE 429
WebMVC 027
WebMVC 기반 SSE 414

Z

Zero-Shot 프롬프트 077

ㄱ~ㄴ

객체 탐지 151
검색 증강 생성 294
구조화된 출력 098
구조화된 출력 변환기 098
기본 대화 모델 변경 052
내장 Advisor 211

ㄷ~ㄹ

대규모 언어 모델 020
대화 기록 266
대화 기억 070, 266
대화 옵션 064
대화 옵션 병합 048
도구 호출 342
동기 요청 043
동기 응답 037

런타임 대화 옵션 048

ㅁ

마스크 이미지 180
멀티모달 020, 148
메소드 체이닝 061

ㅂ

벡터 저장소 221
복수 메시지 070
비동기(스트리밍) 응답 037
비동기 요청 044
비디오 프레임 160

ㅅ

상태 분석 152
생각의 사슬 프롬프트 089
스탭-백 프롬프트 085
시작 대화 옵션 048

ㅇ

아키텍처 019
얼굴 인식 248
역할 부여 083
예제 소스 025
온도(temperature) 051
온-프레미스 LLM 462
외부 도구 392
원-샷 080
유사도 220, 222
음성 변환 116

이미지 생성형 모델 021, 166
이미지 임베딩 248
인공지능 018
임베딩 220
임베딩 모델 021, 220

ㅈ

자기 일관성 092
제로-샷 프롬프트 077
지식 기반 저장소 295

ㅋ

컨텍스트 윈도우 052
컴퓨터 비전 148
코사인 유사도 기반 거리 222

ㅌ

텍스트 임베딩 234
토큰(token) 052

ㅍ

파라미터 019
파인 튜닝 294
퓨-샷 프롬프트 080
프롬프트 064
프롬프트 엔지니어링 076
프롬프트 템플릿 064

ㅎ

함수 호출 342